地平线策划工作室
DIPINGXIAN CEHUA GONGZUOSHI

通·识·书·系

文化人类学导论

Introduction to Cultural Anthropology

（第二版）

石奕龙 ◎ 编著

首都经济贸易大学出版社
Capital University of Economics and Business Press
·北京·

图书在版编目(CIP)数据

文化人类学导论/石奕龙编著．--2版．--北京：首都经济贸易大学出版社，2015.10

(地平线策划工作室通识书系)

ISBN 978-7-5638-2415-1

Ⅰ.①文…　Ⅱ.①石…　Ⅲ.①文化人类学—研究

Ⅳ.①C912.4

中国版本图书馆CIP数据核字(2015)第205682号

文化人类学导论(第二版)

石奕龙　编著

出版发行	首都经济贸易大学出版社
地　　址	北京市朝阳区红庙（邮编 100026）
电　　话	(010)65976483　65065761　65071505(传真)
网　　址	http://www.sjmcb.com
E-mail	publish@cueb.edu.cn
经　　销	全国新华书店
照　　排	北京砚祥志远激光照排技术有限公司
印　　刷	人民日报印务有限责任公司
开　　本	880毫米×1230毫米　1/32
字　　数	300千字
印　　张	12
版　　次	2010年8月第1版　**2015年10月第2版** 2023年1月总第6次印刷
书　　号	ISBN 978-7-5638-2415-1
定　　价	20.00元

前　言

过去由于受苏联教育体制的影响，中国大学的本科教育专业划分过细且死板，无法跨专业选修。改革开放以后，虽引进了一些试图打通专业壁垒的方法，如学分制、要求文科学生选一些理科课程，理科学生选部分文科课程等，但由于积弊太深，专业过细，难以打破藩篱。因为，每个专业的教学计划都有自己一套循序渐进的课程和时间安排，学生选课时经常会碰到“撞车”的现象，教务处也很难安排课程、教室等。其后果就是，学生的知识结构单一，素质教育薄弱，社会适应性多有问题。而现代社会较普遍的问题就是某些专业人才缺乏，某些专业人才扎堆、过剩，就业困难，因而出现一些困境。近些年来，教育界的有识之士和国家教育主管部门已深切认识到这种严峻的形势。几年前，教育部在多方征求意见的基础上，推出了经大幅修订的新的本科专业目录，使本科专业的种类调整得更为宽泛。各高校也进一步加大教学改革力度，研究和修订教学计划，改革教学内容，努力使专业壁垒渐趋弱化，基础知识教育得到强化。通识教育的提倡就是在这样的背景下出现的。通识教育的好处，在于每一门课都是专门为其他学科的学生开设的某学科的基础知识，目的是使学生能够拓宽知识面，涉猎不同学科和专业领域，全面提高自身的综合素质，增强进入社会后的适应能力。为此，首都经济贸易大学出版社地平线策划工作室组织了这套通识书系，并邀请我承担《文化人类学导论》一书的编写工作。

在通识书系中包含有文化人类学这一学科的概论性教材，表明首都经济贸易大学出版社具有“前沿”意识和独到的战略眼光。首先，这一举措为改变中国多数综合性大学没有“人”（人类学）、没有“医”（医学）、没有“天”（天文学）、没有“地”（地理学或地质学)的面貌做出了开拓性的努力。有人曾经讲过,中国的综合性大学没有几所能真正称得上是综合性大学,因为除了厦门大学、中山大学设有人类学系外,其他的综合性大学都没有设立人类学系,遑论天文学、地理学或地质学了。首都经济贸易大学出版社在通识书系中列入《文化人类学》一书,表明该出版社欲为教育改革努力,此举可喜可贺。其次,这一举措把握住了文化人类学这门学科在国内的发展脉络。国外人类学发展十分迅速,是一门显学,这是有目共睹的,国外多数综合性大学都有人类学系而没有社会学系也是众所周知的。几十年来,人类学在中国的发展虽然艰辛,但其成效是令人瞩目的。人类学越来越多地为人知晓,国内有许多学科在自身发展举步维艰时,从人类学中汲取一些观点和方法的“调味品”,或挂上人类学的名称,做出了某种“创新”,开创了一门“新学科”,人类学成为其他学科“创新”的动力几乎成为一种“时尚”,这一方面表明国内人类学与时俱进的发展,其影响力日益增强与扩大;另一方面也反映了某些学科或某些人对人类学了解不够的“浮躁”心态。首都经济贸易大学出版社能在其规划的通识书系中列入文化人类学的基础知识教育,这对学生正确与准确了解何为文化人类学必有所助益。最后,文化人类学教育本身就具有很强的通识性。文化人类学希望培养人们的整体观与相对观,也就是说,通过整体与相对的眼光去了解、认识与阐释“他者”的文化——人们的生活方式与象征意义体系,并以此为参照反思我们自己的文化。人类学是“人的科学”,文化人类学是以人类文化为研究对象的学科,自然也希望研究人类文化的发生、发展规律,不过它希望能在实事求是地深度把握各种“他文化”的特殊性后,归纳出一些共性、通则或规律。因此,想从整体上把握一种文化的话,必须涉及人们生活的方方面面,文化人类学就必然要涉及人们生活中的经济、社会组织、政治制度、社会控制、世界观与宗教、社会心理、民族性等问题以及它们在历史中的变迁状况。由此看来,文化人类学知识的涉及面很广,一是它以人类文化为对象,故它具有世界的视野,让我们可以看到他文化是如何依据他们的历史条件和自我意愿创造与运作的。二是它需要整体看待一种文化,故应涉及文化体系的方方面面。所以,读了文化人类学导论或概论的著作,你虽不可能对文化人类学某一方面的知识有非常精深的认识与体验,却大致可以了解世界上有哪些不同的生计方式或经济制度,有哪些不同的婚姻形式、不同的亲属称谓制度,有哪些不同的组织社会群团的方式,有哪些不同的政治制度和不同的阶级与等级结构,有哪些不同的宗教形式、认知体系和心理状况,等等。这些五彩缤纷的多元文化现象,对那些整日想着如何能以最小的代价获取最大利益的所谓"理性的经济人"来说,是一些必须了解的知识。

首都经济贸易大学出版社地平线策划工作室的此项创意促成我把多年的教学讲义整理出版,我在感谢他们的同时,更为他们为培养现代人,特别是现代大学生的综合素质所做的努力感到钦佩。走向世界绝不仅是只知道几个"名牌",只有对他文化有全面的了解,你才能真正地认识世界,这也是我欣然接受此邀请的初衷。

恩格斯在《自然辩证法》一书中说:"有了人,我们就开始有了历史……人离开狭义的动物愈远,就愈是有意识地自己创造自己的历史,不能预见的作用和不能控制的力量对这一历史的影响就愈小,历史的结果和预定的目的就愈加符合。"从"有意识地自己创造自己的历史"这一表述来看,马克思和恩格斯实际上是历史与文化的"建构论"者,不同的是他们是唯物主义的建构论,因为他们在《德意志意识形态》一书中说:"我们首先应当确定一切人类生存的第一个前提也就是一切历史的第一个前提,这个前提就是:人们为了能够'创造历史',必须能够生活。但是为了生活,首先就需要衣、食、住以及其他东西。因此第一个历史活动就是生产满足这些需要的资料,即生产物质生活本身。"也就是说,人们的文化与历史是人们自我建构的,但这种建构是从满足人们生存下去的物质生产开始的。所以当我们用马克思主义观点来指导文化人类学的研究时,就应该从人们为生存而从事的经济活动开始,在本书中,笔者就是按照这一唯物主义的建构论来安排叙述顺序的。

我从事文化人类学导论的教学已30多年，积累了相对丰富的材料，在教学与科研工作中也有颇多感悟，但由于本书的读者定位、篇幅、字数有一定的限制，故只能选择文化人类学导论中最核心、最基本、最稳定的部分奉献给大家，而割舍的那些也许是比较“时尚”或有争议的东西。这样处理是否得当，自待后人评说。能将多年来的教学心得整理出版，并为本科生和研究生的通识教育、为中国人类学的发展出一份微薄之力，我愿足矣。本书虽集多年之功，但囿于能力，谬误浅薄也在所难免，故敬请各位方家、同好不吝赐教，希冀在日后的修订中以臻完美。

目 录

第一章

何为文化人类学

第一节 文化人类学的概念

何为文化人类学？这是我们这门学科首先应了解的问题。关于文化人类学是什么样的学科，已有不少人给它下过定义。在中国，早在1934年，厦门大学的林惠祥教授在他的《文化人类学》一书中就认为，文化人类学即民族学——威斯勒(Clark Wissler，1870—1947)在《纳尔逊百科全书》中下的定义最好，可以采用。林惠祥说："民族学便是'社会生活的自然史'(the natural history of social life)。换言之，便是探讨人类的生活状况、社会组织、伦理观念、宗教、魔术、语言、艺术等制度的起源、演进及传播。这种研究始自一个原始民族的探讨，终则合众民族状况而归纳出些通则或原理来，使我们得以推测文化的起源并解释历史上的事实及现代社会状况，然后利用这种知识以促进现代的文化并开导现存的蛮族。"①另外，他还说："文化人类学即是专门研究文化的人类学，是研究原始文化即人类文化起源与进化的科学。"②综合上述观点，林惠祥先生认为：

人类学
- 文化人类学 = 社会人类学 = 民族学
- 体质人类学 = 人体学
- 史前学 = 史前考古学
- 民族志

①林惠祥：《文化人类学》(1934)，商务印书馆1991年版，第12～13页。

②林惠祥：《文化人类学》(1934)，商务印书馆1991年版，第1页。

实际上，林惠祥先生比较强调文化起源的研究以及历史人类学的研究，而且在他的表述中也存有时代的烙印，也就是使用“原始”“蛮族”等字样去界定简单社会的民族与文化。同时，他认为文化人类学即民族学，是与民族志并行的一门人类学分支。民族志是资料性的研究，而文化人类学是理论性的研究。

我国台湾民族学研究所庄英章等编著的《文化人类学》认为，人类学是研究人的体质与文化的科学，它包括文化人类学和体质人类学两大分支。文化人类学是“研究人类习俗较狭窄的一个领域，即对诸文化和诸社会进行比较研究”。它包括：民族学、社会人类学和民族志。其中，“记录各民族的社会文化内容的称民族志”；“强调各民族间的比较与历史关系，这种文化史的研究通常称为民族学”。而社会人类学则是“比较研究不同的文化社群，特别强调其社会关系，同时视文化为造成社会互动的工具或媒介，但不以文化为主要的研究对象”①。

童恩正认为，人类学包括体质人类学与文化人类学两大分支。文化人类学包括考古学、语言学（包括描述、社会、历史语言学）和民族学三个分支，而民族学则包括民族志和民族史两个分支。因此他认为：简单地说，文化人类学即是从文化的角度研究人类的科学。详细地说，文化人类学就是从物质生产、社会结构、人群组织、风俗习惯和宗教信仰等各方面研究整个人类文化的起源、成长、变迁和进化的过程，并且比较各民族、各部族、各国家、各地区和各社团文化的相同之点和相异之点，借以发现文化的普遍性以及个性的文化模式，从而总结出社会发展的一般规律和特殊规律。而民族学的最终任务是发现各民族社会模式的异同，各民族社会变迁过程以及决定这一变迁的内在规律②。

庄孔韶主编的《人类学通论》认为，人类学是研究人的学问，它关注人类及其文化的整体。人类学包括：体质人类学、考古学或考

①庄英章、许木柱、潘英海等编：《文化人类学》，（台湾）空中大学印行 1991 年版，第 9 页。

②童恩正：《文化人类学》，上海人民出版社 1987 年版，第 12 页。

古人类学、语言学或语言人类学和民族学或文化人类学或社会人类学。它关注人们的思想与行为方式，以及由此带来的人们在诸如习俗、亲属制度、宗教、政治经济体制、美术、音乐等方面的异同。民族学还研究文化动态，即各种文化是如何发展变化的，一种文化内部信仰与习俗的互动关系。民族学的研究可以直接进行，一般是通过民族志的方法获取资料。民族志的这种研究方式称为人类学的田野工作(fieldwork)，它通常要花上一年左右的时间生活在某个民族之中，以充分观察和体验，并在此基础上撰述翔实的民族志资料。民族志研究的过程不仅是观察和访谈的过程，更主要的是获得"居内"(insight)观点的过程，即要体会主位(etic)与客位(emic)的关系。人类学的观察与一般观察不同，它是一种参与观察(participant observation)①。

下面我们再看一看国外学者是如何说的。英国人类学之父泰勒(Edward B. Tylor，1832—1917)认为：人类学——关于人和文明的科学②。由此可见，泰勒当时认为，人类学主要是文化人类学。

基辛(Roger Martin Keesing，1935—1993)认为，文化人类学通常用来表示研究人类习俗的一个比较狭窄的领域，即对文化和社会的比较研究(comparative study)。所以他认为：人类学应包括体质人类学和广义文化人类学两大分支，广义的文化人类学包括狭义的文化人类学、语言人类学和史前考古学。而狭义的文化人类学则包括民族学和社会人类学③。

南达(Serena Nanda)认为：文化人类学是研究人类社会行为的科学，从人类历史的开端直至今日的所有人类的社会行为，每一行为不论是理性的、非理性的，或者是荒谬的，都要经过考察，给予解释④。她认为，人类学包括文化人类学、考古学和体质人类学三个分

---

①庄孔韶主编：《人类学通论》，山西教育出版社 2002 年版，第 1～12 页。

②泰勒著，连树声译：《人类学——人及其文化研究》，上海文艺出版社 1993 年版，第 1 页。

③基辛著，甘华鸣等译：《文化、社会、个人》，辽宁人民出版社 1988 年版，第 5 页。

④南达著，刘燕鸣、韩养民译：《文化人类学》，陕西人民教育出版社 1987 年版，第 3 页。

支,而文化人类学则包括人类语言学。

恩伯夫妇(Carol R. Ember and Melvin Ember)认为,人类学包括体质人类学和文化人类学两大分支。文化人类学又可包括:考古学、人类语言学和民族学三个分支。他们所说的民族学相当于基辛的"狭义文化人类学"。恩伯夫妇说,民族学家力图弄清近现代民族的传统思维方式和行为方式存在着什么差别,以及为什么会存在这些差别,因而民族学关心的是婚姻、亲属关系、政治经济体系、宗教、民间艺术和音乐等思维或行为模式,以及在当代各种不同社会中,这些模式有些什么不同。民族学家还研究文化动态,即各种文化是怎样发展变化的。此外,民族学家还对一种文化内人们的信仰与习俗之间的相互关系感兴趣。因此,民族志就是对一个民族的传统行为方式和传统思想的描述。而专门研究某个特定民族随时间推移其生活方式所发生的变化,这类民族学家叫作民族史学家。此外,跨文化比较学者对探索为什么一些社会存在某些文化特征,而在另一些社会却没有这些特征的原因感兴趣。所以,考古学、人类语言学和民族学都与人类文化直接相关,因而可以视为是文化人类学的三大组成部分。

他们还画了一张表表示体质与文化的关系,以及人类学的构成,具体见表1-1。

表1-1　体质与文化的关系图

	古代	近现代
体质的	人类进化 (体质人类学)	人类变异 (体质人类学)
文化的语言	历史语言学 (语言学)	描述(结构)语言学 (语言学)
文化的其他	文化史 考古学 (文化人类学)	文化变异 民族学 (文化人类学)

资料来源:C. 恩伯、M. 恩伯著,杜彬彬译:《文化的变异》,辽宁人民出版社1988年版,第8~14页。

马文·哈里斯(Marvin Harris,1927—2001)认为,人类学是研究

人类,古代和现代的人和他们的生活方式,它包括文化人类学、考古学、人类语言学和体质人类学四个分支。文化人类学包括民族志。哈里斯认为,文化人类学描述和分析以前和现代的各种文化——即从社会上通过学习所获得的传说;这一学科有一分支,即民族志,它系统地记述当代各种文化,对不同的文化进行比较,可以为关于人类的种种生活方式的原因的假说和理论打下基础①。

普洛格(Freg Plog)和贝茨(Daniel G. Bates)认为:人类学包括体质人类学、考古学、语言人类学(描述、社会、历史语言学)和文化人类学四个分支。而文化人类学则包括民族志和民族学。他们认为,文化人类学研究特定的现代人类文化和研究一般意义上的人类文化的基本模式,文化人类学的这两个方面分别被称为民族志和民族学②。

博克(Philip K. Bock)认为,人类学包括体质人类学和文化人类学。文化人类学包括史前考古学、人类语言学和普通民族学。普通民族学包括民族志、民族学和社会人类学。他认为,文化人类学家最关注的是人类在与环境互相之间的贯穿整个历史过程的竞争中创造出来的物质和文化的形式。史前考古学是研究缺乏文字记载的文化的物质遗存的次级领域,它重建那些早已不复存在的人们的全部生活方式。人类语言学研究过去和现在所有民族的语言,它包括语言结构学和历史人类语言学。文化人类学的其余部分可包括在以研究"民族"为宗旨的"普通民族学"之中,它可以被划分为三个次级领域,不过,这种划分只是为了反映不同的重点,它们分别是:民族志——关于特定民族的生活方式的描述;民族学——重点是文化的比较、文化历史的重建以及文化变迁的研究;社会人类学——重点也是比较文化,但其目的在于归纳人类社会的性质及社会群体之间的关系③。

科塔克(Conrad Phillip Kottak)说:"人类学这门学科,也被称作

①哈里斯著,李培茱、高地译:《文化人类学》,东方出版社 1988 年版,第 12 页。

②普洛格、贝茨著,吴爱明、邓勇译:《文化演进与人类行为》,辽宁人民出版社 1988 年版,第 9 页。

③博克著,余兴安等译:《多元文化与社会进步》,辽宁人民出版社 1988 年版,第 13 ~ 14 页。

普通人类学(General Anthropology),包括四个分支学科:社会文化人类学、考古人类学、生物或体质人类学和语言人类学(在后文中,我将使用'文化人类学'这一简称作为'社会文化人类学'的同义词)。在分支领域中,文化人类学的成员队伍最大。(美国)大多数人类学系开设所有四分支的课程。"①

英国人类学家弗思(Raymond Firth,1901—2002)认为,社会人类学提供了这样一套方法,即对风俗习惯进行比较研究的方法。社会人类学的研究对象不仅是异族人民,它研究一切人类社会——尽管西方和东方社会极为不同,研究起来可能特别困难。社会人类学不仅研究"他们",也研究"我们"②。

日本人类学家石川荣吉认为,人类学包括文化人类学和体质人类学。研究人类文化方面的叫文化人类学。文化人类学本身也是一门综合的学科,它由史前考古学、民族学、社会人类学、语言人类学和心理人类学等学科组成。其中,民族学是根据各民族文化的比较研究或者一般模型做出解释,它所关心的主要在于重建无文字民族的历史,或者重建文献记录和考古资料欠缺的有关事项的历史,作为其重建历史的方法,比较法多被采用。这样也就有由此而推导一般历史理论的情形。概括而言,民族学与其说是理论性的,不如说是记叙性的学科,而社会人类学是重点分析人类社会关系的学科,其又叫比较社会学③。

综上所述,多数学者把文化人类学看成是一门和体质人类学相对的学科,它包括考古人类学、语言人类学、狭义的文化人类学或民族学或社会人类学。由此我们可以看到,人类学是一门研究人的科学,它研究人本身生物性问题及其创造的文化,即从整体上对人本身及其文化进行研究。

人类学这个名称最迟在15世纪就已出现。19世纪初,从人的

---

①科塔克著,范可等译:《人性之窗:简明人类学概论》,上海人民出版社2014年版,第4页。

②弗思著,费孝通译:《人文类型》,商务印书馆1991年版,第2页。

③石川荣吉著,周星等译:《现代文化人类学》,中国国际广播出版社1988年版,第3~4页。

社会性的角度对异民族文化进行科学研究的学科称民族学。1859年成立的巴黎人类学会在其章程中指出,人类的生命与生活都是人类学会的研究对象。也就是说,当时的人类学包括研究人类生命的体质人类学和研究文化的民族学。1871 年,沃克(C. S. Wake, 1810—1871)创用体质人类学这一术语,用来指称对人类生物性问题的研究①。1901 年,美国人类学家霍姆斯(William Henry Holmes, 1846—1933)创用文化人类学这一专业术语,用以指称对人类文化史的研究②。1908 年,英国人类学家弗雷泽(James George Frazer, 1854—1941)则创用社会人类学这一专称来指称对文化的研究。此后,在世界范围内形成了两种不同的情况:欧洲大陆使用民族学来指称对文化的研究,而用人类学来指称对人类生物属性的研究;在英国和美国,则用社会人类学和文化人类学来指称对文化的研究,而用体质人类学来指称对人类生物属性自然史的研究。

随着国际交流和交往的增加,上述差别有渐趋一致的倾向。1954 年,联合国教科文组织在一份有关高等教育中社会科学设置的研究报告中把人类学作为一级学科,而且认为民族学、文化人类学和社会人类学的研究对象和范围大致相同,都是人类学之下的二级或三级学科。此后,民族学、文化人类学和社会人类学包含在人类学名称之下的分类格局普及开来。

发展至今日,由于人类是既有生物性又有社会性的高等动物,因此,研究人的生物性问题主要是体质人类学的任务;而研究人的社会性、文化性问题则是文化人类学的任务。就这样的学理来看,文化人类学是研究人类文化发生、发展规律和文化多样性的学科。它通常包含考古人类学、语言人类学和狭义的文化人类学或民族学三个主要分支。这是因为人类的历史至少有 200 万年,而有文字记载的历史最多也不过四五千年,如果我们要了解文化的发生以及过

---

①C. S. Wake: *The Aim and Scope of Anthropology*, Journal of Anthropology, London, 1871, pp. 1 ~ 8.

②William Henry Holmes: *Report of the United States of National Museum*, Washington D. C, 1901.

去的演变,就得利用考古的手段收集过去的资料并加以研究,这才可能研究文化的起源以及发展。其次,人类是通过文化与自然界发生关系的,而在文化中往往是透过语言这一象征体系来界定事物及其意义并与此交流,因此,语言是文化的一个重要组成部分,作为研究文化的学科,文化人类学中也需要有这样一个分支。至于狭义的文化人类学或民族学,则是以现存的简单民族与复杂民族的文化为对象进行调查与研究的学科,这也是揭示和理解现存各种文化的有效方法。所以,从学理上讲,广义的文化人类学至少应包含考古人类学、语言人类学和狭义的文化人类学或民族学这几个分支。当然,也有人认为,狭义的文化人类学包括民族学和社会人类学,而不是与其并行。不过,如果这样分类的话,通常认为民族学是对各民族文化的描述性揭示;而社会人类学则是偏重对人类社会组织或社会结构进行研究的文化人类学的分支学科。

文化人类学(cultural anthropology)是一门从物质生产、社会结构、社会组织、社会控制、风俗习惯、宗教信仰与意识形态等方面整体研究人类文化以及文化发生、发展规律的学科。它以田野工作的方式收集第一手资料,在此基础上,综合利用其他各方面资料分析、研究某文化的发生、发展过程,比较研究各民族、各族群文化和亚文化之间的异同,揭示与理解我们自己和"他者"的文化模式、文化内涵、意义以及寻找和认识人类文化发生、发展的普遍规律和特殊规律,归纳出一些原理与通则,对文化现象进行解释,并直接服务于人类的现实生活。简单地说,文化人类学就是通过田野工作收集资料,并利用各方面资料进行比较研究,综合、整体地研究人类文化发生、发展的规律,以及揭示与理解我者和他者人性的学科。

20世纪30年代之前,文化人类学多在异民族的简单社会里从事研究,而在20世纪30年代以后,开始了对本文化(my culture)和其他复杂社会的研究。目前,不论是在简单社会中,还是在复杂社会中,都有人类学家在从事研究,而且也比较注重将人类学知识返回其产生的原点的应用研究或人类学的实践。

文化人类学的核心概念是文化。文化,可以理解为人类的生活方式,即人们所创造的物质文明与精神文明的总和;也可以理解为由历史传承下来并体现于象征中的意义形式，或者在各种象征形式中表达和承继下来的概念系统，依据这样的意义网络和象征形式，人们交流、维持和发展他们有关生活的知识和对待生活的态度。而作为研究文化的文化人类学，其任务是通过田野工作的方法收集生产、再生产、交换、社会结构、亲属组织、自愿社团、政治组织、社会控制、风俗习惯、宗教信仰与意识形态、历史记忆、生活史，乃至音乐、舞蹈、造型艺术等方面的第一手资料，同时综合利用各学科的文献资料，比较研究人类各民族、各族群文化和亚文化之间的异同，整体地揭示、描述与理解我们自己(ourselves)与他者(others)的文化模式和文化内涵，以寻找和认识人类文化发生、变迁的普遍规律和特殊规律，认识自己并直接服务于人类的现实生活。因此，民族志田野工作(ethnographic field work)、跨文化的研究视角(cross cultural perspective)和整体性视角(the holistic perspective)是文化人类学基本的研究方法。民族志田野工作要求人类学家以长时段的实地研究为基础，通过观察、访谈、录音、摄像等各种手段收集第一手资料，建立本学科研究的基本知识框架。跨文化的研究视角主张从跨文化比较的方式来归结人类各文化的异同以及规律。整体性视角则要求对一种文化进行全貌性的深入研究，即便只是研究某一专题，也要求把其放在整体的文化中去考察。20 世纪 60 年代后，还产生了主位(emic approach)与客位(etic approach)相区别和相互验证的研究方法，以便能更加“客观”地反映社会事实。前者主要是指研究者站在被研究者的立场上来看待所研究的文化；而后者则站在研究者的立场上，以文化人类学或社会科学已有的观点和方法对被研究者的文化进行研究。此外，20 世纪 70 年代还出现了注重对异文化进行“理解的理解”，而对文化现象或文化符号的意义进行层层深入描绘的“深度描述”(thick description)方法。

文化人类学发展至今，已对许多文化进行过调查研究，也对文化体系中的各个子系统进行过研究，由于研究的深入与细分，除了考古人类学和语言人类学这样的大分支外，狭义的文化人类学中也形成了许多分支学科，如经济人类学、政治人类学、法律人类学、宗教人类学、心理人类学、哲学人类学、民俗学、符号人类学、象征人类学、解释人类学、认知人类学、文化生态学、生态人类学、民族科学、民族语义学、民族植物学、民族动物学、都市人类学、乡民人类学、教育人类学、医药人类学、艺术人类学、音乐人类学、影视人类学和建筑人类学等。这种细分的状况还在不断发展，如20世纪90年代，又出现了文学人类学、体育人类学、旅游人类学（ahthropology of tourism）、饮食人类学、博物馆人类学、遗产人类学等分支学科。

文化人类学是研究文化的学科，而围绕着如何解释文化现象和如何研究文化现象形成了一些思想流派与理论。最早形成的文化人类学理论流派是19世纪中叶形成的古典进化论学派。他们认为，人类的社会文化是由简单到复杂、由低级向高级逐步发展的，全人类都要经历这种循序渐进的发展阶段，文化的不同是处于不同的发展阶段，而这种文化发展的一致性是由于人类各民族心理的一致性所导致的。19世纪末则出现了传播学派，他们反对用进化观点来解释人类社会文化现象的异同，认为世界各地文化中的相似都是由文化传播造成的。19世纪末还形成了法国社会学派，他们赞同进化的观点，以社会事实和集体意识为研究对象，并注重对文化现象功能的分析。20世纪初，在批评古典进化论和文化传播论的过程中，形成了以博厄斯为首的美国历史学派，他们以实证论和经验主义为哲学基础，提倡文化相对论，认为每个民族文化都有其自身特殊的历史，所以只能根据每个民族的特点来研究文化；而且他们认为，在没有了解所有民族文化历史的情况下，是无法归结文化发展的规律的，所以他们多注重对民族文化的历史进行描述，而不急于从事规律性的理论概括。20世纪20年代初，英国则出现了将文化作为一个有机整体来考察其中各个部分对整体所起的功能及其相互关系的功能学派。20世纪30年代，在美国形成了心理学派，他们主要探讨文化与人格的关系，认为文化塑造了各民族的基本人格。与此同时，也出现了新进化论，其代表人物是怀特（Leslie White，1900—1974）与斯图尔德（Julian Steward，1902—1972）。前者一方面倡导技术系统决定社会和意识形态的文化学，同时以能量获取的多寡或获取能量效率的多寡来衡量文化进化的阶段①。后者则提倡多线进化论，认为相似的文化适应情况下就可能有相似的发展变迁历史，因此人类的文化有不同的发展规律。同时，他们提出了文化生态学的概念，注重从文化与环境的关系来考察文化类型与社会整合水平②。50年代末兴起了法国列维－斯特劳斯（Claude Gustave Levi－Strauss，1908—2009）的结构学派或结构主义人类学和认知人类学或民族科学。前者主要探究全人类共有的无意识深层结构③；而后者则主要探究人类各民族不同的认知体系④。

随着后工业社会的到来，文化人类学进入了一个理论分化的时代。20世纪60年代中期，除了文化生态学和结构主义人类学继续流行外，象征人类学或符号人类学的研究异军突起。在这一领域中，格尔茨（Clifford Geertz，1926—2006）强调对文化的象征行为进行"理解的理解"的深度阐释，以解释体现于象征行动中的意义模式⑤。施纳德（David Murray Schneider，1918—1995）强调透过"核心象征"和结构的观念去了解象征与意义系统的内在逻辑⑥。特纳（Victor Turner，1920—1983）则将仪式作为一个结构性冲突的模型来分析，并提出中介交融理论。他发现并认为在仪式过渡期中存在着一种模棱两可的中间状态，这个中间状态蕴含着中介性与交融状态所具有的非结构性批判、超越及改变力量，因此其仪式喻指更为深刻，也

---

①参见怀特著，沈原等译：《文化的科学》，山东人民出版社1988年版（White，Leslie：*The Evolution of Culture*. N. Y：McGraw－Hill，1959）。

②参见史徒华（斯图尔德）著，张恭启译：《文化变迁的理论》，允晨文化实业股份有限公司1984年版（Steward，Julian：*Evolution and Ecology*. University of Illinois Press，1977）。

③参见列维－斯特劳斯著，张祖建译：《结构人类学（1）》（1958），中国人民大学出版社2006年版、《结构人类学（2）》，中国人民大学出版社2006年版。

④参见道格拉斯著，黄剑波等译：《洁净与危险》（1966），民族出版社2008年版（Douglas，Mary T.：*Natural Symbols：Explorations in Cosmology*. London：Cresset，1970）。

⑤参见格尔茨著，纳日碧力戈等译：《文化的解释》，上海人民出版社1999年版；吉尔兹著，王海龙等译：《地方性知识》，中央编译出版社2000年版等。

⑥Schneider，David Murray：*A Critique of the Study of Kinship*. Ann Arbor：University of Michigan Press，1984.

具有更大的诠释空间①。20 世纪 60 年代末、70 年代初，兴起结构了马克思主义人类学和文化唯物主义，前者认为社会文化发展的决定力量不在于生态环境或技术，而在于社会关系结构②；后者则强调社会存在决定社会意识的基础结构决定论③。1969 年还出现了强调族群认同与研究族群边界如何形成的族群理论。20 世纪 70 年代在后现代主义的影响下，文化人类学理论异彩纷呈，1970 年兴起了反对男性中心主义偏见的女性主义人类学④。1972 年，出现了社会与文化本身是如何由人类的意识和行为生产与再生产的实践主义理论或实践论人类学⑤。1975 年出笼了基因决定一切的社会生物学(sociobiology)。1976 年萨林斯(Marcel Sahlins，1930—)提出文化决定论⑥。1977 年，萨义德(Edward W. Said, 1935—2003)提出批评西方文化霸权的东方主义理论⑦，威廉斯(Raymond Williams，1921—1988)借用葛兰西(Antonio Gramsci，1891—1937)"霸权"的概念创用"文化霸权"(cultural hegemony)理论，揭示一个社会中的意义与价值体系主要是统治阶级兴趣的表现与投射。此外，在文化生态学、

①参见特纳著，赵玉燕、欧阳敏、徐洪峰译：《象征之林》，商务印书馆 2006 年版；特纳著，黄剑波等译：《仪式过程：结构与反结构》，中国人民大学出版社 2006 年版等。

②Godelier, Maurice: *Rationality and Irrationality in Economics*. Monthly Review Press, 1972; Godelier, Maurice: *Perspectives in Marxist Anthropology*. Cambridge University Press, 1973; 郭德烈著，董芃芃等译：《人类社会的根基：人类学的重构》，中国社会科学出版社 2011 年版等。

③参见哈里斯著，张海洋等译：《文化唯物主义》(1980)，华夏出版社 1989 年版等。

④Gold, Peggy ed.: *Women in the Field: Anthropological Experiences*. Chicago, Aldine. Leacock, E. B.: Introduction and Notes, pp. 7 ~ 67, in F. Engels: *The Origin of the Family, Private Property, and the State, in the Light o the Rechearches of Lewis H. Morgan*. New York: International Publishers, 1972.

⑤Bourdieu, Pierre: *Outline of Theory of Practice* (1972), Cambridge University Press, 1977; 布尔迪尔著，宋伟航译：《实作理论纲要》，麦田出版 2009 年版；布尔迪尔著，蒋梓骅译：《实践感》，译林出版社 2003 年版等。

⑥参见萨林斯著，赵丙祥译：《文化与实践的理性》(1976)，上海人民出版社 2002 年版；萨林斯著，蓝达居、张宏明、黄向春译：《历史之岛》(1987)，上海人民出版社 2003 年版；萨林斯著，张宏明译：《"土著"如何思考》，上海人民出版社 2003 年版等。

⑦参见萨义德著，王宇根译：《东方学》，三联书店 1999 年版；萨义德著，李琨译：《文化与帝国主义》，三联书店 2003 年版等。

生态人类学以及“不发达”“低度发展”理论的基础上，又形成了别称美国马克思主义经济人类学的政治经济学派，他们注重大范围的政治、经济研究以及资本主义世界体系和国家对不同地区与社区的渗透及其后果，同时将文化和象征符号的话题融入研究之中，以关注阶级或群体意识形成过程中所涉及的象征；此外，他们也比较注重历史过程的探讨，并促成新的历史人类学的兴起①。20 世纪 80 年代中期，在后殖民文化批评的浪潮中，在人类学中兴起了反思人类学，他们对以往的人类学文本与知识进行反思，并致力于创建新的人类学文本和话语形式②。20 世纪 90 年代以后，上述许多理论仍在继续发展，例如，20 世纪 80 年代反思人类学的“写文化”争论使人们对文化描述的建构性和人为性质加深了认识；而 20 世纪 90 年代中期以后的“写文化之后”的争论，则对由写文化争论所引发的问题做出了富有创建性的反应；而 20 世纪 80 年代中期在后殖民文化批评浪潮中兴起的“物”的研究的提倡与践行则是对“写文化”的一种反动③。

文化人类学现已进入普遍反思阶段，从经济生态到象征符号，从认知图式到实践理论，各种理论流派思想活跃，呈现出百花齐放、百家争鸣的局面。此外，文化人类学也注重人类学知识的实践，多从事应用研究，以解决人类社会文化的种种实际问题。

第二节　文化人类学研究的领域

文化人类学的研究内容或领域也是众说纷纭，我们可以先看一下一些文化人类学和民族学教科书中所陈述的内容。

---

①参见沃尔夫著，赵丙祥、刘传珠、杨玉静译：《欧洲与没有历史的人民》，上海世纪出版社 2006 年版等。

②参见马尔库思、费彻尔著，蓝达居译：《作为文化批评的人类学》，三联书店 1998 年版。

③参见西敏司著，王超等译：《甜与权力：糖在近代历史上的地位》（1985），商务印书馆 2010 年版；Appadurai，Arjon ed.：*The Social Life of Things*：*Commodities in Cultural Perspective*. Cambridge University Press，1986 等。

林惠祥教授的《文化人类学》(1934,1991)一书中有关文化人类学的研究领域包括:①人类学总论;②文化人类学略史;③原始物质文化;④原始社会组织;⑤原始宗教;⑥原始艺术;⑦原始语言文字等。这些内容与林惠祥先生所处的那个时代比较注重对所谓的"原始民族文化"的研究和注重各种文化因素的起源与历史发展有关,也与林先生注重古典进化论与历史学派的理论有关。

童恩正先生的《文化人类学》一书则将文化人类学的研究领域分为:①什么是文化人类学;②文化人类学研究方法;③人类文化与生态环境;④生计经济的发展;⑤人类的语言;⑥婚姻与家庭;⑦亲属关系与继嗣;⑧社会团体和政治组织;⑨宗教信仰和仪式;⑩文化变迁与文化人类学的应用。这是中国内地编著的第一本现代版文化人类学著作。

庄英章先生等编著的《文化人类学》一书中的文化人类学研究领域包括:①导论;②理论的发展;③人类学的研究方法;④人类的演化;⑤生态与文化;⑥语言与文化;⑦文化与认知;⑧文化与人格;⑨婚姻与家庭;⑩亲属与继嗣;⑪社群组织;⑫经济与人类学;⑬政治与人类学;⑭社会控制;⑮宗教与仪式;⑯艺术与人类学;⑰文学与民族志;⑱影像人类学;⑲妇女人类学;⑳人口人类学;㉑医学人类学;㉒都市人类学;㉓教育人类学;㉔族群关系;㉕应用人类学;㉖文化人类学的展望。

庄孔韶先生主编的《人类学通论》则分为:①绪论:人类学的学科属性与内容;②文化理论的轨迹;③体质人类学;④经济人类学;⑤生态人类学;⑥物质文化研究;⑦语言与文化;⑧认知与文化;⑨心理人类学;⑩田野工作;⑪婚姻、家庭与亲属制度;⑫人类学的人口研究;⑬族群;⑭人类政治体制与社会控制;⑮宗教人类学;⑯教育人类学;⑰历史人类学;⑱社会性别研究;⑲医学人类学;⑳文化撰写与文化展示;㉑人类学的诗学与艺术;㉒影视人类学;㉓都市人类学;㉔应用人类学的途径;㉕人类学的时空变迁和今日"全球化"问题等。

下面再看看国外文化人类学教科书的章节内容,如基辛的《文化、社会、个人》一书分成:导论:人类学研究方法。第一篇"文化、社会与个人”:①文化与民族:若干基本概念,②语言与沟通,③文化的结构,④文化与个人,⑤文化如何变迁;第二篇“部落民族的传承”:⑥亲属、继嗣和社会结构,⑦婚姻、家庭与社群,⑧经济体系,⑨不平等的结构:阶级与世袭阶级,⑩政治组织,⑪社会控制,⑫宗教的仪式、神话和宇宙观,⑬世界观与文化的整合;第三篇“人类学与当代社会”:⑭对大变动的反映——部落世界与西方的扩张,⑮乡民社会,⑯文明与都市,⑰妇女与人类学,⑱人类学与第三世界。

南达的《文化人类学》一书分为:①人类学是一门独立的学科;②文化人类学的理论与方法;③文化的概念;④人类行为的文化环境;⑤语言;⑥文化的学习;⑦饮食方式;⑧经济科学;⑨社会等级结构;⑩婚姻、家庭和家庭群体;⑪亲属与社团;⑫政治制度与社会控制;⑬宗教;⑭艺术;⑮当代世界的文化变迁等。

恩伯夫妇的《文化的变异》一书分为:第一篇“人类学导论”:①什么是人类学;第二篇“文化变异”:②文化的概念,③文化人类学思想流派,④解释与证据,⑤语言与文化,⑥食物获得,⑦经济体系,⑧社会分层,⑨性与文化,⑩婚姻与家庭,⑪婚后居处与亲属关系,⑫社团与利益集团,⑬政治组织:社会秩序与动乱,⑭心理与文化,⑮宗教与巫术,⑯艺术;第三篇“当代世界与人类学”:⑰文化变迁,⑱应用人类学;结语。

博克的《多元文化与社会进步》一书分为:第一篇“人类的历程”:①生物背景,②濡化过程,③语言习得;第二篇“社会系统”:④人的类别,⑤群体的类别,⑥稳定与变迁;第三篇“技术系统”:⑦工具和人类需求,⑧技术与技巧;第四篇“观念系统”:⑨信念系统,⑩价值系统;第五篇“人类学家的工作”:⑪观察与推理。

普洛格等的《文化演进与人类行为》一书分为:第一篇“人类学概要”:①决定、适应和进化,②人类学理论的发展,③文化人类学方法;第二篇“适应模式”:④进化论的生态学观点,⑤狩猎与采集,⑥园艺式农业,⑦畜牧业,⑧精耕农业,⑨工业化;第三篇“适应模式的多样性”:⑩语言,⑪文化和个体,⑫亲属关系和血统,⑬婚姻、家庭与家户,⑭社会团体和分层,⑮经济学,⑯政治:权力和权威,⑰社会控制,⑱宗教信仰和宗教仪式,⑲文化变迁,⑳应用人类学和人类学道德。

哈里斯(Marvin Harris)的《文化人类学》一书分为:①人类学与文化研究;②基因、语言和文化;③生态学、能源、人口;④经济、交换、控制;⑤家庭生活的组织;⑥亲属关系、从居制、继嗣;⑦平均主义社会中的法律、秩序和战争;⑧国家的政治经济;⑨分层的群体:阶级、种姓、少数群体、种族关系;⑩宗教;⑪艺术;⑫个性和性;⑬应用人类学;⑭美国人类学。

科塔克(Conrad Phillip Kottak)的《简明文化人类学:人类之镜》(第五版)一书分为:①人类学及其应用;②伦理学与方法;③文化;④种族特点与种族;⑤语言与交流;⑥谋生;⑦政治体制;⑧家庭、亲属关系与婚姻;⑨性别;⑩宗教;⑪现代世界体系;⑫殖民主义与发展;⑬文化交流与生存①。

哈维兰(William A. Haviland)等的《文化人类学:人类的挑战》(第十三版)分为:①人类学的本质特征;②文化的特征;③民族志研究:历史、方法和理论;④人之为人:物种起源和多样性;⑤语言与交流;⑥社会认同、人格和性别;⑦生计模式;⑧经济体系;⑨性、婚姻和家庭;⑩亲属和继嗣;⑪依性别、年龄、共同志趣和社会阶层而组成群体;⑫政治、权力与暴力;⑬灵性、宗教与超自然力量;⑭艺术;⑮变迁过程;⑯全球性挑战、地方性回应及人类学的角色②。

英国人类学家刘易斯(Ioan M. Lewis)的《社会人类学导论》一书分为:①目的与方法;②现代社会人类学的兴起;③人生的不幸与巫术的慰藉;④自然秩序;⑤神话、仪式和来世论;⑤祖产和乡情;⑦交换与市场;⑧人口动态统计:婚姻与亲属;⑨中央的权力;⑩丛林中的法律。

日本石川荣吉的《现代文化人类学》一书分为:第一篇“文化人类学的课题与方法”;第二篇“文化的构成”:①生活的种种面相,②生活集团,③政治和经济,④宗教与世界观,⑤语言和文化;第三

---

①科塔克著,熊茜超、陈诗译:《简明文化人类学:人类之镜》(第五版),上海社会科学院出版社2011年版。

②哈维兰等著,陈相超、冯然等译:《文化人类学:人类的挑战》(第十三版),机械工业出版社2014年版。

篇“野蛮和文明”。

挪威人类学家埃里克森(Thomas Hylland Eriksen)的《小地方,大论题:社会文化人类学导论》一书分为:①导言:比较和背景;②人类学简史;③田野工作及其说明;④社会的人;⑤地方性组织;⑥个人与社会;⑦继嗣的亲属制度;⑧婚姻和联盟;⑨性别与年龄;⑩社会等级制度;⑪政治和权力;⑫交换;⑬生产和科技;⑭宗教和仪式;⑮思维模式;⑯多重传统的挑战;⑰族群性;⑱身份政治学(民族主义和少数民族);⑲全球化、本土化和全球本土化等一些章节[①]。

综合所述,这些文化人类学著作几乎都是以广义的文化人类学的范围来加以陈述的,而且早期的文化人类学著作多注重各种文化因素的起源,而现代文化人类学著作除了注重文化的各种构成成分外,有的还注重一些新近出现的分支的介绍。本书主要以狭义的文化人类学为范围来介绍,故略去文化人类学的理论以及调查方法的介绍,那些都有专门的著作加以陈述。

第三节 文化人类学研究的基本观念

文化人类学的研究要求人们具备或培养下列几种基本观念或基本态度。

一、整体观

整体观(holistic perspective)是人类学理解事物的核心态度之一,它把任何一种文化或亚文化都视为一个整体,认为文化中各部分之间存在着一种相对稳固、密切相关的结构关系,或者人类的经验的各方面有着相互的关联度与相互依存性。它强调研究一种文化体系中的每一种文化因素时,都必须把它置于整个文化的框架中,探讨它与其他文化因素及各种外界条件之间的内在联系,由此建立一种全面而深刻的认识,使我们可以更全面地看待问题,减少

①埃里克森著,董薇译:《小地方,大论题:社会文化人类学导论》,商务印书馆2008年版。

片面性，或避免产生错误的认识。因此，以整体观态度为指导从事研究是人类学研究的显著特征之一，也是文化人类学研究必须遵循的基本观念或基本态度之一。

当然，在今天，人类学的信息积累已经非常丰富，有的文化人类学家已逐渐脱离"大而全"的全面调查研究，更多地从事对某个课题或方面的专门研究。然而，运用整体观考虑文化整体性问题的研究态度仍然保持不变。因而，现代文化人类学家往往要求，即便在作某一方面的专题研究时，也必须注意该专题或范畴与文化体系中其他因素的有机联系，并从这些联系中看待所研究的专题。因此，这种整体观是文化人类学专业的学生应该在几年的学习中逐步培养，以便时时牢记，同时也是我们在研究工作中必须经常反思的。

二、文化相对性观念

文化相对性观念（relativism）是人类学研究的基本观念，也是文化人类学研究的基本态度之一。文化相对性观念与文化相对论有所不同。文化相对论是一种理论，它认为任何一种文化都有它自己的特点和个性，无论是过去、现在或将来，它们在价值上都是平等的，人们不能用自己文化中的价值标准作为普遍、共同、绝对的标准，去衡量和评价另一种文化的价值。这一思想是由英国人类学家韦斯特马克（Edward Alexander Westermark，1862—1939）在他的《道德观念的起源与发展》（1906—1908）一书中首先创用的，但它作为一种研究问题的方法与理论则始于博厄斯（Franz Boas，1858—1942），并由博厄斯的学生赫斯科维茨（Melville Jean Herskovits，1895—1963）加以完整化、系统化和极力推崇与宣扬。作为一种理论，它过分强调各文化的相对性，否认文化发展有一定的规律性与统一性，进而否认社会发展水平的差异，从而有不主张帮助所谓的"落后"民族提高文化水平或发展的偏见。因此，在20世纪50年代以后，这一理论就慢慢地式微了。但是，文化相对论提出的文化相对性观念却是人类学研究中应加以培养与注重的一种基本态度。它认为，对任何一种文化特质（trait）来说，都必须首先依据它在某一特定的文化结构中所处的地位以及它与所属文化的价值系统等的关系来加以判断与解释。也就是说，要反对研究者以自己的民族中心主义（ethnocentrism）①思想去看待他者，要求尽量以被研究者群体的价值观去判断事物，或尽量采取一种无偏见的态度，尽可能不过多地用自己的价值观去评判其他文化以及我们还不了解的事物。例如，有些人一谈到福建惠东女长住娘家的风俗，马上就给它带上一顶“陋习”的帽子，这种做法就是一种过分用自己的价值观去看待另一种我们还不可理解的事物的表现。实际上，惠东女长住娘家习俗对现今的计划生育是有好处的，因为，它使当地妇女的初育年龄推迟到二十三四岁以上。与其他地方十八九岁就生育的妇女相比，在同样的生育周期中，惠东的育龄妇女相应要少生好几个，因此它对今天的计划生育是有一定好处的，这样换位思维，它就不一定是一种“陋习”，而可能是一种佳俗了。所以，我们在学习中应逐渐培养文化相对性观念，以后在研究中应具备与坚持文化相对性的观念，千万不要下车伊始就夸夸其谈、横加评断，一切结论应该下在充分的调查研究之后，而且要时时提醒自己，警惕主观主义与民族中心主义作怪。

三、泛文化的比较

人类学观察事物的另一基本态度是泛文化的比较（cross – cultural comparative study），这使单凭经验获得的整体观概念可以全面扩展到人类各个社会。卢梭（Jean – Jacques Rousseau，1712—1778）在 1783 年就曾说过：想要研究人，可以就近观察；但要研究全人类，则必须到远方去观察。首先，我们要挖掘人类文化的差异，以便发现人类所具有的特质。也就是说，在我们可以说明不同的地理和社会背景中所发生的人类行为的区别之前，我们既不能理解人类文化的局限，也不能理解人类状况的潜力。而当我们越过我们自己文化背景的伦理阻碍去扩展我们的经历和知识的构成时，文化的多样性观念就具有重要的价值。换言之，当我们只认识一种文化时，我们无法认识这一文化的局限，也无法认识人类的潜在能力。只有当我

①现有的译为“族裔中心主义”。

们超越我们这一文化，同其他文化相比较，我们才能发现我们的文化与其他文化有差异，有不同的结构，有不同的背景，有不同的适应方式，有不同的种种方面，有着多样性。所以，培养泛文化比较的基本态度对我们认识人类文化是大有益处的。

过去，人类学家把研究的重点放在与他们自身不同的异文化中，以此参与泛文化的比较研究。这几十年来，已有越来越多的人类学家在他们自己的社会中和在那些文化背景与他们生活经历更为接近的社会中工作。在这样的状况下，尽管已不是处在纯粹的异文化比较中，但仍需保持这种基本态度。实际上，就是在我们自己的社会中，也仍有许多亚文化（subculture）的不同。例如，城市与农村就有不同，不同的地区、不同的方言区也有不同；就是我们生活在城市一隅的人对城市其他角落人们的生活究竟了解多少，没有通过调查和比较，我们确实难以下准确的结论。由此可见，所谓的“异”是到处存在的。在我们的社会生活中也普遍存在着比较，我们常说：“人比人，气死人”，“不比不知道，一比吓一跳”等，都反映了比较的普遍存在；同时也表明，通过比较，我们可以更深刻地认识事物。因此，就是在我们自己的社会或文化中，对亚文化或各族群进行研究时，我们也必须坚持泛文化比较的基本态度。

四、客观、实事求是、谨慎

坚持整体观、文化相对性和泛文化比较等基本态度，实际都是要求我们必须坚持客观、实事求是的态度。上述几种基本态度都是使我们在研究中避免主观性的法宝。我们只有在研究中坚持整体观，坚持文化相对性的观念和泛文化比较的基本态度，把任何一种文化因素或问题都放在整体中看，避免自己的民族中心主义和主观主义，尽量客观地收集资料、核实资料和分析资料，并进行泛文化的比较研究，才能真正客观地反映出某文化或亚文化的面貌或某些问题的真相。

其次，由于包括人类学在内的社会科学研究对象是人，人与物有明显的区别，即人有思想、思维等，物则没有，也就是说，人与物的差别在于人有表象行为以及隐藏于其后的思想。所以，人类学的客观反映是研究者主观之外的客观存在,而非被研究者主观之外的客观事物。也就是说,这里的客观,并非哲学意义上的客观,而是指应准确、真实地反映被研究者文化情况。因此,人类学或社会科学客观反映的现象,应该包括被研究者的客观行为与主观思维;或者说,人类学的客观反映,应该包含被研究者的客位行为(etic behavior)与主位行为(emic behavior)。也就是说,包括人类学在内的社会科学的"客观",要求既要表述被研究者的行为表现,也得表述被研究者的主位思想表现,而这种要求主要是为了防止研究者自身的主观主义与民族中心主义。

另外,在研究中坚持客观、实事求是的态度,也要求我们在研究过程中不可自以为是,也不可言过其实,不然,所造成的后果是糟糕的,有时甚至是不堪设想的。因为,一种错误的论断或结论将可能一直影响着后人,而造成很坏的负面影响。从事人类学的研究实际上也是在从事改变人们社会生活与观念的工作。我们不仅要对委托你进行研究的机构负责,更重要的是,要对你所研究的对象负责,也就是说,要为人民服务,为人民说话,为人民负责,因此也必须坚持谨慎的态度。

坚持谨慎的态度是要求在没有了解实际情况,没有了解真相时尽量慎言。因为,有时人们会把你当作某方面的专家或"权威",这样,你随口说说的一句话,也许会被别人当作证据或当作金科玉律加以宣扬。如果我们不谨慎,在没有了解实际情况下就发言,就容易造成以诈传诈的错误,并造成很坏的影响,甚至可能出现更坏的后果。

所以,我们应坚持谨慎的态度,不要下车伊始就夸夸其谈、随便乱说。因为,人类学的研究往往涉及人们的许多切身利益,万一不慎,后果难以想象,届时要想补救,已很困难,所以,我们应特别地谨慎。所有的结论应该在详细、客观、实事求是的调查基础上,通过客观、实事求是的分析得出,而不是相反。

第二章

何为文化、社会、民族、族群

第一节　何为文化

在中文里，文化的“文”字本义是色彩交错的图形或纹理、花纹。如《周易·系辞下》：“物相杂，故曰文。”许慎《说文解字》云：“文，错画也，象交文。”《左传·隐公元年》：“仲子生而有文在其手。”这些都表达了“文”的原初意义为纹理，以后从纹理慢慢衍生出其他的意思，如文字、文物典籍等。《尚书·序》中说：伏羲画八卦，造书契，“由是文籍生焉”。后来，文又有礼乐制度的意思。如《论语·子罕》说：“子畏于匡，曰：‘文王既没，文不在兹乎？天之将丧斯文也，后死者不得与于斯文也；天之未丧斯文也，匡人其如予何！’”朱熹注曰：“道之显者谓之文，盖礼乐制度之谓。”由此还引申出文明、道德修养之义等。文化的“化”字本义是变易、生成、造化。如《周易·系辞下》：“男女构精，万物化生。”

文与化两字在一起使用最早可能见于《周易·贲卦·彖辞》，其曰：“贲亨，柔来而文刚，故亨。分刚上而文柔，故小利有攸往，天文也；文明以止，人文也。观乎天文，以察时变；观乎人文，以化成天下。”这里的文是指礼乐制度，化则为教化之意，故“观乎人文，以化成天下”有“以文教化”或“人文化成”的意思。

“文化”作为一个词合在一起使用大约在西汉以后，但其含义与现在人类学中的文化有所不同，当时指的是与“武功”相对的“文治”与“教化”。如西汉刘向《说苑·指武》说：“凡武之兴，为不服也，文化不改,然后加诛。”还有,“文化内揖,武功外悠”①。“裁之以武风,绥之以文化”②。“设神理以景俗,敷文化以柔远”③等,换言之,在中国历史上,文化多指以文治去教化民众或他者之意。

在西方,“文化”一词来源于拉丁文 colo。在拉丁文中,它是动词 colore 的派生词,原意是:人在改造外部自然界使之适应于满足食住等需要的过程中,对土壤、土地的耕耘、加工和改良。后来这个术语产生了转义,罗马著名的演说家西塞罗在他的“智慧文化即哲学”这句名言中对这种转义表达得最为迫切,就这个意义而言,智慧文化的内容是指改造、完善人的内在世界,使人具有理想公民素质的过程。这个概念的转义后来不断得到扩大,现在则把文化不仅理解为对某物的加工和改造,而且理解为“对某人的关怀”“尊敬”,甚至作为某种“养成的”和“固定下来的”“风尚”。所以拉丁文 cultura 一词有多种含义,例如:①含有耕种的意思;②含有居住的意思;③含有练习的意思;④含有留心或注意的意思;⑤含有敬神的意思。这五种含义实际包含了物质文化和精神文化两个方面的内容。现在则形成两个词,一个是 culture,其为“文化”;另一是 cultive,其意义是“有教养的”④。

安托万·菲雷蒂埃(Antoine Furetière,1619—1688)编的《通用词典》讲:culture,人类为使土地肥沃,种植树林和栽培植物所采取的耕耘和改良措施。而且他认为,耕作土地是人类所从事的一切活动中最诚实、最纯洁的活动。1878 年,利特雷(Emile Littre,1801—1881)编的《法语词典》中把 culture 解释为:文学、科学和美术的修养。此外,利特雷还提到,文化还有作为“培养”和“教育”同义词的用法。“文明”一词直到 1835 年才出现,其首次出现在 1835 年出版

---

①(晋)束皙(广微):《补亡诗·由仪》,《昭明文选译注》(2),吉林文史出版社 2007 年版,第 288 页。

②王俭:《策命齐王》,《南齐书》,中华书局 1972 年版。

③(南齐)王融(元长):《三月三日曲水诗序》,《昭明文选译注》(6),吉林文史出版社 2007 年版,第 351 页。

④中央党校科学社会主义教研室辑译:《文明和文化》,求实出版社 1982 年版,第 133 页。

的《法兰西学院词典》中，只有当公众的思想集中到历史的发展进程时，它才被现代作家所广泛使用①。

1843 年，德国的克莱姆（Gustav F. Klemm，1802—1867）写了《普通文化史》，1855 年又写了《普通文化学》（*Allgemeine Kulturwissenchaft*），并给文化下了一个定义。其曰：文化是包括风俗报告（information）、技能、在平时以及在战时的家庭（domestic）及公众（public）、生活、宗教、科学与艺术。

1871 年，泰勒（Tylor）在人类学中第一次给文化下了定义，他说：文化，或文明，就其广泛的民族学意义来说，是包括全部的知识、信仰、艺术、道德、法律、风俗以及作为社会成员的人所掌握和接受的任何其他的才能和习惯的复合体（complex whole）②。由此可以看到，泰勒那时还未把文化和文明区分开来。后来才把这两个术语分别界定不同事物。同时，从这个定义看，他比较注重的是精神文化方面，不过泰勒还说：对文化的研究，首先是详细论述这个题目，然后把文化细目分门别类，例如武器，可分为矛、棒、投石器和弓箭等。从这里看，他并没有忽视文化的物质层面，尽管在定义中他并没有挑明。

随着人类学和其他学科的发展，文化的定义大为增加，很多人类学家、社会学家和心理学家都给文化下过定义，如美国人类学家克拉克洪（Clyde Kay Kluckhohm，1905—1960）认为，在人类学中所谓的文化，意味着一个民族的生活方式的总体，以及个人从其集团得来的社会性的遗产。日本的人类学家石川荣吉认为，文化是被社会（集团）成员所掌握和共同拥有的，并且作为社会性的遗产而传给下一代的生活方式③。据克拉克洪与克罗伯（Alfred Louis Kroeber，1876—1960）统计，到 1953 年，共有 160 多种文化的定义④。

这以后，人们已把对人工制品和物质文化的其他外在表现的关

①埃尔著，康新文、晓文译：《文化概念》，上海人民出版社 1988 年版，第 3 页。

②泰勒著，连树声译：《原始文化》，上海文艺出版社 1992 年版，第 1 页。

③石川荣吉著，周星等译：《现代文化人类学》，中国国际广播出版社 1988 年版，第 5 页。

④A. L. Kroeber & Clyde Kluckhohn：*Culture：A Critical Review of Definitions*，Paper of the Peabody Museum of American Archaeology and Ethnology，Vol. 47，1952.

切转到了差不多压倒一切地对社会文化和精神文化的兴趣方面。人类学家所下的定义多偏重在精神方面和文化的文法方面，如哈里斯（Marwin Harris，1927—2001）说：文化“是指后天学习来的各种思想和行为的积贮，它是独立显现的，并可以系统地从一代传承到下一代”①。又说：“文化是社会成员通过学习，从社会上获得的传统和生活方式，包括已成的模式、重复的思想方法、感情和动作（即行为）。”②墨菲（Robert Francis Murphy，1924—1990）认为：“文化意指由社会生产并世代相传的传统的全体，亦即指规范、价值及人类行为的准则，它包括每个社会排定世界秩序并使之可理解的独特方式。”③另外一些人类学家如美国的古迪纳夫（Ward Hunt Goodenough，1919—2013）、格尔茨（Clifford Geetzs，1926—2006）和法国的列维－斯特劳斯（Claude Levi－Strauss，1908—2009）都认为，理念层面（the realm of ideal）或象征（the force of symbols）是塑模人类行为的关键。所以他们都强调文化是个象征体系。如古迪纳夫认为，文化可以区分为两方面：一是属于行为的模式（patterns of behavior），指日常生活中可观察的一切现象，包括各项群体活动、社会组织与所有物质层面的世界。二是指引行为的模式（patterns for behavior），指的是知识与信仰的体系，是人用以建构其经验知觉及指导行为的观念体系。他说：“文化不是物质现象，也不是由事物、人们、行为、情感所组成。它是存在于人们心中的各种事物的形式，是为了理解、阐明并用不同方法解释这些事物的模式。”④史瓦慈（Schwartz）认为：文化是一个知识的总汇（a pool of knowledge），文化分布模式（a distributive model of culture）含差异与共同，差异增加文化的创造性，而共同使沟通成为可能。基辛也说：文化符码（cultural codes）是潜藏

---

①哈里斯著，张海洋等译：《文化唯物主义》，华夏出版社 1988 年版，第 47 页。

②哈里斯著，李培茱等译：《文化人类学》，东方出版社 1988 年版，第 6 页。

③墨菲著，王卓君、吕迺基译：《文化与社会人类学引论》，商务印书馆 1991 年版，第 20 页。

④Goodenough，Ward H.：Cultural Anthropology and Linguistics. In P. Garvin，ed.，*Report of the Seventh Annual Pound Table Meetingon Linguistics and Language Study*. Monograph Series on Language ad Linguistics，9. Georgetown University，1957.

在我们行为的背后，指引着我们所思所行的一切，但是我们很少意识到它的存在。文化给我们一个有色的眼镜。

格尔茨在许多地方给文化下了定义，如文化就社会互相作用发生的角度来看，是一个意义和象征的有序系统（ordered system）。文化是意义的结构（fabric），人类用此解释他们的经历，并指导他们的行动。文化是"社会互动赖以发生的一个有序的意义体系和象征体系"①。文化是指由历史上传承下来的，并体现于象征中的意义模式（pattern of meanings），也指在各种象征形式中表达的、承继下来的概念系统，依据这样的象征形式，人们交流、维持和发展他们有关生活的知识和对待生活的态度。在其他地方，他还说："我们主张的文化概念……实质上是个符号学的概念，如同马克斯·韦伯（Weber）一样，我也认为人是悬在他自己编织成的意义网络（webs of meanings）中的一种动物，在我看来，文化就是这些意义的网络。因此，文化的分析不是寻求规律的实验科学，而是探求意义的解释科学。"实际上，格尔茨是把社会看成互动模式的本身和稳定的模式，而把文化视为社会互动赖以发生的有序的意义和象征体系。

《法国大百科全书》（1981）说：文化是一个社会群体所特有的文明现象的总和②。联邦德国的《大百科辞典》（1979）说：文化是指人类较大集团典型生活方式的总和，包括对这些生活方式的精神表述，尤其是价值标准。从广义来说，文化同自然有区别，它是通过对自然的加工而创造的世界的总称③。联邦德国的《迈尔大百科全书》（1978）说：文化是指人类在一定地域内，依据他们的能力，在同周围环境的斗争中，以及在他们的理论和实践中所创造的成果［语言、宗教（神学）、伦理、公共机构、国家、政治、法律、手工业、技术、艺术、哲学和科学］，亦指不同文化内容和文化形式，以及与此相联系的一定文化范畴内个人和社会生活方式和行动方式的创造

---

①Clifford Geertz：The Interpretation of Cultures, Basic Books Inc., 1973, pp. 144～145.

②中央党校科学社会主义教研室辑译：《文明和文化》，求实出版社 1982 年版，第 119 页。

③中央党校科学社会主义教研室辑译：《文明和文化》，求实出版社 1982 年版，第 95 页。

和再生产过程①。西班牙的《世界大百科全书》(1978)曰:文化就是在某一社会里,人们共有的由后天获得的各种观念、价值的有机的整体,也就是非先天遗传的人类精神财富的总和②。苏联的《苏联大百科全书》第31版(1973)13卷说:文化是全社会和人类在历史上一定的发展水平,它表现为人们进行生活和活动的种种类型和形式,以及人们所创造的物质与精神生活③。苏联的卡尔波夫·弗兰秋说:文化为人们在社会发展过程中所创造的物质财富和精神财富的总和。麦茹耶夫·巴勒尔·兹洛宾说:文化不仅是业已创造的物质财富和精神财富,而且是创造、分配和消费这些财富的过程本身。阿尔查卡尼扬·科甘·维什涅夫斯基说:文化是人们的创造性活动,它在这种活动的一定结果中被对象化了。马尔卡良·卡甘曰:文化是活动的特殊方式,是手段和机制的特殊体系,由于这种方式和体系,个人可以对周围世界采取积极的态度④。

中国的考古学界认为,考古学是根据古代人类通过各种活动遗留下来的实物以研究人类古代社会历史的一门科学⑤。新考古学家认为,考古学是一门研究"文化过程"的科学,研究的目的在于探求"文化动力学"的规律。考古学的研究对象是物质遗存,即古代的遗迹和遗物。作为考古学研究对象的实物,应该是古代人类通过各种活动遗留下来的,是经过人类有意识加工的;如果是未经人类加工的自然物,则必须是与人类的活动有关,或是能够反映人类的活动,而这些就是考古学界所说的考古学文化。即代表同一时代,集中于某一地域内的,有一定地方性特征的遗迹和遗物的共同体,这种共同体应该是属于某一特定的社会集团的。

---

①中央党校科学社会主义教研室辑译:《文明和文化》,求实出版社1982年版,第76页。

②中央党校科学社会主义教研室辑译:《文明和文化》,求实出版社1982年版,第81页。

③中央党校科学社会主义教研室辑译:《文明和文化》,求实出版社1982年版,第45页。

④中央党校科学社会主义教研室辑译:《文明和文化》,求实出版社1982年版,第149页。

⑤《中国大百科全书·考古卷》,大百科全书出版社1991年版,第2,15页。

综上我们可以看到,学者对文化有不同的定义,这是由于不同的学者有不同的理解,不同的学科亦有不同的理解导致的。将所有这些定义归纳起来,大致可以归为三类:其一是指人们的生活方式,既包括了人们创造的物质财富,也包含了人们创造的精神财富。其二是指人们创造的精神财富。其三是指人们创造的意义或象征体系,精神财富中的一部分属于规范人们行为的部分。在本书中,笔者采用的文化定义是第一类,即文化是人们的生活方式,故本书需要介绍人们生活方式的各个方面。

第二节 何为社会

现代所用的“社会”(society)一词是由日本学者翻译而传入我国的。“society”来源于拉丁文 societas 或 socius,其意思是“社会中的一个人”或“伙伴”。日本学者在明治时代把 society 译成“社会”。近代中国学者到日本留学,在翻译社会学著作时袭用此词,自此,中文中的“社会”才有了现在这一通用的含义。中国学者最早采用“社会”一词的人是章太炎先生,他在 1902 年翻译出版了岸本能武太著的《社会学》一书,“社会”一词才开始在中国流行。而在此前,社会学也称“仁学”①或“群学”②。

其实,“社会”这两个字在中国早已有之,但过去的意思与现在有所不同。在我国古代典籍中,“社”原是祭祀土地或祭祀土地的场所,如《孝经·纬》记:“社,土地之主也,土地阔不可尽敬,故封土为社,以报功也。”《白虎通·社稷》云:“封土立社,示有土也。”由于祭祀常常是集体的事情,所以“社”后来也引申为有志同道合之人而集聚之场所,或者古代聚居地区的意思,前者如诗社、文社,后者如“二十五家为社”,明代百户为社等,现在则演变成有“地方”的意思,如

①1896 年谭嗣同写了《仁学》一书,实为社会学概论。

②1891 年时,曾把“群学”和政治学原理一起列入经世之学,严复先生是以“群学”名称介绍西方社会学内容的第一人,1889 年,严复把斯宾塞的《社会学研究》一书翻译过来,到 1903 年出版全书,名为《群学肄言》,标志着中国社会学的开端。

闽南自然村称“社”。而在古代,“会”则是集合或聚集之意。将社与会两个字合起来用大约始于唐代,《旧唐书·玄宗本纪》曰:十八年闰六月,“辛卯,礼部奏请千秋节(唐玄宗钦定的生日——八月五日为千秋节),休假三日,及村间社会,并就千秋节先赛白帝,报田祖,然后坐饮,散之。”这里“社会”的意思主要是指社日里的祭神、游艺集会等庆典活动,也就是说,为了一个共同的祭神目的聚集在一个地方进行活动之意。又如宋代孟元老的《东京梦华录·秋社》说:“八月秋社……市学先生预敛诸生钱作‘社会’……春社、重午、重九,亦是如此。”这里“社会”的含义也是在某一个地方聚集庆祝某事或某个节日。换言之,传统文献中所说的“社会”多是指一些人为了一个共同的目的(各种各样的)聚集在一个地方进行某种活动,它的意义与现在所说的“社会”(society)不完全相同,但也有一些类似之处,即含有人与人之间相互联系、共同活动的含义,不过,这种人与人之间的关系限定在比较小的范围,并限定在某一时刻。

那么,现代意义上的“社会”的含义是什么呢?我们先来看看一些学者是如何界定的:

法国的社会学创始人杜尔干(Emile Durkheim,1858—1917)说:社会是集体表征或集体意识,是一种建立在个人意识之上的独立实体。

美国的社会学家帕克(Robert Ezra Park 1864—1944)认为,社会是一种包括人类行为习惯、情操、民族等在内的遗产。

美国的萨姆纳(旧译孙末楠,William Graham Sumner,1840—1910)云:社会是一些力量的系统。

美国的金斯伯格(Morris Ginsberg,1889—1970)强调,社会是人类的整个组织,一切人与人的关系,无论是直接的或间接的、有组织的或无组织的、有意识的或无意识的、互助的或敌对的,都包括在这个名词之内。

法国心理学家塔德(Gabriel Tarde, 1843—1904)说,社会是具有共同心理的人们的集合。

马克思说:“社会——不管其形式如何——究竟是什么呢?是

人们交互作用的产物。"①"各个人借以进行生产的社会关系,即社会的生产关系,是随着物质生产资料、生产力的变化和发展而变化和改变的。生产关系总合起来就构成为所谓的社会关系,构成为所谓社会,并且构成为一个处于一定历史发展阶段上的社会,具有独特的特征的社会。"②换言之,马克思认为,社会是人们相互交往的产物,是各种社会关系的总和,或者就是社会关系,其本质在于人们在生产活动中必然发生的一定生产关系。正因为如此,国内学界基本上都据此来给"社会"一词下定义,例如,《中国大百科全书·社会学卷》说:社会——人类生活的共同体。马克思主义认为,社会在本质上是生产关系的总和,只有具体的社会,没有抽象的社会。具体的社会是指处于特定区域和时期,享有共同文化并以物质生产活动为基础的人类生活的共同体③。王康主编的《社会学词典》云:以共同物质生产活动为基础而相互联系的人类生活的有机体……社会作为人类生活的共同体是一个系统的体系,有其复杂的结构,生产力与生产关系相统一、经济基础与上层建筑相统一的社会形态,这是社会最基本的结构,还有社会群体结构、社会关系结构、社会分层结构、社会地域空间结构、社会规范结构和社会生活方式结构等。在阶级社会还有阶级结构,它是阶级社会中社会结构的主要表现形式。这些形成社会的总体结构,其不同的内容和形式构成不同社会形态、不同社会制度、不同民族、不同国度及人类发展不同历史阶段的特殊社会④。章人英主编的《社会学词典》说:"社会,人类以共同物质生产活动为基础,按照一定的行为规范相互联系而结成的有机总体……自然环境、人口和文化是构成社会的基本要素,通过生产关系派生了各种社会关系,构成为社会,人类在一定行为规范控制

①马克思:"1846年12月28日致巴·瓦·安年柯夫的信",《马克思恩格斯选集》(第4卷),人民出版社1972年版,第320~321页。

②马克思:《雇佣劳动与资本》,《马克思恩格斯选集》(第1卷),人民出版社1972年版,第362页。

③《中国大百科全书·社会学卷》,中国大百科全书出版社1991年版,第272页。

④王康主编:《社会学词典》,山东人民出版社1988年版,第218页。

下从事活动,使社会藉以正常运转和延续发展。"[1]也就是说,他们也认为,社会是在一定地域范围内进行物质资料生产活动为基础的相互作用的人群关系网络。而该词典中列举的"社会类型"有:斯宾塞(Herbert Spence,1820—1903)的"军事社会"与"产业社会",这是按组织的精神和自由发展的不同阶段所做的区分;贝克尔(Howard Becker,1898—1960)的"神圣社会"与"世俗社会",这是依风俗的约束力来区分的;杜尔干的"机械社会"和"有机社会",这是依社会分工的结合程度来区分的;滕尼斯(Ferdinand Tonnies,1855—1936)的"礼俗社会"与"法理社会",这是根据社会组成分子的表态来分类的;马克思的五种社会形态与三种社会形态的分类,前者是根据生产力与生产关系,经济基础与上层建筑的矛盾运动来区分,后者则根据人身的自由度来区分[2]。《社会学简明辞典》曰:社会,人们交互作用的产物,在共同的物质生产活动的基础上相互联系的人们的总体[3]。

米彻尔(G. Duncan Mitchell)主编的《新社会学词典》说:"社会"一词是社会学家词汇中最不明确和最普遍的名词之一。它可以从表示原始的没有文字的民族到表示现代的工业民族国家,或者从最一般的泛指人类到表示较小的有组织的民族群体[4]。

威尼克(Charles Winick)主编的《人类学词典》云:社会,一群人作为一个实体生活着,有自己的文化;一个由遵循着特定生活方式的、时间上持久的、并有群体意识的人组织起来的集合体……美国人类学家林顿(Ralph Linton,1893—1953)认为,当一群人长期地工作、生活在一起,并组织起来,把自己视为一个具有明显界限的社会单位时,这群人就是一个社会[5]。

美国社会学家波普诺(David Popenoe,1932—)说:社会是一个综合的社会组织,它包括所有人类生存所必需的制度。文化则是

①章人英主编:《社会学词典》,上海辞书出版社 1992 年版,第 252 页。
②章人英主编:《社会学词典》,上海辞书出版社 1992 年版,第 252 页。
③李剑华、范定九主编:《社会学简明辞典》,甘肃人民出版社 1984 年版,第 229 页。
④邓肯·米切尔主编:《新社会学词典》,上海译文出版社 1987 年版,第 307 页。
⑤威尼克编,吴泽霖等译:《人类学词典》(1980),上海辞书出版社 1991 年版,第 634 页。

一套社会成员所共有的价值观、意义和物质实体。正是文化赋予人类社会自身的特性。人不仅是社会的动物,人类还是唯一由文化来定义其社会群体的动物①。

美国人类学家哈维兰(William A. Haviland)说:社会(society)可以定义为有组织的一群或几群相互依赖的人,一般说来他们共享疆土、语言和文化,并为了确保集体生存和福祉共同行动。人们相互依赖的方式可见于他们所形成的特有的经济、交流和防御系统。他们亦通过共同的认同感而结合在一起②。

英国人类学家弗思(Raymond Firth,1901 - 2002)云:如果……把社会看成是一个把许多人有机地联系起来并有着特定生活方式的组织,那么,文化就是该生活方式。如果把社会看作各种社会关系的聚合体,那么,文化就是这些关系的内容。社会强调的是人类的组成部分,人们的聚合体和他们之间的各种关系。文化则强调那些人们可以通过继承、使用、变形、补充和传播而累积起来的精神和物质的资源成分③。

《社会科学百科全书》说:社会是那类似乎既意味着一切但又什么都不是的概念之一……广义的社会被认为是人类在其中结成种种社会关系的一个构架或整体。在最弱的意义上,这个术语是指个人行为的背景……换言之,社会被视为由人们聚合而成的一个社会环境,这是就人们影响或塑造某个个人行为而言的。

理论家运用不同策略将社会概念化,其中最重要的有:

第一,社会作为结构。为了使社会具体化,主流社会学家倾向于将社会定义为结构,即一个互相联系的可辨别的网络。在这个语境中,"可辨别"是一个关键词,它意味着诸社会的区别在于其制度的、特殊的相互联系方式。

第二,社会作为复现。主张社会是有结构的观点是以社会随时间

---

①波普诺著,刘云德等译:《社会学》,辽宁人民出版社 1987 年版,第 101 ~ 102 页。

②哈维兰等著,陈相超等译:《文化人类学:人类的挑战》,机械工业出版社 2014 年版,第 28 页。

③Raymond Firth: *Elements of Social Organization*. London: Watts, 1951.

推移而再生产为基础的,在这方面,“制度”是一个关键的术语(所谓社会行为的诸制度化的形式,是指那些发生再生产或……社会的再生产的信念和行为模式)。因此,虽然英国社会不断变动,其主要特征还是能够辨认的,因为它们都以制度化的形式被重新生产出来。

第三,社会作为矛盾。我们可以同意社会既是有结构的又是被再生产的这些观点,但这并没有说明社会为何和如何被构建或再生产。马克思主义的解释试图提供一个理解特定社会形态如何产生、如何适应特定生产方式的基础。在这个意义上,社会不是一个静态的或和平进化的结构,而是被视为产生于对抗性生产关系的冲突的一种暂时解决。因而,资本主义社会始终处于一个正被隐藏在生产方式中的紧张和矛盾所转变的过程之中。

第四,社会作为文化。社会科学家常强调诸社会关系的文化方面。他们认为,社会成员共有的理解使社会成为可能。因为人类生活在一个由自己构造的语言和象征的世界中,因此很容易将社会看作一个高度复杂的象征系统和交往系统。对文化的这种强调是与认为社会是以观念和价值为基础的观点相联系的。在这方面,社会分析始终存在的问题之一就是如何区别文化与社会,除了作为一种启迪,这种区别看来是极不可能有效的。

第五,社会作为过程。强调人与人之间不断互动的方式,重要的术语是“协商”“自我的他人”“适应性”——其含义在于社会是在社会互动中被建构和重建的。在过程主义的定义中,社会不是强加于人们的,相反,它是参与者所接受和遵守的。每一个互动事件都包含着更新和变化的可能性。与把社会视为一种“结构”的观点相对立,过程说主张人们“造就”种种结构,正是“造就”观点,将社会过程论与人道主义的马克思主义联系了起来①。

从上述各种观点来看,“社会”一词的含义有的指人群,有的指人群的组织,有的指人群的关系网、社会关系的整体,并不一致。

由此看来,关于“社会”这一概念的含义,有几点我们应给予

---

①亚当·库珀、杰西卡·库珀主编:《社会科学百科全书》(1984),上海译文出版社1989年版,第732~733页。

关注：

第一，社会是由一群人组成的，没有人就没有所谓的社会。社会又不是松散的集合，而是相互发生某种互动关系的集合。

第二，这群人以某种互动关系集合而成，而这些互动关系中是以物质资料生产活动为基础的，因为人要生存，首先需要生产，要生产，就必须结成一定的关系，有此基础又构成了其他关系或制度等，因此，这群人中存在一定的社会关系网。

第三，这群人的活动往往在一定的地域中、在一定的自然条件下进行。

第四，这群人都有一种共同的文化传统，或文化模式，或规范、象征体系、意义结构等。

所以，由此看来，社会与文化（生活方式）的严格区分是很难的，当然，也有人将它们加以区别，如格尔茨在"仪式与社会变迁"（1959）一文中区分了社会与文化，他把文化视为社会互动（social interaction）赖以发生的、有序的含义和象征体系；而社会则被视为社会互动模式本身。文化是信仰的框架（frame work），表现为象征和价值标准，个体依赖它们去解释他们的世界，表达他们的感情，做出他们的判断；而社会则为正在进行的互动行为过程，它的持续形式就称为社会结构（social structure）。因此，文化是意义的结构，人们用它来解释他们的经历，并指导他们的行为；而社会则是行动所采取的方式，是实际存在的社会关系网络（network of social relations）。前者是根据对行动者的意义来考虑社会行为（social action）的，而后者则是根据对某一社会系统（social system）的功能作用去考虑它。换言之，文化和社会是在相同的现象中抽象出来的不同方面，前者为意义结构，行动者根据它来行动；而后者则是社会互动关系本身以及它采取的一种稳定的方式。

由此看来，如果我们把文化看成一个生活方式的整体，那么，社会的概念可以是其一部分，而且主要是社会组织和关系或结构。而如果把文化看成象征体系，则社会就是社会互动关系网络，是文化起作用的场所。因此，在本书所陈述的文化人类学中，只是把社会视为文化整体的一部分，是社会性的组织、制度或关系的配置与系统。

第三节　何为民族

“民族”这一组合词最早可能出现在公元5世纪，如南朝宋齐时期道士顾欢撰写的《夷夏论》云：“今诸华士女，民族弗革，而露首偏踞，滥用夷礼，云于翦落之徒，全是胡人，国有旧风，法不可变。”①不过在古代，“民族”的含义不是泛指“人类”“人民”，就是指“家族”“宗族”。如“上自太古，粤有民族。颛若混命，愚如视肉”②。“陛下曾念中原之民族、故国之宫阙乎？”③这里的“民族”都是人类或人民的意思。而“夫心术者，尊三皇，成五帝；贤人得之，以伯四海、王九州；智人得之，以守封疆、挫勍敌；愚人得之，以倾宗社、灭民族。故君子得之固穷，小人得之倾命。是以，兵家之所秘而不可妄传，否则殃及九族”④。“金人既得楚州，始许治运河并闸水，悉以江浙掳掠舟船自洪泽口入淮至清河口。是时，国奉卿以楚州既陷，居于赵琼寨中，与琼谋劫其舟船，乃以二百余人夜掩不备劫之，有被虏贵官二十余家，各称其民族”⑤。“历汉魏以后，虽间有重民族、争门户、立庙院、修宗会等事斑斑见于史册，而利欲重焮亲疏厚薄之等，有不得其本心者多矣”⑥。“吾曾氏之系甚盛，几遍南北。庐陵、临川之外，又有所谓扶风、河内、青冀、襄阳……诸州，非如民族书所载，正谱之外别有九祖而已也”⑦。“但辽时皇族与民族皆有耶律之姓，史所书某院部人则同姓不宗之民族，仍宜列入异姓者也”⑧。“民族虽散居，然多者千烟，少者百室，又少者不下数十户”⑨。这里的“民族”指的是家族或宗族。

---

①(梁)萧子显：《南齐书》，中华书局1972年版，第934页。
②(唐)皮日休：《皮子文薮》卷一《忧赋》，《四库全书》本。
③(南宋)徐梦莘：《三朝北盟会编》卷二二七，《四库全书》本。
④(唐)李筌：《太白阴经》序，清咸丰四年(1854)长恩书室丛书本。
⑤(南宋)徐梦莘：《三朝北盟会编》卷一四四，《四库全书》本。
⑥(宋)魏了翁：《鹤山集》卷六二《跋卢氏正岁会拜录》，《四库全书》本。
⑦(明)宋濂：《宋学士文集》卷四十《查林曾氏家牒序》，《四部丛刊》本。
⑧(清)嵇璜、曹仁虎等编撰：《钦定续文献通考》卷二〇六《封建考》，《四库全书》本。
⑨(清)郑之桥：《农桑易之录》卷之三《农桑善后事宜·重保甲》，清乾隆郑氏刻本。

清代以后,“民族”出现了以各种文化因素来区别的人们共同体的含义。如清道光十七年(1837)德国传教士、汉学家郭实腊(Karl Friedrich August Gutzlaff)创办的《东西洋考每月统记传》(九月刊)所载“约书亚降迦南国”一文中,就有“昔以色列民族如行陆路渡约耳河”①的说法,即以“民族”一词来指称以文化因素和他者相区别的一种人们共同体。从此以后,“民族”一词就多用来指称可以用文化因素来与他者区别的人们的共同体。

日本明治维新后,将汉字的“民族”与英文的 nation 对译,这种使用方法随日本留学生的回国,也在中国加以使用。如王韬在 1882 年发表的“洋务在用其所长”一文中称:“我中国……幅员辽阔,民族殷繁。”梁启超 1896 年在《时务报》发表“土耳其论”一文时也是使用“民族”一词来指称不同文化的人们共同体。梁启超在 1901 年还将民族与民族主义并用。1903 年,梁启超甚至向国人介绍瑞士—德国法学家、政治家、理论家布伦奇利(J. K. Bluntschili, 1808—1881)对民族的定义,他说:“民族者,民俗沿革所生之结果也。民族最重要之特质有八:(一)其始也同居一地(非同居不能同族也,后此则或同一民族而分居各地或异族而杂处一地……);(二)其始也同一血缘,(久之则吸纳他族,互相同化,则不同血缘而同一民族者有之);(三)同其肢体形态;(四)同其语言;(五)同其文字;(六)同其宗教;(七)同其风俗;(八)同其生计。有此八者,则不识不知之间,自与他族日相隔阂,造成一特别之团体,固有之性质,以传诸子孙,是之谓民族。”②

而孙中山先生认为,民族除了有指称不同文化的人们共同体外,又有“国族”的含义,如他在 1904 年说:“中国人的本性是一个勤劳的、和平的、守法的民族。”1912 年说:“合汉、满、蒙、回、藏诸地为一国,即合汉、满、蒙、回、藏诸族为一人——是曰民族之统一。”这里“民族”的含义实际上是“国族”的意义。而他在 1924 年时说:“我们

---

①爱汉者编,黄时鉴整理:《东西洋每月统记传》丁酉九月,中华书局 1997 年版,第 271 页。

②梁启超:《饮冰室全集》第五册,大学书局有限公司 2002 年版,第 71 ~ 72 页。

研究许多不同人种，所以能结合成种文相同民族之道理，自然不能不归功于血统、生活、语言、宗教和风俗习惯这五种力。”后来，他在“民族主义第一讲”中把英文的 nation 表述为“国族”，称民族主义就是国族主义，当时创造出来的“中华民族”一词即为“中国人”的代名词。这样一来，指称不同文化的民族时，如以英文表述时，就不好再用 nation，而应该用 peoples 较好。换言之，自此后，“民族”一词多指称不同文化的人们共同体，而在其前冠以“中华”时而构成的“中华民族”则指称“中国人”。如毛泽东在 1939 年讲中国是一个多民族的国家，这里的民族是指不同文化面貌的人们共同体。

20 世纪 50 年代，为了弄清楚中国这个多民族的大家庭中到底有几个民族，国家进行了民族识别运动，通过调查和分析，最终确定中国存在 56 个民族，从而使“民族”一词只能用于指称政府认定的 56 个民族，并有着一些相应的政治利益。其他自认为与这 56 个民族不同的人们共同体就不能以“民族”相称，而只能以“某某人”指称。如摩梭虽归于纳西族，但他们始终认为他们是“纳日”而非“纳西”，但由于没有通过政府的确认，所以他们目前只能称“摩梭人”或“纳西族的摩梭人”。正是由于这样一场民族识别的政治运动，使目前“民族”一词只用来指称政府认定的这 56 个人们共同体，而不能随便使用，所以它现在已固化为专指政府认定的人们共同体。因此，如再像过去那样用 peoples 来对译的话，也是不准确与不合适的，所以，在 20 世纪 50 年代以后，如以英文表达“民族”一词时，使用 nationality 来表达。但是改革开放以后，国人与外界的联系加强了，这时我们才发现，nationality 在国外的意思是“国籍”，而非指一个国家中的不同民族，因此又出现了一个如何与国际接轨的问题。现在有的人认为，应该用 ethnic group（族群）来对译，即将 ethnic group 译为“民族”。但是，用这一现在国外针对自我认同为某一人们共同体的词语或概念来指称中国的民族存在许多问题，其中最大的问题就在于会将一个具有操作性的、灵活的概念固化成一个专指，从而使这一概念没有活力。其实，由于民族现已成为政治上的用语，用来专指政府认定的、中国境内的 56 个民族，因而成为一种专有名词，所以在向外用英文表述时完全可以用拼音 minzu 来表达，这样既能反映"民族"这一词的现状与现实意义,也能真正反映现时"民族"这一词的政治意味或政治性。

第四节 何为族群

族群的英文为 ethnic group 和 ethnic,来源于 ethnos,过去译为"种族""民族",其是指依靠历史、语言或种族的联系而被视为整体的人群,或者是语言相同,文化——人类生活中不可缺少的全部生活领域(经济、社会、宗教、艺术、文化等)的生活方式——的性质相同,信奉同一祖先,主张内婚,经济上完全独立的单位体。

20 世纪 50 年代后开始流行使用 ethnic group 和 ethnicity 这两个概念或术语。1962 年,美国学者内森·格莱泽(Nathan Glazer)和丹尼尔·帕特里克·莫伊尼汉(Daniel Patrick Moynihan)在研究纽约市的犹太人、波多黎各人、意大利人和爱尔兰移民集团的归属感时,发现他们是一种新的社会群体(new social aggregate),他们具有强烈的种族意识或具有族群意识,并没有融人美国社会,所以就用了"族群性"(ethnicity)一词来指称"族裔集体的性质与特点"①,从此以后,这两个词开始慢慢流行起来。

在 1978 年国内出版的《新英汉词典》并没有收人 ethnicity 这一词汇,而有 ethnic,但其意思与 ethnical 一样,是作为形容词用的,限于当时的理解与认识,词典将其译为:"种族的、种族上的、人种学的",如 an ethnical group 也就译成"种族集团",这种译法比较强调的是以体质、血统的类别来区隔群体的边界。但在作名词解释时,则译为:"少数民族的成员;种族集团的成员",又包含有以文化因素来划分边界的意义。

在后来出版的《牛津高阶英汉双解词典》(第 4 版)中也没有 ethnicity 这一词汇,而有 ethnic 这一词,其有两解,第一为形容词用法,of a national, racial or tribe group that has a common cultural tradi-

①Nathan Glazer & Daniel Patrick Moynihan: *Beyond the Melting Pot*. Harvard University Press, 1963.

tion,词典中的汉译为"那些有着共同文化传统的民族或国家的、种族的、部落的";与其他名词结合就有:ethnic minorities, groups, communities,词典的汉译为"少数民族的、族群的、种族社区的"。第二则是(typical) of a particular cultural group,词典的汉译为"某文化群体的"。实际上,我们从英文的解释可以看到其意思是"族的",虽提到"种族的"这一词汇,但这一"族的群体"是以文化来划分边界的,不再提体质、血缘等生物因素。而词典中的第二层意思实际就是ethnicity,即"某种文化群体的特征、特性"等,现多将其翻译为"族性"或"族群性",但也有人将其译为"族裔"①,甚至是"族群"。此外,在《牛津高阶英汉双解词典》中,也有 nationality 一词,该词典对其的释意为:①membership of a particular(国籍);②ethnic group forming part of a political nation(构成国家一部分的、民族群体)。在这里,也出现了 ethnic group 这一词组,不过该词典的汉译将其译为"民族群体",这种译法现在看来似乎有些不太准确,将其译为"族群"可能更加准确和妥帖些。

从 20 世纪 50 年代以来就有许多人给"族群"这一术语下定义。首先,我们可以在互联网中找到许多有关族群的定义,如族群是"认同于共同的特质和文化传统的一个人们的群体"②。族群是"基于种族、宗教或民族的(national)起源具有共同的人们身份意识的任何个性群体"③。族群是"以祖先、语言、文化或宗教维系的共同认同(个体认同于群体)的大的人民群体"④。族群是"在整体上由自我或被他人认为是一个清晰的群体,这种认识是以社会或文化特征为基础的"⑤,等等。

其次,我们也可以从各种社会科学的著作与杂志文章中看到某些学者对族群所下的定义,如美国学者内森·格莱泽和丹尼尔·帕

①黄平、罗红光、许宝强主编的《当代西方社会学·人类学新词典》(吉林人民出版社 2003 年版)就是如此。

②*Ethnic Group*, www. cent. navy. mil.

③*Ethnic Group*, *www: tigger. uic. edu.*

④Joshua Goldstein: *International Relations*, www: siu. edu.

⑤John Farley: *Majority Minority Relations*, www: siu. edu.

特里克·莫伊尼汉说:族群是指在一个较大的文化和社会体系中具有自身文化特质的一种群体,其中最显著的特征就是这一群体具有宗教的、语言的、习俗的特征,以及其成员或祖先所共有的体质的、民族的、地理的起源。他们又说:族群群体——处于少数和边缘地位的次群体——人们指望其同化、消失,作为残余而存在,非我族类,或于社会主要成分为一种麻烦的群体①。又如英国学者 H. 布尔默(H. Bulmer)说:"族群群体是在较大的社会内部的一个集体,其标志为具有真正的或设想的共同祖先,共同的历史记忆,而以一个或多个象征因素为其文化的焦点。从而界定了该族群的认同身份,例如,血缘关系、宗教、语言或体质外貌②。德国学者马克斯·韦伯(Max Weber)认为,族群是一种对其共同的源流和传统持有集体的信仰的人们共同体,如他说:某种群体由于体质类型、文化的相似,或者由于迁徙中的共同记忆,而对他们共同的世系抱有一种主观的信念,这种信念对于非亲属社区关系的延续相当重要,这个群体就被称为族群"。他又强调说:"这种团结一致的感情(注:即信仰)有可能扎根于相近的(生物方面的)表现型(注:如体质特征)或者/以及相近的文化,同样地也可能由于对移民和殖民的历史的共同记忆。"③换言之,他认为共同的源流可以是生物性的,也可以是文化性的。而贝尔(D. Bell)认为,生物性的源流如血统关系并不重要,重要的是文化的源流,所以他"把族群群体称为按文化来界定的共同体"④。有的人认为,族群通常指称的是一些新型的人们共同体,如移民群体等,其划分边界的依托是文化因素,而非生物性因素,如印度尼赫鲁大学社会科学院社会制度研究中心的社会学教授奥门(T.

---

①Nathan Glazer & Daniel Patrick Moynihan:*Ethnicity - Theory and Experience*, Harvard University Press, 1975, p. 5.

②H. Bulmer:*Race and Ethnicity*, in R. G. Burgess(ed.):*Key Variables in Sociological Investigation*, London: Routledge & Kegan Paul, 1986.

③Max Weber:*Economy and Society: An Outline of Interpretive Sociology*, New York: Bedminster Press, 1968, p. 1, p. 395.

④D. Bell:*Ethnicity and Social Change*, in N. Glazer & D. P. Moynihan (eds.):*Ethnicity Theory and Experience*, Cambridge, Mass, Harvard University Press, 1975.

K. Oommen)就认为:“族群指的是一个移民群体,其主要标志是宗教、语言和生活方式。”①不仅如此,他还将“族群”(ethnic group)与“民族”(nation)进行了区分,他认为:“在白色人种内部又有若干‘族群’群体(例如作为一个总体的新教徒,其中尤其是加尔文教派),曾认为所信奉的宗教价值体系有助于使他们成为经济发展的先驱。”②而“民族(nation)乃是拥有共同文化的人民的祖国”。“民族是一个对一片领土拥有合法也合乎道义的权利的文化集体,则族群便是一个在其祖先的家园以外生存的文化集体”③。有的人如李福祥受巴斯(Fredrik Barth)的影响,认为族群可大可小,可以指任何人们共同体,因为“族群是依一定因素划分边界的群体”④。

最后,在许多与人类学、社会学相关的词典中也有族群的词条以及定义。如陈国强主编、石奕龙副主编的《简明文化人类学词典》的族群词条曰:族群用来指称任何一种社会群体,既可以指具有由共同的语言、地域以及心理素质等物质所构成的文化、民族群体;也可以指由独具某些特点(诸如国别、次文化的、宗教的、种族的)而有共同来源、共同历史的人构成的群体……但是不论族群的范围是大是小,它都主要以文化而不是以生物学或遗传学上的特征来区分⑤。吴泽霖主编的《人类学词典》说:族群是一个“由民族和种族自己集聚而结合在一起的群体。这种结合的界线在其成员中是无意识地承认,而外界则认为他们是同一体。也可以是由于语言、种族或文化的特殊而被原来一向有交往或共处的人群所排挤而集居。因此,族群是一个含义极广的概念;它可用来指社会阶级、都市和工业社

---

①奥门(T. K. Oommen):“种族、族群和阶级:对三者交互关系的分析”,《国际社会科学杂志》12 卷1 期(1995),第 105 页。

②奥门(T. K. Oommen):“种族、族群和阶级:对三者交互关系的分析”,《国际社会科学杂志》12 卷1 期(1995),第 99 页。

③奥门(T. K. Oommen):@ 种族、族群和阶级:对三者交互关系的分析@ ,《国际社会科学杂志》12 卷1 期(1995),第 105,106 页。

④李福祥:“族群性研究的相关概论与基本理论”,《广西民族学院学报》2000 年第 5 期,第 18 页。

⑤陈国强主编、石奕龙副主编:《简明文化人类学词典》,浙江人民出版社 1990 年版,第 454 页。

会中的种族群体或少数民族群体，也可以用来区分土著居民中的不同文化和社会集团。族群概念就这样综合了社会标准和文化标准”[①]。覃光广、冯利和陈朴主编的《文化学词典》认为，族群是“在宗教、语言、生活方式、文化传统的整体方面的特征，以及在民族和地理的共同渊源上，使它有别于其他社会群体”[②]的人们共同体。

夏洛特·西蒙-史密斯(Charlotte Seymour-Smith)主编的《人类学辞典》的族群词条说：族群是指一群人或是自成一部分，或是从其他群体分离而成，他们与其他共存的或交往的群体具有不同的特征，这些区分的特征可以是语言的、种族的和文化上的。族群这一概念包含着这些群体交互关系和认同的社会过程[③]。罗杰·皮尔森(Roger Pearson)主编的《人类学术语汇编》的族群条记曰：族群指任何以意识到具有共同文化、语言或种族特征等的自我意识而区别的群体[④]。蒂姆·英格尔(Tim Ingold)主编的《人类学百科指南》的族群条目云：族群可以定义为一种人们群体，其成员具有共同的起源与继嗣神话、历史记忆、文化模式与价值观，拥有一定领土，而且至少在其精英阶层中具有一致感(solidarity)[⑤]。弗兰克·N. 麦吉尔(Frank N. Magill)主编的《国际社会学百科全书》族群词条讲：族群是“分享建立在语言或宗教特质基础上的共同历史传统的个体总和”[⑥]。

综合上述所引的定义表述情况来看，最初对何为族群有三种主要的看法：

其一，族群主要是以文化来区别边界的人们共同体(ethnicity as culture)，也就是说，每个族群有自己的文化，是一个自然单位，因此

---

①吴泽霖主编：《人类学词典》，上海辞书出版社1991年版，第308页。

②覃光广、冯利、陈朴主编：《文化学词典》，中央民族学院出版社1988年版，第664页。

③Seymour - Smith, Charlotte: *Dictionary of Anthropology*, G. K. Hall & Co., 1986, p. 95.

④Roger Pearson: *Anthropological Glossary*, Robert E. Krieger Publishing Co. Inc., 1985, p. 77.

⑤Tim Ingold: *Companion Encyclopedia of Anthropology*, Routledge Inc., 1994, pp. 7 ~ 9.

⑥Frank N. Magill, ed.: *International Encyclopedia of Sociology*, Vol. 1, 1995, p. 468.

它与人类及其文化一样悠久。语言、宗教、种族、习俗等所谓的原生的纽带(primordial ties)使这些自然单位获得内聚外斥的力量和根据。例如,美国著名的人类学家格尔茨就认为,族群认同或区分可以根据血缘,甚至拟想的血缘(assumed blood ties)、种族(race)、语言(language)、方言(dialect)、地域(region)、宗教(religion)、习俗(customs)等来实现①。

其二,族群主要是以社会组织来区分边界的人们共同体(ethnicity as social organization),一群人构成为一个组织,以便和其他社会组织区隔,争夺资源等,从而得到社会上的利益。如英国著名的人类学家利奇(Edmund Ronald Leach)认为,族群应当作为社会单位而不是文化单位来看待②。

其三是认为族群是一种认同(ethnicity as identity),一个人在心理上认为是某一群体的人,这样的概念比较注重的是族群的边界,即要用什么方式去区分"我群"与"他群"。当然,有的以文化、有的以组织,现比较流行的也许是各种"利益"。如挪威人类学家弗里德里克·巴斯(Fredrik Barth)在其主编的《族群与边界》中就认为,族群是由其成员主观认定的,造成族群最主要的是由它的"边界",并非语言、文化、血统等内涵③。

所以在过去,学界通常认为"族群"这种人们共同体具有:①生物上具有极强自我延续性。②共享基本的文化价值,实现文化形式上的公开的统一。③组成交流和互动的领域。④具有自我认同和被他人认可的成员资格,以形成一种与其他具有同一阶层(order)的不同种类④。这相当于种族(民族)=文化=语言=社会=相互排斥和歧视的团体。

---

①格尔茨:"整合式革命:新兴国家的原生情感与公民政治"(1965),《文化的解释》(1973),上海人民出版社 1998 年版,第 297~299 页。

②Edmund Ronald Leach: *The Political Systems of Highland Burma*, Cambridge University Press, 1954, p. 281.

③Frederick Barth, ed.: *Ethnic Group and Boundaries*, (1969), Waveland Press, Inc., 1998.

④Raoul Naroll: *On Ethnic Unit Classification.* Current Anthropology, 1964, p. 5.

弗里德里克·巴斯极力反对上述观点,他认为,上述这种观点是暗含着一种预先设想的关于这类群体的起源、结构和功能中的重要因素的观点。他说:允许我们推测界限的存在是毫无疑问的,是尾随下列特征所暗示的分离状态:人种差异、文化差异、社会分离和语言障碍、自发而有组织的敌对等。导致设想每一个群体都在相对隔离的情况下发展的文化和社会形式主要与当地的生态因素相对应,并通过借助发明和有选择的借用来完成历史适应。巴斯还认为,首先,作为族群,其实是把文化作为族群的主要特征时,就得依赖于他们展现的文化物质特质而不去分析族群组织。其次,一群具有不变价值和理想的人们,当他们面对着不同环境中所提供的不同机遇,他们一定会采用不同生活方式并使不同的行为方式制度化吗?如果采取,又如何去归类呢?而把族群视为社会组织形式时,关键的要素是上述第④项,即自我归属和由他人归类的特征——族群认同。因此,在一定程度上,为了互助,成员们用此族群认同去给他们自己和其他人分类,并在此组织意识上构成了族群。

换句话说,就是族群建构时被考虑的特征不是"客观"差异的总和,而仅仅是成员们自己认为有意义的部分。而这种有意义的文化内涵分两层意思:①明显的符号和标志——人们用以找寻并展示认同的分辨特征,其表现为物质性的,这种特征常常表现为服饰、语言、住房形式或一般的生活方式等。②基本价值取向:判断行为的道德和优良的标准,既然属于某个族群类型,就意味着成为一种特定的人,具有某种基本的认同,也意味着根据有关的认同标准被判断和自我判断。所以,归属是族群的关键,其也是认同的问题。由此出发,重要的是确定族群边界——社会边界。这就需要解决两个问题:①一旦(把族群)定义为一个归属性和排他性的群体,族群单位的持续性本质便很清楚了:它取决于边界的维持。维持边界的文化特征可以改变,成员的文化特征同样可以转换,甚至连群体的组织形式也可以改变——然而,成员与非成员间持续一分为二的事实可使我们详细阐明持续性的本质,并可调查到变化中的文化形式和内涵。②社会联系因素独自成为成员资格的特征,而不是显性、客观、由其他因素产生的差异。因此,重要的是确定族群的边界,而不是文化因素。也就是说，区别族群的标准主要是如何建构族群边界，而这种自我认同主要的根据是现时的某种“利益”①。换言之，如果一个社会群体将自己同时被他群认定为族群，那么，他们就是一个族群，无论他们是否具有独特的文化或其他特征。如此一来，族群的文化或其他特征就变成族群成员（主体）主观或主位上区分人群的工具，而不是划分族群的客观标准。不过，族群主观感知的发挥也不是随意和漫无边际的，而是以一定的文化或更准确一点讲是以“利益”为基础的。在此基础上，其意识得以表述或明确化。换言之，文化或其他特征只是表达族群主观感知或类别意识的载体。

总之，对族群这一术语来说，虽以前与 nation 有某些相同，但自巴斯提出“族群边界论”以来，它已成为主要是以主位的认同标准来划分不同人群或人们共同体的一种操作性概念，是人们从事人类学和其他社会科学研究中的一个有用的、灵活的操作概念。它与民族（minzu）的关系是相符相承的，可以互相配合，但不要将它们混为一体，因为在中国，民族（minzu）这个概念已是一种政治性的专指，它指称的是中国政府通过民族识别而认定的56个人们共同体；而族群则是一个可以指称任何一种具有自我边界的人们共同体，是一个操作性概念。两者相混，或用族群去指称或替代民族，这种短视的方式将不利于人类学和民族学的研究，实际上也不利于对中国各民族的认识。

---

①Fredrik Barth, ed.: *Ethnic Groups and Boundaries.* (1969), Waveland Press, Inc., 1998.

第三章 环境与人类的取食方式

马克思主义认为,物质生活资料的生产和再生产活动是人类各种社会活动中的首要活动,也是构成社会发展的基础。马克思、恩格斯说:“我们首先应当确定一切人类生存的第一个前提也就是一切历史的第一个前提,这个前提就是:人们为了能够‘创造历史’,必须能够生活。但是为了生活,首先就需要衣、食、住以及其他东西。因此第一个历史活动就是生产满足这些需要的资料,即生产物质生活本身。同时这也是人们仅仅为了能够生活就必须每日每时都要进行的(现在也和几千年前一样)一种历史活动,即一切历史的基本条件。”①恩格斯《在马克思墓前的讲话》中也再次强调:“人们首先必须吃、喝、住、穿,然后才能从事政治、科学、艺术、宗教等等。所以直接的物质的生活资料的生产,因而一个民族或一个时代的一定的经济发展阶段,便构成为基础,人们的国家制度、法的观点、艺术以至宗教观念,就是从这个基础上发展起来的,因而,也必须由这个基础来解释,而不是像过去那样做得相反。”②

功能主义人类学家马林诺斯基也说过:人和其他动物一样,一定要有养料;为了个人和种族的绵续,他也一定要传种。他也一定要时常防御着自然、动物或他人所给他的危险。他若要得到舒服的生活,不能不有住处、温度、湿度的调剂及清洁的设备。要满足这些生物上的需要,每个社区都一定得备下一种所谓文化的“军需处”,

①马克思、恩格斯:《德意志意识形态》(1845—1846 年),《马克思恩格斯选集》(第 1 卷),人民出版社 1972 年版,第 32 页。

②《马克思恩格斯选集》(第 3 卷),人民出版社 1972 年版,第 574 页。

及一种传种的安排，这迫使任何文化产生种种基本结构：营养方面的“军需处”、两性交接及传种的制度、防御的组织及日常生活的设备。于是，人类有机的需要形成了基本的“文化迫力”，强制一切社区发生种种有组织的活动①。

斯图尔德的文化生态学认为，人类首要的活动是生产，所以，要研究文化人类学，首先必须分析文化的技术与环境的关系。文化如何有效地开发可得的资源供给其成员食用与住宿？其次必须分析与文化技术相联系的行为方式。文化成员如何从事那些他们为了生存所必须进行的工作？最后必须判断那些行为方式与文化系统其他方面的关系。人们为生存所做的工作如何影响他们的态度与观点？他们的生存行为如何与他们的社会活动和他们的个人关系相互联系？

总之，不论是马克思、恩格斯，还是其他著名的人类学家，都认为人类的第一种活动是生产，因此，我们首先来谈论与介绍社会生产与再生产情况。

第一节　环境的制约

人类的生产离不开环境。世界上的环境大体可以分为以下几种：①北极和亚北极地区，它占地球面积的16%，其人口占世界人口的0.5%，主要依靠狩猎与采集生活。②草原覆盖地区，如美洲、非洲、亚洲西伯利亚、蒙古高原等广阔的无森林地带，其人口占世界人口的10%，主要依靠狩猎和游牧生活。③温带森林地区，其人口占世界人口的43%，主要从事精耕细作的农业。④高山地区，其占陆地面积的12%，人口占世界人口的7%，主要依靠畜牧与粗放农业生活。⑤热带森林地区，其占陆地面积的10%，人口占世界人口的28%，主要依靠园艺农业（粗耕农业）生活。⑥干旱地区，其占陆地面积的28%，人口占世界人口的6%，主要依靠狩猎、采集经济生活，部分地区有水利设施，从事集约农业，人口密集。

①马林诺斯基著，费孝通译：《文化论》，民间文艺出版社1988年版，第24页。

在任何一种环境中，人类都与环境有着密切的关系，并因此成为生态环境中的一员。在自然科学中，研究生态的为生态学(ecology)，它是对生物体和影响生物体及被生物体所影响的自然的总因素间的关系进行研究的学科。其关键的术语是“适应”(adaptation)，与进化论一样，它也强调“适者生存”的原则。

生态学认为，人类所生存的环境是一个生态系统(ecosystem)，它是一个生物社区(biotic community)，植物、动物以及它们生存所需要的非有机体环境，如土壤、水、空气等都包括在内。也就是说，生态系统是自然环境和生活在其中的生物机体合一的一个系统，这个系统由生物机体的活动以及诸如腐蚀与蒸发等这些自然过程组合而成。由于其具有连锁反应的相互均衡关系，因此，人类学家把自然环境看成是一个由相互依赖因素组成的网络，这样也便于我们探索人类这种生物体和其他生物体及其物质环境之间的动态互相作用与关系。

人类学家认为，上述关系实际上是一种能源流(energy flow)的关系。生态系统中流动的一切能源流的来源是太阳，其源源不断地为地球提供能源。而根据传递这种能源所起的作用，可以把一个生态系统中的生物划分为三类：①生产者是绿色的植物，它们把土壤中的养分和太阳的能源转化成食物。②消费者，它是指直接或间接以植物为食物的生物，主要是动物。③分解者，即细菌和真菌等，它们把死去的动植物转化为土壤中的养分。它们的关系参见图3－1、图3－2。

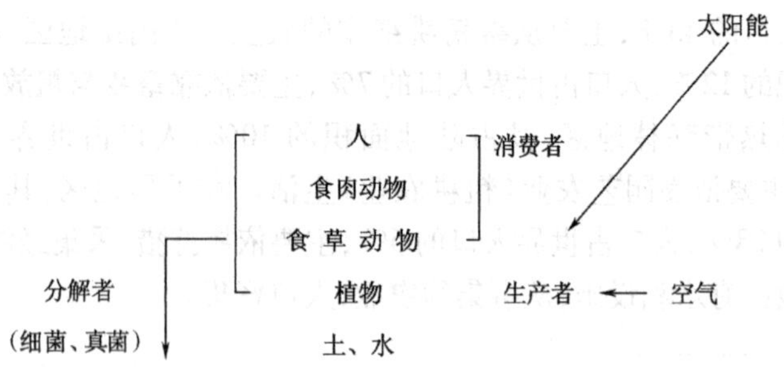

图3－1　自然生态循环关系(植物)

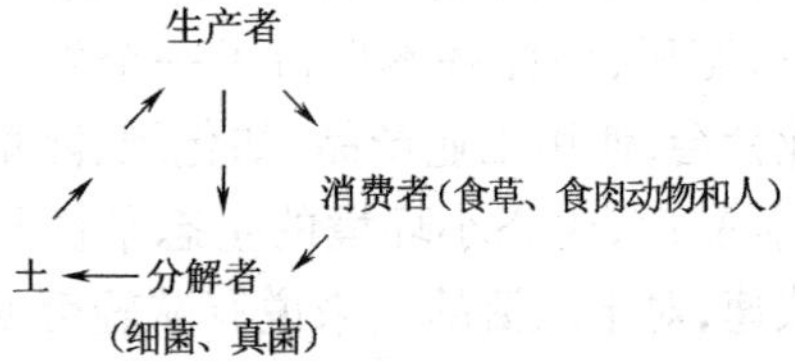

图3-2　生产者、消费者与分解者的关系

从图3-1和图3-2中可以看到,能源流动不是循环的,能源一方面不断地由太阳供给,一方面又以不可回收的方式(主要指热量)被消耗掉。因此,生物只能适应其生长地区最低的维持生存的条件,而不能适应一般的生存条件。

生态系统要持久地维持下去,就必须保持平衡,即它们之间的关系必须协调。当然,在平衡中也存在动态的变化,这是生态系统生命的有机部分,所以,最健康的生态系统是最能够在面临变化时重新获得平衡的系统。

那么,什么性能能使生态系统适应变化呢?生态学家认为,有两种相关但又不相同的性能,其一是复原力,其为一种衡量一个系统在保持其基本因素或关系的前提下所能承受变化的程度。如一个地区在不搬迁或死亡的情况下,地方群体能够忍耐缺水或旱灾的最大限度;其二是稳定力,其是一种衡量某一体系在消除骚乱后重返平衡的难度和速度,如缺水后恢复正常的快慢如何等。一个生态系统都有这两种性能,因而可以忍受巨大的干扰而不致彻底变化。

但是,复原力是有限度的,超过这个限度,它就要毁灭。而人类的活动是自然生态系统中最主要的破坏因素。因为人不是用自己的身体去适应自然生态环境,而是用人类创造的文化手段去适应自然生态环境,而且他不仅与食肉动物有关,也与食草动物有关,同时也与植物有关。也就是说,在能源流当中,人可以和能源流的任何环节发生联系,因此,人最容易破坏环境。不过,在工业社会以前,由人类建构所形成的人为环境一般都能保持生态平衡,如过去的农村，从田里收获粮食，养些吃草的牲畜；垃圾等烧了肥田，人与家禽、家畜的粪便处理后肥田，因此基本保持了一个生态小环境的平衡。然而，自进入工业社会，使用工业产品，如化肥、除草剂、农药和一些无法降解的塑料制品后，生态小环境的生态平衡开始遭到破坏，如使用化肥干净、快速，对干农活的人来说有减轻劳动强度的功能，并可以使土地的产出增加，但由于人们过多使用化肥，排斥了农家肥，这一方面会使土地板结，土地的品质下降；另一方面，不用农家肥就使这些粪便溢出而流入溪水中污染水质，又使空气被污染。此外，与传统相比，使用化肥还增加了经济成本。因为人们得用钱买化肥、农药等而无法自己生产。使用塑料制品，其废弃物无法以传统烧垃圾或火烧土的方式处理，因为即便用火烧了，垃圾的体积缩小，但这些化学合成物也无法由自然的分解者在较短的时间内分解，所以只能堆在户外，又没有类似城市的垃圾处理系统将其集中运到垃圾处理场处理，所以就形成目前农村中满目可见的视觉上的"白色污染"。所以，在进入工业社会的今天，保护环境，使人们在目前的人为环境中能生存与可持续发展是极其重要的问题，不可掉以轻心。

第二节　取食方式

恩格斯说："我们视为社会历史的决定性基础的经济关系，是指一定社会的人们用以生产生活资料和彼此交换产品（在有分工的条件下）的方式说的，因此，这里面也包括生产和运输的全部技术装备。这种技术装备，照我们的观点看来，同时决定着阶级的划分，决定着统治和从属的关系，决定着国家、政治、法律等等。"①在这里，恩格斯指出，经济关系包括物质生活资料的生产、产品分配与交换方式这三个重要方面，因此，我们介绍经济，就从物质生活资料生产的取食方式开始。

人类在其历史长河中曾采用过一系列不同的方式来获得生活

①《马克思恩格斯选集》（第4卷），人民出版社1972年版，第505页。

资料，这种方式可称为取食方式或生产活动。就人类大部分经历来说，他们从事狩猎与采集活动，至今在一些地方仍存在这种取食方式。这是一种以采取自然界现存的天然产品为生的经济生活，也可以称为觅食(food foraging)经济。大约在1万年前左右，由于技术发展和人口压力以及其他原因，世界各地开始了植物培育和动物的驯化，即开始了直接的食物生产的经济生活，这是人类文化发展的一个重大转折点，它也称产食经济。食物的生产可分为两类，即农业和畜牧业。由于生产技术的不同以及发展初期在很大程度上受自然环境的制约与影响，在每一类中又可以细分为几类，如农业可分为粗耕农业、集约农业和农场等，畜牧业也可分为游牧、定居式放牧等。在自然环境报酬递减规律的影响下，人类改造自然的能力——技术不断发展和提高，也产生了一些不直接生产食物的生产部门，如手工业、商业和工业等，因而现阶段人类的生产活动是多样化的。

一、采集和狩猎生活

采集和狩猎生活(gathering and hunting)是采集或猎捕自然界现存的天然产物(植物与动物)为生的经济活动。

就考古学发掘的材料来看，至迟从200万年前起人们就开始用粗制的石器，后来又利用火来进行采集和狩猎活动。最初，当人们只能制造粗糙的打制石器乃至用火来狩猎时，最可能采取的狩猎方式是群体协作围猎和追赶。如在坦桑尼亚奥杜威峡谷(Olduvai Gorge)中，考古学家在湖相沉积地层里挖出三只巨兽的四肢骨化石，一只是大野牛，一只是西洼兽(长颈鹿超科，体型比长颈鹿大，已灭绝)，一只个子大于野牛的似羊的动物，它们原封不动地站在黏土层中。在附近的临时狩猎营地遗址里还发现有它们的体骨和肢解兽体用的尖状器和石片。现场的情况告诉我们，这三只巨兽显然是被手持木矛和石器的狩猎集体驱赶到湖泊中齐腰深的淤泥里惨遭灭顶的，它们的躯体被猎人用石器分解成几大块拖走，弄到附近的营地上分成小块烤着吃了，而它们的四条腿大约是取不出来，只好放弃了。在法国索抑斯特尔地方的陡峭石岩下，曾发现几万具马骨，它们应该是被追赶而掉到山崖下的。还有1963年在西班牙托拉巴东北部的安布隆纳遗址，豪厄尔·克拉克（Howell F. Clark）发现了一头公象的左半边骨骼完好地在一边，而另一半的骨骼则散落在附近，有的象牙和腿骨人为地排列在一起，像是垫在沼泽中当路使用①。这些遗迹都表明，当时的人类采用的是集体围猎的捕食方式。

在近现代，一些简单社会的民族仍会使用这种集体围猎的取食方式。例如，近代北美印第安人在围猎美洲野牛时通常都是全族人一齐出动，男子在平原的某处修造一个只留一个入口的牲畜围栏，这之前绝不能去惊动野牛，待畜栏修好后，人们从外围追赶牛群，妇女和孩子也在沿途吆喝，催赶牛群，并防止野牛中途逃脱。当牛群被赶入畜栏后，男子射杀，妇女负责剥皮和屠宰，最后平均分配。澳大利亚土著在猎捕袋鼠时也使用围猎的方法，他们用栅栏将某一个地方围起来，全族男女把袋鼠赶到栅栏中捕杀；有时则是一些男猎手埋伏在一个地方，其他男子、妇女和孩子则把袋鼠往那里赶，然后由这些男猎手进行捕杀；有时还借助燃烧草原的干草来进行围猎。因纽特人（爱斯基摩人）在捕海豹或北极熊时也采取集体协作的方法。我国的高山族在清代猎鹿时也采用围猎的方法，佤族也有男女一起打猎的事实。

从世界各民族保存下来的这些围猎形式并结合考古发掘的实物资料，我们大致可以看出，人类初期多采用集体围猎的方法。如北京人遗址中出土有不少大型动物的遗骨，如肿骨鹿、斑鹿、三门马、德氏水牛、剑齿虎、梅氏犀牛和豹等，而且鹿和野猪的个体都在1 000只以上，而当时最多只有木矛、粗制石器和火这些简陋的工具。这种大型动物的猎捕主要是依靠集体的力量。当然，当时可能还有一些其他的狩猎方法，如陷阱、追赶法等，但集体协作应该更经常、更普遍些。因为当时的生产工具还不可能使个体的狩猎成为一种经常性的活动。

旧石器时代晚期以后，生产工具有了很大的改进，出现了工具的分类使用，如石器中，刮、削、砍、砸各有所司，也出现了骨、角器乃至新的复合工具，如矛、投矛器、投掷板和渔叉等，特别是弓箭的出

①豪厄尔·克拉克等著，叶苍译：《原始人》，时代公司1999年版，第95、97页。

现,使新的狩猎方法产生,使个体狩猎成为一种经常性的活动。

利用新的工具从事狩猎的方法可以从因纽特人、澳大利亚土著、布须曼人和尼格利陀人的例子中看到。他们往往是悄悄地、神不知鬼不觉地,有时加以伪装来接近动物。在他们手中的工具,如因纽特人的弓箭、渔叉,澳大利亚土著的长矛等,在射程内投或射出以猎取野兽。

当然,这一时期也还存在围猎的方法。如距今一万多年前的美洲克罗维斯型遗址中,常有猛犸象、乳齿象和剑齿虎等大型动物的残骨。在蒲兰诺遗址中,估计屠杀的牛有近万磅牛肉,要搬动其中的1/3就需要150人。所有这些可以说明,在弓箭等复合工具发明后仍存在协作狩猎的现象。

现代的狩猎采集者虽然与早期采集狩猎民族不完全相同,但也大致保留了从旧石器时代发展出来的采集狩猎生活形态,而且具有以下一些特征。

第一,目前,世界上大约有25万人采用采集狩猎经济或取食方式以维持他们的生活,这些人约占世界总人口70亿的0.006%。然而,与一万年前的采集狩猎者不同的是,他们现在都生活在环境比较恶劣的边远地区,如不超过10万人的因纽特人生活在冰封千里的北极冰原中。布须曼人(Bushman)生活在干旱、荒芜的卡拉哈里(Kalahali)沙漠中。尼格利陀人(Negritoes,小黑人)生活在一般人难以进入的刚果原始森林中。我国鄂伦春族的一部分生活在大兴安岭的密林中,而不像一万年前的人们,可以选择最佳的环境来从事经济活动,因此他们深受自然环境的制约。同时,这也表明人类适应自然环境的能力有很大的伸缩性。

第二,由于生活在恶劣的环境中,采集狩猎的经济活动受自然环境因素的影响很大,特别是不同的季节有不同的生活,而且根据地区小生境的不同而不同。例如,爱斯基摩人的社会经济有季节性的区别。一般冬季在海边,夏季到内陆活动。北极大陆上的夏季,驯鹿、鲑鱼大量出现,而且散布的地域广泛,前者夏季迁徙到北极活动,后者夏季到北极大陆中溪流的上游产卵,爱斯基摩人以它们为食,因它们分散在北极各地,所以爱斯基摩人也要分散,通常以小家庭为单位分散到北极大陆的各地去猎鹿或捕鲑鱼。冬季，北极大陆冰封千里，驯鹿南迁，鲑鱼也都见不着了，所以他们一般是集中到海湾边，在冰薄的地方打海豹为生。因为虽然海上结冰，但海豹等哺乳动物还是要钻出冰面来呼吸的，所以只要在冰上凿洞，守在那里就可能捕到升到海面呼吸的海豹。这种自然环境和他们为生存而选择猎物使他们的生产技术和社会组织发生了一些适应性变化。如在夏季，他们多是个体进行采集与狩猎，采集巴尔奶浆果，捕猎鲑鱼。捕鱼时，往往是在小溪中围堰，然后站在那里守株待兔，用渔叉刺杀，因为鲑鱼的习性是到上游浅水地带产卵；或者有的在夏季捕猎驯鹿。在冬季，因为捕猎的是较大型的动物，如海豹，偶尔也捕猎北极熊（碰上的话），一个人的力量有时应付不了，所以多数采取集体的力量来狩猎。这也引起社会组织乃至精神活动的变化，如夏季以小家庭为单位活动，冬季人们集中后，以氏族（clan）或部落（tribe）或队群（band）为单位生活。

又如，昆布须曼人（Kung Bushman）生活在博茨瓦纳的卡拉哈里沙漠中，这里的气候分干、雨季，沙漠中有500多种动植物，布须曼人可利用150种植物和100种动物，食用的植物近100种，动物约50种，其中，最主要的采集对象是芒刚果（Mangongo）的坚果。根据上述这些资源，卡拉哈里沙漠每平方公里土地的人口容量为44人，但现有的人口密度为每平方公里0.25人，他们的人口控制在环境容量之内。限制他们的因素主要是水源，由于15 000平方公里的沙漠中只有10处水洞常年有水，旱季时那里仍有水，动物需要水，就会集中在水洞附近，布须曼人也需要水，又要狩猎，也需要集中在水洞周围生活。由于旱季动物集中在水洞附近，所以旱季里布须曼人的狩猎行为多些。到了雨季，沙漠中普遍降雨，到处有水，此时植物快速生长，动物也分散开活动，所以布须曼人也相应地分散开，充分享受大自然赐予的恩惠。所以，他们也有季节性的适应或季节性的经济生活，同时也有季节性不同的社会组织行为。

第三，由于自然环境的制约，这些采集狩猎民族都有区域性适应的问题。人们可以食用的动植物虽然很多，但在环境恶劣的情况下，生存的东西有限，动植物类型也不一，人们在这种环境中依靠自然界生存,不能不深受自然环境的影响。如北极苔原植物较少,所以爱斯基摩人主要以动物为生,夏季也采集一些植物类食物。卡拉哈里沙漠中的布须曼人以芒刚果为主食,因为那种植物在沙漠中最多,狩猎的对象则主要是沙漠中的鸵鸟等。美国内华达州的肖肖尼人生活在干旱的沙漠中,采集的对象主要是松果,狩猎的对象则主要是野兔等小动物。换言之,每个采集狩猎民族都要根据自然环境的境况作一些选择,因此,他们需要在一个有限的可以利用自然食物资源的范围内做必要的移动。

第四,由于环境容量的制约,即土地的负载能力(carrying capacity)的制约,所以这些地方的这类觅食社会群体都比较小型。如卡拉哈里沙漠虽然其环境容量为每平方公里44人,但布须曼人的群体都很小,他们的队群组织一般为25~40人。里查德·李(Richard B. Lee)所调查的布须曼队群只有31人,其中,成人20人,小孩11个人。在卡拉哈里沙漠中,每平方公里的人口密度为0.25人,也就是说,每4平方公里才有一个人,所以布须曼人的生存是没有问题的。

第五,虽然环境恶劣,但在其中生活的人们采集各种能吃的食物,低能源要求,付出少,收获多,也就是说,劳动时间少,收获较多,但技术效率很低,食物也没有得到很好的保障。如根据里查德·李的调查,布须曼人平均每天工作6小时,每周工作2天半,共15个小时,就可以满足一个家庭一周的生活需求。这样,一家人中每人每天可以摄入2 140卡热量和42.1克的蛋白质,与美国小群体的标准热量1 975卡和蛋白质60克相比,布须曼人每日摄入的热量超过,但蛋白质不足。布须曼男人从事狩猎兼采集工作,女人为采集的主要力量。由于男人狩猎时,投入1卡路里热量,产出为3卡路里,成本较高,所以狩猎很少进行,需要补充蛋白质时才去狩猎。食物主要是采集植物,妇女的采集提供60%的食物,男子提供40%的食物(包括蛋白质类),一个女人工作1天采集的食物足够一家人吃3天。而且妇女控制她们采集到的食物而且能与她们选择的任何人分享,在布须曼人中,受赡养的人约占40%,其中,老人占10%,儿童占30%。食物共享是这类平等主义社会的特征之一。

有人进行过计算,布须曼人一个队群每天生产的热量是64 200

卡,这需要7.4人工作一天(6个小时)。每个人工作一小时消耗的热量为150卡。于是,7.4人×6小时×150卡=6 660卡,每人为900卡,因此,投资6 660卡可获得64 200卡,其生产热量的劳动技术效率是64 200÷6 660=9.6。而如果一个布须曼人一天消耗1 000热卡,这一天生产的热卡足够31人的群体生活两天①。因此,有人认为布须曼的效率为:

$$E(\text{energy}) = M(\text{man}) \times T(\text{time}) \times R(\text{radiate}) \times E(\text{equal})$$

能量=人数×时间×所耗热量×技术效率

23 433 000卡=20人×813小时×150卡×9.6

由此看来,虽然他们的技术效率相对比较低,但布须曼人所花的劳动时间不用太多就能满足生存的需要,因此,他们有较多的闲暇时间可以从事其他休闲活动,而且生存的质量也比某些农业社会高些,这表现在他们的寿命相对比较长,如10%左右的布须曼人的寿命在60岁以上;而在巴西、印度农村中,只有5%的人寿命超过60岁。

其六,觅食者的领土概念对于资源的平等分配和社会地位的平等都有着重要的影响。在大部分群体所居住的区域中,资源的享用权是向全体成员开放的。如果某人有可利用的资源,其他人也同样可利用。如果一位在非洲中部森林里生活的姆布蒂俾格米人猎手发现一棵蜜树,他具有优先权;但是在得到他的份额后,其他人就轮流有份。万一他没有利用他的发现,别人就会来利用。在群体中的任何人都不是这棵树的私人拥有者;这种制度在于先到先受益。因此,这种共同占有某种资源(土地与土地的产出的物品)的制度,也是这种平等主义社会能够持续的保证,而平等主义也是这类狩猎采集社会的特征之一。

此外,我们不仅要认识到,200万年来采集、狩猎经济是随着生产工具的变化而有所变化,也必须看到近代以来现代生产技术的变化对狩猎、采集民族的影响。如尼格利陀人的弓箭已是铁制的,这

①Richard B. Lee: *The ! Kung San: Men, Women and Work in a Foraging Society*. New York: Cambridge University Press, 1979.

是他们用肉类与邻近的班图人交换得来的。加拿大的爱斯基摩人现已用上机动雪橇和摩托艇来从事生产。我国的鄂伦春族在 17 世纪时就开始使用火捻枪和燧石火枪,大约在 18 世纪中叶完全用火枪代替了扎枪和弓箭,19 世纪从俄国传入别力弹克枪,20 世纪初又传入快枪,新中国成立后则用上 56 式的半自动步枪等。这些较先进的生产工具和手段的使用必然导致采集、狩猎生活的迅速改变,如猎获量增加并转换为商品才可能换来金钱购买先进的工具,这自然对环境会造成较大的破坏,并使他们的生活发生变化。如布须曼人在从事畜牧业的民族进入沙漠地带后,狩猎的工作量增加了,一般从过去需用的 2 天到现在需用 4 天才可以满足其蛋白质的需求。因此,在雨季雨量特别充沛时,有的布须曼人也会种些谷物来弥补不足。在现代,有的也开始从事旅游业或其他行业。尼格利陀人在他们生存的原始森林逐渐缩小,并当工具的改革所猎取的动物的增长赶不上其死亡速度的情况下也作了一些转向,如有的去当邻近农人的雇工,有的去从军,以挣取工资来购买农产品和工业品。鄂伦春族和爱斯基摩人的猎获物早就成为商品,其经济已成为更大范围商品经济的一部分。为了换取更多的钱币,爱斯基摩人甚至超过自我消费地捕猎海豹,最终导致环境保护主义者的反对与禁猎。

二、食物的生产

大约在 10 000 年前到 9 000 年前,世界各地都开始了从狩猎、采集经济向食物生产经济转化的历程,这一转变有的地方一直延续到公元前 3 000 年左右。而这次转变后,多数人类社会不再依赖变幻莫测的自然界来取食了,而是通过种植植物或驯养动物来生产食物。

(一)食物生产的起源问题

就目前的考古发掘情况来看,人类第一个植物栽培中心在中国华南到东南亚一带,其最主要的作物是北方的粟、高粱、麻和南方的水稻与块茎作物。东南亚泰国的仙人洞发现了公元前 9 700 年左右豌豆、大豆和水栗(Water Chestnuts)的种子。泰国的能诺他遗址和中国浙江的河姆渡遗址发现在公元前6 000 年左右就出现了人工栽培的水稻种植和灌溉农业以及驯养猪和牛。现在有些遗址发现了更早的人工栽培水稻的遗迹，如江西万年仙人洞遗存的水稻有12 000年的历史，河南漯河市舞阳县北舞渡镇贾湖遗址发现有距今12 000 年的水稻，浙江桐乡市石门镇利星村的罗家角自然村也发现比余姚河姆渡早 1 000 年的水稻耕作遗迹。虽然有这些发现，但从粟与水稻的野生种植到完全人工栽培过程的实现现在还没有完全搞清楚，还存在许多缺环，因此中国考古学家还有着很艰巨的任务。

人类第二个植物栽培中心在两河流域和小亚细亚山麓。这一区域也可能延伸到非洲，其主要的作物和动物是大小麦和羊。大约在 10 000 年到 8 000 年前，这里开始种植二粒小麦(Emmer Wheat)、大麦(Barley)等，驯养绵羊、山羊和猪。7 000 年前，这一区域开始出现灌溉农业。目前，小麦从野生种植到完全栽培种植的发展过程已比较清楚。

人类第三个植物栽培中心在中美洲，主要的作物是玉米、南瓜、白薯、马铃薯和花生，驯养的动物是火鸡和骆马等。大约在 7 000 年前，中美洲的得瓦干(Tehuacan)和瓦哈卡(Oaxaca)地区先出现大豆和南瓜，然后又出现了玉米，而到公元前 850 年左右才出现灌溉农业。目前，从野生玉米的小个体(还没有香烟过滤嘴大)到人工栽培的大个体的全过程也已经脉络清楚。

当然，关于农业与畜牧业的起源问题有多种看法。过去认为畜牧业先产生，后因畜牧的需要，农业才产生出来。如恩格斯认为，畜牧业是在野蛮时代的中级阶段，先从狩猎、采集经济中发展出来的，后来由于养畜的需要，才发展出农业①。现在虽然这一问题还没有最后解决，但根据现代考古学的资料来看，植物的栽培和动物的驯养大约是同时出现的，大约是在旧石器时代的晚期就开始出现，而且植物的栽培似乎早于动物的饲养。因为目前发现最早的狗化石大约距今 10 000 年左右，如 1982 年在瑞典南部的贺恩博加湖附近发掘出来的狗化石，距今约 10 000 年左右。莱茵河一个冰河晚期墓

①恩格斯：《家庭、私有制和国家的起源》，人民出版社 1972 年版，第 22 ~ 23 页。

中的动物骨骼中也有狗化石,年代也是大约10 000年左右。而植物的栽培在距今15 000年左右就开始有了。据说泰国能诺他在15 000年前就开始有块茎作物的种植。

当代许多人类学家认为,原始农业的起源地通常是在山地和森林中,而且往往伴随着动物的驯养。也就是说,农业是从狩猎、采集经济中演化出来,而且还应在有所剩余的情况下才可能出现植物的栽培和动物的驯养。因为如果是在资源困难的情况下,所有可以获得的东西果腹都来不及,如何去栽培和驯养它们呢?

因此,从上述情况来看,由于早期人类生活在森林地带,缺乏放牧条件,而耕种的条件比较具备,因而带有家畜的农业应该比纯粹的畜牧业发展得早。只有到人们开始往河谷地带迁徙、发展灌溉农业时,找到了适合于放牧的地方,畜牧业才可能分离出来。所以,最有可能的是,农业先发展出来,然后再从农业中分离出畜牧业。

至于为什么不同地方的人类在大约相同时间中从狩猎、采集经济转向农业革命,也有着不同的解释。如过去有人认为,这是气候变化所致;有人认为,是因为人口增加,饥荒威胁;也有人认为,人类本身就具有某种冲动,想改善生计习惯,改进技术,以便更有效地利用他们所熟知的环境。宾福德(L. R. Binford)认为,当生态系统下的文化失去其系统性的平衡时,人类社会就会以变迁来弥补其生计。当人们从野生资源丰富的中心地区向更边缘的地区扩散时,便有可能努力从事植物栽培和动物驯化,以重新获得过去在最佳条件下已经习惯了的生活水平,这就有利于向畜养和栽培转化。现在比较普遍的看法是:人类从狩猎、采集经济转向农业革命是由于自然环境的变化、人口增加等因素导致的。因为,在这种形势下,对若干资源的利用达到了极限,如对动物、野生鱼类的捕猎,由于猎取太多而达到了种的灭绝的危险,因而不能满足人类生活的需要,但是,由于人类长期对植物的习性有所了解,逐渐地把野生培植成家生,于是产生了植物栽培,这就是农业的起源。最近有一些人类学家甚至认为,农耕是最后一着生计政策,而只有当狩猎、采集民族没有任何现实的选择之时,他们才会选择农业。哈里斯认为,当人口超过自然环境的最高人口容量时,通常用两种方式解决:一是强化,即技术不变,在每一单位上投入更多的人力与时间。二是扩张,即扩大生产食物的地方。这些都会和最高人口容量(即能量的最高容量)相矛盾,这样,人们就要改变技术,因此导致农业的起源。总之,关于为何不同地方人类都是在大约相同的时间中从狩猎、采集经济转向农业革命这一问题还没有一个统一的说法。

(二)园艺农业

狩猎、采集经济是获取特定栖息地的野生资源,它不管野生食物的生产率如何,不影响他们赖以生存的物种的再生圈,对这些物种没有意识去操纵,而是在人类的取食过程中无意识地改变了环境。

人类通过保护食物资源不受虫害、捕食动物和竞争者的侵袭,通过为食物资源提供水分和养分以及通过其他方法使环境有利于食物源的生存,从而逐步开始控制食物源的再生率,所有这些尝试都导致了人类最伟大的成就之一——农业的诞生。

人类最先产生的农业很可能就是现在所说的园艺农业(Horticulture),即"对园地的垦殖",也称为初级农业、刀耕火种、山田烧垦(Slash and Burn)、游耕(Shifting Cultivation)、降雨农业(Rainfall Agriculture)、混合农业(Mixed Farming)和粗耕农业等。

这种农业的最原始耕作方法是:首先用简单的工具(石刀或斧或金属刀、斧等)砍倒林中的树木(树头不挖),将树木等晒干烧成灰,并直接用掘棒或刀在地上戳小洞点种各种旱作植物,利用降雨浇灌,利用烧灰做肥料,所以人们称之为"刀耕火种"或"山田烧垦"。这样开垦出来的土地使用一年或最长三年就需放弃耕种,抛荒让其休耕,以便恢复地力后再使用。抛荒的时间通常是10~20年,因为这是自然界中树木生长成林,或者说被砍掉的树林再生恢复原状所需要的时间。由于耕作的土地几年换一次,10~20年形成一个周期,故人们称其为"游耕"。

与集约或密集农业相比,园艺农业具有以下几个基本特点:

1.技术简单。在一定时间里,只有零星土地得到垦殖,没有灌溉,没有犁耕,更谈不上机器操作,随着时代的不同,所使用的工具有石制的、铜制的和铁制的砍刀、小刀、斧头、掘棒、锛、锄头和耜等的变化。由于工具与技术简单，故人们称其为“初级农业”。

2. 单位面积产量低。由于是广种薄收，所以人们称此为“粗耕农业”（也有人称现代以机械化慢坡耕种的农业为粗耕农业）。

3. 当代从事园艺农业的地区为热带雨林区和某些山区。雨林区的土地可能肥沃，靠天下雨灌溉；而某些山区地带也靠天下雨来浇灌，但地多、贫瘠，现从事这种农业的地区每平方公里不超过 150 人，人口密度很低。由于靠天浇灌，故称“降雨农业”。

4. 种植一些对土地所求甚少的植物，一般都为旱作植物，而且有的一块地里种植多种作物，园地里的植物高高低低，形成类似园林的状况，故人们称之为“园艺农业”或“混合农业”。

5. 土地使用 1 年后或最多 3 年就需要抛荒休耕，所以园艺农业的土地需要轮耕，以便地力的恢复，园地要恢复原貌的时间约为 10～20年。

从事园艺农业的人们对环境有良好的敏感性，他们需要准确把握变换土地和重新使用休耕地的时机；他们还必须相当准确地计算烧荒的日期，选择一个风能够助火势而又不会殃及整个森林的日子，也会先开防火道来防止火势蔓延到森林的其他地方；他们对各种土壤、各种植物的需求、居住地的地形和小气候也都了如指掌。当然，为了防止自我技术能力控制之外的未知因素的出现，他们也会使用仪式等来加以保险。

现代从事园艺农业的民族多居住在热带与亚热带地区。如新几内亚高地的辛拜（Simbai）和吉米（Jimi）地区的策姆巴加·马林人（Tsembaga Maring）就是其中之一。根据美国人类学家拉波波特（Ray Rappaport，1984）的研究报告，策姆巴加人生活的地区人口密度低，每平方公里不超过 150 人。他们的族群有 204 人，在辛拜河谷 1 500 米以下的地方，有效地栽种园艺植物。他们大约有 864 英亩的坡地用于耕种和休耕。在拉波波特（Roy A. Rappaport，1926—1997）调查研究的那一年（1962—1963 年），他们开辟和耕作了 42 英亩土地，但因有些地耕种了两年以上需休耕，所以当年他们共种植 100 英亩左右，占全部耕地的 1/10。拉波波特认为，每平方英里可耕地的潜在负荷量为200人,但实际的人口密度只有124人。

在策姆巴加·马林(Tsembaga Maring)地区,园艺农业供应了99%的日常主食,当地人也从邻近的森林中捕捉野猪、有袋动物、爬虫类和蛴螬等。典型的园圃中不仅种植主食植物,如甘薯和芋头,也种植其他淀粉植物,如薯蓣、木薯、马铃薯、香蕉以及各种豆类、绿叶蔬菜和其他蔬菜,还有甘蔗等。多种植物种在一起,像一个园林,并创造出一个缩小版的热带雨林。

建立一块园圃,首先得清除次生森林和林下的植物。过去用石锛,现在用番刀,这种技术上的改变在其他地方也存在。大约4星期后,男人砍倒大部分的树木,但最大的树还是留下来,只是剥掉其树皮。拉波波特估计,每英亩清除工作所花的精力是砍树的两倍半。然后用篱笆将园圃围起来,以避免家猪和野猪的破坏。他们常将园圃集中,以便筑篱笆的工作可以尽量减少。这项工作需要的劳力是清除工作时的一半还要少些,这也是男人的工作。一两个月后,园圃中的杂物干燥了,就被堆积起来烧掉,然后是播种。准备园圃需要的工作投入并不太多,在作物成长期间,除草等的工作投入则需要更多,其花费的精力总和约为当初清除工作的3倍。此外,收获和搬运工作也比较费力。不过,花费在园圃劳作中的劳力虽多,但报偿也不菲。拉波波特估计,耕作每英亩要投入30万卡路里热量的劳力,如清除场地,每英亩需耗热28 314卡;修建篱笆,每英亩耗热17 082卡;烧掉砍倒的草木,每英亩耗热94 844卡;播种,每英亩耗热16 553卡;除草,每英亩耗热90 168卡;收获,每英亩耗热40 000卡。但这样的投入可以获得500万卡热量的食物,能量的投资和收获的能量的比率大约是1:16,有时可达1:20。种植芋头类田地的比率为1:16.5;甘薯田的比率为1:15.9。每个农人一年大约用380个小时,以每天6小时计算,他们每人每年的劳动时间是两个半月。这种比率比南部非洲卡拉哈里沙漠中从事狩猎、采集的布须曼人(Kung Bushman)的收获要多出1倍以上。理查德·李(Richard B. Lee)曾计算布须曼人的技术效率,其公式为:每天生产的热量÷每天付出的热量=技术效率,布须曼人为64 200÷6 660=9.6。而根据这个公式,策姆巴加人每天生产的热量为410 958.9卡,每天付出的热量为22 831卡，技术效率为18，其食物能量方程式大约如下：

$$E(\text{energy}) = M(\text{man}) \times T(\text{time}) \times R(\text{radiate}) \times E(\text{equal})$$

$$150\,000\,000 = 146 \times 380 \times 150 \times 18$$

这里的146人是指10岁以上的成年人。另外，策姆巴加人因种植的主要是缺乏蛋白质的作物，而且雨林中自然生长的蛋白质少①，所以，策姆巴加人需用养猪的方法来满足蛋白质的供应。在该地区，猪由妇女饲养，该村最多时饲养有160头猪，由66位妇女负责；一头猪可以生产50磅（约25千克）肉，一年的情况大体为：

$$E(\text{energy}) = M(\text{man}) \times T(\text{time}) \times R(\text{radiate}) \times E(\text{equal})$$

$$5\,252\,000 = 66 \times 758 \times 150 \times 0.7$$

在这里，E是食物的能量总和，M是食物生产的人数，T是每个劳动力所用的工作时数，R是每个人每小时所消耗的热量数，E是每个热量单位与生产的食物能量平均数的技术效率。由此来看，园艺农业生产工具简陋，效率不高，但所花的劳动时间较少，一年只需工作两个半月，收获相应比狩猎、采集取食方式要高，大约是狩猎、采集的1倍多，这样可以养活更多的人②。

在中国古代，园艺农业（刀耕火种）的范围很广。《管子·揆度》记载："黄帝之王……不利其田，烧山林，破增薮，焚沛泽，逐禽兽。"唐代元稹《酬乐天咏通州诗》云："田仰畲刀少用牛"，"水种新秧秡，山田正烧畲。"刘禹锡《咏三峡竹枝词》曰："银川金钗来负水，长刀短笠去烧畲。"杜甫《戏作俳谐体遣闷二首》记："瓦卜传神语，畲田费火耕。"换言之，在唐代，刀耕火种的取食方式分布的范围很广。至宋代，中国南方地区仍有一些地方盛行刀耕火种的取食方式，如范成大《劳畲诗作序》曰："畲田，峡中刀耕火种之地也。春初，斫山，众木尽蹶。至当种时，伺有两候，则前一夕火之，借其灰以粪。"

我国西南与南方的许多少数民族在古代也以这种方式耕作取

---

①即雨林中各种动物的含量少。有人估计，在亚马孙中游的丛林里，每公顷土地上包括昆虫等在内的动物总量为45千克，而在东非草原上，动物总量则为每公顷土地627千克，东非森林中的动物总量为每公顷304千克。

②Rappaport, Roy: *Pigs for the Ancestors: Ritual in the Ecology of a Papua New Guinea People*, 2nd. New Haven, Conn.: Yale University Press, 1984.

食。如《华阳国志·南中志》记载：牂牁郡（今贵州西南部和云南东南部）的民族"俗好鬼巫，多禁忌，畬山为田，无蚕桑"。康熙《云南通志》卷三十七载：彝族，"爨蛮之名，相沿最久，其初种类甚多……大略广则刀耕火种"。道光《普洱府志》卷十八记：哈尼族，"黑窝泥，宁洱、思茅、威远、他郎有之……在宁洱者，刀耕火种"。余庆远《维西见闻录》引《丽江府志》讲：纳西族，"夷氏不习纺织，男女皆刀耕火种，力作最苦"。同书记载：傈僳族，"喜居悬岩绝顶，垦山而种，地瘠则去之，迁徙不常"。李学诗《滇边野人风土记》记景颇族："每年冬季砍伐森林，春暮干燥，则焚烧之，俟冷熄后，以竹签戳洞播种。"景泰《云南图经志书》卷六记：阿昌族，"巢居山中，刀耕火种，多旱谷"。《永北府志》卷二十五记载：普米族为"西番一种，居寒山冷谷中……刀耕火种，莜稗资生"。《顺宁县志稿》记载：布朗族（德昂族）、佤族的先人蒲人，"平居刀耕火种，好渔猎，住山寒茅居中"。民国《邱北县志》第二册《种人》记载：苗族"喜居箐林，烧火山种植，林败则迁，无定所"。《马关县志》卷二记载：瑶族"刀耕火种，逐山箐为家"。夏瑚《怒俅边隘详情》记载：独龙族"所种之地，惟以刀伐木，纵火焚烧，用竹锥地成眼，点种苞谷；若种莜麦、稗黍等类，则撒种于地，用竹帚扫匀，听其自生自实，名为刀耕火种，无不成熟"。海南岛黎族的刀耕火种称为"砍山栏"。广西大瑶山的瑶族、贵州从江地区的侗族、苗族和中国东南地区的畲族在历史上都曾有过以刀耕火种的耕作方式来取食的现象。

目前，中国还有不少民族用这种方法，尽管技术上已与远古时代不可同日而语。例如，我国云南省的边境地带有4万多平方公里的森林地带和2 000多平方公里的刀耕火种轮歇地①。1982年，云南人口有3 255万人，其中有100万人采取刀耕火种的耕作方式。

独龙族称刀耕火种为"晋木朗"，晋是刀子，木朗为土地，合起来就是"刀子地"，也称"火山地"。在独龙河谷的高黎贡山和担当力卡山的山腰和山麓地带，尽是这种火山地。每年4,5月间，独龙族人就用交换得来的铁斧或铁刀把已选择好的一片片森林砍倒晒干，然后

①尹绍亭：《一个充满争议的文化生态体系》，云南人民出版社1991年版，第3页。

放火烧掉,等草木灰冷却后,即行播种。用一种叫“戈拉”的质地坚硬的弯木锄来松土、薅草。后来,他们在“戈拉”的上面镶嵌一块9~12厘米长的铁片而成为俗称的“恰卡”小锄,因此其工作效率比“戈拉”高出一倍。播种时,独龙族的男子用“戈拉”或“恰卡”或木棒戳洞,女人跟在后面放种子,排成一行,齐头并进。这种火山地主要种植玉米和稗子(小米),靠草木灰做肥料,靠雨季中的雨水浇灌,由作物自行生长,几乎没有中耕,种下去后就坐待收获。在种这种地时,常用的方法就是轮耕。种植一年或两年后就抛荒,待草木茂盛后,再度砍烧和播种。由于自然再生的周期较长,20世纪初,独龙族发展出一种独龙语称之为“斯蒙木朗”(水冬瓜树地)的改良耕地。水冬瓜树的特点是成活率高,生长快,易于栽培,大约三四年便枝繁叶茂,葱郁成林,砍烧后灰多土肥,可以增加产量,也可以使土地连续使用3年,这样就提高了土地的利用率,并使耕地逐步走向固定化。除了火山地外,独龙族还有相对固定的“手挖地”和“园地”,前者用刀与锄头来耕作,后者只用锄头耕作。

怒江的怒族和傈僳族在海拔高的森林地带用刀耕火种的方式开垦“火山地”,在陡峭贫瘠的灌木丛草地上用锄头耕作相对固定的“锄挖地”;而在平缓肥沃的土地上则有用牛耕作的固定的“牛犁地”。

在现代民族中,采用园艺农业的耕作方式各种各样。有的民族的耕作方式破坏性大些,有的则经营得较好。例如,冯·富雷尔·海门多夫(C. von Fürer Haimendorf)曾对印度东北边远地区的达夫拉人和阿帕塔尼人(珞巴族的一支)这两个相邻的部落进行比较。他指出,达夫拉人无节制地砍伐和焚烧森林,从而毁坏了整个地区,然后他们继续前进,丢下一片土壤肥力已经耗尽、没有树木而且没有人居住的荒地,丢下没有用处、长着作为饲料都过于粗劣的草地的山坡。而阿帕塔尼人实行一种保护环境的耕作方式,他们把外来植物引进溪谷种植,把园圃用篱笆围起来,在园子里种松、竹和水果树,不让多余的植物生长,园子被布置得像精心管理的花园。

云南哈尼族从事的刀耕火种方式也比较具有破坏性。他们在刀耕火种时,用锄头把树根挖掉,因此土地抛荒后只长茅草而不长树木,因为树根都被清理掉了。所以布朗族评价哈尼族的刀耕火种取食方式是:“哈尼在处无树林”。布朗人还说,布朗族人一把锄头可以用几年,而哈尼族人一把锄头只能用一年。因为布朗族用刀耕作,锄头只用于中耕除草和种菜,而哈尼族要用锄头去挖树根,所以损耗较大。景颇族也是用刀耕,不用锄头去挖掉树根,这种做法虽粗放,却有助于保护森林。

园艺农业的目标也是为了一定单位的土地能增加供人类利用的能量。但是,从适应的角度来看,游耕的方式是农业中最容易使人类生存下去的方式,这是因为它工具简单,花的劳动时间少,而且随处都可以开垦田地。园艺农业每亩开发出来的能量要比密集农业生产者少,但他们耗费的能量同样也比后者少。有人计算过,西非冈比亚几内利(Genieri)人从事锄耕,每个人的劳动时间是820小时/年;在中国昆明附近的禄村,每个人的劳动时间是847小时/年;而策姆巴加人的劳动时间则是380小时/年。根据马歇尔·萨林斯(Marshall Sahlins)在其《石器时代经济学》一书中列举的证据,园艺农业没有充分利用土地(拥有的土地通常是开垦土地的10倍或20倍),也没有完全使用体力,他们生产的目的仅仅是养家糊口,要达到这一点,不需要全力以赴,所以有些有劳动能力的人(如青少年)就可以完全不干活,而那些干活的人也可以干干停停。

然而,从生态的角度来看,如果处理得不好,园艺农业这种取食方式对生态平衡的破坏也是较大的。一方面,由于它工具简单,花的劳动时间少,随处可以开垦土地,甚至可以开到山顶和坡度较大的山坡上,不像水田要受水的限制,故其产量比狩猎、采集高,这就容易使人口膨胀,进而又导致多开地种植。这样持续下去,在有限的土地资源下,就会使已开垦的土地休耕时间缩短,从而使土质恶化,留下赤裸的山坡和被毁掉的植被。另一方面,园艺农业种植的作物多是缺乏蛋白质的植物,他们的蛋白质来源主要靠养猪来解决。如策姆巴加人、新西兰的古鲁拉姆巴人(Gururumba),还有中国的一些少数民族都是如此,而且采用的方式多是放牧式的,白天让猪自行觅食,晚上把猪赶回家后喂些甘薯和残肴混成的晚餐,一头猪所消耗的农产品大约和一个人一样,所以要为增加的人口提供蛋白质，也需要多开垦土地。在一个族群的土地有限的情况下，多开土地或多使用土地也将造成休耕年限的缩短，从而使土地的地力衰竭，最终可能造成生态平衡的破坏。

在我国，过去有些人认为这种取食方式毁林太多。如陈宗仪认为："解放初期，西双版纳森林覆被率为66.7%，真是茫茫翠翠，山川秀丽，四季常绿，像一片绿色的海洋包围着一个个坝子，45万亩水稻田靠'绿色水库'涵养水土……那时箐沟小河清水不断。1958年后大量毁林开荒，20年来森林覆被率下降到33.9%，森林减少600多万亩，其中毁林开荒占一半左右。现交通沿线很少看到莽莽的原始森林。边远地区保留的也不是完整的热带、南亚热带雨林和常绿阔叶林，许多地方变成光山秃岭，有山无树，有水不清。1958年后开的新田，有的因水枯竭而荒芜。荒山草地已扩大到800万亩，占总面积的27%，灌木丛林扩大到730万亩，占总面积的25%；植被类型演变出现次生类型，热带季雨林和亚热带常绿阔叶林被破坏后，出现牡竹林、竹木混合林、藤冠灌丛、稀树灌木草丛、高草及中草禾草丛。西双版纳若继续毁林开荒，将使荒山草地、灌木丛以及紫茎泽兰不断扩大，其后果不堪设想。"①也因此，有人提出了一些如"森林遭受毁灭！""动物面临绝种！""气候正在变异！""生态急剧恶化！""大自然在呼救！"的口号和见物不见人的研究，但这种后果有多少是因刀耕火种取食方式造成的，陈宗仪并没有加以区分，实际上有许多毁林行为是因开垦固定耕地与砍伐公路沿线的森林造成的，而与刀耕火种的取食方式无涉。

现在有些人进行了比较充分的研究，认为刀耕火种的耕作方式是一种适应热带雨林的取食方式。如尹绍亭曾在云南8个地州的10余个县的数十个村寨中调查了6年。他认为，刀耕火种是热带雨林地区的一种适应方式。正如《淮南子·齐俗训》所讲的："水处者渔，山处者木，谷处者牧，陆处者农；地宜其事，事宜其械，械宜其用，用宜其人。"刀耕火种生产方式还是比较适应在山地上水冷、气候偏

①陈宗仪："关于西双版纳制止毁林开荒的探讨"，《西双版纳经济问题研究专辑》，第10期。

冷、不适于种水稻的地方。在现阶段,刀耕火种不是一种“残余”或“陋习”,现在的科学技术还不能彻底改变刀耕火种。从科学技术的角度观之,也没有产生可以取代刀耕火种的行之有效的山地粮食生产方式,所以这是云南刀耕火种盛行不绝的主要原因①。因为,刀耕火种是“他们适应利用森林环境和森林资源的表现形式”②。一般说来,一个群体对环境所需要的能量越少,该群体对环境的改变就越小。格尔茨认为,刀耕火种生产者在创造一个“简陋的模拟环境”时,对生态系统的改变不大。热带生态系统由聚居在一个小区域内的有明显差异的生物组成,也就是说,热带生态系统更多样化而非专门化。热带土层不厚,却能生长稠密的各类植物,因为营养成分在潮湿、茂盛的丛林植被中能迅速循环而不至于被埋藏在土壤的深层。层层叠叠的枝叶覆盖着,使薄层肥沃的有机质免遭雨水的冲刷和阳光的炙烤。刀耕火种生产者的小块土地完全具有热带森林土壤的这种特质。刀耕火种的土地上,根茎、块茎植物、果树和棕榈树混杂在一起,而且主要靠一层灰质养分生长。和未经垦殖的森林中的野生林一样,刀耕火种地上栽种的树木也形成遮阳挡雨的保护伞,防止土壤受冲蚀和暴晒,同时也减少了对下层丛林的侵扰。这样的园艺农业算不上真正意义上的田地,它只是一个微缩的热带森林,过些年就会恢复到真正的森林状态,但如果使用期过长,作物死亡,土壤焦枯或被侵蚀,土地上生长的就只有大象草,这是一种在贫瘠的土地上生长的植物,一旦长出,这块地以后就很难再使用了。

就中国西南少数民族的情况来看,要完全禁止他们从事这种游耕生产方式似乎不可能。政府已三令五申,却无法禁止。例如,在基诺山,曾想还田为林,使基诺族从事林业,粮食由国家供给,但基诺族有一万多人,分散在大山中,除了几个在公路边上的山寨外,其他的山寨有的需走几天路才能到达,要到山下背粮食,需要动员全

---

①尹绍亭:《一个充满争议的文化生态体系》,云南人民出版社 1991 年版,第 20 ~ 21 页。

②尹绍亭:《人与森林:生态人类学视野中的刀耕火种》,云南教育出版社 2000 年版,第 12 页。

寨子的人跑上几天的路，这要比他们在山上根据传统习惯开一块地麻烦得多。而且自从实行承包责任制起，山林是用皮尺量后分下去的，农民有了经营自主权，政府要想进行干预也容易因距离太远而不了了之。此外，要想让游耕地改造为永久的耕地，还有水源和肥料的问题。少数民族居住在大山中，水源和肥料是一个大问题。在热带地区，游耕地主要靠雨季下雨灌溉。有永久水源的地方多在山腰以下，因此永久耕地，特别是水田必须建在山腰之下。而且因交通不便，也使永久耕地所需要的化肥很难进村，如要去运，劳力投入大，资金花费也大。上述种种因素导致完全禁止游耕很难收到实际效果，除非有很大的投入，而且不计成本—效率。在20世纪70年代学习大寨时，也建过一些梯田，但雨季一到，梯田被雨水冲垮，成了人工的泥石流，而且缺水少肥，产量也不高。因此，要想改变游耕耕作方式，必须仔细地研究各方面的问题和细节，做出详细的计划，甚至还应该做一些实验，才能使这些少数民族改变思想，接受新的耕作方式。当然，新的耕作方式不一定就是梯田，而要因地制宜，既符合民族的习惯，又不破坏生态环境，自然是最适合的方式。

（三）西普埃布洛印第安人的“洪水灌溉农业”

在一些环境恶劣的地方，一些民族也采取一些特殊的适应方式来面对环境的挑战。如普埃布洛（Pueblos）印第安人分东西两部。西普埃布洛印第安人居住的地区是半干旱的荒山和峡谷，不太适宜耕作，生长期很短，霜期从9月到次年5月，几乎没有常年性的溪流，雨水往往以暴雨的方式骤然降落，每年只有250毫米。

为了应付这种恶劣的生存条件，西普埃布洛人用各种方法去适应，其中最重要的就是“洪水灌溉农业”。这主要是指在每年雨季洪水淹没的地带耕种，以降雨来进行灌溉。尽管降雨变化无常，作物还是有可能成活，因为洪水淹没过的土壤常蓄有足够的水分使作物度过生长期。

然而，西普埃布洛印第安人的庄稼也可能被这块土地上所特有的暴雨连根拔起冲走，也可能因降雨太迟或太少，不能在作物生长期内提供足够的供水。为了保险起见，西普埃布洛印第安人除了用洪水冲刷地耕作外，还辅之以多种适应策略。在有条件的地方，他们实行一些灌溉农业。他们在沙丘中挖深坑种植玉米，那里在玉米早期生长季节中土壤比较湿润，而且作物幼芽可以躲避沙暴。有时他们成簇地种植作物，这样可以减少土壤水分的需求，确保暴风大作时，至少中间的作物可以成活下来。他们也仔细地挑选土壤，喜欢吸水性强的地点。

另外，每个村落都选择3，4 个地点来种玉米、豆科作物、南瓜、棉花和烟草，以防某年气候不测时几个地点同时遭殃。有些年份雨水特别凶猛，种在溪谷底部的作物可能被冲走，但生长在荒山底部平坦沙丘地带的作物却可能安然无恙。雨水稀少的时候，地势较低的农田可能会焦干而死，但地势较高的农田则可能吸收到足够的雨水。此外，为了防止不测，西普埃布洛印第安人还种早茬和晚茬作物，如暮春的霜冻毁掉早茬作物，晚茬作物仍能生存，如晚秋的霜冻毁掉晚茬作物，早茬作物仍能成活①。

总之，在应付风险系数极大的生态环境时，西普埃布洛印第安人尽量使用广泛而灵活的耕作方法。他们知道，即便在正常的年份中，有些作物也可能颗粒无收，所以，尽管气候条件多变，技术极简陋（只有掘棒、木铲和石斧），但耕作上却是成功的，遇上好年景时，能储存起足以维持下一季或一年的食物，这是防止干旱必要的保证。

同时，为了使食物多样化、富于营养和进一步防止干旱，他们也打猎和饲养火鸡，采集少量野生食物，收获一些可以在农田里生长的野生植物，并从毗邻的猎人和采集者那里换取水牛肉和兽皮等。

（四）集约农业

1. 各种不同的集约农业。集约农业（intensive agriculture）也称密集农业或犁耕农业、锄耕农业或灌溉农业等。集约农业是指在一定的土地面积上集中投入较多的生产资料和劳动，采用新的技术与措施进行精耕细作的经营农业。集约农业包括以机械粗放耕作的

①普洛格、贝茨著，吴爱明、邓勇译：《文化演进与人类行为》，辽宁人民出版社 1988 年版，第 187～188 页。

粗放经营农业，其是指以一定量的生产资料和劳动投入在较多的土地上，进行粗放简作的经营方式的农业；也包括那些还未以犁为工具而从事固定耕地种植以取食的生产。其实，在早期，集约农业与刀耕火种的游耕的界限是难以区别的。如早期的农业可能由于对肥料改造地力的认识不够，因而也可能采取轮作制，或采用抛荒制从事生产，这时就难以同上述园艺农业加以区别，如中国东周时，上田一人100亩，中田一人200亩，下田一人300亩，就是由这种抛荒、轮耕制造成的。总之，集约农业可以借助畜力，采用较大型的农具，使田地的使用固定化，同时又有精耕细作的一套技术，这些都是与游耕的主要区别。

集约农业有着不同的方式，如佤族挖犁撒种旱地，它每年一、二月刈草，放火烧光，然后用牛犁，牛犁不到的边角地就用锄头挖，故名“犁挖地”，接着将土块打碎，捡除杂草。3月开始撒种，撒种后拨土盖上种子，靠雨水滋润发芽生长。傣族有水田与旱田之分，坝子里为水田，为永久性的耕地，水田的耕作一般一犁一耙到一犁三耙，视精耕的程度而定。畲族耕作水田，在夏收夏种期间，为了赶时间，甚至不犁田，用牛拉的耙子耙两遍，使之水平就赶紧插上秧。傣族的水田通常除草1~3次，普遍不施肥。此外，在山上的旱地中，傣族也使用刀耕火种的耕作方法，而且对此没有什么农田管理技术投入。

华北的旱地小麦靠畜力拉犁犁地，用畜力或人力条播，灌水滋润发芽，待返青后还得采取除草、施肥、灌水等精耕细作的手段才能获得好收成。

在南方汉族地区的水田用一头牛牵引犁、耙（有的地方如云南安宁用两头黄牛来牵引），还用碌碡将耙好的田地压平（有的地方如福建罗源县八井村的畲族用手拖的碌碡来拖平），然后插秧，以后还得施肥、除草（捡稗子）、烤田、除虫，需要使水稻经过三黑三黄的过程才能获得好收成。

现在实行承包责任制，土地都分配到各家各户经营。有的地方因每人分配的土地很少，所以有时不用牛来犁田，而是用锄头挖一挖，再抹抹平就可以插秧了。在昆明到西双版纳的路上，有的农民用锄头挖地，然后浸田，之后才用畜力耙平，插上水稻秧苗。

集约农业伴随着品种的精选、肥料的使用和精耕细作，单位面积产量可以达到400多公斤，近年来，袁隆平研究出的杂优水稻在充足的化肥支持下，有的单位面积产量甚至可达到单季1 000公斤。因此，各种集约农业的收获量比游耕的收获量高大约五倍到十几倍甚至更多，但所投入的劳力等也要相对多些，不过，它的技术效率相应也有所提高，如20世纪40年代云南禄村的生产情况与能量系统，有的人计算为：

$$E(\text{energy}) = M(\text{man}) \times T(\text{time}) \times R(\text{radiate}) \times E(\text{equal})$$

$$2\,841\,000\,000 = 418 \times 847 \times 150 \times 53.5$$

但马文·哈里斯认为，该村农民每人每年平均投入的劳动为1 129小时①，因此，其获得的能量总数应为3 787 000 000。

2. 资本主义下的农场。在美国，100英亩（40公顷或600亩）以下的农场为小农场，100～500英亩（40～200公顷或600～3 000亩）为中型农场；500英亩（200公顷或3 000亩）以上的农场为大农场。在德国，75英亩以下的为小农场；日本则更小。如果以年销售额来分类，年销售额为2万美元以下的为小农场；2万～10万美元的为中型农场；年销售10万美元以上的为大农场。

现以美国为例对资本主义下的农场加以介绍。在20世纪70年代，美国的小农场有108万个，占农场总数的43.5%；中型农场有102万个，占41%；大农场有30.3万个，占15%。其组织方式有：①家庭农场。他们个体经营，农忙时雇些短工，家庭农场大约占87.8%。②合作农场。几个人以入股的形式经营农场，合作农场占9.7%。③公司农场。它们或由工业公司直接投资，或由某些农业公司拥有。1982年，这些农场平均占地175.23公顷。全国的农业人口为562万人，占全国人口的2.4%；产量为39 000吨。经济学家以此计算，认为一个农民可以养活80人左右。但与农业有关的人口实际上不止这些，如果将种子公司、化肥公司等人口计算在内，则农业人口有2 000万人，占全国人口的10%。

不同规模的农场，其收益也不一样。如不同规模的玉米农场，

①马文·哈里斯著，李培茱、高地译：《文化人类学》，东方出版社1988年版，第68页。

其投入物的收益是不同的，以相同的投入物计算，5 000 英亩的农场要比 500 英亩的农场投入物成本低 25%，每英亩可以节约 13 美元左右，成本总的可以节约 6.5 万美元。

美国经营农场的农业人口少，效率很高，例如，爱荷华州一个农民在每英亩土地上投入 9 小时的工作量可生产 81 蒲式耳（81 × 35.238升 =2 854.278 升）玉米，转换成热量为 8 164 800 卡，也就是说，其输入与输出的比率是：投入 1 卡的热量可以产出 5 000 卡，其效率为 5 000！①

美国现代农场要获得如此高的效率，并非靠人力，而是靠机械、化学、生物技术以及计算机技术的大量投入。

（1）机械化。农场的工作实现全面机械化，从耕地、播种、中耕、施肥、除虫、收获到运输、贮存、加工各个环节几乎都用机械来代替人力，也就是说，实行农业机械化。机械化的使用使生产效率得以提高，如一台四轮驱动 200 匹马力的大型拖拉机，耕地的时速为 12 公里，作业幅度宽为 20 米。1950—1954 年，美国一年种一英亩玉米所需要的劳力平均为 13.32 小时；种小麦的劳力为 4.62 小时。大规模使用机械化工具后，如 1976—1980 年，一年种一英亩玉米所需要的劳力平均为 3.52 小时；种小麦的劳力为 3.82 小时。因此，实行农业机械化节省了劳动时间，提高了生产效率。

（2）化学化。美国的农场都使用工业生产的化学产品，其中，平均每英亩至少使用化肥 88 磅（约 40 千克），包括多用混合肥（搅拌而成）和复合肥（一种肥料中包含有两种以上成分的肥料）；平均每英亩用农药 2 磅（0.9 千克）来杀虫，同时使用除草剂来除草。

（3）生物化。为提高产量，美国的农场使用生物技术来培育新的优良品种。首先是保存高质品种的遗传基因，以防止高质品种的品质退化，或者用遗传的方法改良品种，培育高产品种。其次是提高作物抵抗病虫害和吸收养料的能力，如固氮的能力等，以保证单位面积的高产。

（4）电脑技术的推广与应用。美国的农场在农业生产中广泛运

---

①马文·哈里斯著，李培茱、高地译：《文化人类学》，东方出版社 1988 年版，第 70 页。

用电脑技术。首先，用电脑技术来完善农业技术，如提高拖拉机的效率，改善田间管理的效果（如最佳的除虫、除草、灌水的效率等）。其次，用电脑帮助其他最新科学技术应用于农业，如做模拟实验，促进农业技术的发展等。最后，使用电脑进行农场管理，如电子监视、自动控制、激光定位和财务管理等，提高了农场经营管理的水平。

上述各种技术的投入与不断改造、更新，实际上是把人的劳动转化为机械劳动，把农民个人的劳动转化为社会化的劳动。如美国友人寒丁经营一个1 000多英亩（400公顷）的农场，其自身所做的工作是用机械翻地、播种与收割，包括产品销售在内的其他工作都交给各种各样的农业公司来做，而且不强调单位面积的精耕细作，所以他经营的是一种粗放性的、个人花劳力少、社会化运作的农业，生产的是农业产品（商品），自己的食品消费全是从超市中买来的。

由于要依靠机械和许多现代技术来经营，故这种农业的投入很大。有人统计，美国的农场，每英亩一年需投入15吨重的机械设备、22加仑汽油（22×3.785升=83.27升）、203磅（92.1千克）肥料、2磅（1.8升）化学杀虫剂等。这些投资换算成热量为：每一英亩每年需投入2 890 000卡，而且那些非食物性的能量还不包括在内。而制造这些东西，如机械、农药、肥料和燃料等的过程中也需要消耗人力或能量，因为这些工业都采用社会化的生产。因此有人认为，美国农业消耗的能量超过了工业总能量的12%。在20世纪70年代，美国投入8卡路里热量的矿物燃料才能生产1卡路里热量的食物。有人算过一笔账：1982年的美国农业人口为562万人，但包括农机、种子、肥料、农产品销售等在内的为农业服务的行业的人口却有2 000万人。所以把这些人也算在农业人口中，美国每个农业人口只能养活10人左右。而如果把生产农机、肥料、农药等工厂的人也算进去，那就不是一个农业人口养活80人，而是50个人养活一个农民了①。

3. 关于中国农村现代化过程中的一些问题。中国农业要现代化，必定要走机械化的道路。但要实现机械化，必须解决三个方面

①参见马文·哈里斯著，李培茱、高地译：《文化人类学》，东方出版社1988年版，第71页。

的问题。其一是土地要相对集中，人均占有少量的土地是不可能搞机械化的。因为一个农民使用中国传统的农具（如犁耙等）耕种10亩田是没有问题的，超过这个限度才需要现代的机械化。其二是劳力必须从现在的密集型转化为稀少型，也就是说，需减少农业从业者，人力转化为机械力。其三是产品的商品化，即为社会提供商品，而不是自给自足。

目前，中国不可能像美国那样从事大面积粗放性的农业经营，尤其是在南方，因其主要是水田，要在水田中保持水的水平，田地不可以太大。因此，北方的水浇地可能走大土地集中的路，南方则不行。有人提出，中国要实行机械化，家庭农场的土地至少需要50亩（6.3英亩）。但即便如此，也是无法使用大型农业机械的，因为成本太高。前些年，我们一些大型国有农场就因为机械化成本太高，在小麦收割时舍去康奈因联合收割机的使用，用人海战术的人力收割来代替，这就是成本高昂问题的一种反映。所以，以50亩为一农场单位进行耕作，即便要使用机械，也只能以小型的为主，如手扶拖拉机及其配套工具，此外，播种机、插秧机、收割机等都应为小型的，解决的主要是农作时不弯腰的问题和节省部分劳力。

其次是用机械而节省出来的劳力去向问题。现在，中国农村劳力已出现转移，一是向工业，二是向第三产业，即出现所谓的“农民工”。在这些农民工中，有些人已认为土地并不是很重要，因为现在农业的收益很少，有时甚至还需倒贴，所以土地让别人种，自己外出挣钱来维生与贴补农业；有的农民则采取改变种植形式，如种菜的改为种粮食，把时间腾出来，以从事其他能挣钱的行业，田地的产出只要够自己吃就行了。多数地方则产生农业劳动力的分工，男的、年轻的外出打工，女的或老的在家务农，即所谓的“6038问题”。

从每年国家三农工作的精神来看，近期向现代农场转变来实行机械化是不可能的，因为这些精神的重点还在要求土地承包制多少年不变，还未涉及人口变动、基建占地时应如何调整土地，承包土地转让时如何处理等，还没有也不可能涉及土地集中以农场形式重新分配的问题。所以从政策层面来看，机械化的实现还遥遥无期。而针对中国人口多而出现的农村剩余劳力问题，这几十年以兴建小城镇、发展乡镇企业等措施来解决,但这些措施所能吸收的农村剩余劳力也不多,一年大约为1亿人左右,而且一年的人口增长就可能把它全部抵消。20世纪90年代中期以后,我国又提出以发展城市化的方式来解决农村问题,拼命扩大城市建设,想以超大城市的形式来容纳农村剩余劳力,但情况与前景也不是很好,因为有许多相关的问题没能一揽子解决,而且可能造成更多的社会问题。现在中国的人口有13亿多(至2010年1月1日第六次人口普查时),农村人口至少有6亿~7亿,就算每年到城市中打工的有两亿多人,农村还有4亿~5亿人,如按美国1:80的标准,农村人口只需1 000多万,如以1:20算,农村人口最多也只需要1亿人。那么,这剩余的5亿~6亿人全要集中到各级城市,城市能容纳这么多人吗?即便城市能容纳得了,相关的问题又如何解决,如就业、社会保障、医疗保险、养老等?因此,想以城市化主要是扩展城市规模的方式来解决农村剩余劳力以及农业机械化等问题,其可行性与可能性都是值得研究的。

(五)畜牧业

食物生产的第二种类型是畜牧业(Animal Husbandry),它是以人工饲养并繁殖动物为主的经济活动。最早的畜牧业以游牧为代表,现代又出现一些其他形式。畜牧业是适应某种不适合种植农作物环境而产生的一种生计方式,因此,它与农业有一种互补的关系,难以完全抛弃农业而独立存在,如伊朗巴塞里人的羊毛、羊皮、奶油就是用于交易的。蒙古族吃的面和茶要与农耕民族交换。在有的民族中,由于居住的环境中有适于种植的环境与适于畜牧的环境,所以他们往往兼营农与牧,如居住在海拔低地区的藏族从事种植青稞等粮食与蔬菜的农业,而居住在海拔高于2 500米以上的藏族则从事以牦牛、藏绵羊为主的游牧,这样就可以有效地适应不同环境,并抵御反复无常的自然灾害。

从技术发展的角度来看,耕作植物和驯化动物相结合的农业的出现往往要先于专门化的畜牧业。那么,为什么会使畜牧业专门化呢?农业实践的变化,尤其是沟渠灌溉的发展解决了一些问题,同时也造成另一些问题,如提高产量、人口增加、居住地区扩大,也导致耕作土地增加，使放牧土地减少，牧区被推至离定居点较远的牧草不那么茂盛的地方。为了得到食物和水，牧人不得不投入更多的劳力，长途跋涉，四处寻找牧场。另外，动物也容易受掠夺者的掳掠。因此，保护和圈养动物已消耗了从事农业的精力。此外，农民除了在田里干活外，还要疏通、修筑和护理沟渠河道，农业就更加费时，因而才使有些人专门从事农业，有些人专门从事畜牧业，造成畜牧业的专门化。此外，灌溉农业也可能造成土地的盐碱化，影响农业的发展，从而也可能使农民把注意力转向畜牧业，使畜牧业专门化。

1. 游牧。游牧主要是指在不适于农耕的草原、山地、戈壁沙漠等地区从事逐水草而居的放牧方式，这也是一种在不适于农业的环境里开发能量的相对有效的办法。

游牧取食方式的特点为：游动性较大，生活不稳定。游牧取食的原因是季节变化，逐水草而居，随季节变化而迁移，“夏则就高寒之地，冬则趋阳暖薪木易得之所以避之”。游牧民族根据所放牧的牲口的不同选择牧场，其放牧的对象有马、牛、羊、骆驼、驯鹿等。游牧民族通常生活不稳定，为了使牲畜存活，不得不适应环境的变化，如寒冷、缺水和缺草等。而且为了用自己的动物产品去换衣、食、工具等，也必须应对别的族群和面对交换市场的波动。

游牧初期，畜牧技术比较粗放，随着畜牧业的发展、人口增长以及技术的累积和区域的限制，出现了比较固定的冬季牧场和夏季牧场。如伊朗的巴赫蒂亚里人(Bakhtiaris)有10万~15万人，他们夏季在扎格罗斯山脉的夏营(Sardsin)放牧，冬季则迁到西部与伊拉克接壤的温暖平原的冬营(Garms'n)放牧。

在欧亚大陆有两个游牧文化区，一是横跨中亚直抵北非的地带；一是非洲撒哈拉沙漠以南的地区。在这两个地区中，亚洲的环境比较多样化，从不毛的沙漠到多草的草原，游牧民族拥有马队和可移动的营地，以马奶和其他动物产品为生，和临近农区交换农产品。处于这一地区的中国游牧民族有蒙古族、哈萨克族、柯尔克孜族(大部)、塔吉克族(山区部分)、藏族(青海一带)、裕固族、鄂温克族(部分)等。在非洲一带，游牧民族以放牧牛为主，主要是满足自身生活的需要，如吃、穿、住、婚姻等。

现代化的游牧如瑞典、芬兰、挪威交界的拉普人或萨阿米人(Lapps or Saamians),他们几家人合伙,养殖驯鹿5千~6千头,以动力雪橇为工具赶鹿,以汽车载草和围鹿的铁网随鹿迁移,到处扎营。拉普人吃公鹿肉,母鹿用来繁殖,屠宰公鹿多在交配季节过后的秋天,鹿肉和鹿皮也用来交易。

2. 定居式畜牧。游牧受自然的限制要大些,例如,游牧的区域较大,受季节、水源和草原的影响等,而且生活不稳定,因而在技术水平许可的条件下,人们发展出定居式的畜牧来代替游牧生活。

定居式畜牧业是指畜牧者居住固定,有一个固定的场所让畜群活动,有的以固定的土地种植牧草或饲料从事畜牧业;有的则只经营畜牧的管理,饲料完全由他人供应,采取某些机械化设备来蓄养牲口,采取工厂式的畜牧方式,从事牧业商品生产,这两种方式都属于定居式畜牧。

例如,目前中国的蒙古族已基本定居下来,每个家庭都有固定的牧地,在自家的牧地中季节流动,一般是春夏牧地远些,冬季牧地在定居点附近,冬季还可能依靠种植的草料或粮食进行喂养。在澳大利亚,牧羊主往往有一大块牧场,在自己的范围内拉有铁丝网或栏栅,牧主有固定的居址,也进口草料、饲料进行饲养,主要生产羊毛。另外,一些机械化养牛场、养猪场、养鸡场和城市附近的奶牛场,即工厂式的畜牧业也可以归类为商品经济式的定居式畜牧。机械化的养牛场用格子式畜栏圈养,买进饲料,加上一些激素、抗生素等以传送带送上,小牛大约4个月就达到屠宰标准,肉鸡在21天左右就可以供应市场。

为使家畜迅速生长而获利,工厂式畜牧业的饲料中添加了激素等化学药剂,它们多会残留在生产出来的肉类中,从而对人体造成伤害。据报道,巴林的一对夫妇哈桑(30岁)和夏娜芙(27岁)身体健康,但夏娜芙怀孕13个星期就生下了一个3千克的正常女婴并成活下来,他们对此感到奇怪,后来经过调查才知道真正的原因。原来他们曾在西印度群岛的爱罗特利克岛上度蜜月。在那个岛上,少儿都发育得比较早,1岁的女孩就月经来潮、乳房隆起。在300万人的岛上,这类性异常者有3 000多人。因为那里的人为了使鸡早发育，常在饲料中添加雌性激素，因此鸡肉中残留了许多雌激素。夏娜芙在岛上吃了一个月的鸡肉，造成其体内激素的不平衡，从而使婴儿早熟而早产。近些年来，由于经济的转型，中国的家畜也多由工厂式的畜牧业生产出来，使中国人吃了大量含有添加剂的肉食，据有关部门调查，这使许多中国女孩早熟，月经提前了4年。再这样下去，这种工厂式的畜牧业所造成的对人体的危害会越来越严重，我们必须警醒与密切关注。

第四章 经济制度

经济是一组制度化的活动，这些活动把自然资源，人的劳动和技术结合在一起，从而有组织地和反复地去获取、生产和分配物品及专门人员的服务①。

经济学认为，研究物质资料的生产、交换、分配和消费等经济关系和经济活动规律及其应用的科学总称为经济学。其中包括政治经济学，其是指研究经济关系，即生产关系的运动规律，是其他经济科学的共同理论基础。经济学还包括各部门经济学和各领域经济学。

在经济学的概念中，生产资料的占有等于资源的调配。生产是自然资源向实物形式的转化。分配是指产品的分配，而交换是指物品与劳务在社会成员之间的分布。还有人认为，分配是指对已生产出来的产品的分配，分配是社会再生产过程的重要环节，产品生产出来后，必须通过分配和交换才能最后进入消费，因而，分配是联结生产和消费的中间环节。

分配包括生产资料的分配和消费品的分配。先于生产的生产资料的分配实际上是说明生产资料归谁所有的问题，因而属于生产本身。这种分配又决定消费品的分配。也就是说，一定的生产方式决定一定的分配和交换以及这些要素的相互关系，但分配反过来也影响生产，制约生产发展的速度和规模，它们的关系是辩证的。

---

①George Dalton: *Theoretical Issues in Economic Anthropology*. Current Anthropology, 3:97, 1969.

除了在初民社会共同占有生产资料的情况下分配是一次性的，似乎在其他社会形态中都有着再分配的问题。在初民社会末期，存在社会财富集中到有一定权力之人的手中再进行分配的事实，这种事实可以由夸富宴(Potlatch)①的情况来加以说明，甚至市集的交换或物品的交换也可以视作再分配的一种形式。当然，自从出现不劳而获的阶层后，再分配的形式就层出不穷了，也就是说，再分配虽是人类适应自然环境的一个组成部分，但它的性质要由生产方式或社会形态来决定。

人类生产劳动的产品大多数是通过交换来分配的。生产资料的分配实际上与占有相等。由于在初民社会和简单社会中，生产资料绝大多数都是共有的，所以在谈到初民社会和简单社会的分配时，所讲的分配主要是指消费品与劳务的分配与交换。

在人类学中，交换有广义与狭义之分。广义的交换是指人们互相交换活动(劳务)和劳动产品(物品)的过程；狭义的交换则是指人们在所谓的等价基础上的商品交换。就交换的广义含义来说，交换有着许多形式。

第一节　互惠性交换

一、概化互惠

在共同占有生产资料的情况下，一个族群中通常都存在平均分配制度，其交换也是互惠性交换(reciprocity exchange)，即双方之间进行大约等价的物品或服务的交换。

互惠性交换在初民社会和简单社会的产品分配中表现得尤为明显。例如，在简单社会的昆布须曼人中，狩猎、采集回来后就在队群的成员中平均分配收获。不仅各个家庭把这一天的产品放在一起共同享用，而且整个营地的人——居民和客人——都从总的食物

①亦称“赠财礼”，曾在美国西北海岸印第安人中盛行的一种习俗，即主人在宴会上向来宾赠送大量礼物以表示其富有的仪式性宴会。

中平分到一份。每一家的晚餐都是其他各家送来的一份食物集合而成的。食物平分时是生的,收到者把食物煮熟,然后分给大家。芒刚果、浆果、块根和瓜从一家的火塘传到另一家的火塘,直到每一个居民都得到同等的一份为止。第二天早晨,另一些人又出去觅食,天晚回营地,找到的食物又是照样平分①。马来西亚中部的塞茫人(Semangs)也是平均分配。当一个猎人打了一头野猪回来,他会把猎物分成大小相等的肉块分给大家,而且如果收到肉的人表示感谢,别人还会认为你非常计较得失。因为塞茫人认为,在这种情况下道谢是很粗鲁的举止,因为这表明,第一,此人是在计算礼物的数量;第二,此人没有料想到赠予者会如此慷慨大方②。

在因纽特人(Inuit,即爱斯基摩人)中,在猎物丰富时,人们仅在亲属之间实行平均分配。因为每个家庭都被认为是有能力获得生活必需的猎物的。然而,在食物短缺的情况下,平均分配的范围与程度会加强,平均分配的范围可能扩大到整个营区内的所有人,包括那些非亲属在内。在澳大利亚土著中,当一群猎手杀死一只动物后,动物的肉就在这猎手的家庭和其他亲属中分配。营地中的每一个人都会得到一块肉,但这块肉的大小要依据这个人与这位猎手的亲属关系而定。当一个猎手猎杀一只大袋鼠后,应把后腿送给他的兄弟,把尾巴送给他父亲兄弟的儿子(堂兄弟),把腰肉和肥肉送给岳父,把肋骨送给岳母,把前腿送给其父亲的妹妹(小姑姑),把袋鼠头给其妻子,内脏和血则留给自己。这种分配形式对于现代从事商品经济的人来说好像是很吃亏,但当另一个猎手猎杀到一头袋鼠时,他也必须按照上述习惯法则分配,也会有他的一份,所以他没有什么吃亏不吃亏的。实际上,猎手把他的猎获物送给他人一部分,就得到在将来获得同样数量食物的借据,这与把钱放在定期存款账户中的情况十分相似。同时,这也是保存易腐食物的一种方法,只

---

①Richard B. Lee: *Kung Bushman Subsistence*. In Environment and Cultural Behavior: Ecological Studies in Cultural Anthropology. A. P. Vada, ed., Natural History Press, 1969, p.58.

②Robert Detan: *The Semai: A Non – Violent People of Malaya*. New York: Holt, Rinehart and Winston, 1968, p.49.

不过是先存在别人的肚子中。不过,这种平均分配形式从不强调即时回报,其作用是以这种共同享用食物的方式来增强群体团结,并保证每个人经常有食物吃。

中国的鄂伦春族也有这样的分配形式。鄂伦春族一个“乌力楞”(家族公社)通常有5户人。如果打到大型的动物,如犴(驼鹿),就在“乌力楞”中平均分配,腿骨12块,每户2块,剩一份给人口多的人家。肋骨16块,大小搭配,每户3块,余下1块给人口多的人家。胸骨、脊骨每户1块。肉好坏搭配,每户1份。油脂也是如此,而皮张由于不能一下子获得很多,而且也不能切割分配,所以形成以下习惯法,即甲打到,皮给乙,乙打到,则给丙,这样轮流,周而复始地分配,这种平均分配方法鄂伦春族称为“尼玛都楞”,即轮流赠送的意思。

由此看来,在简单社会中,平均分配贯穿着互惠性交换各自劳动与服务的原则。同时,这种分配受其生产力和社会结构所限制。从分配的范围也可以看出这种社会中人与人的关系,即其社会结构以及交换的性质。

上述这种形式的互惠性交换在人类学中称为“概化互惠”(Generalized Reciprocity),其特点有:①不要求受者立即回报;②不会计较对方回报的服务或物品的价值是否等价;③公开表明不计较受者所欠的差额,也就是说,收支不可能绝对平衡。其目的只是使更多人能够生存下来,维系了交换者之间的长久友谊,同时也强化了其社会团体的凝聚力。

从上述概化互惠的定义与特点可以看出:在现代社会中,某些物品的赠送也可以归于这种性质的交换。例如,某个青年要结婚,他的亲戚朋友都会来送贺礼。一般是根据亲戚间的亲疏关系或朋友间的亲密关系决定礼品的厚薄;而以后当这些送礼的亲戚朋友也有同样的喜事,他也会按照过去他结婚时亲戚朋友送礼的厚薄并结合此时此地的行情相应地送一份以当时的价值而论与他以前所受的价值相当的礼品。从礼品的内容来看,它们是基本等价的,但在时间上,谁也不知道何时才能得到回报,所以,可以把它归于概化互惠的交换中。当然,在这类赠予中,并非每一件礼物都可以算是互惠性交换。总的说来,这种礼物的交换主要反映的是结婚者的社会联系乃至亲属结构或人际关系,但我们从中至少能看到一些概化互惠的影子。

二、平衡互惠

互惠交换的另一种形式是平衡互惠(balanced reciprocity),这一形式的交换,物品相对比较等价,交货的时间比较明确。在这一形式的交换中,交换动机通常是想要得到或需要某种物品或服务,用一句中国俗话做不恰当的比喻,这可以称作"有来无往非礼也!"例如,罗维(Robert Heinrich Lowie,1883—1957)曾描述一个克劳印第安人(Crow Indians)的例子。一个很擅长鞣制牛皮的妇女会主动为需要盖一座新帐篷的邻居提供她的服务,她设计帐篷,并指导20名助手把14~20张牛皮缝成一顶帐篷。帐篷的主人要设宴酬劳这20个助手,也会送给设计者某种财产以报答她的劳务付出。另一个例子是:一个结过婚的妇女给她的兄弟带来一份食物,她的兄弟会马上回赠她10个箭头,这相当于一匹马的价值①。还有昆布须曼人在与茨瓦纳班图(Bantu)人交换时,一张非洲大羚羊皮等于一堆烟草;五串用鸵鸟蛋壳做的念珠等于一支长矛;三块小兽皮等于一把大刀。因此,这类交换有点难以捉摸,实际上,平衡互惠是指那些主动的服务或物品赠予,并在短期内可以得到回报的一种所谓平均的、互惠式的交换。

概化互惠和平衡互惠形式多见于一个人们共同体中,但共同体有大有小,这是我们应当了解的。例如,鄂伦春族有的是在乌力楞中分配,如狩猎到大型的动物就是如此,有时也在临时组织的"阿那格"(狩猎组合)中分配。所以有的人类学家认为,互惠交换是概化性、平衡性还是负性的,主要取决于人与人之间关系的亲疏。概化互惠一般是在我群的家庭成员和近亲成员之间交换,平衡互惠一般在我群中非近亲但地位平等的人们之间实施,而负性互惠只会在与陌生人或敌人之间的交往中进行。所以,所谓的互惠交换还应包括

---

①R. H. Lowie: *Crow Indians*. New York: Holt, Rinehart and Winston, 1956 (1935), p. 75.

负性互惠交换。

三、负性互惠

负性互惠(negative reciprocity)是指交换双方都在试图损害对方的前提下的交换,其付出是为了想得到更多的好处。这类交换往往发生在相距较远、关系不很密切的群体之间,它是一种试图在交换中占他人便宜的形式,极端的形式可包括用武力把东西抢走,轻微的形式则充满欺诈和诡计,至少是需要拼命进行讨价还价。在初民社会和简单社会中,涉及群体间或与外族之间的交换时,这类形式的交换屡见不鲜。下面我们再来看一看群体之间的物物交换。

第二节　物物交换或交易

物物交换或交易是指物与物的直接交换,它的特征是卖和买的行为结合在一起,卖出的同时就是购买,购买的同时就是卖出。过去认为这种交换形式出现在初民社会后期,但根据现今的考古学资料和民族学资料来看,初民社会的前、中期就应该存在物物交换了,但它可能不是人们剩余产品的交换,而可能是稀缺物品的交换和自然资源控制的交换,如北京周口店遗址出土的山顶洞人的海蚌等装饰品很可能就是交换得来的,因为周口店的山顶洞离海是相当远的,山顶洞人不太可能到海边捡了海蚌再回到周口店,将其做成装饰品。

在简单社会中,物物交换多是来自一个族群的罕见物品或剩余产品或独特的区域产品等和来自另一群体的称心物品进行交换,交换时实际也存在相对价值的计算,而这种相对价值是以社会劳动时间为标准计算的。

一、无言交易

人类最早的物物交换有一种所谓的“无言交易”或“沉默交易”(silent trade or dumb barter)。在这种形式的交换中,交换双方不直接碰面,不进行口头上的交谈与讨价还价,他们将物品放在按照习惯应当放的地方，然后躲在一边，双方对对方的物品都感到满意则完成交易。中国少数民族中就有类似的情况，如云南金平县的苦聪人过去就有以这种形式与他族进行交易的现象。

苦聪人与哈尼族、苗族、瑶族等为邻，苦聪人通常以猎获物、手工织物、药材（如松鼠干、兽皮、野三七和熊胆）、纺织品及农产品（如鸦片、鸡和猪等）换回衣服、布匹、盐巴、火枪、铁工具和酒药等生活用具和生产工具。双方交易的地点是外族的村寨旁边杂草和灌木丛生的路旁。苦聪人先把自己的物品放在路边，躲进草木丛中，从草木缝隙中窥视来交换的外族人。来交换者看到苦聪人放在那里的东西后，如要交换，就把自己带来交换的东西放在苦聪人的东西旁边，然后也躲进草丛中。这时苦聪人出来，看对方的交换品，如果合乎心意，就将对方的东西拿走，否则就再躲回原地。外族人见其再回去，知道其想多要一些，或想要别的东西，于是就出来加一些东西或换一些东西，直到苦聪人满意为止。但也有一些不怀好意的人，往往把苦聪人的好东西拿走，只给一点破旧的衣物，甚至连一点东西也不留下。当出现被他者豪夺或欺诈的情况时，苦聪人也只能忍气吞声，自认倒霉而离去，最多是以后不再到这个地方与曾欺诈他们的人交易了。

最早描述这类沉默交易的是希罗多德（Herodotus）。他在《历史》中曾描述了迦太基人驾船与生活在非洲西海岸西利比亚赫斯克利斯柱（Pillars of Hercules①）地方人民之间进行沉默交易的情况②。

卡尔顿·库恩（Carleton Coon）描述了刚果伊图利（Ituri）的姆布小黑人匹格米人（Pygmies）与邻居班图人（Bantu）的沉默交易。匹格米人（小黑人）在两族交界处的交易地点留下一堆整整齐齐的森林产物，如蜂蜡、樟脑、皮革、修房屋用的树叶、做席子用的树藤和纤维、猴胆、鸟蛋等，然后跑回一段距离，在一个安全的地方等待，交易伙伴通常是班图人或苏丹人（Sundan）的农民。他们有更精美、更大量的物质财富，但在有人（小黑人）为他们去做时，他们不愿为寻求

①赫拉克利斯，宙斯的儿子，大力神。

②希罗多德著，徐松岩译注：《历史》，上海三联书店 2008 年版，第 257 页。

蜂蜡而在森林中迷路。当这些农民看见小黑人堆放的东西时,就在其旁边放上一些他们认为等价的金属刀、便宜的布匹和香蕉等,然后小心翼翼地离开。小黑人又出现在这两堆东西边上,审视一下,如果他满意,就把第二堆东西拿走,然后对方再回来把第一堆东西拿走,交换就算完成了。如果小黑人不满意,他们就会又一次离开,如果对方要这些东西,他们就得加一些东西,这样一次一次来往,直到大家都满意才达成交易①。马来西亚的塞芒人也和其他民族有无言交易;斯里兰卡的维达人(Veddas)用蜂蜜与僧伽罗人(Sinhalese)交换铁器时也是如此。

无言交易的原因目前还没有定论。有的人认为,这是因为缺乏一种共同的语言,因为这种交易都是与外族进行的,两者之间语言不通。有的人认为,这是民族压迫的产物,例如,苦聪人衣不遮体,羞于见人,所以采取这种方式来换取一些他们必需的日用品。有的人认为,这种形式的交易是为了保持与邻人的和平关系,控制互相之间可能引起的争吵或敌意。有的人则认为,与外人的交易是一种冒险活动,充满着危险,这种沉默交易的方式是消除危险的一种方法。有的人则称此为"共生性贸易关系",居住在不同地区的人和从事不同经济生计的人通过这种方式的交易可以互通有无并且和平相处。

然而不管怎么说,沉默交易形式说明,尽管这种交换存在潜在的障碍,如一方欺骗另一方,或用极不道德的手法把别人的东西取走而不留下任何东西,但这种交易形式都为两个人们共同体或族群之间提供了商品,互通了有无,而且交易双方都有了相对的价值观,都能对我者和他者的物品进行估价。有的可能是因为对方的物品不是自己急需的而不愿意;当见到自己急需的东西就认为交易是适合的、值得的。此外,"稀缺性"这一现代经济学的原则在这种场合也起到一定的作用,至少它促成了交易的形成。就我们看来,吃亏的总是那些生产力低下的人们。然而,就一次完成的沉默交易本身

①C. S. Coon:*A Reader in General Anthropology*, New York: Holt, Rinehart and Winston, 1948, p.594.

来说,它实际上也经过了周密的计算和估价后才做出决策。对交易双方来说,交易的成功就是他们自己认为他们的物品的价值与他人的一致,他所付出的社会劳动时间与他人的相等,虽然表面看来双方好像毫不在乎。

二、定期的物物交换

前面讲过,物物交换的出现可能很早,但早期的交换偶然性较多,到人类社会出现社会分工以后,不同的人们共同体不仅有了不同区域的稀缺性资源,而且有了各自特殊的技术和产品,如农产品与牧产品,这就导致了交易行为的增加,因此不仅有不同区域生态产品的交换,而且有不同生产部门之间的物物交换,其早期形式可能是部落之间或两个区域经济之间的交换。

例如,北美大平原的印第安人以狩猎野牛为生,他们常用一部分牛肉、牛皮与邻近的普埃布洛(Pueblo)印第安人交换农产品和纺织品。又如,西伯利亚内陆的楚克奇人(Chukchee)饲养驯鹿,放牧于西伯利亚东北部的森林和苔原上,而滨海的楚克奇人则以捕鱼与猎杀海里的哺乳动物为生,所以内陆的楚克奇人常用驯鹿与沿海的楚克奇人交换海豹皮,因为海豹皮厚、坚韧,很适合于制作靴子和皮带,是他们所需要的东西。再如澳大利亚以石器为生产工具的阿兰达人(Arandas),也和300多公里以外的昆士兰(Queensland)土著交换俗称皮图利(Pituri)的麻醉品。伊尔约龙特人(Yir - Yoront)制造石斧也需要和其他土著交换制作石斧的石料。复如,在美拉尼西亚(Melanesia)特洛布里安德群岛(Troburiand Is.)上有一种称作“瓦西”的交易,它是沿海专门从事渔业的村落和内陆进行农业生产的部落之间的交易。在收获时节,农人带着他们生产的薯蓣到海边的交易伙伴那里,把薯蓣交给他们。这时,住在海边的渔人便进行一次大规模的渔捞活动,捕到的鱼全部直接送到内陆村落的交易伙伴手中。这种交换也是以相对对等的标准来进行的,而且这两个村落结成一种联盟关系,某些农人和某些渔人结成伙伴关系,并贯穿着一种平衡互惠的原则。另外,在特洛布里安德群岛,有的村落生产着专门的物品,如有的村落生产石器,有的从事木雕,有的制造灰泥质的陶容器。有的地方则有一些特产,如南边的安夫内特岛(Anphlett)出产制陶的黏土;弗格森岛(Fergusson)出产藤、竹;东边的穆鲁阿岛(Murua)出产制作石器的绿岩,他们之间也存在着交易关系。但是这种族群外的交换是一种比较危险的活动,因为它没有像国家那样的权威做保证,因此在这类交换中往往建立起终身固定的"伙伴关系"来进行。这种现象在人类学中通常都以库拉圈(Kula Ring)的交换制度来说明。

早在1910年,马林诺斯基的老师塞利格曼(Chowles Gabrisd Seligman,1873—1940)就已发现美拉尼西亚地区存在有当地人称之为库拉的交易圈,但详细介绍它并对其分析与解释的则是马林诺斯基。他在1922年出版的《西太平洋的航海者》中对此有很好的描述与解说。

美拉尼西亚的特洛布里安德群岛位于新几内亚的东部顶端,由各个分散在海中的小岛组成。在那里,切割工具是用石头和贝壳做成的,但那里的人们都是技术娴熟的渔人和农夫,也是优秀的造船者和航海家。由于环境适于农耕和渔捞,因此这里的食物产量很大,剩余很多。这种剩余虽然不是生产工具提高的结果①,但所生产的食物产量远远超过日常所必需消耗的数量,因而有部分劳动力可以从事其他专门行业,如造船,而不必直接从事食物生产,所以整个特洛布里安德社会有真正的劳动分工,也有足够的剩余物资可资交换,并且在各岛上各自发展出许多特殊的职业技能(包括食物的生产和工具的制造)。在当地,各族群的食物与工具大致相似,但在原料和技术方面没有雷同,每个族群都需要依赖交易方式来弥补不足。

就在这个方圆数百海里的范围内,存在一种当地人称之为库拉的交易。库拉交易首先是当地人称为"宝物"(vaygu'a)的两种仪式性用具的交换,一种叫索拉瓦(soulava)的项链,它是用红色贝壳制成的;一种叫母瓦利(muwali)的臂镯,它是用白色的贝壳做的。前

①这种剩余是为了维持当地的大人物制度而形成,一个人每年需为其姐妹的丈夫提供可以供半年吃的薯蓣,以满足其对声望的追求。

者依顺时针方向在岛群之间流动;后者则按逆时针方向流动,不断相遇、交换。手镯和项链不断易手,按有规律的路线流动。这两种物品是仪式用品,大多数臂镯都很小,甚至连小孩子也不能佩带。那些可以佩带的臂镯只是在参加仪式舞蹈时才戴在手臂上,项链也是如此。这两类物品按照马林诺斯基的话说是:"两种无意义与毫无价值的物品从一方向另一方转移",是"不断交换、永远交换的东西"。然而,实际上,它们也有一定的价值,它们是以其在库拉圈里流动的时间和出名的程度来决定的。例如,马林诺斯基记载,一位特洛布里安德岛锡纳卡塔(Sinaketa)村人有一对大型的臂镯可供交易,当特尔卡斯托群岛的多布岛(Dobu)的一位海外交易伙伴来时,他吹起法螺(conch shell),拿出臂镯交给他的海外交易伙伴说:"这是一件'启动礼'(vaga),将来要还我一个大的项链!"第二年,锡纳卡塔人去多布岛交易,他的交易伙伴如有与之相等值的项链,就送给他作为回礼(yotile),如果暂时没有也没有关系,可以先送一串小的项链作为"中间礼"(dasi),意思是这与他的"启动初礼"不相称,以后还会正式回送给其"主礼",这个"中间礼"只不过是作为征信之用,这位锡纳卡塔人这时也需回赠一个小型的臂镯,以还报此"中间礼",到以后待交易伙伴的"主礼"赠送过后,这桩交易才算最后完成。换言之,库拉贸易有两个原则:第一,库拉不是物物交换,而是礼物之间的延时交换。第二,等价与否由回赠者决定,对方不能强迫,不能争辩,也不敢取消交易①。

在库拉圈中,一个族群要和其他族群交易,往往要借助一个或多个族群作为中介。假设有1,2,3,4四个族群进行交易,1族群直接与2族群、4族群有交易关系,而同3族群的交易就得通过2或4族群。这种库拉交易关系要持续下去,则每一次交易都得拿出能够相匹敌的东西来对应。因此,随之而来的是永无休止的祭典和仪式,这些手续都是维持库拉关系不可缺少的。

在库拉交易中,除了这类仪式性物品的交换外,还附带有其他

①马林诺斯基著,梁永佳、李绍明译:《西太平洋的航海者》,华夏出版社2002年版,第88页。

物品的交易。马林诺斯基说："在库拉交易圈交换活动的影响带动下，我们发现岛民还产生了许多附带性活动及其特性，如交换项链、手镯的礼仪活动时，当地人还进行通常的贸易活动，在各岛之间以物易物，换取大宗的经济用品，所交换的商品在产地以外的岛上都很难得到，然而又是生活必需品。"所以，当特洛布里安德人要到远方的岛上从事库拉交易时，还会带上他们本地的特产，如椰子、西谷米、鱼、篮子、席子、棍棒和石器等，换回陶器、藤、竹和制石器用的绿岩以及其他东西。当一系列宗教仪式和仪式性物品交易结束后，才开始交易所带来的货品。交换时是物物交换，但已注意到了价值的对等，虽然还没有标准化的中间媒介可资利用，通常只要双方满意就行了。这种普通货物的物物交换存在讨价还价，但也不能过分，如果所要的多，所给的少，就会让人逐出库拉交易圈，从而使他再无与他人交易的机会。此外，在交易中还有一项规则是必须遵守的，即不能和自己的库拉伙伴交换普通的货物，如果这样做，就会把讨价还价交易和仪式性物品的交换相混淆，这是不允许的。因而，在库拉交易中，每一个人只能跟别人的库拉伙伴交易普通货物，而跟自己固定的库拉伙伴交换仪式性物品。

库拉交易所伴随的普通货物交易也称"金麻利"（gimwali）。金麻利原本是指特洛布里安德群岛上村落与村落之间不定期的以鱼换菜蔬，或以鱼交换各种新产品的交易行为，其交易的是日常生活用品。所以，当地人也把在库拉交易后的日常用品的物物交换称作金麻利。它属于经济性的交易，其功能是把群岛某地的特产分配、分散到群岛的各地，使更大范围的人都能使用到某岛上的特产，或从中获得某些利益。

在从事库拉圈交易的社会中，早已出现手工业的专业分工，如安夫内特岛专门制作陶器，而他们生产的陶器在库拉圈中也具有一定的战略地位。由于他们专门制陶，所以他们的食物大部分来自附近盛产农作物的族群。大型的独木舟和制造石斧、石锛的绿岩则产自群岛东边的海岛。

库拉圈不仅在海上的诸岛中进行，而且在当地的内陆地区也存在，但后者的规模较小。其实类似库拉圈的交易在其他地方也存在,前述提到的一些地方的定期交易大都可以属于此类。

关于库拉圈的意义,一般都认为,它是一个由仪式、社会关系、经济发展、旅行、巫术和社会一体化等合成的复杂综合体。从仪式性物品的交换来看:

第一,库拉交易建立与维持了终身的相互信任的伙伴关系,使原先甚至是敌对的群体能在一个和平的环境中从事真正的经济交易。因为这种跨群体的贸易存在一定的危险性,例如,出海远征,首先是到一个自己不太熟悉的环境中行事,而且航行中也有许多未知的危险,因此在出海远征时就有很多巫术活动来解决心理上的不适。其次,到一个不属于自己部落或族群的地方从事交易需要有人招待吃住等。最后,这种远征也可能是到一个与我群敌对的社会中交易,这需要有当地人的保护。

第二,对个人来说,库拉交易使个人提高了社会声望,而社会声望是走向权力和权威所必需的东西。另一种方式则是通过婚姻来收集薯蓣,积累财富,在开宴会时再分配给他人而提高声望。

第三,库拉交易使一个区域走向整合与和平。从一个社区本身来讲,准备库拉交易时有一系列活动,如内部的经济交易、一个岛上不同村落的交换等。而对整个群岛来说,也可以促使各岛之间和平共处。

第四,库拉交易使当地人的社会生活更加充实,因为库拉交易包括一系列社会关系、经济交换、旅行、仪式和巫术等,使一个社会能够为此激动许久。

而从经济交换的角度来看,库拉交易在一个大区域中互通有无,如特洛布里安德岛用椰子、西谷米、鱼、篮子、席子、棍棒和石器同其他岛换回陶器、藤、竹子和制作石器的绿岩和其他东西。综合起来看,库拉交易表明经济事务与文化的其余部分关系密切,经济学不是一种只追求最大化的独立王国,而是与文化的其他方面,如宗教、政治等相关。

三、一般等价物的交换

当社会分工越来越细,剩余越来越多时,交换也就出现了经常的性质，特别是群体内部的社会分工增加后，也使交换范围扩大。这样，这种物物直接交换的行为就可能发生困难，例如，需要以羊换粮食的人不容易一下子找到需要用粮食换羊的人，于是，人们就逐渐把自己的物品先换成一种经常用来交换而又为大家愿意接受的物品，然后再用这种物品换回他们所需要的东西。这种在交换中起媒介作用的商品就是一般等价物，它也可以称为广义的货币。例如，新中国成立前处于家长制家庭公社瓦解阶段的独龙族，其内外交换是以牛、猪、铁器和后来用银圆做一定的比率与其他物品交换的，如：

牛（黄牛）—— 黄连两背（一背等于50斤）；贝母11～13斤；银圆60～80个

猪（大猪）= 一尺八寸口径的铁锅一口

（小猪）= 小锅一口或三背小米

独龙族还有用铁器作为一般等价物，如：

一把中号砍刀 = 苞谷10筒，或麂子皮一张，或麻布一床，或盐巴10碗，或大土锅一口，或黄连4捧

一把大号砍刀 = 苞谷一斗，或麂子皮二张，或麻布二床等

一把铁斧 = 黄连3捧，或贝母1捧及黄蜡3碗等

又如，新中国成立前小凉山的彝族虽已进入奴隶社会，但仍保留了以某种一般等价物做媒介的交换，他们用茶叶和鸦片做一般等价物。如：

一斤茶叶 = 3～5张羊皮，或4～8斤腊猪肉，或一件小布

一钱鸦片 = 5～8个鸡蛋，或一斤酒，或二斤糖，或一斤干辣椒，或4～5斤生姜

一两鸦片 = 一件小布，或一只重1～5斤的铜壶

有的地方的彝族也用重金属为一般等价物，如在昭觉县城南乡，十两白银（一锭）= 1石粮食，或3只羊羔，或五六两鸦片。而在雷坡县拉里沟乡，十两白银 = 8斗粮食，或2只羊羔，或3～5两鸦片。可见，同一民族其各地的情况也不一致。

一般等价物的出现克服了物物交换中的缺点和困难，在相当大的程度上促进了商品交换的发展。这里，充当一般等价物的商品已经开始起着货币的作用，但它还没有把一般等价物固定在一种商品

身上,还可能因时因地而变动,而且有的太大,不利携带。这种变动常常影响商品交换的顺利进行。随着商品交换的发展,一般等价物会慢慢地向货币形式过渡。

目前,在文化人类学调查中,发现在许多简单社会中已有某些早期形式的货币出现,例如,美拉尼西亚部分地区用货贝做货币。巴布亚新几内亚的卡保库人(Kapauku)用玛瑙贝;托莱人(Tolai)用坦布(贝串);所罗门群岛的奎欧人(Kwaio)用贝珠串。有的地方用珠子、羽毛、鲨鱼齿、狗齿、猪獠牙做一般等价物去换取其他东西,作为伤亡的赔偿费,作为酬金支付给为他们服务的巫师、造船者和其他专家。在印第安阿兹特克人(Aztecs)中,曾用可可豆作为货币。在中国商代和周代初期都用青铜块和货贝为货币,如《说文·贝部》讲:"古者货贝而宝龟,周而有泉,至秦废贝行钱。"周代的贝币以朋为单位,一朋为两小串背部磨穿的货贝,青铜块称"金",以称重来计算,后来才出现铲、刀等铜制的货币。铲、刀刚作为一般等价物时是实物,后逐渐演变为铲形、刀形的符号。楚国的"爰"是金的,称重计算,所以现发现的"郢爰"等的金片大小不一。到战国以后才出现圆形的制钱、金银,到宋代才出现俗称"交子"的纸币,终于使货币变成一种符号。在元代和明代时期,中国的云南地区还以贝为货币,《本草纲目·介部·贝子》就曾记曰:"古者货贝为宝龟,用以交易,以二为朋。今独云南用之,呼为海蚆,以一为庄,四庄为手,四手为苗,五苗为索。"《元史·世祖纪九》云:"定云南税赋,用金为则,以贝子折纳,每金一钱,直贝子二十索。"在当时的云南,一索贝子有 80 枚,一苗有 16 枚,一手 4 枚,一枚称一庄。

货币后来大都转化为金属,特别是金、银这样的贵重金属。这是因为金属货币具有以下优点:①携带便利,因为它们体积小,比重大;②可以转换,可以除尽,能随意分割,所以具有除尽性和可转换性;③本身具有价值;④具有匿名性,拥有它的人不用报姓名就可以交易,此后,这种交易就不像简单社会那样注重人际关系了,货币的出现终于使商品买、卖行为发生脱离;⑤合法性,贵金属的数量与性质可由政府控制。此外,金属货币还有另外两个特点:①普通商品的价值只有通过与它的交换才表现出来,即它作为价值的衡量标准而存在。②货币这种商品的价值具有双重性，既有普通商品的使用价值，以其特殊的自然属性来满足人们的需要，如做金项链、金戒指等；又可以用它的特殊社会职能产生使用价值，即充当一般等价物和衡量其他商品的标准。因此，货币有以下几种职能：价值尺度、流通手段、贮藏手段、支付手段和世界货币。金属货币后来多转化为纸币，而在现代又多成了塑料卡（如信用卡、借贷卡等）。

第三节　再分配

再分配（redistribution）是分配的另一种形式，是指物品（包括猎物、收获物、礼品、战利品或税收等）先集中在一起，然后由酋长、首领或政府等在大范围内再次分配给社会成员的现象。

再分配的形式通常在平均分配后形成，它包括两种形式：平均主义的再分配和分层社会的再分配。

一、平均主义的再分配

平均主义的社会多是简单社会，在这种社会中，有的存在再分配的交换体系，其主要表现在消费品的分配上。在这种平均主义的再分配体系中，其特点是人人都必须参加劳动，再分配者或许要比别人工作多些，或许虽不比别人多做，但他不会比别人多取一份，甚至是比别人更少，其所从事的再分配行为只是使他的声望增加。如所罗门群岛有句谚语就反映了此特点：“设宴的人啃骨头，吃陈饼，他的肉和油进了别人家里。”

在平均主义社会的再分配体系中，财富可能集中在少数人手中，这些财富有几种用途：①维持生活；②提高自己的威望，夸耀自己而成为大人物；③对外联系。极端的例子有美拉尼西亚的纪念夸富宴（Malagan）和北美的夸富宴（Potlatch）。

在美拉尼西亚特洛布里安德群岛，首领人物实行多妻制，他继娶前酋长的妻子，自己娶妻，还有替换的妻子，通过妻子的兄弟交纳的薯蓣而集中起财产，有时最多可能囤积起300~400吨。平常这些东西太多，消费不完，有的甚至烂掉。但一旦有事情，如为了庆祝丰收、仪式性禁忌的结束或房屋落成举办庆典，或纪念死者，或丧礼，或婚礼，或庆祝诞辰仪式等，就要举行纪念夸富宴。主持人（举办者）在会上要竭尽全力表示其富有和慷慨，以维持和提高他的声望。因此，主持人要提供大量食物让大家吃，东西之多，使客人难以一下子吃完。客人狼吞虎咽，吃得过饱受不了时，就跑进林子里用手指戳自己的喉咙，呕吐一阵，然后再回去吃，这样，把主持人的财产再分配给其他人。而再分配者也借此表现自己的慷慨，并和那些开过夸富宴的人比较高低。

北美西北海岸的夸扣特尔人（Kwakiutl）的夸富宴则更加极端。在夸扣特尔社会，社会等级有一定的表现。当某位酋长想向外界显示自己的社会威望比别的酋长高时，总是举办夸富宴（也称“赠财礼”）。它通常借节庆性的活动而召开，如红白喜事、生添贵子和成年礼等。主人邀请客人到他那里做客，客人越多，越表明主人的家产富有和德高望重，因为没有财产是请不起客的。在宴会上，酋长在众客人面前公开数落家谱，说他拥有什么，说某东西属于他，如某首歌曲或某个舞蹈等，并主动向客人赠送大量的农产品和工业用品，如毛毯、木箱、木船、鱼肝油和面粉等。如果在宴席上出现两个人竞争同一特权时，就可能有一位出来把自己的许多有价值的财产毁掉，如把木船、毛毯、油烧掉，铜器砸烂扔到湖里等①。

这种形式的再分配制度一方面具有竞争、炫耀的一面，也有使某些个人增加威望并成为首领人物的功能。另一方面，这种再分配制度也是一种以提高社会声望为动机的经济活动。它以某种方式迫使生产者产生出超过自己消费能力的剩余产品，这就提供了储蓄，以防短缺。实施这种计划的地方还有利于自然条件差的村落居民分配到剩余食品。因为在这种宴会上会剩下许多东西让客人带回，在北美，客人还会提醒主人，当年他举办夸富宴时是如何如何丰富，以迫使主持人拿出更多的东西，使他们能带更多的东西回去，这实际上也解决了更大区域内人们的生存问题。

---

①参见本尼迪克特著，张燕等译：《文化模式》，浙江人民出版社 1987 年版。

二、分层社会的再分配

分层社会一般都是阶级社会，这种社会的明显特点是，一些阶级或阶层的人不直接参加劳动，因此，分层社会再分配的特点是：再分配者不参加生产过程，而且他们在分配中取得最多的一份，最终拥有的物质财富比任何人都多。与平均主义的再分配相比，分层社会的再分配具有以下特点：

一是平均主义的再分配是劳动者自愿给中央的集体财富做贡献，然后再把他们献出的财富大部或全部取回来，或取回与其贡献的价值大致相等的物品。而在分层社会的再分配中，劳动者被迫给中央的集体财富做贡献，不然就要受到惩罚，这种形式通常用贡纳、赋税等方式实现，他们极少取回任何东西，如税收大部用以维持国家机器的运行，一部分用于公共事业和福利。

二是平均主义的再分配中，再分配者无权强制下属增加生产劳动，而是让他们按照自己的意愿去工作。因为他们共同占有生产资料。而在分层社会的再分配中，再分配者有权强制下属加强生产，劳动者必须按照再分配者的意愿工作。这是因为再分配者占有了生产资料，特别是充分发达的分层社会（一般是指阶级社会）中更是如此。而在社会主义制度下，情况又有些变化，尽管仍存在再分配制度，但由于公有制的缘故，生产者的付出大部会从另一些形式中取回，如公用事业的建设、粮食补贴和教育补贴、医疗补贴、社会保障等。

第四节　市场与市场经济

市场（market）应该定义为买卖行为发生的场所。中国古书《说文》讲：“市，买卖之所也。”它来源于物物交换的场所，如上述所说的无言交易的交换地点，其通常在部落、民族和族群的交界地方，或库拉圈定期到某个岛的某个村庄去交换，这些交易的地点都是市场的雏形，或者是广义市场的一种。

就现代社会而言，市场大致可以分为三种类型。

一、定期的集市

定期的集市(market - place)可以定义为最基层的贸易场所之一,它是定期在某一地点举行交易的场所,也就是我们所说的圩场,云南人称之为“街”,苏北人称之为“集”,福建、广东人称之为“圩”、“墟”。

中国古代就已有集市了,《易·系辞》说:神农氏“日中为市,致天下之民,聚天下之货,交易而退,各得其所。”还有“定时定址,载其所有,求易所无,物物交换。”商周时期,一个城市中也设立有市,如《考工记·匠人》曰:“左祖右社,前朝后市”,早期的市有朝、午、夕三类,而且市“各有总门,按时开闭”,有“司市”管理。《周礼·地官·司市》云:“五十里有市,市有侯馆。”这说明,在中国古代,城市之外的集市,大约五十里的范围内有一个,换言之,集市的乡脚大约为五十里方圆。

这种定期的市场是一定地域人们货物的集散地,通过这一市场,人们交换自己的产品,同时也通过一些商贩把货物集中而转运到外地。《易·系辞》中说:“致天下之民,聚天下之货,交易而退,各得其所”就是这个意思。目前,在中国农村多见集市,主要是农村生产者带一些自己消费不完的农产品和手工业产品到这里出售,卖了钱就在这里购买自己所需要的东西,这接近于初始性的商品交换,即生产者之间的直接交换,不过集市交易已通过货币这一媒介实行。通常在这种集市上货币只是过一过手,只将货币作为价值尺度使用一下,因为在这种场所人们很快就买了自己需要的日常生活用品。当然,也有售卖产品后贮藏货币的现象存在。在城镇密度较小的地方,这种定期的集市较多,如在闽西、闽北的山区中,这种定期集市很普遍。可以说,在一个县的地域中,每天都有圩市。一般一个圩场一个月中有几次圩市,轮流进行,有的地方一、六为圩市,有的地方二、七为圩市,有的地方三、八为圩市,有的地方四、九为圩市,有的地方五、十为圩市。这样的安排往往构成了一个市场圈,由专职的小商贩在各个圩场中流动、沟通。又如,在苏北盐城、淮阴等地,在灌溉总渠以北的地区有不少地方有集市,而南边则较少,因为南边城镇较多。

集市一般都有一定的地域范围，这个地域范围的大小是以人们步行一日可以来回的距离计算的，这就是《易·系辞》所说的："日中为市"，其半径最大 50 里，即《周礼·地官·司市》所说"五十里有市"。市场为商品集散地和交换场所，而它的一定范围就构成了所谓"乡脚"，也就是市集货物的支持单位。

市集有大有小，也有不同的开张时间，如《周礼·地官》曰："大市，日昃而市，百姓为主。朝市，朝时而市，商贾为主。夕市，夕时而市，贩夫贩妇为主。"讲的就是不同类型、不同时间的市。又如，江苏徐州所属 6 个县，有大小集市 286 个，参与集市贸易的人数超过 2 万的有 12 个，赶集人数超过 1 万的有 43 个，超过 5 000 的有 65 个，5 000以下的有 166 个。这种人数的多寡与乡脚的范围有关，也与集市交通便利与否有关。有的时候，不同时间来的人或参加集市的人的范围会有所扩大。如睢宁和安徽交界的大李集常住人口有 8 500 人，赶集的人数一般为 2 万 ~3 万人，春季的大集可达 10 万人，平时每 10 天 4 个集，每集成交额 20 万 ~40 万元。该集市有 9 个分场，交易的货物有：猪羊、牛马、粮食、木材、肉、蛋、小百货、蔬菜和柴火。这个集上有 10 多家理发店，6 家小旅店，4 个浴室，它们都是为赶集的人服务的。沛县的敬安集、睢宁的大李集几乎都是生产者直接出售他们的产品，这种销售额占集市贸易的 1/3。在苏北，过去镇不多，如改革开放前徐州市镇的建制多在县城，其他的公社都是乡的建制。连云港市有三个县，只有一个县有好几个镇的建制，其他则多为乡的建制。而在苏南，每个公社都是镇的建制，在苏南的无锡、常州、苏州等地，即便在改革开放前也已没有集市，只有城镇上俗称农贸市场的交易场所，每天都有商贩在此出售货物，但八九点钟以后也就散了。

由此看来，在自然经济条件下，一定的乡脚就可能形成一个集市，而在人口众多、经济发达的地区，集市则较少，其由比较经常性的农贸市场所代替。那么，集市的分布如何呢？美国人类学家施坚雅(G. W. Skinner)曾提出一个等级结构模式的假设[①],如果在平原上,没有河流、山脉等的阻碍,中国市场与村落的分布大致以五十里为限,而且呈六角形分布,这样非常的严密,不会出现距离不等的状况。所以,按照施坚雅的假设,大约6个村庄中会产生一个集市。他还认为,中国的市场结构可分为初级市场(集市)、标准市场(县城)、中级市场(省城)和中央市场(京都)几种,这也可以用六角形结构推衍开来,而且他认为,几个初级市场就构成一个标准市场,以此类推,一直到中央市场。施坚雅完全是从经济角度来考虑的,有些不切实际。实际上,由于地理条件的限制,中国的标准市场往往与县城不相符,因为县城的建立往往首先考虑的是政治与军事目的,多处于交通要道上,便于军事和政治的控制。有的县城可能与标准市场重合,有的则不然,而是在县城建立后,成了政治与军事的重地,附近的标准市场才慢慢地移动过去,最后重合起来。

集市网大致可以看成一个地方自然形成的经济网络,它的形成与地形、交通等情况有很大的关联,而且这样一个集市网中,各村落之间因有密切的来往与联系,往往形成一个文化面貌比较一致的区域,甚至也可能是一个通婚的范围与方言土语的范围。例如,福建武夷山市的古粤城村在新中国成立前是一个标准市场,以此为中心有一系列的初级市场分布,每个集市都有固定的时间,有的为初一初六,有的为初二、初七,有的为初三、初八,有的为初四、初九,有的为初五、初十。这样就有一些商贩在其中来往交易,把货物集中到标准市场中,再运往其他标准市场或更高级的市场。如福建武夷山市的古粤城村在崇安溪边,过去走水路,上可达崇安县城,再由那里转江西,下可达建阳、南平,再通过闽江转福州,所以它成了一个地方货物集散地的集市。由于是集市,其村落的街道结构也与其他村落不一样,外圈的房屋几乎都连成一体,像城堡的城墙一样,村子内部有回字形街道,房屋建在街道两旁,门都向着街道开,而且都是店面的形式以及前店后住房或后作坊的结构。这些现象或痕迹说明,

---

①施坚雅著,史建云、徐秀丽译:《中国农村的市场和社会结构》,中国社会科学出版社1993年版。

过去这里曾作为集市繁荣过。然而,新中国成立后,由于公路开通,水路运输废止,城村的货物集散地功能逐渐衰退,店面紧闭,有的就干脆改成住宅。圩日虽还存在,但圩日时只剩下一条街上有人来交易,过去圩日整个城村里挤满人的繁荣景象早已不复存在。

二、经常性市场

经常性市场(the market)是指每日都有交易的交换场所,如城镇里的农贸市场、城市中的菜市场等。过去的政治文化中心城市中的市场,如《考工记・匠人》所说的“左祖右社,前朝后市”的“市”,其“各有总门,按时开闭”,有“司市”管理,而且还分朝、午、晚三次交易,如唐代长安城的东、西市。当然,经常性市场也包括施坚雅所说的标准市场、中级市场和中央市场等在内。在这类市场中,特别是早期这类市场中,除了经济性交易这种经济行为外,还有许多非经济性的功能,如中世纪的市场是官方新闻发布的地方;古代墨西哥在阿兹特克人的统治下,法律规定要求人们过一段时间就要去这类市场上,以便告示与通知他们当时的情况。经常性的市场也是集会的地方,人们在那里访亲问友,重叙友情,谈天说地,并在那里了解外部世界,跟上社会生活的步伐与潮流。

三、现代市场——交易所

波拉尼说,所谓市场经济,是指由各个市场组成的一个自我调整的体系,如果用稍带专业性的说法,即由市场价格控制的经济,而不是由市场价格之外任何东西所控制的经济。能够在没有外力协助及干涉的情况下把整个经济生活组织起来的体系即为自我调整。那么,这种能自我调整的市场是什么?当然,它绝对不是我们上面所说的集市和经常性的市场,它实际上是指商品经济下的专业性市场,如资本市场——证券交易所,中国的上海股票市场和深圳股票市场以及纽约、东京、伦敦的股票市场、黄金市场、期货市场均属此类;此外,还有控制世界棉花买卖的美国新奥尔良棉花市场,控制世界粮食买卖的芝加哥粮食市场,控制世界矿物买卖的伦敦矿物市场以及纽约的外汇市场等。其他国家和地方的人都会通过通信或电脑等去了解这些市场的动态并进行交易；甚至包括外汇黑市的“黄牛”，也会去了解这类市场。

总之，上述三类市场虽有不同，而且其性质是由生产方式或社会形态决定的。然而，目前经济学领域的一些原则，如稀少性、价值规律的自我调整等，都在这些类型的市场中有不同程度的体现。也就是说，当我们研究这些市场时，现代经济学的一些基本原理可以用来帮助分析这些市场的结构、组成乃至性质，或者作为某类市场与某类市场进行比较的一种标准，虽然这种标准可能只是相对的，却是可以应用的。

第五章

婚姻与家庭

第一节　婚　姻

一、什么是婚姻

何为婚姻？梁钊韬等先生认为，婚姻是两性关系的形式①。高凯琳(Kathleen E. Gough)认为："婚姻是建立在一个女子与一名或几名其他人之间的一种协议关系，其用来确立在此协议下所生的新生儿的合法地位，使其能成为社会可以接受的一分子。"②古德纳夫(Ward H. Goodenough)认为："婚姻关系是一种协议和有效的契约，规定一个人(男性或女性，法人或个人，本人亲自或委托他人代理)建立起对某个女子在性方面的持续性权利，(除非在相同的协议下)该项权利优先于目前或以后与她有性关系的任何人，该权利之时效直到该协议所产生的契约终止为止；在此契约中，涉及之女子可以合法生育子女。"③还有的人认为，婚姻"是人与人之间一种特殊的社会关系，是以感情为基础的两性关系，婚姻是男女两性在爱情基础

①梁钊韬等编著：《中国民族学概论》，云南人民出版社1985年版，第143页。

②Kathleen E. Gough：*The Nayars and the Definition of Marriage*. *In Marriage, Family, and Residence*. P. Bohannan and J. Middleton, eds., Garden City, N. Y.: Natural History Press, 1968, p. 68.

③Ward H. Goodenough：*Description and Comparison in Cultural Anthropology*, Chicago: Aldine, 1970, p. 12 ~ 13.

上合法的自然结合”。结婚又称婚姻的成立,是男女双方依照法律规定的条件和程序,确立夫妻关系的法律行为①。

笔者以为,上述第一种定义过于笼统,两性关系形式所包容的范围太广,甚至可以包括不合法的两性关系在内,因此不适用。实际上,婚姻只能是某一个社会中公认的两性关系形式,或者换句话说,是某个社会中文化法则公允的两性关系形式,而不能包括不合法的两性关系形式在内。这里强调公认,主要是因为婚姻的认可应包括两个方面:一是在现代的有成文法律的社会中,依据法律规定所认可的两性关系形式;二是在一些无成文法律的社会中,大家依据传统习惯认可的两性关系形式。所以,如果单纯讲合乎法律,可能面窄了一些,因为有的民族中并没有成文法律存在。

至于高凯琳的定义,是把婚姻的定义限制在一个比较小的范围内,尤其是妇女与他者的关系。之所以如此定义,与作者所研究的对象有关。高凯琳研究的是印度南部的纳亚尔人(Nayars),纳亚尔族女子为了要按照社会认可的方式生孩子,必须举行一个历时4天的婚礼,与一个“仪式丈夫”结婚。这以后就可以开始她的性生活和生孩子的人生历程。按照纳亚尔人的理想,希望从比他们等级高的南波德里婆罗门中找到仪式丈夫,但婆罗门等级的男子只想同纳亚尔女子发生性关系,而不愿把纳亚尔女子生的孩子作为自己的继承人。因此,婚礼过后,纳亚尔女子仍与娘家兄弟姐妹同住,而南波德里婆罗门男子和纳亚尔男子只是来与她过夜,而没有专属于其“仪式丈夫”,在婚礼后与任何男子所生的孩子都属于合法。而如果没有举行这种婚礼仪式,所生的孩子则不合法。其次,孩子生下后,可能有某一与该女子有性关系的男子以送礼的形式来相认,但不必承担教养义务,孩子的教养均由该女子的兄弟负责。

由此看来,高凯琳的婚姻定义只适用于纳亚尔人这一类型的母系社会,不能广泛通用。因为在其他民族中有着各种不同的公认两性关系形式,而且许多民族中,关于孩子归属与合法地位等问题也不完全由婚姻来确定。如在尼罗河三角洲的欧奎喀伊柔人(Okrika

①王光仪主编:《婚姻法学教程》,南京大学出版社1988年版,第1页和第144页。

Ijo)中,公认的两性关系形式有两种,由聘金的多寡决定。第一种是一男子和他的亲属付一大笔聘金给一女子的监护人;第二种是只付一小部分。在第一种情况下,这个男子对该女子及其所生的子女拥有专有权。而在第二种情况下,男子只能得到与该女子有持续性关系的权利,该女子的监护人则保留对该女子及其所生的子女拥有习惯法规定的权利。也就是说,在后一种情况下,孩子并不属于该女子的婚配对象,但孩子仍是合法的①。又如,在埃及西瓦绿洲(Siwah Oasis)地区,所有正常的男子都和少男发生同性恋关系。在该族群中,同性恋不仅可以公开讨论,而且还得到社会的公开许可。一直到近代,男子和少男的婚姻不仅是符合习惯法的,而且会大肆庆祝。在这种同性婚姻中,付给少男的聘礼有时是付给一女子聘礼的15倍②。而在这种公认的同性婚姻形式下无法生育孩子,自然也就不存在孩子的合法地位问题。又如南太平洋的班克斯群岛(Banks Islands),摩塔人(Mota)以支付产婆巨额费用来确定孩子的父亲。如果真正的父亲无力支付,则任何有能力支付的男人都可以承担父亲的角色,在这种情况下,孩子也由支付费用者的妻子来抚养,而非生母抚养③。再如,印度南部的托达人(Toda)是通过"献弓"的仪式来确定谁是这个孩子及其以后的孩子的父亲④。复如,在苏丹的努尔人(Nuer)中,一个重要的、富有的老妇可以同一个女孩结婚,老妇支付结婚费用就如同她是一个男人,然后,这个娶来的女孩可以同其他男子发生性关系,而生下的孩子则称这个老妇为"父亲"⑤。由此看来,在许多社会的婚姻中,并没有因婚姻关系而确定孩子的合法地位,而这种合法地位是用另外的仪式来确定的。所以,高凯琳的定义涉及面比

①K. Williamson: *Changes in the Marriage System of the Okrika Ijo*. Africa 32, pp. 53 ~ 60.

②W. Cline: *Notes on the People of Siwah and el – Garah in the Libyan Desert*. Menzsha, Wis,: George Banta, Inc., 1936.

③R. H. Codrington: *The Melanesians: Studies in Their Anthropology and Folklore*. Oxford: Clarendon Press, 1891. (Reprited 1957 by HRAF Press, New Haven, Conn.)

④W. H. R. Rivers: *The Toda*. New York: The Macmillan Company. 1906.

⑤E. E. Evans – Pritchard: *Kinship and Marriage among the Nuer*. Oxford: Clarendon Press, 1951.

较窄,在某些社会中适用,而不能作为广义的婚姻定义使用。

关于古德纳夫的第三种定义,其限定范围与高凯琳的定义一样,限制在一个比较狭窄的范围,只是与上述颠倒,只适用于父系社会中,同样不适用于世界上所有的民族。因为,就世界范围来看,有的社会是男子对女子建立起性方面的持续性权利,但也有不少社会是由女子对男子建立起性方面的持续性权利,例如,中国纳西族摩梭人的“阿注”婚姻形式就是由女子对男子建立起在性方面的持续性权利。印第安祖尼人(Zuni)也是如此,当一名祖尼妇人把她丈夫的行李放在屋外时,就是通知他,他不再受这家的欢迎,进而迫使男子离婚或离去。所以,在有的社会中,并不一定是由男子来建立性方面的持续性权利,有的民族或族群中是由女子来决定和建立的,因此,古德纳夫的定义在一些父系社会中可能适用,但在母系社会则不适用。

至于第四种定义,其强调爱情基础与法律认可,这只能适用于现代复杂社会中,而不能概括世界上任何民族与族群的情况,所以也不能作为一个适用于所有民族与族群的婚姻定义。

因此,就广义的婚姻而言,其应是以某个社会中公认的两性关系形式来界定,这样就可以适用于世界上所有民族或族群,能够反映出世界上各种各样婚姻形式的共性。当然,我们这里所说的公认,是制度化的公认,其既可以是由社会风俗和习惯法决定的,也可以是以成文法律的形式确定的,或者两者相兼。此外,婚姻和因婚姻而生的孩子的合法性地位以及各种社会中的继嗣制度、亲属制度等多有关系,但并非表明在每个社会中都存在,而且随着社会的发展,婚姻也有着不同的内涵,所以,在界定广义的婚姻的含义时,也可以忽略不计孩子的合法性问题。

二、乱伦禁忌与内外婚制

婚姻是某社会中公认的两性关系形式,换句话说,也就是控制两性关系的一种方式。那么,它的法则又是什么呢?这就是所谓的乱伦禁忌(incest taboo)。广义地说,乱伦禁忌是指禁止在某些社会成员之间发生两性关系的规定。首先,它可以维持一个稳定而且合作无间的家庭与群体,以照顾和教养孩子,有时也会基于某些经济原因。其次，它可以确定一定范围之内的男女性爱关系，进而建立起家与家之间的特定关系。因此，从某种意义上讲，婚姻形态的变化就是乱伦禁忌范围的变化。

（一）乱伦禁忌

每个社会都有其乱伦禁忌的范围，违反乱伦禁忌的规定就要受到一定的惩罚，如傣族虽然婚前有性自由，然而婚后则有限制，如有违反，其习惯法规定，杀妻子的情人无罪。在高山族中，对乱伦的人可以射杀而没有罪。非洲中部的匹格米人（Pygmies）如果乱伦，就要被族群驱逐出境而脱离群体生活，匹格米人无法单个人在森林中生存，所以此举也等于判了该人死刑。在越南南部，有的民族的乱伦者要被迫吃五种动物的排泄物作为惩罚。

为什么所有的社会都有乱伦禁忌呢？关于这一点，曾有过许多解释，具体如下：

1. 近亲繁殖避免论。有的人类学家认为，人们认识到近亲结婚的危害性，如会生育出低能儿等，才产生乱伦禁忌的规定。在人类社会中，的确有一些民族有这样的看法，但数量并不多，绝大多数社会都赞同交表婚，而不赞同平表婚。而且如果从现代遗传学的角度来讲，这种看法也有一些片面性。现代遗传学的研究表明，近亲婚配繁殖的后代，其隐性基因会变成显性基因，因而，当某个群体或称之为家庭或家族的群体中存在某种遗传病基因时，近亲繁殖就可能使遗传病患者增多。孟德尔（Gregor Johann Mendel，1822—1884）① 曾论及这一问题，其理论参见图 5－1。

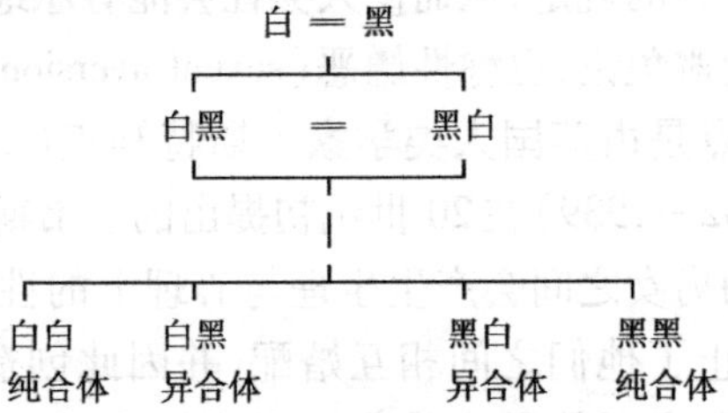

图 5－1　孟德尔遗传学图示

①孟德尔于 1865 年发表《植物杂交试验》一书，从而创立了遗传学。

然而，人们在培养良种或纯种时，却利用了近亲繁殖的方法，而且在历史上也曾出现过近亲结婚而没有出现低能儿的现象。例如，古埃及的王族被视为神明，为保证王室世系的神圣而彼此婚配。埃及托勒密王朝的女王克莉奥帕特拉(Cleopatra)前十一代祖先都是兄妹通婚，然而她并非低能儿，而是一个聪明绝顶又非常美貌的女子，曾让罗马帝国的恺撒、安东尼、屋大维等神魂颠倒。所以，近亲通婚是否会出现低能儿的现象，重点要看母体与父体及其祖先们的基因如何，如果上代基因中没有有害的遗传因子，其子孙也不会有遗传病出现。不过，由于在人类中遗传病的种类实在太多，所以近亲通婚使子孙存在有遗传病的危险很大，为了避免产生更多的遗传病，现代社会多强调不要近亲通婚，以避免滋生更多的遗传病。

2. 中断防止论。心理分析学家弗洛伊德(Sigmund Freud，1856—1939)认为，在核心家庭中，父女之间与母子之间存在强烈的性吸引力，这就是所谓的恋父情结与恋母情结，即父与女或母与子有要求发生性接触的强烈意欲，而且这种意欲在父女之间发生并付诸实施的要比一般人所想象的多得多，如根据社会工作者统计，美国每年发生的乱伦案件有几万起，其中大部分都属于父女之间的乱伦①。弗洛伊德认为，这种家庭内外的性关系现象如果不加以控制的话，家庭这种组织就不存在了，社会就更无从谈起。所以，为终止与防止家庭内外乱伦现象的出现，人们才创立出乱伦禁忌，以便控制人类对性的意欲，使乱伦现象被抑制，从而使社会有一定的秩序。也就是说，弗洛伊德认为，为了人类控制对性的欲望这一目的，人们才创立出乱伦禁忌的规定，从而使人类社会能有序地生存下去。

3. 亲密婚配避免论，也称性嫌恶(sexual aversion)导致乱伦禁忌产生论，这一观点是由英国人类学家韦斯特马克(Edward Alexander Westermark，1862—1939)在20世纪初提出的。韦斯特马克认为，从小在一起长大的男女之间会产生生理与心理上的性冷淡、性嫌恶感觉，这种感觉阻止了他们之间相互婚配，并因此创造出最初的乱伦禁忌规定。然而，韦斯特马克的这一理论提出后，一直没法找到例

---

①Louise Armstrong: *Kiss Daddy Goodnight*, New York: Hawthorne, 1978.

子论证。直到20世纪50年代后才有两个人找到一些材料来论证这一观点。

其一是斯皮罗(M. Spiro,1956)的研究。他研究以色列的屯垦村(Kibbutz),发现那里的社会生活现象可以证明性嫌恶的存在。屯垦村是一种公社式的自主社会组织和生产单位,其村落的布局如图5－2所示。

卧房区

厨房　　学校

食堂　　托儿所

工作房

图5－2　屯垦村的村落布局图

屯垦村以各尽所能、各取所需为最高原则。在屯垦村中,大家轮流工作,收入全归屯垦村集体,吃饭在公共食堂,每人在卧房区都有自己的卧室,如要与对象同居,就申请一个房间,没有结婚仪式,因为他们认为仪式是封建残余,同居有了孩子就交给托儿所照顾,不用父母管,个人也没有私人财产,并且不允许有奢侈品。在这里的小孩,从小生活在一起,从托儿所、幼儿园、小学、中学都在一起住、一起吃、一起读书。到了他们该结婚时,却没有一个人在自己的屯垦村中找对象,他们都到外边找。斯皮罗问他们为什么这样?他们的回答是,他们互相之间太熟悉了,谁的一举一动甚至连谁的屁股上生什么样的胎记或东西都知道得一清二楚,所以同一屯垦村的男女青年"来不了电",互相之间产生不了兴趣。斯皮罗认为,这种现象就是韦斯特马克所讲的性嫌恶的表现。原因就在于,同一屯垦村出生的男女从小就在一起长大,吃、睡、上学等都在一起,彼此之间就像一个家庭中的兄弟姐妹一样,所以才会出现这种性冷淡现象①。

其二是武雅士(Wolf,1966,1970)的研究。1959年他在中国台

---

①Melford E. Spiro: *Is the Family Universal*? American Anthropologist,56:839～846.

湾做研究，发现中国汉人的童养媳现象也可以作为证明性嫌恶存在的例子。武雅士发现，与大婚（嫁娶婚）和招赘婚相比，童养媳婚姻（小婚）的生育率低，离婚率高，而且越小到夫家长大的童养媳，其离婚率就越高，生育率也越低。他认为，这种状况就是性嫌恶导致的。因为童养媳是小时候就抱养到夫家，在夫家与其"头对"（养兄弟）一起长大，所以与她的养兄弟如同亲兄妹一样，因此，虽然长大后圆房成婚，成为夫妻，但因有兄妹之间的性嫌恶存在，所以童养媳夫妇之间的性关系相对少于大婚者与招赘者，因而生育率低。同样，由于这一性嫌恶的关系，当社会准许她们可以自由选择的话，她们就会提出离婚，因此童养媳婚者离婚率较高①。到 20 世纪 90 年代，他还在中国内地寻找各地的资料，以进一步论证此问题。

此外，人类学家对高等灵长目动物的行为研究也发现，黑猩猩的母子之间、兄妹之间也几乎没有性行为。因此，有人也把这种现象解释为黑猩猩兄妹之间也有性嫌恶的缘故，并认为正是有了这种生理、心理上的性嫌恶，才导致乱伦禁忌规定的出现。

当然，这些解释并非没有缺陷。例如，武雅士所研究的童养媳问题就不完全是亲兄妹之间的感觉问题，这里还存在许多社会的影响因素，如童养媳与其小丈夫的年龄差问题、对童养媳的虐待问题、社会中对其身份的歧视问题等，其实童养媳从小就知道她是某家的小媳妇，因为社会上许多人都会对其嘲讽和开他们的玩笑等，所有这些都可能影响到童养媳与其丈夫的感情和相互之间的关系。在对童养媳的研究中，生育率低似乎普遍可以看到，但离婚率高在中国内地似乎不太明显，有的离婚率并不高，有的还感情特别好或忠诚，因为童养媳甚至是养母奶大的，与婆婆（亦是养母）的感情特别深厚，就如同亲女儿一样，婆媳关系甚至比成年后娶进门的媳妇要

---

①Arthur D. Wolf: *Chidhood Association , Sexual Attraction, and the Incest Taboo: A Chinses Case.* American Anthrolopoist 68:883 ~898,1966.

Arthur D. Wolf: *Childhood Association and Sexual Attraction: A Further Test of the Westermarck Hypothesis.* American Anthropologist 72:503 ~515,1970.

Athur D. Wolf & C. S. Haung: *Marrige and Adoption in China*, 1845 – 1945. Stanford: Stanford University Press,1980.

好。因此,人类性嫌恶问题并非单纯的生理或心理问题。当然,就目前的研究来看,其真正的原因还没有完全找出来,还有待今后的进一步研究。不过,我们从武雅士证明此问题耗费了40多年的时间可以看到,在科学上要想做出一点成绩是非常不容易的。

4. 广泛联姻论。广泛联姻论认为,为了与外族发生联系,从而产生乱伦禁忌,以禁止我群内的通婚才能保证与他群联姻,并结成更广泛的社会组织形式。这一观点是法国人类学家列维－斯特劳斯提出的。他从莫斯(Marcel Mauss,1872—1950)那里引进交换理论,认为初民社会中的外婚制是一种交换关系,每一个群体的男子都用该群体的女子去交换他们的性伴侣,并以此方式和其他群体建立联系,建立起社会整合和秩序。列维－施特劳斯认为,完成了这种交换,就完成了迈向社会性的基本步骤,因而乱伦禁忌成为象征文化本身的规则,象征着自然秩序到文化秩序的过渡。换言之,为了交换,为了扩大联系,形成更广泛的社会一体化,才产生了乱伦禁忌的规定,以控制我群内部的婚姻,保证外婚可以实行,从而也保证了稳固的社会纽带。笔者认为,列维－施特劳斯的观点有点倒果为因。

总之,对乱伦禁忌的产生有着各种各样的解释,却没有一种能完全站得住脚。不过,由于乱伦禁忌范围的变化而导致人类婚姻形式的变化,我们常可以在一些实例中看到。

(二)外婚制与内婚制

与乱伦禁忌有密切关系的另外两个规则是内婚制(endogamy)与外婚制(exogamy)。所谓内婚,是指规定必须在一个特殊群体或个人组成的某一范围内结婚的规则。而外婚则是指规定必须在该群体之外结婚的规则。这两个规则随社会的不同而不同(包括文化的不同与社会发展阶段的不同在内),同时也和乱伦禁忌的范围有密切的关系,并且两者是相辅相成、互为辩证的关系。例如,有氏族外婚、部落内婚的规定与现象,也有“男女同姓,其生不蕃”的同姓不婚、异姓通婚规定等。目前我国婚姻法规定,禁止三代内直旁系间的婚姻,也就是说,不仅禁止三代以内的平表婚,也禁止三代以内的交表婚，而承认在一定范围内的外婚，如三代以外的同姓与异姓婚姻等。

三、婚姻类型的演变

在我国各类民族学、社会学教科书中，谈到婚姻的形式或类型或称发展阶段时，大致有如下几种：杂乱的性交关系或杂婚、血缘婚、普那路亚婚、对偶婚和专偶婚等，如梁钊韬等编著的《中国民族学概论》一书中基本就是这样描述的。

（一）杂乱的性交关系

杂乱的性交关系（promiscuity）是指在人类初始时期，群体内部实行毫无限制的性关系，因此每个女子属于每个男子，同样，每个男子也属于每个女子。也就是说，“现在或较早时期通行的禁例在那时是没有效力的”[①]。换句话说就是，这个阶段并不存在乱伦禁忌的规定，也不存在外婚的规则。《中国民族学概论》一书将这个阶段的两性关系称之为“杂婚”，而这一术语恩格斯在《家庭、私有制与国家的起源》中就已经认为不妥了。另外，人们用中国古代文献对远古的一些推测来作为论据，如《管子·君臣》说：“古者未有夫妇匹配之分，野处群居。”《吕氏春秋·恃启览》说：“昔太古尝无君矣，其民聚生群处。知母而不知父，无亲戚兄弟夫妻男女之别，无上下长幼之道。”然而，这不能说明那时是杂乱的性交关系，最多只能说明古人认识到，在父系社会的一夫一妻制前曾有过母系社会的存在。因为从高级灵长目行为学的研究中已经看到，它们几乎是没有兄妹、母子交配关系的。因此，人类也一样，应该一开始就没有母子、兄妹的性关系。因为人与黑猩猩等高级灵长目动物一样，都是在未成熟时就生下来的，需要母亲哺育一段时间才能自己活动，因此小孩与母亲的关系非常密切，其非常清楚谁是母亲、谁是自己的亲兄弟姐妹，因此就可能避开与这些人的性关系，而同其他母亲生的人交往。

---

①梁钊韬等编著：《中国民族学概论》，云南人民出版社 1985 年版，第 28 页和第 32 页。

(二)血缘婚

血缘婚是指在一个群体内的辈分性关系,也就是说,它已有一定的乱伦禁忌,排除了不同辈分男女之间的性关系,有了一定范围的内婚、外婚规定,即同辈内婚,不同辈外婚。据宋兆麟说,纳西族摩梭人有血缘婚,但只有堂兄妹通婚的例子,而没有亲兄妹通婚的例子①。如果按照摩尔根或恩格斯所说的,这种现象应是亚血缘婚,而非血缘婚。

(三)普那路亚婚

《中国民族学概论》一书认为,普那路亚婚姻是指"旁系兄弟姐妹结婚为基本形式的亚血缘群婚"。其主要特点是,男子可以有一群妻子,女子也可以有一群丈夫。换句话说,就是一群男子共妻,一群女子共夫。但这些共同的丈夫和妻子已不再是自己的同胞兄弟姐妹了。然后,他们又把纳西族摩梭人的阿注婚说成是这种形式的婚姻。实际上,这是把两个问题混淆了。如果说普那路亚婚仅是在同胞兄妹之间排除了性关系的形式,它只表明这类婚姻仍可以在一个群体中实行,而阿注婚却几乎完全排除了同胞与旁系兄妹之间的婚姻,因为,母亲姐妹的子女是和当事人同在一个衣社的,因而他们之间是没有婚姻可言的,也就是说,阿注婚的乱伦禁忌范围要比普那路亚婚大,把两者混在一起说明不了问题。所以,《中国民族学概论》一书在这方面的解释是错误的。其实,摩尔根在谈到伙婚时,认为它是排斥了旁系兄弟姐妹之间的婚配,而不是旁系兄妹间的婚配。如他所说,伙婚制家族,这是由若干嫡亲的和旁系的姐妹集体地同彼此的丈夫婚配而建立的,同伙的丈夫们彼此不一定是亲属;它也可以由若干嫡亲的和旁系的兄弟集体地同彼此的妻子婚配而建立,这些妻子们彼此不一定是亲属。恩格斯引用摩尔根的解释后的说法也与《中国民族学概论》一书中的解释不同,恩格斯说,家庭组织的"第二个进步就在于对于姊妹和兄弟也排除了这种关系",然后他又说,这一进步是逐渐实现的,大概先从排除同胞的(即母方

①宋兆麟:《共夫制与共妻制》,上海三联书店1990年版,第16~22页。

的）兄弟和姊妹之间的性关系开始……最后甚至禁止旁系兄弟和姊妹之间的结婚，用现代的称谓来说，就是禁止同胞兄弟姊妹的子女、孙子女以及曾孙子女之间的结婚。后来他在《家庭、私有制和国家的起源》第四版序言中讲：自我们了解了群婚的一系列其他形式以后，现在才知道摩尔根在这里走得太远了；并认为普那路亚婚是一种“最高的、典型的群婚形式”①。所以，普那路亚婚实际上是一种氏族的外婚制，而不是旁系兄妹间的婚姻。

（四）对偶制婚姻

对偶制婚姻是一个男子在许多妻子中有一个主妻，而他对这个女子来说也是她的许多丈夫中的一个主夫的婚姻。对偶制婚姻标志着在人类社会中，开始摆脱群婚状态，出现较为稳定的配偶关系；婚姻结合的牢固性日益加强，婚姻的离异更加困难；子女不仅知其母，也知其父；对偶夫妻间不仅有性关系，而且开始相互承担义务，并且对子女和家庭也承担义务了，但对偶制婚姻很松散，还没有一夫一妻制的家庭经济。

（五）一夫一妻的专偶婚

一夫一妻的专偶婚是指一个人只有单一配偶的婚姻，也就是说，一个男/女仅有一名异性配偶。

由于上述这些不同的婚姻关系，也因不同的婚姻关系而结合成不同的家庭形态，如血缘家庭、普那路亚家庭、对偶家庭、父权制家庭（一夫多妻）和一夫一妻制家庭等不同阶段或形式。这些分类依据了恩格斯在《家庭、私有制和国家起源》一书中的分类。恩格斯的分类是根据摩尔根（Lewis Henry Morgan，1818—1881）在《古代社会》一书中的五种家庭形式，如血婚、伙婚、偶婚、父权制婚姻和专偶制婚姻而来的。在当时的条件下，这种分类可以说是正确的，但是时隔一百年以后，人类学的研究已有飞速的发展，广度与深度也比一百年前有很大的变化。因此，再回头看当时的分类，当然可以找出许多缺陷，这也是很正常和自然的事。

---

①恩格斯：《家庭、私有制和国家的起源》，人民出版社1972年版，第35页和第40页。

例如，在《家庭、私有制和国家的起源》一书中，恩格斯提到，在当时“我们关于类人猿的家庭集团及其他共居生活集团还几乎没有丝毫确定的知识”。因而，他沿用摩尔根的假设和推测，在人类初始阶段存在一种“杂乱性交关系”。然而，在20世纪60年代初，一位年轻的英国姑娘珍妮·古多尔(Jean van Lawick - Goodall)只身一人在坦桑尼亚贡贝禁猎区中研究野生黑猩猩的动物行为学，通过两年的努力，才使黑猩猩让她接近它们，她在那里研究了几十年。这以后又有许多科学家深入丛林研究其他高等灵长类动物的行为，如1969年，英国的黛安娜·福斯埃到非洲中部的伏伦加山区考察黑猩猩，也是一连几年。1971年，加州大学研究生贝露蒂·格戴克和她丈夫一起来到加里曼丹研究褐猿(猩猩)，历时八年。这以后，人们对高等灵长目动物的一些行为的了解开始逐渐增多并科学化。例如，在性关系方面，古多尔观察到，雌猩猩在7~9岁成年，这以后在性周期中与成年雄猩猩性交。她发现，一头叫芙洛的年老雌黑猩猩在其性周期时，几乎同它那个群体的成年雄猩猩都发生过性关系，但是它的孩子，如大约生于1953年的法宾(1966年13岁)和大约生于1956年的费冈(1966年约9岁)却丝毫没有与其母亲芙洛交配的企图。同样，另一只雌猩猩奥尔莉在性周期时同它成年的儿子艾维莱德也不曾发现性交行为。此外她也发现，黑猩猩兄弟姐妹之间，如法宾、费冈和菲菲(雌猩猩)之间极罕见有性行为，而且菲菲对法宾和费冈的所谓“求爱”举动表示出一种极为厌恶的表情，而且当它的小弟弟弗林特在菲菲性周期时要和它玩，如要它背等举动，它都表现出反感的表情，一反以前争着从母亲手里把弟弟抢过来抱着玩的常态①。

由于对灵长目动物行为的深入了解，给人们提出一个问题——人类初始时期是否存在“杂乱的性关系”和“血缘婚”，也就是说，人类的最初阶段是否存在某个范围的乱伦禁忌。当然，直接的类比可能是不可靠的，但过去的推测往往根据的是一些传说记载，而这些

①珍妮·古多尔著，刘后一、张峰译：《黑猩猩在召唤》，科学出版社1980年版，第210~212页。

传说记载也是有问题的。例如,在许多传说记载中都提到兄妹通婚或母子通婚。然而,这是在什么情况下发生的,研究者似乎不予考虑,只是见到此就认为存在血缘婚配的阶段。实际上,口传的记载在谈到此时往往有很多限制,例如,盘瓠传说讲,盘瓠与三公主婚后生了六男六女,以后才兄妹通婚。然而,有些人在运用这方面材料时运用了后者,说明后者是存在的,那么,前者呢?前者表述的内容恰恰是外婚制的表现,这表明外婚制先于兄妹通婚。因此,这种说法不能不让人生疑。当然,兄妹通婚的事实是存在的,在古埃及、古印加帝国和近代的夏威夷土著社会存在,然而,它只在王室中实行,而王室是神灵的代表,被视为半神明,他们不能和外人通婚,否则将危及其王权的延续和王室的纯洁性,所以这些兄妹通婚是出于一种政治上的考虑,而不能作为人类有某种婚姻阶段的确证。

又如母子通婚问题,黎族的纹面传说提到母子通婚的情况,说是人间经过灾变后,大地上只剩下一对母子,为繁衍后代,母亲就叫儿子往某个方向走,走到那里就会遇到一个纹面的女子,就可以同她结婚,这样就可以繁衍后代。儿子走后,母亲纹了面,绕到前面去等儿子,当儿子终于见到一位纹面的女子时,就和她结了婚,终于繁衍了人类。有的人用这个例子来说明人类存在母子通婚的情况,然而,这里也有许多问题,例如,纹面的作用是什么,她的功能恰恰是使儿子认不出母亲。也就是说,对儿子来说,他认为自己是和母亲以外的一个女子通婚,说明这时存在母子通婚的禁忌。所以,母亲要改变其外貌,也就是说,虽然实际上是母子通婚,但它是通过某种文化法则而成为一种外婚现象,所以用这一例子是不足以说明存在母子通婚的事实和阶段的。

从以上几个方面的迹象来看,所谓的“杂乱性交”阶段似乎是不存在的。由于人类与动物的分界在于制造工具、创造象征符号,或者还得加上生理上的变化,如没有了动物的那种性周期。那么,由于母子之间的养育关系,而且人类的婴儿期又比任何高等灵长目动物都长,因此母子关系是非常明确的,兄妹关系也是非常明确的,人类最初时期也不可能存在完全杂乱的性交关系,至少已排斥了母子之间的性关系,因此,人类在一开始就可能只存在血缘婚姻的形式。

然而实际上,对血缘婚姻的界定与论述也存在许多问题。因为在当时的许多情况下是不太可能有父亲这个概念的。不过,母子关系、兄妹关系却是比较明确的。如在纳西族摩梭人的亲属称谓中,曾祖称阿斯,母祖称阿移,舅祖称阿普,母亲称阿咪,舅舅称阿乌,母亲的配偶也称阿乌,长于我的哥哥姐姐称阿木;弟弟称格日,妹妹称各咪,女子称下辈的女孩为模,称男孩为若;男的称外甥(其姐妹的男孩子)为则乌,称外甥女为则咪;女的称其兄弟的儿子为则乌,称其女儿为则咪;而他们称孙子辈的男孩为入乌,女孩为入咪。男性对自己和血缘不论远近的兄弟、姊妹的子女都称则乌(男)和则咪(女)。

在初民社会中,按年龄与性别的分工也比较明确,再加上原始人类的寿命并不长,如北京猿人顶多只有40岁。因此,在当时的群体中,与年长一辈和年幼一辈来区分所谓的"辈分"也许比较清楚。换言之,按年龄的大小分成不同活动集团的情况也许会多一些。这种现象在现存的一些亲属称谓中也有所反映。例如,在鄂温克族的亲属称谓中,如以自我为中心算的话,凡比父亲年长的男人,我都叫其"合克",其包括伯父、祖父、伯祖、大姑父和大祖姑父等。凡比父亲年龄小的男人,我都叫他们"阿基",其包括叔父、哥哥和我。凡比父亲年龄大的女人,我都叫她们"额我",其包括祖母和伯祖母、大祖姑、伯母、大姑母等。凡比父亲小的女人,我都叫她们"额基",其包括叔母、嫂子、小祖姑、小姑姑和姐姐等。无论男女,凡是比我年少的,我都叫他们为"闹昆",包括弟弟、妹妹、侄子等。从这种亲属称谓来看,他们存在三个年龄等级,这也许可以从初民社会中以年龄分工的社会生产中做进一步解释。

此外,"血缘婚"这一术语也不准确或不妥当,因为血缘是指从血缘上推展的亲属,范围较广,既包括直系的母子关系,也包括旁系的兄妹关系,所以"血缘婚"这一术语本来也可以包括母子通婚的现象在内。实际上,学界所说的血缘婚仅指兄妹通婚的现象,因此缺乏准确性。

总之,杂乱性交关系和血缘婚阶段是有较多的问题的,因此,很可能人类一开始就不存在完全没有限制的性关系,而直接就是血缘群体对偶婚的状态,而且这种血缘群体中的对偶婚通常是在母系家庭之外,并以一定年龄组的同辈对象互为夫妻,有一定的稳定性,但也允许与其他人交往。换言之,也就是血缘群体内的对偶性的群婚,但排斥了母子与兄妹之间的性关系,因为母子与兄妹的血统与亲密关系是非常明确的,他们之间应当有较强的"性嫌恶"感觉,所以他们之间的性关系应该是排除了的。由于这种婚姻状况发生在血缘群体中,虽对偶但又允许与他人交往,故叫血缘群体中的对偶群婚可能比较适当些。

到后来,这类群体发展出了外婚制的规则,因而排斥了同群内从表兄弟姐妹之间的性关系,这就转向了氏族外的对偶群婚阶段,以后又发展为专偶婚,或通过多偶婚再进入专偶婚的阶段。因此,把人类社会的各种婚姻形态归纳起来看,婚姻发展的过程大约有这么几种类型,即血缘群体中的对偶群婚—血缘群外对偶群婚—多偶婚—专偶婚。

四、婚姻类型

(一) 多偶婚(Plural Marriage or Polygamy)

1. 多夫多妻制。多夫多妻制婚姻也称群婚(group marriage)或团体婚,其婚姻内容包括若干男女之间的互相婚媾。如苏联西伯利亚的楚克奇人(Chukchee)有一种联婚制度。一群男子为联婚关系,这些男子常是已婚之人,他们联合十对以内的夫妇互为联婚。在这个约定俗成的社会结构圈里,任何男子对任何女子,当其丈夫不在或外出时,均有暂时视为妻子的权利。又如印度穆利亚人(Muria),青春期的男女孩共住俗称"果徒"(Ghotul)的宿舍中,宿舍内实行性自由,有的则禁止一对男女睡在一起连续超过两个晚上。而他们的婚姻法规定,男孩应与不同宿舍的女孩结婚。印度南部的纳亚尔人(Nayar)也是如此,纳亚尔人的女孩在7岁左右举行一次婚礼,此后这个女子可以同其他任何男性有性关系。再如,根据一百年来巴西土著刚昂人系谱的统计材料来看,在刚昂人中,行团体婚的大约占8%。

多夫多妻制在学术界一直有争议,英国的斯宾塞(H. Spencer)认为婚姻发源于乱婚,再发展为一妻多夫、一夫多妻和一夫一妻制,因此就会有一个多夫多妻的阶段。而美国耶鲁大学的默多克(George Peter Murdock,1897—1985)说,团体结婚虽在过去的人类学文献中占了很重要的地位,但从来没有成为某一文化的规范。他曾研究过200多个简单社会的资料,发现只有几个社会有多夫多妻的现象,并且多是一些例外,即有的民族在某个时间段内的某种特定地方允许这样做,并非是一种制度化的现象。如摩梭人在祭祀干木山女神,绕泸沽湖活动时,可以随意交结阿注或阿肖;摩梭人甚至说:"我的阿肖是你的阿肖,你的阿肖也是我的阿肖。"换言之,只有在这个仪式时间能有群婚的影子。普米族在绕灵洞时以及广东瑶族在除夕到正月初二这三天称为"放牛出山"期间也有类似情况。此外,过去陕西临潼行者乡娘娘庙三月三"单子会"时,不育的妇女可以在那里和别人发生性关系,以便怀孕生子;青海乐都六月六莲花节时也同样有性自由。所以,美国人类学家罗维(Lowie)认为,团体婚纯属一种假定状态,实际上并无其事。他的理由是:婚姻是一种永久的关系,有互相的权利与义务,一群男人和女人暂时结合乱媾并不能视为事实上的婚姻关系。

2. 一妻多夫制。一妻多夫制(polyandry)是指几个男子与一个妻子生活的婚姻制度。一妻多夫制曾盛行在印度南部的托达人(多达人,Todas)、麻拉巴人和中国的西藏人等中。这种婚姻制度也有几种形式,具体如下:

同胞共妻制(fraternal polyandry),即若干兄弟共有一妻,长兄娶妻,弟弟也享有夫权,所生的孩子均属于哥哥。兄死,其财产、地位、妻子均传于次弟。弟辈享受兄长的夫权,有的需要经过相当的礼节,而享受此项权利的弟辈往往在家中居从属地位。中国西藏的一些地方有这种一妻多夫制婚。西藏的女人说:"如果我只有一个丈夫,他死了,我就成了寡妇了",而寡妇一词对西藏妇女来说是一个颇不吉祥的忌词。戈尔茨坦(M. C. Goldstein)对尼泊尔北部的藏族部落进行研究,发现在那里也有一妻多夫制婚姻和家庭。在摩梭人中也有一些多夫家庭存在，如四川木里藏族自治县瓦丁区的俄亚纳西族自治乡有多夫制家庭46户，占总数的35.4%。而多妻制家庭有7户，占总数的5.4%；一夫一妻家庭有79户，占59.2%。在太平洋马克萨岛上，马克萨人(Marquesas)强调长子的权利及他对权力和声望的追求。他常娶高阶等的女子为妻，然后给妻子增加几个情人，这其中包括其弟弟和其他等级相等的人，他们也因此成为他的侍从；地位重要的人甚至可以娶第二个妻子，又由她形成一批侍从，而这些侍从要为其做事，使其成为大人物式的人。其实，到后一种情况出现时，这种一妻多夫的情况也成了一种群婚的实践。

另一种多夫制则是非同胞共妻制(polyandry)，这是指几个男子共有一个妻子，由女的轮流到他们的住所同宿若干时日，若有孩子，则按某种仪式来确定其父。印度南部的纳亚人就实行这种婚制。他们并非兄弟，往往分居在好几个地方，为妻者常按日到各处居住。有的妇女则留居母家，其丈夫分别到女家留宿，暂享夫权。在这种制度下，凡初生之子，定为年长的丈夫的儿子，以后以此类推。

3. 一夫多妻制。一夫多妻制(polygyny)婚姻在世界各民族当中曾普遍盛行过，古代的许多文明民族，如古代巴比伦、希伯来、斯拉夫、爱尔兰、阿拉伯、日本和中国等都曾有过一夫多妻的婚制。在奴隶社会和封建社会中，一夫多妻制多在统治阶级中实行。采取一夫多妻制的原因是多样的。在中国，如周代，诸侯中实行一夫多妻是为了政治上的目的，如姪娣媵妾制，即以妹妹随嫁。在有些民族中，实行多妻制是为了经济原因，如澳大利亚北部的蒂维人(Tiwi)的多妻制就是为了增加劳动力。曾经有一个蒂维人告诉一个传教士说："如果我只有一两个老婆，我就会饿死。但我现在有了十个或二十个老婆，我就可以在早晨把她们派到四面八方去，到天要黑时，她们中至少有两三个人带点什么东西回来，我们就都有的吃了。"再如尼罗河上游的金卡人也是实行一夫多妻制，但他们是用牛作为聘礼(bride wealth)来换妻，牛也是财富的象征，因此妻子多也表示财富较多。有的地方的多妻制则有其他原因，例如，据说巴干达人(Baganda)采取一夫多妻制是因为那里的男女比例失调，女多于男。有的民族的男子多妻是出自第一个妻子的请求，在这种地方，娶妻多了，第一个妻子的劳动强度就会相对减少，地位也会升高，如果丈夫不多娶，还会被人责备他是吝啬鬼。在许多民族中，多妻制的家庭相处得很融洽，丈夫轮流到各妻子的房间或住所过夜。在多妻制中，也有姐妹共嫁一夫的情形，这种情况称为姐妹共夫婚（sororal polygymy），这种类型的多妻制家庭似乎比较和谐。有的宗教也主张男子多妻，如伊斯兰教规定一个男子可以娶四人；摩门教也规定一个男子最多可以娶四个妻子。

4. 一夫一妻制。一夫一妻制婚姻（monogamy）是指一位男子只与一位女子结成婚姻伴侣的婚姻。这是世界上流行最广的一种婚姻制度，现代的复杂社会多数实行这种婚姻制度。其实，实行一夫多妻、一妻多夫、多夫多妻的社会中也同时并存着一夫一妻制。所以许多人类学家和社会学家都认为，一夫一妻婚姻是人类最适当的婚姻制度。

（二）优先婚配

世界上有几种婚姻制度是属于优先婚配（preferential mating）的，如姑舅表优先婚、续嫁夫兄弟婚以及续娶妻姐妹婚。

1. 姑舅表优先婚。有些民族的男子在结婚时首先应和舅舅的女儿或姑姑的女儿结婚，这称为姑舅表优先婚（cross - cousin preferential marriage）。在这些民族中，除非一个男子的舅舅或姑姑没有女儿，如有，其要结婚时，一定要娶其女儿，当他们不愿把女儿嫁给他时，他才可以娶别人。反之，如果舅舅家或姑姑家的女儿主动不嫁对方，须送钱或礼物给对方作为补偿。如我国的苗族、瑶族和土家族中曾盛行舅家优先娶外甥女做儿媳之俗，只有舅家没有适龄儿子或无意聘娶时，姑家的女儿才可以另嫁他人。如果舅家儿子去聘娶姑家女儿，而姑家女儿不嫁他，则需要送钱或礼物给对方作为补偿，让他另娶他人。这种现象反映了母系婚配制度的残余。

2. 续嫁夫兄弟婚。续嫁夫兄弟婚（levirate）也称妻兄弟婚、“叔接嫂”（junior levirate）、转房（nepotic lnheritance）或续嫁夫兄弟优先制（anticipatory levirate）等，它是指丈夫过世，寡妇必须嫁给丈夫的弟弟或哥哥的婚姻制度。这种婚姻保证了夫家这位死去的男人的财产和对孩子的权利等不会流到家族或该群体之外。如在印尼巴塔克人(Bataks or Battaks)中,死者的弟弟必须娶寡嫂为妻,即便其已婚也不得例外。又如澳大利亚土著阿兰达人过去也是寡嫂必须嫁给小叔,而在其他大部分部落中,任何一个兄弟都有权娶寡嫂。在有些民族或族群中,偶尔也会有转嫁给侄子或转嫁给长辈的,如在澳大利亚西南的土著部落中,死者的任何近亲都有资格娶未亡人①。过去中国彝族妇女转房也是如此,如平辈无适当的对象,也可以转给长辈或晚辈。但这类情况发生时,当事人的年龄似乎应相当。在有的社会中,寡妇要外嫁也可以,但娶寡妇的一方需要把聘礼如数送上。

3. 续娶妻姐妹婚。有的社会中也存在俗称妻姊妹婚的续娶妻姐妹婚(sororate)。与上述相反,续娶妻姐妹婚是指妻子死后,妻子的妹妹或姐姐再嫁给该男子为妻。这样,两个家族、宗族或两个氏族建立起来的关系才不会中断,仍可以保持一定的联系。

(三)择偶标准

择偶标准是一个变动的综合指标,它是随社会的变化而变化的。在人类社会早期,重这个氏族和那个氏族的联系,当然,对个人来说,可能还有其他因素。如纳西族摩梭人现在的择偶标准是性生活的需要、外貌、年龄、健康状况及个人的能力如何等,这些都是他们互相建立阿注关系的因素。拉克衣社的甲阿玛在七月二十五日祭干木山女神时,遇见者波村的阿才得之,见他长得端正,当他要求和她建立阿肖关系时,她就同意了。

私有财产和阶级出现后,择偶的标准也越来越复杂,在近现代,常常是综合多种条件和因素来考虑,如相貌、身体、阶级地位与政治立场、财产多寡与经济状况、门第高低、家庭环境和背景、文化、职业、年龄、性格、爱好、贞操、道德品质和有无爱情等。

一般说来,择偶标准可以分成以下几类:

1. 政治影响。古代王公、贵族之间的婚姻多是一种政治行为。

---

①托卡列夫、托尔斯托夫主编,李毅夫等译:《澳大利亚和大洋洲各族人民》,三联书店1980年版,第226页。

实际上，这种状况也延续到现代社会。

2. 阶级影响。封建社会讲求门当户对。如魏晋南北朝，上品无寒门，下品无世族。北魏和平四年（463 年）诏令皇族、王公、侯伯及士民之家不得与百工、使巧卑姓为婚，犯者加罪。在古印度，分婆罗门、刹帝利、吠舍、首陀罗四种种姓，他们之间基本上是不能通婚的，但也存在一些越级婚姻，即上等级的男子娶下等级的女子，但几乎没有下等级的男子娶上等级的女子。在印度南部的戈巴柏（gopapur）人当中，只能在同种姓的母系亲戚内结婚，而且只能与其他村子的人通婚。日本人结婚时也往往要考虑家族之间的联盟关系，在上层社会中更是如此。

3. 经济影响。经济是家庭的生计，是家庭生活的基础，人们历来都有经济方面的考虑。有的民族则更看重经济因素，如新几内亚的男人结婚并不是为了性方面的需要和生孩子，性需要可以在婚姻之外获得，他们结婚是因为他们需要一个妇女给他制陶、煮饭、做菜，给他织网、除草等。在澳大利亚的土著当中也是如此。在中国现代社会中，经济因素也是一个很重要的方面，但并不是唯一的。当然，也有些人过分注重经济因素，所以有妙龄少女嫁垂死老翁的现象以及“宁做小三，不嫁穷人”的网上宣言。

4. 宗教的影响。在有些民族中，宗教也是择偶标准之一，如犹太教徒娶犹太教徒，伊斯兰教徒娶伊斯兰教徒，或要求另一方需改变宗教信仰。美国犹他州的摩门教徒也是如此。

5. 社会风俗的影响。一般情况下，男性年龄应大于女性，但也有“女大三，抱金砖”的说法，故有的人热衷于姐弟恋。旧时中国有的地方如客家人有等郎妹，女的大男的很多，所以女性有怨言，如“等郎妹，真吃亏，十八老妹三岁郎，日里背他上岭斫柴火，夜晡抱他睡目共一床，床上屙屎好比牛栏样，床下屙尿变成养鱼塘。”“十八老妹三岁郎，抱在手里七斤重，放在床上一尺长，今朝唔是看你爷娘面，一脚踢你见阎王。”这些民歌就是对女性年龄大于男性太多的一种抱怨。

6. 伦理道德的影响。旧时中国汉人社会重视女性的贞操，没有婚前性自由；美国人则讲求“性解放”，不管这些。但在中国现代社会中，旧时的伦理道德已发生变化，因受西方文化的影响，婚前性自由多了起来，婚外情也多了起来。不过，虽有如此的性开放的变化，但谈到婚姻时，有的又趋于保守，如新加坡对大学生有一个调查，在这些大学生中，认为在婚前可以有性关系的占60%，但问到对结婚对象有何要求时，这60%赞同婚前可以有性自由的男性又认为结婚对象要找有贞操的女子。换言之，婚前有性自由的对象不是结婚的对象，因此，所谓的性开放、性解放，受伤害最大的仍然是女性。

7. 民族与种族的影响。过去民族与种族方面的影响较大，如在20世纪60年代的美国，黑人娶白人好多会被三K党攻击。现在稍微好些，但在欧洲，这一方面的影响还是比较大。

8. 当事人的文化、职业、家庭环境等的影响。如美国一度强调“青春、美丽、罗曼蒂克”，这些也会影响经济，如化妆品、美容业、广告业、服装业、饮料和烟草等行业。

所以，择偶标准是一个多种因素下的综合指标，这些可以用统计的方法来研究，此不赘述。

（四）中国社会择偶标准的变化

中国人的择偶标准也是随时代的不同而有所不同。在新中国诞生之初，比较看重政治标准。工人、解放军容易找对象。在三年困难时期，也是重政治标准，选择有理想、志同道合、能同甘苦的对象。“文化大革命”期间，唯成分论、血统论特别严重，“老子英雄儿好汉，老子反动儿混蛋”。择偶要求政治上保险，重成分，重出身，重政治面貌，愿找工人、解放军等，而不愿找知识分子。但到后期，也有一些人追求有地位、有权势、有门道、有背景、能说会道的人。粉碎“四人帮”后，中国人的择偶标准有所改变。但由于有“文革”遗风、封建社会世俗习惯的部分恢复、外来情调的影响以及各种社会思潮的影响，因而择偶标准变化大且变化快。初期，重钱财、仪表、家世、实惠和私利等，知识分子吃香，有海外关系的人也吃香，甚至像海员这种在20世纪六七十年代很难找对象的人，在“文革”后期的一段时间里也很吃香，因为他们多少会带一些国外的东西回来。

而工人、军人就比较困难。到20世纪80年代,个体老板和民营企业家多了起来,知识分子又开始不值钱了,人们甚至讲“傻得像博士”。在福建泉州一带,教师甚至一度成了吓唬女孩子的狼外婆。女孩哭闹,大人只要讲“再哭就把你嫁给教师”,女孩居然会被吓得不敢哭了。20世纪90年代后经济与爱情并重,既有“傍大款”的现象,也有注重爱情的表现。所以有人说,中国人的择偶标准经历了“五十年代爱英雄,六十年代爱贫农,七十年代爱知识,八十年代爱富有,九十年代爱真诚”的过程。进入21世纪后,虽然经济与爱情仍为择偶标准中的首要因素,但由于网络的发达、教育水平的提高、传统伦理道德的瓦解、新的伦理道德处于真空状、权利控制体系松动等因素的影响,出现了许多变异,如网恋、闪婚、短婚、同居(mating)、试婚、剩女和优剩女等现象层出不穷。

在中国,不仅时代不同,择偶标准不同,而且不同民族的择偶标准也是不一样的。如上述所说主要是汉族的择偶标准,而在纳西族摩梭人中,女性要求男性要长得魁梧,身体健康,能干各种活计,能说会道。而男性则要求女性应身体好、漂亮、年纪轻(一般为18~21岁左右),家庭富裕,有生育能力,乳房等女性性器官特别明显等。换句话说,其择偶标准尤其是自身的特点与变化不能以汉族的标准去衡量它。

实际上,择偶标准的不同也会影响离婚等因素的强弱。如西方社会强调青春、美丽、罗曼蒂克,那么,随着青春的流逝,美丽的倩影爬满了皱纹时,或者罗曼蒂克消失后,离婚就变得容易了。西方的人类学家也看到了这方面的问题,有的人认为结婚不能只讲爱情,还必须强调责任,因为结婚后就需组成一个家庭,而家庭有其自身的功能,也就是说,既然通过婚姻组成一个家庭,就要把家庭的生存和延续负责下去,而不能简单地以爱情作为维系家庭的唯一因素。在中国,类似西方的现象现在开始多了起来,与婚姻、家庭相关的社会问题也逐步增多,就目前的情况来看,许多问题少年多出于离异的家庭就是一个值得我们大家深思婚姻、择偶标准和家庭等问题的事例。

第二节 家 庭

家庭的建立在很大程度上是婚姻的结果之一。说很大程度,是因为世界上有些民族的家庭并不一定是建立在婚姻基础之上的,如血缘家庭并不包括婚姻对象,这就涉及家庭的定义问题。

一、家庭的定义

关于家庭的定义,目前并没有统一的认识。有的人认为,家庭是以婚姻为基础的两性共同生活的组织形式①。有的人认为,家庭是一个由一个妇女和她所属的孩子以及至少有个通过婚姻或血缘关系加入该群体的成年男性所组成的群体②。有的则认为,家庭是建立在婚姻和血缘关系基础之上的亲密合作、共同生活的小型群体,是社会的基本单位,是社会的细胞③。类似定义还有:"家庭是以婚姻和血缘关系为纽带的社会生活组织形式。"④

笔者认为,第一种观点仅指姻亲家庭(姻亲是指由婚姻结成的亲属)。第三、四种定义都指出了血缘关系,但这种血缘关系只是讲由此婚姻带来的血缘关系,如父母与子女之间的关系。只有第二种定义不仅指出了有以婚姻为基础而建立的家庭的存在,而且还有不存在婚姻伙伴的母系家庭的存在,所以它比较能涵盖目前世界上各种家庭现象。因此,笔者认为,家庭应该是一个基本的社会群体,这个基本的社会群体应该是一个基本的经济生产单位,它是在婚姻或血缘基础上建立起来的一个社会的基本经济生产单位,是一个社会的基本细胞。为什么这样说,这当然涉及家庭的普遍现象,也涉及家庭的功能问题。

---

①梁钊韬等编著:《中国民族学概论》,云南人民出版社 1985 年版,第 143 页。

②哈维兰著,王铭铭等译:《当代人类学》,上海人民出版社 1987 年版,第 370 页。

③《社会学概论》编写组编著:《社会学概论》(试讲本),天津人民出版社 1984 年版,第 86 页。

④潘允康:《家庭社会学》,重庆出版社 1986 年版,第 35 页。

二、家庭的功能

家庭的功能主要是指家庭对人类的功用与效能，或者说，家庭对人类生存和社会发展所起到的作用。就目前的情况来看，家庭一般有如下一些功能：

第一，经济合作。作为生产的基本单位，或称为基本的社会经济单位的家庭，在任何社会中都具有生产供自己家庭成员消费的生活资料，并生产与其他家庭交换的产品或一些必要的社会活动产品的功能。例如，现代社会的家庭靠夫妇俩人的工资或收入维持一定的生活。澳大利亚蒂维人的家庭主要就是为了维持生存需要，至于性生活，还有可能在家庭之外进行。

第二，生育的功能。即人口的生产与再生产，也就是说，生育后代完全是家庭的功能，这是任何其他组织形式所无法代替的。尽管有的家庭不存在婚姻伙伴，如摩梭人的母系家庭，但所生育的子女仍归属其母系家庭，所以人口的再生产虽是在生物规律的基础上发生的，却是由许多社会文化因素，诸如经济、法律、道德等参与其中的一个复杂的过程。人口生产的先决条件是男女结合，而男女结合，男女之间的性关系是受社会规范指导和制约的，也就是说，通过某种社会规范，男女之间因性关系为社会认可，有了此，男女之间因性行为而产生的后代才为社会所认可，才具有合法性。

第三，满足性生活需要的功能。性行为是人的生物性本能，是和生育密切联系的，但这种生物性本能在人类社会中受到社会文化的限制，也就是说，性行为被法律、道德、舆论等多种社会文化因素控制在一定范围之内而规范化，这样才使人类社会能接受和认可。所以，家庭在大多数社会中为人类提供了为法律和社会风俗所认可的性生活的场所。

第四，教育的功能。如果说生育是新生命的造就，那么，抚育与教育就起着对孩子生活的供养和将其培养为社会人的作用。家庭是教育人的基本场所。这是因为人口生产由家庭承担，而且人有一个相当长期的生活依赖时期，这个时期内生活不能自理、独立，需要照顾，而且必须学习这个社会的文化法则，因而家庭担负着传授社会文化知识与生存技能，培养道德品质，指导行为规范，帮助营生自立等使人社会化、濡化的责任。也就是说，人的最初社会化的阶段是在家庭中进行的，在心理人类学中，家庭环境是社会环境的最基本和最初的场所，家庭教育是人类教育的最初阶段。所以我国《婚姻法》明确规定：父母对子女有抚养教育的义务。《三字经》也告诫我们：子不教，父之过。

第五，共同消费的功能。家庭也是一个消费单位，家庭成员的收入汇集在一起，统一计划，统一管理，以满足全家人的生活开支的需要。其中，人口和收入数量决定了家庭的消费水平，家庭的支出方式、项目和比重决定了家庭的消费形式。

此外，还有人认为，家庭还具有感情交往、宗教、政治、休息和娱乐等功能，但不管怎么说，前几种是主要的。因为上述解释主要是基于家庭是建立在婚姻联系的男女之间的基础上的，但有的家庭如母系家庭并没有组成以婚姻联系的男女之间的组合家庭，婚姻双方不组成共同的家庭，然而，血亲家庭仍是一个经济单位、生育单位、消费单位和教育单位，也就是说，从上述这些功能来看，家庭最普遍、最基本的功能是生产、生育、消费和教育，有了这些，我们就可以称其为家庭。至于性关系，尽管社会公认性生活大都限制于家庭中，但在有的社会中并非如此，因此它并不是最普遍和最基本的。因此，家庭的定义应该是：在婚姻或血缘关系的基础上建立起的基本社会经济单位。

三、家庭的类型

目前，在人类学和民族学中，有关家庭的类型有多种分类，如根据人口的多少或代际的多少，可以分为大家庭和小家庭。按照配偶人数，可分为一夫一妻家庭、一夫多妻家庭和多夫多妻家庭等。而根据参与和决定家庭事务的权力来分，则有父权家庭、母权家庭、舅权家庭和平权家庭等。按照继嗣情况来区分的话，可能有父系家庭、母系家庭、双系家庭和两可系家庭等。根据居住方式来分的话，有从父居家庭、从母居家庭、从舅居家庭和新居制家庭等。而按照代际层次和亲属关系来区分的话,则有核心、主干、联合和单身等几种。不管怎么说,大多数文化人类学的教科书中通常都将家庭分为以下几种。

(一)核心家庭

核心家庭(nuclear family)是由一对夫妇和依赖他们的未成婚的孩子们所组成的一个家庭单位。它也可以包括以文化手段收养的子女在内。核心家庭有完整与不完整两种,上述一对夫妇与其未婚子女所构成的家庭单位就是完整的,而一对夫妇未有子女,或一对夫妇中缺一人但有未婚之子女等就构成不完整的核心家庭。核心家庭的特点是:具有稳定的三角型,规模小,人口少,在一般情况下,它是以婚姻和血缘两条纽带相联系的(参见图 5 - 3)。

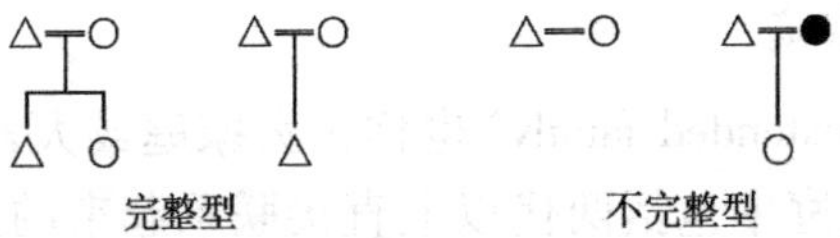

图 5 - 3　核心家庭

(二)多偶制家庭

多偶制家庭(polygamous family)是一个男子或一个女子和其一个以上的配偶以及他们未婚的子女构成的家庭。多偶制家庭包括一夫多妻、一妻多夫和多妻多夫三种形式。一夫多妻,如中国过去的一夫一妻多妾。一妻多夫,曾在藏族中存在。多夫多妻的情况在太平洋地区较多,特别是有“大人物”的地方,往往伴随着多夫多妻制,其结构如图 5 - 4 所示。

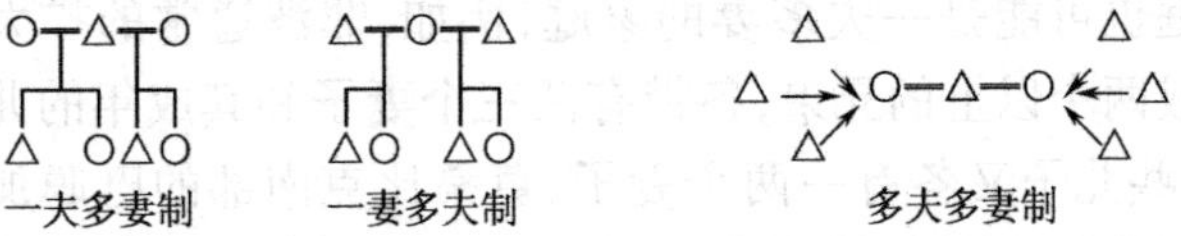

图 5 - 4　多偶制家庭

（三）血亲家庭

血亲家庭或称血缘家庭（consanguineal family），其是由一些妇女和她们的兄弟及这些妇女的未成年与成年子女构成的家庭，如纳西族摩梭人的母系家庭和印度纳亚尔人的母系家庭都是这种类型的例子，其结构如图5－5所示。

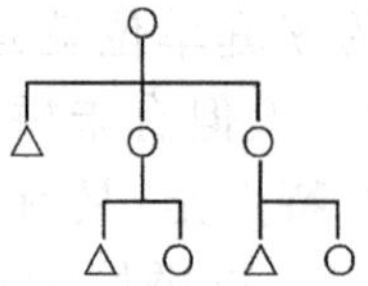

图5－5　血亲家庭

（四）扩张家庭

扩张家庭（extended family）也称扩大家庭或大家庭（great family），是指一个家庭中包括两代以上直接联系起来的亲属，或两三代人居住在一起，或包括两组以上的配偶居住在一起。在中国汉人社会中，扩张家庭有两种形式，即主干家庭（stem family）与联合家庭（joint family）。前者为一对夫妇与其一成年孩子夫妇及其未成年孩子等构成，其为上下两对夫妇的集合，就像树干一样，故称主干家庭，亦称直系家庭。联合家庭的标准型则由两对已婚兄弟及其各自未婚的孩子构成，其特点为兄弟夫妇的集合，是一种横向的集合，其扩展型则包括他们的父母在内。

在其他民族中，扩张家庭还可能更大。美国人类学家哈里斯（Harris）认为，所谓扩大的家庭，是由同胞兄弟及其配偶们和他们的孩子们组成的家庭团体，或是由父母和已婚子女组成的家族团体。扩大家庭也可能是一夫多妻的家庭，例如，非洲通常的扩大家庭包括两个或两个以上的兄弟，各带有两三个妻子和其成年的儿子住在一起，这些儿子又各有一两个妻子，莫桑比克南部的巴聪加人即是一例[1]。因此可以说，扩张家庭是由几个核心家庭结合起来的集合

---

①哈里斯著，李培茱、高地译：《文化人类学》，东方出版社1988年版，第127～128页。

体,但不同的民族中,其扩张家庭的结构不完全一致。扩张家庭最起码有两种类型:联合家庭和主干家庭,其结构如图 5 – 6 所示。

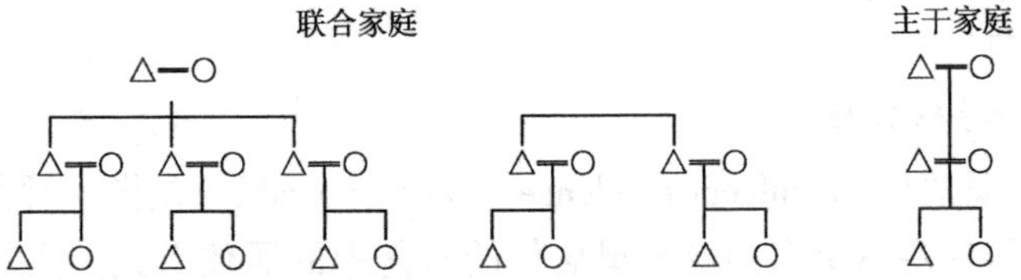

图 5 – 6　扩张家庭

在每一种家庭形式中,都可能有不完整型的(broken family),称为不完整家庭或破损家庭、残缺家庭。具体是指有的家庭中夫妇不育,没有子女;有的夫妇中因死亡或离婚而缺少一个等。这些家庭也称不正常家庭(abnormal family)或非规则家庭或变态家庭(an-fnoymnlnormal family),还有未婚母亲与其子女的家庭,单身收养子女的家庭等都属于不完整的家庭,因此每一种家庭结构中都可能出现不完整型,而不能将它归为一类。

四、家庭的居住方式

人们结婚后,这对夫妻住在哪里,这种居住方式(resident forms)是与这个社会的一些规范(如继嗣规则)有关的,与生存方式和生态也有关系。男子在生存中占主要地位的社会中往往从父居,而女子在生存中占主要地位的社会中则从母居较多。通常世界上婚后居住形式有如下一些。

(一)从父居

从父居(patrilocal residence or patrilocality),也称从夫居(virilocal residence or virilocality),这是指已婚夫妇居住在男方的父系亲属共同居住的地方。根据表 5 – 1 的情况看,有过人类学调查的 752 个社会中,有实行从父居的社会约有 593 个,此占 79% 。

(二)从母居

从母居(matrilocal residence or matrilocality),也称从妻居(uxorilocal residence or uxorilocality),这是指一对夫妇婚后居住在妻子母

方家中或母方亲属共同居住的村落中的居住形式。根据表 5－1 反映的情况看，在 752 个社会中，有 54 个社会是实行从母居的，此占 7% 左右。

（三）从舅居

从舅居（avunculocal residence or avunculocality）是指一对夫妇成婚后，居住在舅舅家中或舅舅居住的村落中的居住形式。实行这种居住方式的社会都是母系社会，因为在许多母系社会中，权力和财产集中在母亲兄弟手中，通过此，舅舅的财产由外甥传承（如图 5－7 所示）。根据表 5－1 的情况看，在 752 个社会中，实行从舅居的社会有 62 个，此占 8.3%。

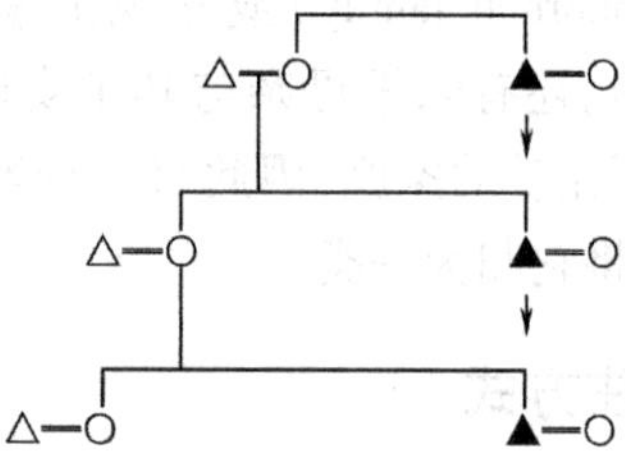

图 5－7　从舅居示意图

（四）两可居

两可居（ambilocal residence or ambilocality）也称双边居（bilocal residence or bilocality），是指小夫妇成婚后，既可以居住在男子父亲的家中或村落中，也可以居住在妻子父母的家中或村落中的居住形式。这种居住方式与双边继嗣和双系继嗣或两可继嗣有关，也与其生存的生态环境比较恶劣有关。也就是说，在环境差的地方，看男女双方哪边的生态环境好，就去哪里生活。

（五）新居制

新居制（neolocal residence or neolocality）是指小夫妇婚后自己外出建立一个新的居住之地，既不同男子的父母亲住，也不和女方的父母亲居住。这种居住方式在强调核心家庭独立性和社会生产比较流动的地方多有存在，如美国人就采取新居制。这种新居制与其双边继嗣有关，也有利于获取以劳力挣工资的机会以及有利于价格市场货币交换取代以亲属关系为媒介的交换形式。美国的新居制以核心家庭为主，他们的核心家庭无论在地理上还是社会关系上，与夫方和妻方的亲属都很疏远，只是在行人生礼仪和过圣诞节或感恩节时才相聚在一起。

(六)从姑居

从姑居(amitalocal residence or amitalocality)从理论上讲是有可能的，它是指同妻子父亲的姐妹一起居住的形式。实际上并没有发现有从姑居的例子①。

根据默多克的研究可以看到，有的父系社会也有从母居的情况，有的母系社会也有从父居的情况，具体参见表 5－1。

表 5－1　婚后居住情况

血亲群	从母或从妻居	从舅居	从夫或从父居	其　他	总　计
父　系	1	0	563	25	588
母　系	53	62	30	19	164

资料来源：Murdock, George P.: *Ethnographic Atlas*. Pittsburgh: University of Pittsburgh Press, 1967.

为什么世界上从父居的社会会比较多呢？哈里斯认为，其原因是绝大多数社会都是实行以男方为主的居住和继嗣模式。根据默多克的分类，在 1 179 个社会中，有 71% 的社会实行从父居或从夫居。而表 5－1 所示的抽样中，拥有父系亲属群的社会多于拥有母系亲属群的社会，两者为 588∶164。从父居和父系制是按统计而言的“正常的”家庭组织模式。从父居和父系制不仅流行在拥有农犁和拉力牲畜的社会或从事畜牧业的社会中，而且也在从事刀耕火种的初级农业文化中盛行。

从父居之所以在村落社会中盛行，是因为男子的合作比女子的

①哈里斯著，李培茱、高地译：《文化人类学》，东方出版社 1988 年版，第 171 页。

合作重要。在合作战斗中,男子比女子能力强,而且女子在怀孕和育婴期间不如男子行动自如,结果男子垄断了兵器和狩猎,从而又控制了贸易和政治。相邻的村落之间进行小规模的激战也可能是促使男子中心和男子至上制度流行的重要因素。从父居使家族团体结构以父亲、兄弟和儿子为中心,从而使一起长大的男子们在军事上合作共事,而且在村落之间发生战斗时也免得父亲、兄弟和儿子之间进行互相格斗。由于有这样一些优势,故世界上从父居的社会居多①。

①Divale, William, Marvin Harris: *Population, Warfare and the Male Supermacist Complex.* American Anthropologist, 78: 521 ~538, 1976.

第六章

亲属组织

第一节 继嗣与亲属

前一章已介绍了婚姻与家庭的内容与功能等，它们是解决人类面临的某些问题的合适途径之一，即它们部分地促进两性之间的经济合作，提供了养育儿童的适当场所或环境，并控制了两性的性关系，使社会按一定的秩序发展。但人类社会还有一些需要解决的问题，而这些问题单凭家庭组织是无法完全解决的，例如，大范围的协作，包括抵御灾害（自然与人为的），分享某些不可分割的生产资料，对这些问题，家庭组织显然有些无能为力了。当然，解决这些问题的方法可能有许多，如可以发展正规的政治制度，让全民制定法律并实施，保持和平，分配资源，以及履行其他规章与社会功能。另一种方法就是发展亲属群组织。在大多数非西方社会中，这是一种显而易见的事实。

我们最常遇见的亲属群体就是继嗣群（descent groups），它是由一些有继嗣关系的人们，通过某种继嗣法则（descent rule）组成的亲属团体。那么，一个人究竟应该结合或归属于哪组亲属中，依靠哪组亲属生活，在哪组亲属中享有权利义务，继承哪组亲属的财产、头衔和职位等，在每一个社会中都是不一样的，而且都有一定的法则，即有一定的规则，这种规则把每个人划分到一个特定的而且是可以明确的亲属群体中。这些规则就是文化人类学上所讲的继嗣法则。

一、继嗣法则

继嗣法则也称“血统法则”，但我们应该明白，虽有这样的说法，但继嗣法则是一种文化现象，它是指根据已知的或推测或假定的某一共同祖先，把个人与特定的亲属群体联系在一起的法则或基本的文化规定。一般而言，继嗣法则可分为两大类，即单系继嗣（unilineal descent）和双系继嗣（cognatic descent）两种，因此继嗣群体也可以分为两大类，即单系继嗣群体和双系继嗣群体。

（一）单系继嗣法则

单系继嗣是根据一种性别（父系或母系）的血统联系把人们归属于某个亲属群体之中的法则。以此法则建构的群体即单系继嗣群体。在这种单系的继嗣关系中，通常人们会把某些血缘很近的亲属排除在继嗣群体之外。单系继嗣包括母系继嗣与父系继嗣两种。

1. 母系继嗣。母系继嗣（matrilineally or matrilineal descent）是指单线通过女性推算亲属群体成员的继嗣关系，或单线通过女性把个人与某种亲属群体联系起来的规则，由此法则建构或组织起来的团体即母系继嗣团体。在这样的群体或社会组织中，每一代孩子都属于其母亲的亲属群体，虽然一名妇女的儿子与女儿都是同一血缘亲属群体中的成员，但只有她的女儿才能把其血统等联系传给她的后代，而她的儿子则不能，其拥有的权力、权利、义务等也只能传承给其姐妹的子女，其传承的情况如图6－1所示。

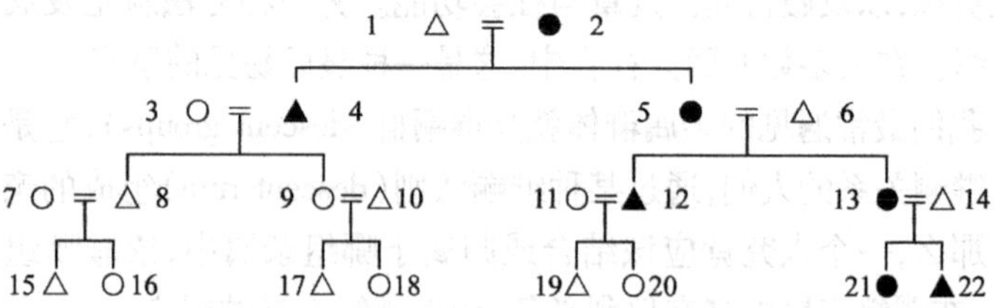

图6－1　母系继嗣的传承情况

图6－1中，4与5是1和2的孩子，他们和其母亲的亲属群（黑色）联系在一起。到第三代人时，12与13是5和6的孩子，他们也属于其母亲的亲属群，而8与9则是别的母系亲属群的成员了，因为根据母系继嗣法则，男子不能把其血统关系传给他的子女，以此类推，一直延续下去。在这种状况中我们可以看到，只有2，4，5，12，13，21，22属于同一母系亲属群或母系继嗣团体。这种现象从生物

学的角度讲是不合理的，但在文化上却是成立的，因此它完全是一种文化上的规则。

例如，纳西族摩梭人的衣社就是这样的例子，摩梭人的衣社是一个母系大家庭，人们的血统从母，继承是以母系血统成员的身份传承与继承财产，即母亲死后，由其女儿、姨侄女等继承，如母亲临死时要把象征财产的整串钥匙交与长女或经选择出来的女儿，由她掌管财产。舅舅过世由其甥与甥女继承。如开坪乡格沙瓦村的阿则·扎石（男）家，新中国成立前一二十年间，阿则·扎石因赶马经商获取利润，为其家押进土地50多架（一架为2～4亩，民主改革后规定为2～2.5亩，是指两人操纵两头牛翻犁一天的土地）。扎石有舅舅1人，妹妹2人，甥女5人，外甥1人，他自己终身过着阿注生活，曾与20多个女子建立过阿注关系，并生有子女，可是他常年赶马押进的大量土地都是阿则家的财产，其亲生的子女无权继承。此外，诸如印度、斯里兰卡、苏门答腊、大洋洲、北美的土著中，都有不少社会是母系社会，如特洛布里安德岛（Trobriand Is.）上就存在母系社会，其传承情况如图6－2所示，而摩梭人的传承情况则如图6－3所示。

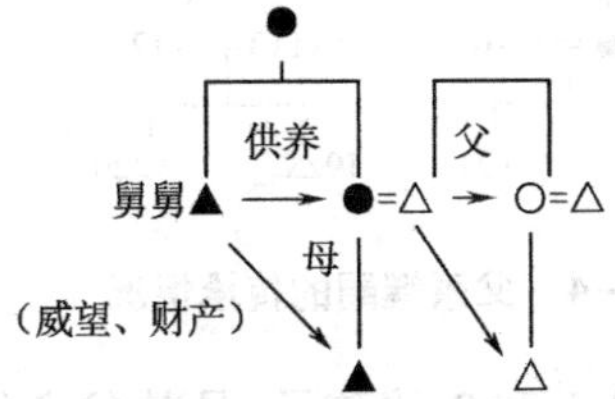

图6－2 特洛布里安德人的传承情况（尤利古布仪式）

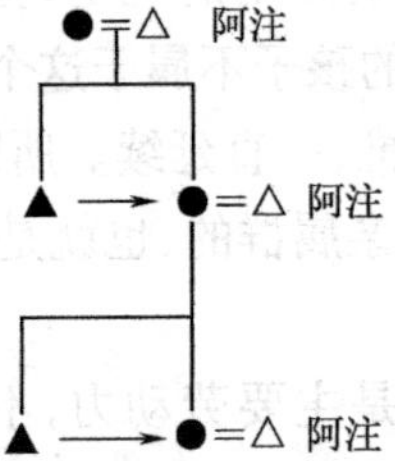

图6－3 摩梭人的传承情况

目前，世界上所发现的母系社会都是农业社会，在该社会中，女子为农业的主要劳动力，男子多为战士之类，婚姻关系通常都不很确定，大多数为男性到女家生活，但也有娶进妻子的现象存在。大多数母系社会的民族或族群的居住方式是从母居、从舅居，亦有少数从父居。继嗣关系以母系为主，但权力仍把握在男性手中，掌握权力的人非妇女的丈夫，而是母亲的兄弟（舅舅），其在母系社会中有很大的权力，如分配货物、组织生产、解决争端、管理遗产、监督实行继承的情况等，权力的传承并非传给儿子，而是传给外甥。

2. 父系继嗣。父系继嗣（Patrilineal Descent or Patrilineally）是世界上最普遍的一种继嗣法则或继嗣关系，它是指单线通过男性来推算他们的继嗣关系，或单线通过男性把个人与其亲属群联系起来的原则，以此法则建构的父系继嗣群也是普遍存于世界上的，其传承情况参见图 6－4。

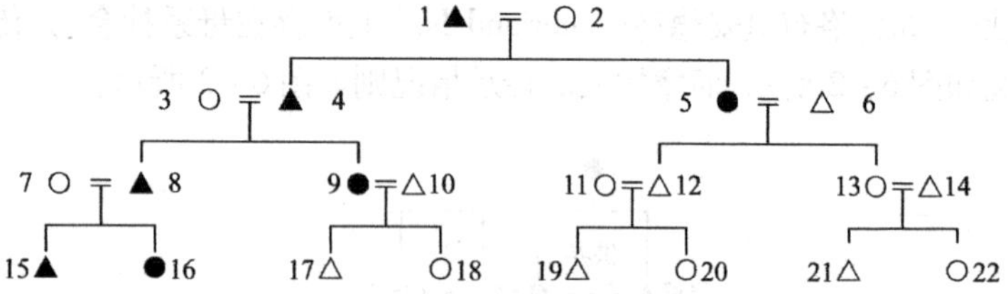

图 6－4　父系继嗣的传承情况

图 6－4 中，4 和 5 是 1 和 2 的孩子，是其父亲的父系亲属群的成员，用黑色表示。到第三代时，3 和 4 的孩子属于其父亲的亲属群，这是因为根据父系继嗣法则的规定，他们是通过父子的关系计算继嗣关系的，而 5 和 6 的孩子不属于这个父系亲属群，而是属于另一个父系亲属群，以此类推，一直延续。所以在图 6－4 中，1，4，5，8，9，15，16 是同属一个父系亲属群的，也就是说，他们构成同一父系继嗣团体。

在父系社会中，男子是主要劳动力，不论畜牧社会或农耕社会均如此。他们娶妻，从父居或从夫居，继承按父系计算，女子没有继承权，如中国的宗族就是这样的父系继嗣群。在中国汉人的传统社会中，女儿是“泼出去的水”，因此，在出嫁仪式中，当轿子要离开娘家时，新娘的父亲要往轿子上泼一碗装有净香的水，象征新娘就像泼出去的水收不回来一样，去夫家后不会被休而回来。如果汉人的妇女被休回娘家没能再嫁出去，在娘家终老一生，她就处于一种非常尴尬的地位。因为她的身份和地位没法安排，如她在娘家没有继承权；如在娘家过世，其牌位无法进入娘家所属的宗族祠堂或公厅中，也没有人能继承她的香火①。当然，这是中国汉人传统社会的情况，妇女不属于娘家的父系继嗣群。不过，其他的父系社会则不完全这样，在有的父系社会中，姑姑也有很大的权利与义务。简言之，不同的父系社会有着不同的具体规定或法则。

3. 性别不固定的继嗣或长嗣继嗣。长嗣继嗣(primogeniture)是指由头胎所生的儿子或女儿继承，并据此来计算世系的基本法则，由这种法则建构起来的亲属群体称长嗣继嗣群，其传承情况如图6－5所示。

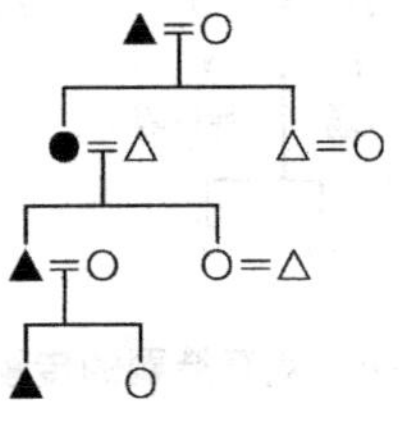

图6－5　长嗣继嗣群的传承情况

（二）双系继嗣

双系继嗣(cognatic descent)也称双重单系继嗣或双重继嗣(double descent)。这是一种从父系和母系两种方向都推算的继嗣关系。在世界范围的各民族中，这种继嗣比较少见。在双系继嗣制度中，从母系推算的继嗣可能有着某种目的，而从父系推算可能有

①在现代中国，情况已发生一些变化，《中华人民共和国继承法》第9条规定：男女平等；第10条规定：顺序：第一，配偶、子女、父母；第二，兄弟姐妹、祖父母、外祖父母。所以现在无论男女，都有法定的继承权。

着另一种目的。一般说来,实行这种法则的社会,母系与父系亲属群体各有自己的功能,他们在社会生活的不同领域中发挥着各自的作用。

例如,在尼日利亚(Nigeria)东部的雅科人(Yako)当中,财产分为父系占有与母系占有两种,父系亲属群拥有永久性的生产资料,如土地等,而母系亲属群则拥有消费性的财产,如牲畜、某种仪式或宗教能力等。从法律(习惯法)的角度讲,母系亲属群的作用较弱,但在宗教事务上,其作用比父系亲属群重要。由于实行这种双重继嗣法则与制度,所以一个雅科人既是其母系亲属群体的成员,也是其父系亲属群体的成员,他可以从父亲的父系亲属群体那里继承到牧场等永久性的生产资料,又可以从母亲的亲属群体那里继承到某些动产,如物质性的牲口或非物质性的某些宗教仪式能力与特权等,具体如图 6-6 所示。

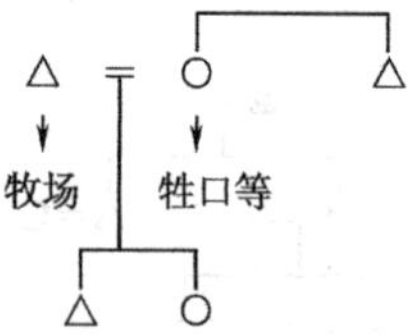

图 6-6　双系继嗣的传承情况

(三)两可继嗣

两可继嗣(ambilineal descent)是指或选择父系或选择母系而把个人与某一亲属群体联系起来的继嗣法则。换句话说,在这种社会中,有的人通过父系的关系而归属于其父系的亲属群体,有的人则通过母系的关系而归属于其母系亲属群体。这种继嗣法则有双系继嗣的一些特点,但又提供了一种在单系继嗣情况下罕见的灵活变通办法。

运用两可继嗣法则的社会往往居住在生态环境比较严酷的地方,该地区生存资源紧缺,所以哪边生存资源好就到哪边去生活,这样才能生存下去。在这种社会中,同时也存在两可居的婚姻,其继嗣方式如图 6-7 所示。

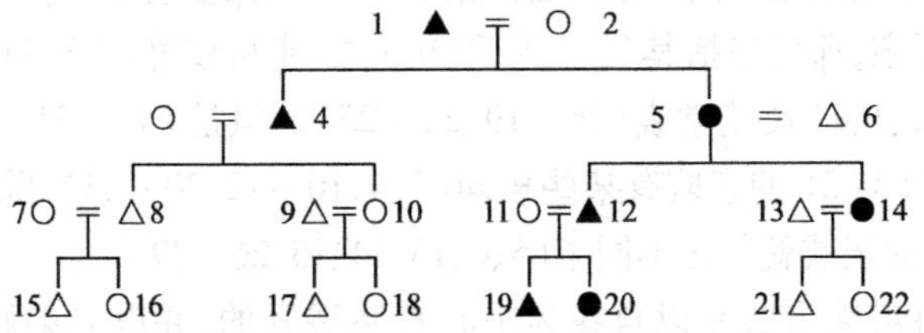

图 6-7 两可继嗣的传承情况

(四)双边继嗣

在很多社会中,如美国社会中,不存在单系(母系、父系或两可系)继嗣,即他们不相信来源于一个共同祖先的亲属群,这种社会通常称双边社会。这里的"双边"是指一个人的父方亲属和母方亲属一般是同等重要或同等不重要。在这样的社会中,亲属关系的认可并不追溯到某一个共同的祖先,而是从近亲开始,朝向更远的亲属,水平地向外推移,而不是向上指向同一位共同的祖先,如图 6-8 所示。

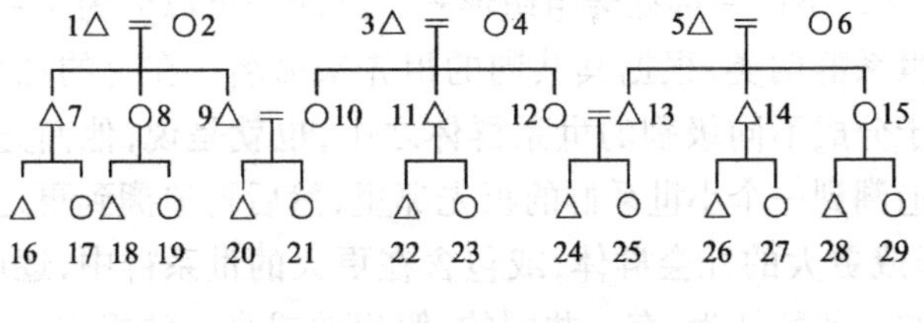

图 6-8 双边继嗣的传承情况

在实行这种继嗣方式的社会中,除兄弟姐妹外,找不到一个完全属于同一亲属群体的人,因此,由此产生的群体难以形成一个持久的群体,它完全是以自我为中心把他们联系起来,社会没有因此划分为界限分明的组织,但它们是社会结构中的一种类型[①]。

---

①这里所称的社会结构,是指一个社会中各种社会关系的总和。

在双边继嗣体系中,亲属关系是以自我为中心的,因此参考点不同,亲戚关系也不同(除了兄弟姐妹外)。如果要看20与21这两个兄妹的近亲,那就包括其父母(9和10),姑姨和叔舅(7、8、11、12),祖父母(1、2、3、4)及嫡堂表(16~19、22~25)。但是24和25兄妹俩的亲戚与20与21的亲戚有某些相同(3、4、10~12,20~23),除此之外,24和25的亲戚就与之不同了(5、6、13、14、15、26~29)。

这种继嗣方式是以自我为中心直系展开的,并以兄弟姐妹这种并排的关系联系在一起,虽然这种松散的组织关系在社会协调中也起一定的作用,但由于不是一个边界明确的群体或组织,其主要关系是以姻亲关系来加以连接与构成的,而不是一种边界分明的社会组织。

二、继嗣群

(一)继嗣群的定义

继嗣群(descent groups)也称世系群(lineal groups),是由有某类血亲关系的亲属组成的共同继嗣的群体,这些亲属自称他们是来源于一个实际存在的或假设的共同祖先,一般是指家庭之上,部落或社会、社区之下的一种社会组织形式。继嗣群可以分为父系世系群与母系世系群两类,根据其共同的祖先来命名。在有的社会中,人们归属于分成不同级别的世系群体之中,也就是说,他们先将其血统关系追溯到一个小世系群的祖先那里,然后再追溯到更远的祖先那里,形成更大的社会群体,或包含在更大的世系群中,逐层扩大。世系群共同的特征为:有一共同的、假想的或真正的祖先,实行世系群外婚制。

(二)宗族

宗族(lineage)是中国汉人社会中由父系血亲关系的亲属组成的共同继嗣群,它是单系继嗣群的一种,即一种父系的单系世系群。同一个宗族的亲属自称源于一个共同的祖先(某开基祖或某始祖),如有的范氏宗族的祖先可能追溯到宋代名臣范仲淹,有的郭氏宗族的祖宗则可能追溯到唐代的郭子仪,西河林姓各宗族的始祖可以一直往上追溯到商朝的太师比干。

宗族一般是父系的，宗族重视祖先，该群体的成员资格只能视其是否能追溯和证明与一个共同祖先的关系而定。在中国汉人的宗族组织中，往往通过祖先崇拜的形式来确认，并常常把这种关系以文字的方式记录下来，这就是所谓的族谱或宗谱。在中国汉人的族谱里，通常只记载男系亲属的成员资格，这是宗族这种父系继嗣组织的特点。在中国民间，汉族的族谱常 30 年一修，修完后就收藏起来，或付印后分发给各房支、家族收藏，每年祭祖时才拿出来，或在每年需往族谱中增添子嗣的情况下才拿出来，所以人们容易看到的多是旧的族谱。

在过去，中国的宗族拥有财产、公田等，并有组织生产协作，分配产品和人力，调整本宗族和他宗族的关系，维持地方安定等职能。在有些时代，由于国家的行政力量只达到县一级，因此宗族组织还具有地方政治组织的功能，在维系地方秩序方面具有一定的作用。1949 年以后，宗族组织仍存在，但有些功能，如政治功能等则因国家正式的权力机构渗透到村落而消除。现在，有些地方的宗族还有联系族人的力量，但国内的宗族已不再拥有公田和除了宗祠、小宗祠等房产外的固定资产，因此过去有的宗族拥有大量族产的现象已不复存在。宗族过去拥有的其他一些功能，如组织生产、分配产品等的功能也由于有其他组织，如正规的行政组织的替代而消亡了，现中国内地宗族组织的主要功能是祭祀祖先，维系同宗亲属关系等。

在过去，中国汉人因“同姓通婚，其生不蕃”的法则限制，宗族是一个外婚制的社会组织。通过宗族外婚制，在过去可以加强不同姓氏宗族之间的联系，从而也使较大范围的社会系统由此组成。现在，由于中国法律的规定，宗族之内三代以外的亲属间可以通婚，同姓、同宗通婚现象出现并不断增多，所以上述功能已不复存在，同时也造成旧式族谱难以适应新形势而功能弱化。

宗族的发展会形成房支、家族等，因此，宗族组织往往由宗族、房支、家族和家庭四层组织构成。当人丁兴旺时或遇到某些问题时，一个地方的宗族就会有人逐渐分支出去，时间久远后就可能分化得越来越多。如果某宗族的某人分支到外地，时间长久，其派下的子孙人丁兴旺又有财力可以承担宗族组织的各种事务，那么他们就可能以迁到该地的第一代祖先作为开基祖，建立起他们的祭祀组织或祠堂来，从而另立为一宗族。

有的人认为，宗族分支多了，即形成第二层组织“氏族”（clan）或“亲族”（sib），这是把氏族、亲族与宗族混淆了。在中国汉人社会中，宗族之上的社会组织称为“联宗”或“某姓宗亲会”，再上一层称之为“姓族”会比较妥当一些。实际上，它是姓氏的关系，一种难以准确无误地追溯的血统关系。例如，我们往往讲同一姓氏的人五百年前是一家，这就是“姓族”的意义。不过，这种“姓族”或“姓氏”在中国汉人中有意义，但在其他民族或族群中就不一定有意义，因为有的民族或族群并没有像中国汉族一样的姓，姓与宗族的关系也不密切。所以，“姓族”这类组织并非一种边界明确的社会组织。

（三）氏族

1. 氏族的定义与演变。氏族（clan）是出自一个共同祖先（不一定是确定的或直接的祖先），具有同一氏族名称或图腾，并以血缘关系相结合的血缘亲族的总和。氏族是一个历史的范畴，形成于初民社会中，是当时的基本经济单位，外婚制单位和继嗣群的一种。

有人认为，这种起源于同一始祖、由血缘亲属关系组成的原始群体——氏族产生于旧石器时代晚期，到新石器时代晚期，母系氏族社会转化为父系氏族社会。最初，氏族是由于人类禁止了旁系兄弟姐妹之间的婚姻而产生的单系继嗣群。由于早期的人类知其母而不知其父，故氏族首先可能是以母系计算其世系的，并以母系来继嗣，从而构成母系氏族。最初它由几代相承的母系血亲构成，同一氏族由于有共同的血缘，因而崇拜共同的祖先，并产生氏族图腾。随着社会生产力等的发展，基本社会经济单位转由母系大家庭承担，氏族则由一些母系大家庭构成。这以后，随着男子成为社会生产的主要劳动力，母系氏族逐渐地转变为父系氏族。父系氏族主要由父系大家庭构成。而后，随着私有制和阶级关系的逐步确立，血缘氏族组织逐渐为地缘氏族所替代，以后又慢慢解体，形成其他组织。

氏族人口增殖等的发展会使氏族成为一种仪式上的单位，人们之间的联系越来越疏远，并以图腾来区别。图腾（totem）这一术语来源于奥吉布瓦印第安人（Ojibwa）的语言 ototeman，其意思是"我的亲属"；后成为一个文化人类学和社会科学术语，仍具有"我的亲属"的意义。有些人把现代某些团体的标志，特别是动物标志都视为图腾，这似乎不太妥当，如美国共和党以大象为党的标志物，它是一种象征物，并不具备图腾的含义，所以，把任何动物象征物都称为图腾是不妥当的。

2. 氏族的形成。关于氏族，一般都认为是在排除不同辈分间和兄弟姐妹之间的婚姻关系以后产生的，也就是说，族外婚的形成导致了氏族的形成。如恩格斯说："自一切兄弟和姊妹间，甚至母方最远的旁系亲属间的性交关系的禁例一经确立，上述的集团便转化为氏族了，换言之，即组成一个确定的、彼此不能结婚的女系血缘亲属集团。"也就是说，氏族产生的直接原因是人类性关系形式限定在一个特定的群体之外，或者说，乱伦禁忌的范围扩大到某个特定的群体之外时。

氏族是如何形成的？或氏族是通过什么样的途径产生的？换言之，就是外婚制是在什么样的情况下出现的？恩格斯根据摩尔根的研究认为："氏族制度，在绝大多数场合下，都是从普那路亚家庭中直接发生的。诚然，澳大利亚的级别制度也可以成为氏族的出发点。"也就是说，恩格斯认为，外婚制的出现有多种途径，并非只有一种，因此在恩格斯看来，人类演化的路径并非只有一种，而可能是多线的。

当然，这里也存在一个如何理解普那路亚家庭和澳大利亚级别婚的问题。

关于普那路亚家庭，梁钊韬等编著的《中国民族学概论》认为："以旁系兄弟姐妹结婚为基本形式的普那路亚家庭。"[①]这实际上是对恩格斯所叙述的普那路亚家庭的误读。恩格斯沿用摩尔根的说法，认为"按照夏威夷的习俗，若干数目的姊妹——同胞的或血统较远的即从（表）姊妹、再从（表）姊妹或更远一些的姊妹——是她们共同丈夫的共同的妻子，但是在这些共同丈夫之中，排除了她们的兄弟；这些

①梁钊韬等编著：《中国民族学概论》，云南人民出版社 1985 年版，第 124 页。

丈夫彼此已不再互称兄弟，他们也不必再成为兄弟了，而是互称为普那路亚，即亲密的同伴，即所谓 associé（伙伴）。同样，一列兄弟——同胞的或血统较远的——则跟若干数目的女子（只要不是自己的姊妹）共同结婚，这些女子也互称为普那路亚。”①由此看来，恩格斯所说的普那路亚婚姻完全是一种排斥了旁系兄弟姐妹之间的婚姻关系，而不是“以旁系兄弟姐妹结婚为基本形式的普那路亚家庭”。下面我们以一个亲属关系图示的方式来加以说明，如图 6－9 所示。

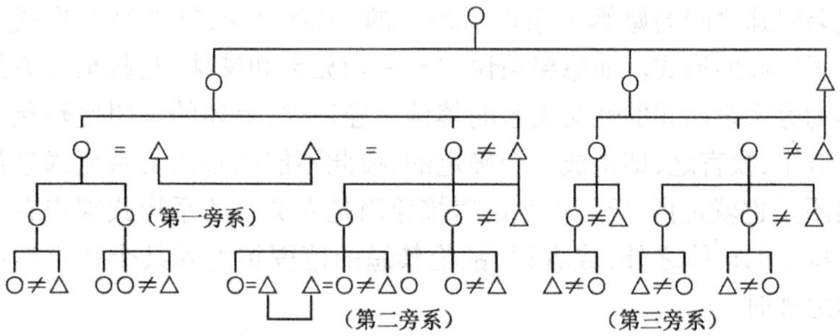

图 6－9　根据恩格斯所说普那路亚婚原则而制的亲属示意图

恩格斯所讲的普那路亚婚姻有几条原则，即①排斥了同胞兄弟姐妹间的婚姻；②同胞的或血统较远的从（表）姐妹、再从（表）姐妹或更远一些的从（表）姐妹，是她们共同丈夫的共同妻子。也就是说，第一旁系（同祖父的）、第二旁系（同曾祖的）、第三旁系（同高祖的），乃至更远的姐妹有共同的丈夫。

因而，由于某女子的同胞兄弟不可能是其丈夫，又由于同胞姐妹和从表姐妹们共夫，所以，某一女子的同胞兄弟也不可能是他们从（表）姐妹，再从（表）姐妹的丈夫。因为，她的从（表）姐妹的丈夫也是她同胞姐妹的丈夫。由此看来，普那路亚婚姻是已经排斥了姨表、堂表之间的婚姻，而可能允许舅表、姑表之间的婚姻，因而它绝对不是一种以旁系兄弟姐妹结婚的形式，而是一种群体的外婚制，一种排斥了同一母系血亲单位中男女之间婚姻关系的婚姻形式。

①恩格斯：《家庭、私有制和国家的起源》，人民出版社 1972 年版，第 39，38，36 页。

而这时，这种母系血亲单位的构成正是一个氏族单位。这样，摩尔根和恩格斯才认为普那路亚家庭是氏族的起源。

但是在夏威夷，普那路亚婚并非母方居住，而是父方居住，已具有对偶婚的形态，已经处于向一夫一妻制婚姻转化的关口。因而，把它看成直接导致了氏族的形成就存在一些问题。其实，只是普那路亚婚中的母系亲属群才是氏族的源头。这种状况恩格斯在1891年写《家庭、私有制和国家的起源》第四版序言时就已经看到，所以，他在许多地方都将普那路亚婚改为群婚和把普那路亚婚定为群婚的最高典型就是这方面的表现。但现在我们还不很清楚恩格斯为什么没有改动他以前的叙述，也许是为了保存他们在不同时代的认识吧！正因为这样，再把普那路亚婚姻的整个形态作为氏族形成的源头恐怕就很成问题了，因此，我们最多只能讲，普那路亚婚姻中的母系血缘集团才是氏族形成的源头。

再一个例子是澳大利亚级别婚。在南澳大利亚的芒特—甘比尔地区的澳洲土著中，有一种处于族外婚最低发展阶段的典型。"在这里，整个部落分为两个级别：克洛基和库米德。每个级别内部都严格禁止性交关系；反之，一级别的每个男子生来就是另一级别的每个女子的丈夫，而后者生来也是前者的妻子。不是单个人，而是整个集团相互结婚，即级别和级别结婚"①。"这里除了两个外婚制级别的划分所造成的限制以外，不论年龄上的差别或近亲的血缘亲属关系，都不能成为性交关系的阻碍"②（如图6－10所示）。

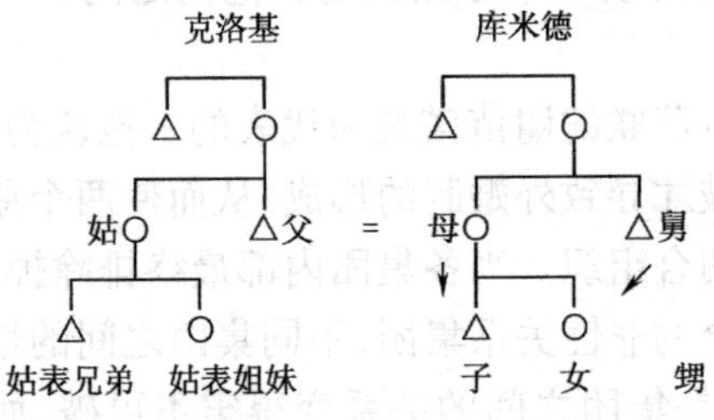

图6－10　澳大利亚级别婚姻关系图

①②恩格斯：《家庭、私有制和国家的起源》，人民出版社1972年版，第40页。

澳大利亚级别婚的原则只有一条,即级别内部严格禁止发生性交关系,因而,它排斥了母子之间、舅甥之间、同胞兄弟姐妹之间、姨表兄弟姐妹之间以及堂表兄弟姐妹之间的婚姻,而无法排斥父女之间、姑甥之间、舅表兄弟姐妹之间和姑表兄弟姐妹之间的婚姻。

从这里看,每个级别也是由一个女祖先以下的几代女儿和她们的子女及其兄弟构成,这种构成也是氏族构成的基本内容,所以摩尔根和恩格斯认为,从级别婚的形成似乎也可以看到或推测氏族形成的过程。

从上述两个例子来看,氏族是由内部有血亲通婚关系的群体变成外婚单位的情况下形成的。换言之,凡在一个血亲群体中排斥了旁系兄弟姐妹的婚姻关系,就导致出氏族,但它们形成的途径并非单一的。

那么,氏族是由一个群体分裂成两个外婚制单位形成的,还是该群体自成一个外婚制单位而同另一个外婚制单位相结合而形成两合组织呢?文化人类学的研究者在这一问题上至今还没有取得一致的意见。

关于前者,恩格斯认为,"当初由部落分裂成最初的氏族"。有的人认为,从一些神话传说中可以找到一些证据。例如,相传泸沽湖纳西族摩梭人的始祖母纳木—埃佳若的子孙构成了最早的血缘集团"纳乙",纳乙分裂,产生氏族。纳西族称氏族为"尔",传说他们早期只有六个"尔",每两个为一组,如西和胡、牙和峨、布和搓,互为半边,彼此通婚,组成一个原始部落。他们之间有一定的假想或真实的血缘关系。

而后者是以苏联的谢苗诺夫为代表的。他认为,原始群的生产性性禁忌的突破才导致外婚制的形成,从而使两个原始群结合为两个相互通婚的两合组织。当各集团内部最终排除掉性交关系,集团本身就变成完全的非性关系集团,不同集团之间的性关系也就由常规变成必然,于是集团之间的关系变得牢不可破,而两合组织也就变成了两合氏族。

谢苗诺夫的例子来源于大洋洲等地。如在特洛布里安德群岛有一种"邀撒"(Yausa)的习俗。在基里维纳岛南部和瓦库他岛上,当从事集体锄草时,在本氏族中有性禁忌存在。但是,这时如果遇到外氏族的男子,妇女们就会群起而攻击之,放荡进犯,同他发生性关系。在密克罗尼西亚加罗林群岛的雅浦岛上,每年有6~8个星期的捕鱼季节,这时同一氏族中也存在性禁忌,男子无权与妻子和同村的女子发生性关系,甚至连看她们一眼也不行。但在他们的公共宿舍中却住着1~2个女子,和他们发生性关系,而这些女子是从其他村落(其他氏族)抓来的。类似的变形在其他地方也存在,如在伊朗北部,当妇女在田里共同劳动时,男子经过要交赎金。雅典的地母节,俄罗斯有些地方耕作村庄周围的仪式,结婚仪式中痛打新郎及其伴郎等情况据说也是这类"邀撒"习俗的变形。

为什么有这种举动?谢苗诺夫认为,①所谓的道德规范仅仅对自己氏族的成员才有效;②"邀撒"是一种自发的、被性禁忌异常长久压抑着的性本能的突破;③放荡进犯总是发生在某种不允许男人从事的经济活动中,这期间,男女分头劳动,各居一方,是非性关系的时期。所以他认为,是因两个集团通过突破性禁忌而结合成为互相外婚的两合组织,从而导致氏族的形成,并与另一群体(氏族)构成为一部落组织。

3. 母系氏族的基本特征。母系氏族的基本特征有:

(1)崇拜一个共同的女始祖,并有氏族首领,如怒族各氏族都以"茂英充"为共同的女祖先,纳西族摩梭人各氏族都以纳木—埃佳若为共同女祖先。

(2)生产资料氏族共有,如土地、猎场、捕鱼的河段以及生产工具、手工业产品和家畜、家禽等一般都归氏族所有。氏族为一个基本的社会经济单位。

(3)按母系计算世系和继承财产。例如,摩梭人母亲临死时就把象征财产的钥匙交给选出的女继承人,舅舅的财产也给外甥女继承,其地位、权力等则由外甥继承。

(4)实行氏族外婚制,严格禁止同一氏族内的成员通婚。如永宁摩梭人的氏族"斯日"内的男女绝不可以交结阿注。

(5)共同的宗教和节日活动。

(6)氏族成员均有互相帮助的义务。

(7)收养养子养女。早期收养养女,后收养养子。

(8)有氏族公共墓地。

4. 母系氏族繁荣时期母系氏族的基本特征。在母系氏族繁荣时期,其基本特征有:

(1)母系氏族由几个母系大家庭组成,母系大家庭成为社会基本经济单位,收养养子养女也由母系大家庭负担。

(2)生产资料仍归母系氏族所有,但母系大家庭占有生产工具、手工业产品和家畜家禽等。

(3)按母系计算世系和继承财产。

(4)以对偶婚为主,每个女子都有一小间房子来接待其对偶的婚姻伙伴,婚姻对象相对稳定。如姜寨遗址中在广场附近的大房子附近有一系列小房子,就是对偶婚女子的住所,而大房子则是老人、小孩居住和大家议事的场所。

(5)有共同的宗教和节日活动。

(6)氏族成员之间有相互帮助的义务。

(7)有氏族公共会议,由母系大家庭的女家长出席,共商全氏族的大事。但头领人物仍由男性承担,只不过这些男性是母系大家庭的成员,是女家长的兄弟,而不是她们的丈夫。在这一时期,甚至有了等级的分化,如在河南仰韶文化的遗址中发现一个男性,其左右有贝塑的龙与虎,同墓中还陪葬有他人。

(8)有公共墓地,在姜寨遗址,有多人合葬于小坑再套大坑的坟墓。

(四)胞族与半偶族

1. 胞族。胞族也称大氏族、联族(phratries or phratry,希腊文的意思是兄弟关系),是初民社会中介于氏族与部落之间的社会组织,是指由两个或两个以上血缘相近或直接有血缘关系的氏族结合而成的社会组织。胞族往往是氏族人口增长产生分裂后形成的,胞族内的氏族互称兄弟,不得通婚,它的职能多半在宗教和娱乐方面。胞族这种社会组织并非是世界上所有民族的氏族发展过程都必须经历的必然阶段或过程。

“胞族”这一术语在早期是用来指称希腊时代的父系氏族,现在其可以指称由出自同一血统氏族或基本氏族的各氏族组成的血缘氏族群,也指由若干单系继嗣群构成的集团。其特征通常有:①有一假想或真实的共同祖先;②有共同的祭祀仪式和外婚对象。

2. 半偶族(moieties or moiety)。当人们把一个社会分成两个单系继嗣群时,我们就称这种互相有联系的每个群体为半偶族。如果一个部落中有两个氏族,每一个氏族就是一个半偶族;而一个部落中有两个胞族时,每一个胞族也可以称为半偶族,等等。换言之,如果一个集群中有两个半边,对每个半边就可以称为半偶族。

(五)部落

部落是产生于初民社会的一种社会组织,它至少由两个血缘相近或有互相通婚关系的氏族或胞族结合而成。

1. 血缘部落。在早期,部落主要是血缘部落。有的人认为,血缘部落是随氏族的形成而形成的,它由两个或两个以上相互通婚的氏族构成,实行氏族外婚和部落内婚相结合的婚姻制度。早期的部落有自己的地域范围、自己的名称和共同的方言,但一般还没有共同的管理机构。例如,19 世纪中叶以前,当殖民者尚未入侵时,澳大利亚约分为 500 多个部落,彼此独立,不相依附,大体都处在母系氏族的早期阶段。每个部落都有自己的名称、领域、方言、独特的习俗和传统。部落之间有明显的界线,多以河流、山脉、沙漠等为自然分界。部落的领地受到侵犯,将引起部落间的纠纷,并往往以械斗的方式来解决。部落内部的事务由老年人主持,部落首领没有特殊的权力与权利,整个社会生活的秩序以习俗和惯例来调节。

在考古遗址中也可以看到部落社会的遗迹,如在陕西华县元君庙遗址墓地上,“整个墓地可分东西两区,埋葬顺序是自北而南,然后从东向西分排安葬。两个墓地都分成三排,紧密相连,这自然是一种有意的安排。据作者推测,整个墓地应属于一个部落,两个墓区则属于两个互相通婚的氏族”①。

①《中国考古学年鉴》,文物出版社 1984 年版,第 13 页。

晚期的血缘部落仍由两个或两个以上的氏族或发展为若干氏族或胞族所组成。部落可以没有胞族而存在,却不能没有氏族而存在。部落仍有自己的名称和领域,有独特的、不同于其他部落的方言,有共同的宗教信仰与仪式、节日等。

然而,这时已经有了共同的管理机构,这可以以易洛魁人的部落为例。易洛魁人的部落由各氏族的酋长、军事首领组成部落议事会议,负责处理部落中的公共事务,包括协调氏族之间或胞族之间的关系等事务,还处理对外关系,接待和派遣使者,宣战和媾和,缔结同盟等。如果发生军事行动,通常采取志愿参加的原则。这时,有的部落中出现了最高军事首领,但其权力不大。他是氏族的酋长之一,当需要紧急行动时,他作为部落的代表采取临时措施,但事后得再经过部落议事会议追认。到了这样的状况,部落才有像牙含章、杨堃先生所说的"部落显然是一种带有政治、军事性质的组织"①。

由此看来,部落有如下一些特征:

(1)有自己的领地(村落、农耕、渔猎地、与他部落分界的中间地带)和名称,有的用图腾来表示。

(2)有自己的方言。

(3)有自己的管理机构(部落酋长会议、部落大会等)。

(4)有自己的习惯法,其解释权在部落长和氏族长手中,并且有自己的宗教信仰以及崇拜活动等。

一般认为,在血缘部落时代出现了部落联盟。有的人认为,部落联盟大约出现在新石器时代晚期,它是由两个或两个以上有一定血缘关系或联系的部落组成的社会组织或集群。部落联盟也有一定的管理机构,到后来也有首领人物。

2. 地缘部落。早期的部落往往都有一些血缘上的联系,而晚期,特别是到原始社会快要结束,就要跨进文明的门槛时,由于人员的流动,一些血缘关系不是很密切的氏族或胞族相互混杂居住,从而形成了所谓的地缘部落。在中国的少数民族中就有不少这种例

①杨堃:《民族与民族学》,四川民族出版社1983年版,第94页。

子。一个村寨往往就是一个地缘部落,里面住的氏族不完全有密切的血缘关系。在这种部落中,重要的是部落一层组织和家族一层组织,其经济情况往往是:村社所有生产资料由家族或家庭占有。

第二节　姻亲与亲戚

上面讲的亲属组织大都是血亲组织,即从文化上讲是源于同一共同祖先的血缘组织,它主要是一种纵的关系。我们在谈到婚姻的作用和部落组织时又涉及人类的另一种类型的血缘组织形式,这就是所谓的亲戚或姻亲。姻亲就是由婚姻契约造成的有条件的法律关系,由婚姻关系缔结的亲戚即为姻亲。

一、姻亲

姻亲(affinity)是亲属组织中的一种,是指因婚姻关系而形成的亲属群,通常包括:①血亲的配偶,如妻子、儿媳、女婿、姑父、姨父、婶婶和舅母等;②配偶的血亲,如岳父母、丈夫或妻子的兄弟姐妹等,③配偶血亲的配偶,如连襟等。

从生物学意义上讲,姻亲是血缘组织的一种形式,但从文化意义上讲,它是一种没有明确界线的社会文化关系,而且是以自我为中心展开的横的关系。姻亲不是一个自生自存的群体,群内没有财产关系,并且由于婚姻存在变动的因素,如离婚,因此姻亲的关系相对是不稳定的,所以姻亲具有模糊性、暂时性和可变性。

例如,在中国汉人社会中,有明确的继嗣关系以及群体(如宗族),兄弟姐妹属同一宗族,但没有一个人有相同的姻亲群,除非是双胞胎娶双胞胎。

姻亲的功能在于扩大联系的范围、结成联盟,为处理某些事务提供帮助。在非西方社会中,姻亲的作用可能比西方社会中更为重要一些,如一些生产、仪式活动都可能在这一范围中展开。而在中国汉人社会中,姻亲起作用的范围往往都是与这种姻亲所联系的个人有关。

二、亲属称谓

(一)亲属称谓在人类学研究中的意义

同亲属制度或血亲、姻亲有密切关系的是亲属称谓(kinship terminology),亲属称谓可以说是有关亲属人际关系的用语。基辛认为,亲属称谓是“一个民族划分亲属类型的方法”。亲属称谓受到人类学研究者的普遍重视,是因为亲属称谓在很大程度上反映了婚姻、家庭的状况。

最先研究亲属称谓的是美国的摩尔根(Lewis Henry Morgan, 1818—1881),他是把亲属称谓的研究用来建立研究人类家庭史和婚姻发展史的第一人。1870年,摩尔根在《人类的血亲与姻亲制度》中首次把137种亲属称谓分为类别式的亲属称谓(classificatory kinship term)和描述式或说明式的亲属称谓(descriptive kinship term)。前者是指那些“对亲属从不加以说明,而是把他们区分为若干范畴,不论其与‘自身’的亲疏如何;凡属同一范畴的人即以同一亲属称谓统称之”的亲属称谓,即把某些亲属归为一类的亲属称谓;后者则是指那些“对于亲属,或用基本亲属称谓来说明,或将这些基本称谓结合起来加以说明,由此使每一个人与自身的亲属关系都各各不同”的亲属称谓①,也就是说,对每一个基本的亲属都给予一个应有的亲属称呼的称谓。他认为,马来亚称谓制(即夏威夷制)、土兰尼亚称谓制属于前者,而雅利安亲属称谓制属于后者。

摩尔根还有一个贡献,就是他指出亲属称谓与家庭、婚姻形态有密切关系,例如,他认为,马来亚称谓制是血缘家庭同辈通婚的后果,而土兰尼亚称谓制是与伙婚相联系,由于这种伙婚兄妹不可以通婚,所以舅舅与父亲可以区别。他的研究使人们开始关心这一问题,也引起人类学家对人类婚姻史的兴趣。

后来许多人类学家对此做了大量研究,都认为摩尔根的分类过于笼统,所以他们提出了自己的分类,如美国人类学家罗维把亲属

①摩尔根著,杨东莼等译:《古代社会》,商务印书馆1977年版,第391页。

称谓分为四类，即①世辈型，即把亲属仅按世辈加以区别，同辈同性直系亲属均以一种称谓称之，如夏威夷亲属称谓制；②二分旁系型，即把旁系亲属分为两类，但都与直系亲属有别，如汉族把父之兄弟姐妹和母之兄弟姐妹区别开来；③二分合型，即把旁系亲属划分为二，与父母同性别的一半纳入直系亲属称谓中，与父母异性的一半则纳入旁系亲属称谓中，如易洛魁亲属称谓制；④直系型，即区分直旁系，旁系不分，如爱斯基摩亲属称谓制。1949 年，美国人类学家默多克从一千多个社会中归纳出六类亲属称谓制，并以使用该制度的某一典型民族来命名，这一分类法得到大家的认可，所以在文化人类学的概论与教科书中常被引用。

（二）亲属称谓的基本模式

1949 年，美国人类学家默多克对一千多个社会进行统计研究，从中归纳出人类有六种基本的亲属称谓系统，它们分别如下：

1. 爱斯基摩亲属称谓制（Eskimo terminological system），如图 6－11所示。

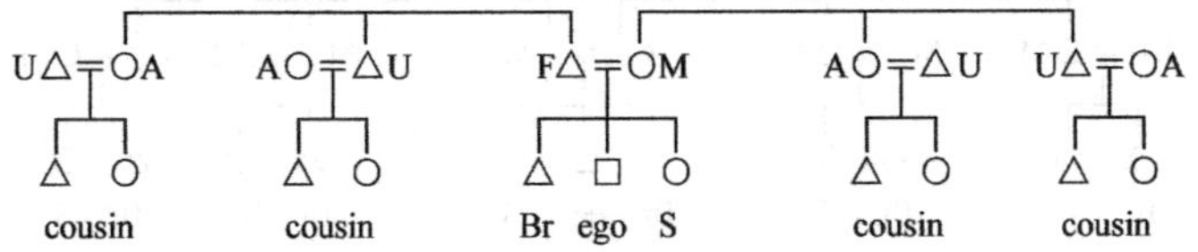

图 6－11　爱斯基摩亲属称谓制图示

（1）这种类型的称谓制比较少见，除了英语语系的民族外，有些狩猎、采集民族也使用，其主要流行于双边亲属社会或两可社会中。

（2）爱斯基摩亲属称谓制亦称直系称谓制（lineal system），即此称谓制重视直系血亲而忽略旁系血亲，直旁系有别。

（3）旁系中母系、父系不分，交表、平表没有区别。

（4）重视核心家庭，核心家庭中的亲属有区别，而核心家庭之外的亲属统而分类称之。在使用这种亲属称谓制的社会中，核心家庭总是表现为独立起作用的生产和生育单位。

（5）使用这种称谓制的民族，主要的居住方式为新居制与两可居制。

(6)其继嗣关系是双边的或两可的,与纯粹的单系继嗣不同,没有恒久不变的共财继嗣群。

爱斯基摩亲属称谓制的产生也许是和其社会的生态环境、生产与生活有关,如爱斯基摩人夏季是核心家庭单独分散在北极大陆各地活动,冬季才和其他人一起集中在海湾边生活。现代美国人的社会也是一种单向性的生活,孩子长大后就出去生活,而且流动性大。因此在这些社会中,也许就是因为核心家庭的成员多在一起生活,需要明确分辨,而其他亲属因不常在一起,没有必要区分得那么清楚,所以就用这种类型的亲属称谓制。

2. 夏威夷亲属称谓制(Hawii terminological system)。摩尔根将这种称谓制称为"马来式亲属称谓制",也称"世代制"(generational system),主要流行于讲马来—波利尼西亚语地区,但其他地区也有存在,如纳西族摩梭人的亲属称谓制就与此类似(如图6-12所示)。

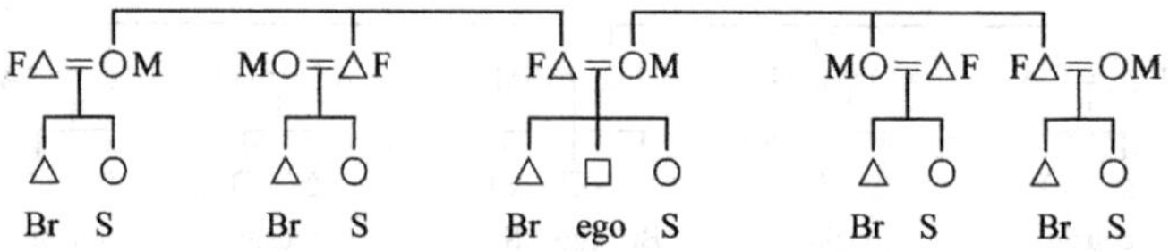

图6-12 夏威夷亲属称谓制图示

夏威夷亲属称谓制的特点是:

(1)它是一种最简单的称谓制,所使用的称谓最少。

(2)它表现了两种区分标准:辈分和性别。

(3)它多存在于两可系家庭中,实际上,它可能是血亲家庭中的一种称谓制度。

夏威夷亲属称谓制多存在于实行两可系的民族中,既可以选择母系,也可以选择父系,双方都重要,也都不重要,所以没有必要同核心家庭内的称谓加以区别。如夏威夷人祖父母以上的人只有一个称谓,即Kupu-na。

3. 易洛魁亲属称谓制(Iroquios terminological system)。易洛魁制也称分叉合并制(bifurcate merging),如图6-13所示。

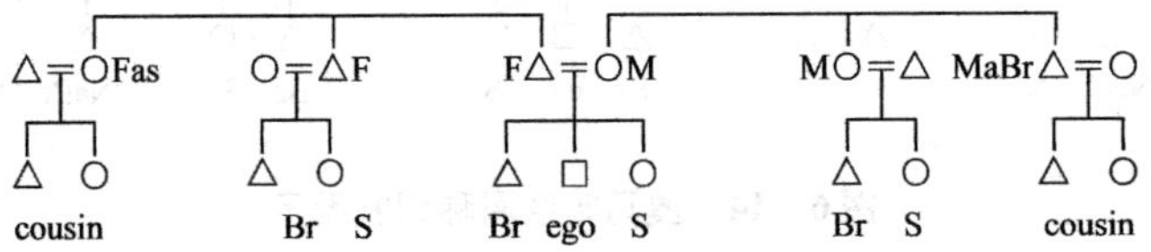

图6-13 易洛魁亲属称谓制图示

易洛魁亲属称谓制的特点是:

(1) 它主要存在于母系社会中。

(2) 它注重平表亲属,平表亲属的称谓一致,如父亲与父之兄弟均称“哈尼”(ha-nih);母亲与母之姐妹均称“诺耶”(no-yeh);姨丈、姑丈、舅舅均称“霍克诺依舍”(hoc-no-ese);平表①兄长(包括亲的、堂表和姨表兄长)称为“哈耶”(ha-ye),平表弟弟(弟弟、堂弟、姨表表弟)称“哈加”(ha-ga),平表姐姐称“阿耶”(ah-je),平表妹妹称“卡加”(ka-ga)。而舅表和姑表兄弟姐妹都称cousin;姑姑称“阿加胡克”(ah-ga-huc);婶婶、伯母称“乌克诺依舍”(uc-no-ese);舅母称“阿加涅阿”(ah-ga-ne-ah)。祖父及以上的老年男性称“霍克索特”(hoc-sote),祖母及以上的老年女性称“沃克索特”(oc-sote)。儿子称“哈阿乌克”(ha-ah-wuk),女儿称“卡阿乌克”(ka-ah-wuk);孙子及以下的男孩统称“哈雅达”(ha-ya-da);孙女及以下的女孩统称“卡雅达”(ka-ya-da)。

4. 奥马哈亲属称谓制(Omaha terminological system),如图6-14所示。

奥马哈制的亲属称谓的特点有:

(1)把母亲、母亲的姐妹以及母亲兄弟的女儿都用一种称谓称呼。因为母亲虽是生我的人,但她和其姐妹、其兄弟的女儿均为“母

①平表兄弟姐妹(parallel cousin)是指与父母同性别的同胞,如父亲的兄弟、母亲的姐妹的后代;交表兄弟姐妹(cross cousin)是指与父母异性别的同胞,如父亲的姐妹、母亲的兄弟的后代。

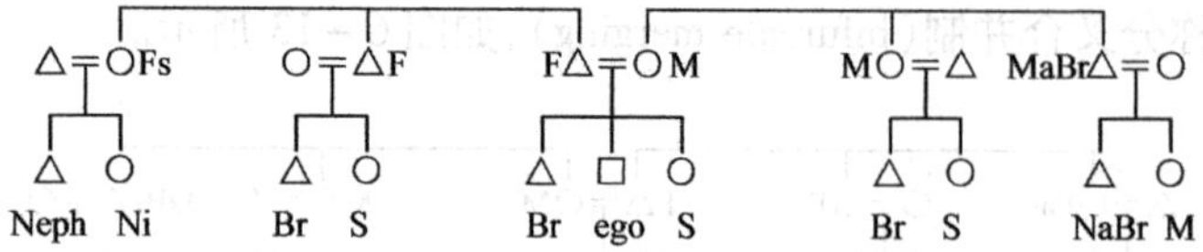

图 6－14　奥马哈亲属称谓制图示

亲的父系氏族中的女性成员”，由于母亲那边的亲属并不重要，只要区分男女两性即可，所以母亲的称谓实际上是“母亲的父系氏族中的女性成员”的意义。在父系氏族中，母亲的兄弟留在氏族中，其兄弟之子留在氏族中，而母亲的姐妹，母亲兄弟的女儿均要嫁出，所以她们的身份条件一样，因此用一种称谓来称呼她们就足矣了。至于母亲的父系氏族中的男成员，包括母亲的父亲、母亲的兄弟，母亲兄弟的儿子，他们都是母亲的父系氏族的男性成员，因此用一种称谓指称也能清楚地划分。这有点像中国汉人社会中将母亲的兄弟称“舅舅”，妻子的兄弟称“舅仔”，祖母的兄弟称“舅公”或“母舅公”的道理几乎一样。所以图中的符号“MaBr”的意思是“母亲的父系继嗣群中的男性成员”。

(2)奥马哈亲属称谓制主要存在于以父系来继嗣的社会中，并特别注重平表亲属，因此，父亲与其兄弟都是同一个继嗣群中的同辈分的男性亲属，对自我来说，他们都是自己父系继嗣群中的父辈男性成员，所以用同样的称谓来称呼。

(3)由于姑姑与自己的姐妹一样，都是自己父系继嗣群中的女成员，她们有一个共同之处，即她们都要嫁出，嫁到外氏族去，因此她们的身份地位是相等的，她们的孩子都称为外甥(nephew)或外甥女(niece)，其意思是“父系氏族女成员的儿子或女儿”。

5. 克劳亲属称谓制(Crow terminological system)。克劳亲属称谓制主要存在于一些母系社会中，他们以从母居的形式居住，此称谓制反映的特点刚好和奥马哈制相反而成为一种镜像，如图 6－15 所示。

在这种亲属称谓中，父亲的姐妹、父亲姐妹的女儿是指父亲的

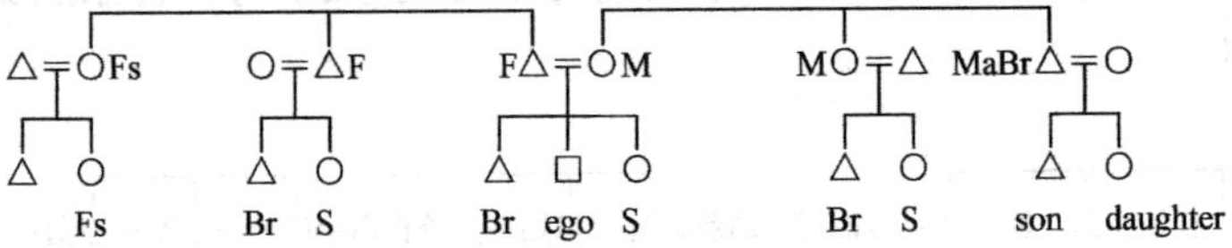

图 6－15　克劳亲属称谓制图示

母系氏族中母系继嗣的成员，她们都是我父亲的母系氏族中的女性成员，都具有该群体的继嗣权和继嗣关系，所以用一种称谓称呼即可。而父亲、父亲的兄弟都是父亲的母系氏族中的男性成员，因此用一种称谓称呼也足够了，其意思是："父亲的母系氏族中的男成员"。

在我自己的这个母系氏族中，我(男性)、母亲的兄弟都因为族外婚的关系，要外出到别的氏族中生活，所以他们的孩子都跟我的一样，因此用一种称谓也可以加以概括与界定。由于对自己的孩子，我称他们为儿子与女儿，因我母亲兄弟与我身份相等，所以我称他们的孩子也用称呼我自己的孩子一样的称谓。

由于我来自我自己的母系氏族，即自我是源于母亲，而母亲的姐妹与她一样是同辈的世系群成员，所以我用同一种称谓称呼她们，而她们孩子的地位与我的兄弟姐妹相同，所以也用同一种称谓称呼之。

还有，由于父亲兄弟的身份、地位与父亲一样，所以他们的孩子也跟我的同胞兄弟姐妹一样，因此他们的称谓也一样。

6. 苏丹亲属称谓制(Sudanese terminological system)，如图6－16所示。苏丹亲属称谓制简称苏丹制，也称描述制。在这种亲属称谓中，几乎每一个亲属都有一个相应的称呼。中国汉族人的亲属称谓

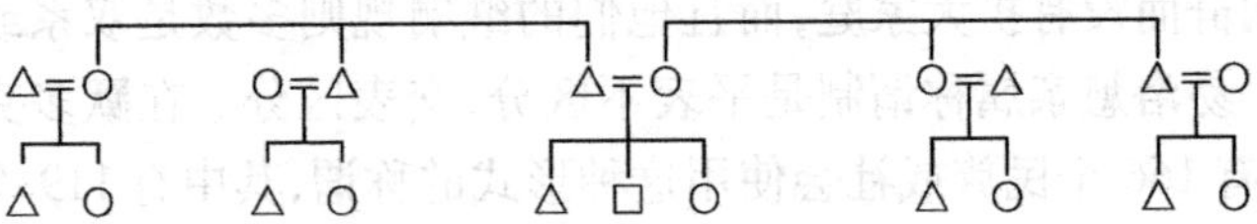

图 6－16　苏丹亲属称谓制图示

就是一个例子。从图 6-17 中我们可以看到,几乎每一种亲属都有专称。

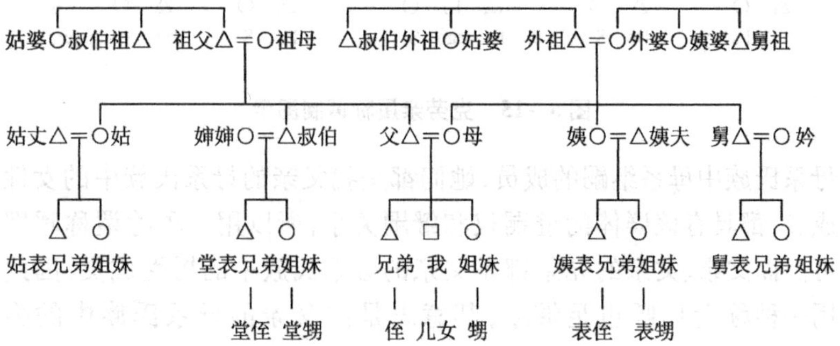

图 6-17 中国汉人的亲属称谓图示

苏丹亲属称谓制比较少见,其特点是:基本上每一种亲属都有一个相应的称谓,中国汉族的称谓即属于这类。但有的地方也相混,因为中国重视的是堂表,而对姑表、姨表、舅表则统称表兄弟姐妹,如果再需要区别时,就得根据姑表、姨表、舅表来区别,所以,过去这些表亲可以通婚,而堂表不行,因为在传统中国有同姓不婚的规定,在中国传统社会中,如果同姓通婚就有乱伦的嫌疑。

有的人类学家也认为,实际上最基本的亲属称谓制只有三类,即爱斯基摩制、夏威夷制和易洛魁制,其他都是它们的变体。如哈里斯认为,在默多克的《民族学图集》中,有 71 个民族或社会用爱斯基摩制的称谓,其中有 4 个民族或社会有扩大的大家庭,13 个民族或社会有单系继嗣群,54 个民族或社会没有继嗣群或只有以亲戚群来代表的继嗣群。在实行夏威夷制亲属称谓的民族或社会中,21% 的民族或社会有扩大的大家庭,50% 以上的民族或社会有某种共财的继嗣群而没有扩大家庭,而且他们的继嗣规则多数是双系或两可系的。易洛魁亲属称谓制是平表不区分,交表区分。在默多克的统计中,有 166 个民族或社会使用这种形式的称谓,其中有 119 个民族或社会存在某种单系继嗣群。

(三)亲属称谓所反映的社会情况

亲属称谓所反映的主要是社会关系的结构,表明每一个民族对哪类亲属在意,对哪类亲属忽视;同时也表明一定的关系代表着一定的义务。克鲁伯认为,具体来讲,亲属称谓大体反映了如下一些内容:

1. 反映辈分上的区别(generation)。虽然每一种亲属称谓制所区别的范围不一致,但都有辈分上的区分,如中国汉族的亲属称谓可以分为高祖、曾祖、祖父、父亲、自我、儿子、孙子、曾孙和重孙这样一些辈分或代际,也有人称之为九族。又如纳西族摩梭人有曾祖(阿斯),包括母亲的母祖、舅祖及不论性别的先辈;母祖(阿移),包括母亲的母亲、姨母、从母、再从母等;舅祖(阿普),即母亲的舅舅;母亲(阿咪),包括母亲、姨母、其从姐妹;舅(阿乌),包括母亲的兄弟、从兄弟、配偶;我、阿木(兄长、姐姐)、格日(弟弟)、各咪(妹妹);若(儿子)、模(女儿);人乌(孙子、曾孙)、人咪(孙女、曾孙女)。

2. 反映同辈的不同年龄上的区别(relative age)。同辈人当中,因年龄的差别而有区别,如中国汉人的伯叔。摩梭人中,大于我的哥哥和姐姐称阿木,而弟弟称格日,妹妹称各咪。

3. 反映直系与旁系的区别(lineality and collaterality)。如在中国汉族中,父母与子女的关系为直系,其他为旁系。

4. 反映了性别上的区分(Sex),如父母、兄妹、舅姨和姑叔伯等。

5. 反映了说话人本身的性别区别。在有的社会中,不同性别的人对同一个亲属有不同的称谓,如在汉族的惠东人中,女孩称姐夫为"姐甫",男孩则称"某某兄",因说话人的性别而有区别。又如纳瓦霍人(Navahos)男人称其儿子用一种称谓,而女人称其儿子要用另一种称谓。

6. 反映了中介亲人性别上的差异。对英语国家来说,中介亲人的性别并不重要,父亲的兄弟和母亲的兄弟都称叔叔(uncle),父亲的姐妹和母亲的姐妹也没有区别,都用阿姨(aunt)。但在其他一些民族中则有区别,如把父亲的兄弟和母亲的姐妹称平表,其孩子称平表兄弟姐妹,把父亲的姐妹和母亲的兄弟称为交表,而他们的孩子称交表兄弟姐妹,这种区别就在于中介亲人的不同。汉族的亲属称谓也是如此，甚至还区分为堂兄弟姐妹、姑表兄弟姐妹、姨表兄弟姐妹和舅表兄弟姐妹四组。

7. 反映了婚姻联系。亲属称谓常用于区别血亲（consanguineal）与姻亲（affinity kin）的不同。所谓的血亲，是指自己家族中一脉相承的亲属关系，而姻亲则是指通过婚姻关系结成的亲戚关系，如中国汉人讲的亲家、母亲与丈母娘的区别和父亲与丈人的区别，又如伯母、婶婶、姑夫、舅母（妗）、姐夫、妹婿、嫂子、弟媳、儿媳、女婿、孙媳和孙女婿等。复如英语中 in - law。

8. 反映了父方与母方亲属的区别，如叔伯与舅舅、姑姑与阿姨等。

总之，国外人类学界一般认为，亲属称谓所表达的社会现象有上述内容，主要反映的是社会关系，同时也认为亲属称谓不是随意乱造的，它反映了个人在社会中的身份、地位及义务等。近来，认知人类学家认为，可以把亲属称谓看成一套独一无二的概念分类体系，并根据该民族或族群的社会团体、范畴、习俗等来探索与描述其意义。而且通过其形式上的对称性和分析的可能性，使它成为民族科学的研究重点。当然，也有人认为亲属称谓尤其要受所存在于一个社会中的那种亲属群体的影响，它适应亲属群的情况。实际上，亲属称谓的确反映了一定的社会状况，在研究亲属称谓的形成时，单说其反映了什么原则或内容似乎是不够的，从一些亲属称谓的历时变化中，我们似乎可以看到亲属称谓的变化确实与家庭、婚姻状况有一些联系。但摩尔根过去的解释有一些错误，如对夏威夷制各种兄弟姐妹都用同一称谓这样的情况，摩尔根认为，存在兄妹通婚的血缘婚，这是一种有问题的分析，这种错误也许我们可以从对纳西族摩梭人的亲属称谓与其社会事实的分析看出来。下面我们先看一下摩梭人的亲属关系与称谓图（见图 6 - 18）。

在摩梭人的实际生活中实行的是阿注婚，结交阿注的初期，男方不与女家的其他人打交道，母系家庭中的人不必称呼他，当两人的关系相对稳定或生了孩子后，女方的阿注常到女家来，或在相对稳定的对偶婚下，当他出现于女家的火塘边时，就出现需要称呼他的问题，而在事先没有一个专有称谓的情况下，自然用母亲兄弟即舅舅的称谓（阿乌）去称母亲的阿注。到后来，有的阿注住进女家，

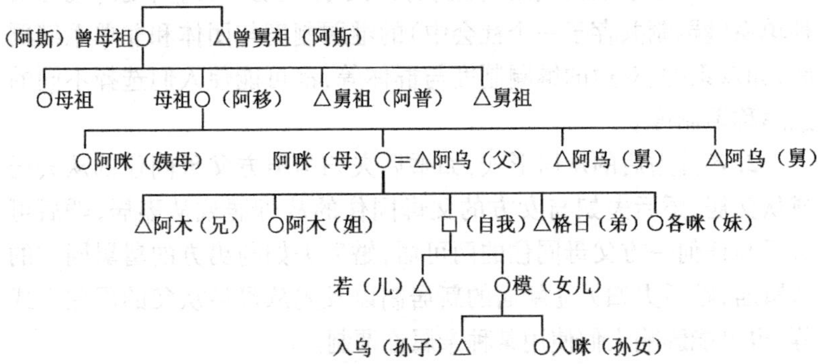

图6-18　摩梭人的亲属关系与称谓图

这时才需要与真正的舅舅加以区别,这才出现一个专门的称谓来称呼他,这就是"阿达"(其也可以用来称公公、岳父)。在这种男阿注长住女家的情况下,夫妇之间也不互称"阿注",而是女的称男的为"寒叔巴"或"哈楚巴"(夫),男的称女的为"楚咪"(妻)。所以,从这里我们可以看到,像夏威夷制那样的称谓应是血缘家庭结构的反映,而且这种家庭是存在于族外婚的情况下,所以它并不能作为兄妹通婚的证据或例子。

(四)血亲、姻亲组织间的相互关系

血亲、姻亲组织的大部分被卡迪纳(Aram Kardiner,1891—1981)视为初级制度是有一定道理的,也就是说,血亲、姻亲组织(或团体)是人类任何社会中最基本的社会单位,它们之间有着相互联系,并同一定的生产关系密切相连。

亲属称谓的目的在于限定一定的社会关系范围,它与居住习惯、继嗣方式、财产继承、地位承袭、家庭构成、等级、氏族、半偶族、父系、母系、内婚制和外婚制等都有密切的关系。

默多克认为,有多种社会因素能对亲属称谓产生影响①。其中最主要的因素有如下一些:

① George P. Murdock:*Social Structure*. New York:MacMillan,1949,pp. 113~183.

1. 各种世系继嗣制度与组织，如父系、母系、双重单系（父母两种单系继嗣制共存于一个社会中）的继嗣制度与团体和非单系继嗣制，如双系的、双边的继嗣制度与群体等，都可能使人们选择不同的亲属称谓制度。

2. 各种婚后的从居形式，如婚后夫妇与男方父母同住的从夫居或从父居，婚后夫妇与女方的父母同住的从母居或从妻居，婚后可选择与任何一方父母同住的两可居，婚后夫妇与男方的舅舅同住的从舅居，婚后夫妇另立新居的新居制以及先从母后从父的居住方式等，也可能影响人们使用某种亲属称谓制。

3. 各种家庭制度，如核心家庭、主干家庭、联合家庭、一夫多妻家庭的不同，也可能造成亲属称谓的不同。

4. 各种婚姻制度，如一夫一妻制、一夫多妻制、一妻多夫制、一个男子可娶其父之姐妹之女或其母之兄弟之女为妻的交表婚、等级婚等的不同，也可能影响不同亲属称谓制的出现。

5. 各种外婚形式，如父系氏族外婚、母系氏族外婚、非单系家庭外婚制等的不同，也可能导致人们使用不同的亲属称谓制。

默多克在 1949 年时曾利用人类学区域关系档案中的 250 个民族的样本，对上述这些组织和制度进行统计分析，以寻找这些组织和制度之间的相互关系。尽管有很多结论被后来的人类学家所否定，但也有若干原则被大家所认同。表 6－1 中关于两性分工、居住法则、继嗣形式和亲属称谓等之间的关联，大部分被后来的人类学家在自己的研究中证明它们的确具有一定的因果联系。

表 6－1　亲属称谓与一些社会现象的密切关系

经济方面的两性分工	居住法则	继嗣形式	亲属称谓
女性为主要生产者	从妻居	母系继嗣	易洛魁与克劳亲属称谓制
男性为主要生产者	从夫居	父系继嗣	奥马哈与苏丹亲属称谓制
两性同为生产者	两可居或新居制	双系继嗣	夏威夷或爱斯基摩亲属称谓制

当然，上述的相互关联也并非绝对的，它只是统计学上的众数而已。不过应该认识到，在这些相关的因素中，世系继嗣形式是一个重要的因素，它就像一条纽带，把该群体的成员紧紧地联系起来，它对该群体的生产劳动、生产资料的占有和分配、外婚制、居住形式和财产继承等都产生了重大的影响，对亲属称谓制的影响也是根本性的。如汉族的亲属称谓制中，凡属外、表(也有“外”的意思)的亲戚都不是宗亲，而父系血统维系的一群人才是宗亲，是汉人所谓的亲属，因此父系继嗣制度在汉人的亲属称谓制中是一项重要的划分标准。又如英语民族的亲属称谓受到非单系继嗣制的影响，因此其不分内外、堂表，父之父、母之父都是 grandfather。再如奥马哈制亲属称谓多出现在父系继嗣有相当影响力的氏族社会中。而克劳亲属称谓制则多出现在母系氏族社会中。据统计，世界上有45 个民族使用夏威夷亲属称谓制，这些民族或族群大部分都属于非单系的部落社会，其盛行一夫多妻制、扩大家庭、婚后多实行两可居的居住形式等。而实行爱斯基摩亲属称谓制的社会，其继嗣制度主要是单系的，同时也实行一夫一妻制婚姻，并存在核心家庭等。所以，当继嗣制度不同时，其生产方式不同，他们的亲属称谓制也不同。因此，在研究亲属称谓制时，应该清楚地了解到，在诸多关联中，继嗣制度往往是决定性的因素。

第七章

非自愿与自愿社团

以亲属关系和婚姻关系为基础的社会组织极受人类学家的重视，这是因为亲属关系和婚姻在一切社会中几乎都是作为一种组织原则在发生作用，特别是在部落和队群(band)社会中，它们往往是最重要的组织原则之一，有时甚至是唯一的组织原则。换言之，以亲属关系和婚姻关系建立起来的社会组织几乎是每个社会中最基本的社会单位，在有的社会中可能是唯一的基本社会单位。虽然两者不完全统一，但我们可以把它们视为人们为了生存，从事生产、生活、繁衍的最基本的人与人之间的关系，这就是马克思所说的生产关系中的一种，马林诺斯基所讲的人类繁衍的基本需要的一个军需处，卡迪纳所说的初级制度中的一种，哈里斯所讲的客位基础结构的一部分，有的人则将它们称为初级群体①。

亲属关系和婚姻关系的原则和以此原则组织起来的组织形式或结构，在某些社会中看来不足以解决他们可能面临的多数问题。但是在某些社会中，它们还有其他的补充形式，或者有的社会由于其他原因，如时代的发展，处于不同的发展阶段等，也使这类组织原则发生变化，产生其他的组织形式，以适应变化了的社会环境，下面我们就谈谈其他形式的社会组织。

①初级群体是指面对面交往而形成的具有亲密人际关系的群体，它对人的个性和个人理想的形成起到最初的作用。

第一节 非自愿社团

在人类社会中，除了亲属群体外，还有一些非自愿性的社会组织①，年龄集团(age group)和单性社团就是其中的两种典型。

一、年龄集团

年龄在任何社会中都有一定的组织意义，例如，在现代中国社会中，我们最好的朋友一般都是我们的同龄人，我们一起进小学，或者一起进初中、高中，毕业后才分开，然后有的人进入大学，进而形成另一种年龄组织；大学毕业开始工作，女性到55岁、男性到60岁又进入退休年龄。也就是说，在我们的社会中，年龄在某种程度上仍是一种分类标准，在进行人口统计时，都会统计某个年龄段的情况，如1970—1975年出生的人的教育程度、婚姻状况、生育情况和职业状况等。另外，现在流行的“80后”“90后”的说法也是按年龄来分类的一种现象。

但是在有的社会中，特别是在一些简单社会与部落社会中，以年龄为原则构成的组织却有着重要的意义，有的甚至以年龄的区别来区分社会等级，这种制度就是年龄等级制度(age grade system)。在有这种制度的社会中，如新几内亚等，存在年龄等(age grade)或年龄级序(age class)，其为以年龄来划分的社会群团或社会等级，人们按照个体成长的时间序列归属于不同级别的社会群团，并像顺序登梯那样一层一层地晋升等级。每个年龄等或级序都是由以年龄为基础的不同类别的人构成的，这种年龄等或级序是社会中的成员一生中必须经过的各个阶段，而且每个年龄等或级序有着不同的社会职责与义务。例如，在非洲肯尼亚的蒂里基人(Tiriki)中就有年龄等，他们分为：①班杜比利何 (Bandubi Lihe)，是未成年人的年龄等；②巴奴奴 (Balulu) ，属于战士(Warriors)年龄等，其成员的功能是守

①非自愿的社团是指那些人们一出生或到某种年龄就必须加入的社团或组织，它通常以年龄和性别这些先赋特征为基础。

土和参加战争;③巴奴奴·巴撒西奴(Balulu Basaxulu),年长的战士(elder warriors)的年龄等,该级序的人充当警察,以维持该族群内部的治安;④巴撒西奴·比比利那(Basaxulu Bi Bilina),长者;⑤巴撒西奴·布鲁西亚(Basaxulu Bu Luhya),明断长者(the judicial elders)的年龄等,该等级成员的功能是充当法官;⑥巴撒西奴·巴撒阿利西(Basaxulu Bassaalisi),仪式长者(the ritual elders)等级,其成员的功能是主持本族内的各种仪式和宗教活动。

又如,东非乌干达的卡里莫庸人(Karimojong)社会分为四个年龄等级,即未成年男孩同代群(generation - sets)、年轻同代群(充当该民族或族群的战士与警察)、年长同代群(该群族的权威级别,这一年龄等的人从事管理、立法、司法、司祭等统治该社群的工作)和隐退同代群(退休养老人员,没有统治权)。每个同代群又分成五个年龄群(age sets),即一般为同一时期出生的、同一性别的人构成的群体,每个年龄群约4~5年,所以每20~25年一个同代群就接替另一个同代群,或某些人进入另一个同代群。这种方式称为循环式年龄组制度(cyclical age set system)。此外,还有一种推进式的年龄组制度(progressive age set system),这种制度是每个年龄组或年龄等级都有一个固定的命名,从不循环和重复使用,这种区别反映了这些民族的计时方式和宇宙观是不同的。

再如,巴西的马托格罗索(Mato Grosso)地区的沙万特人(Shavate)男性的年龄等级分为:①小孩:7岁以下的男孩。②未婚男子:7~12岁的男孩,他们需通过一个接纳仪式而居住在未婚男子会所里5年;他们集体居住,进行技能训练,如学习狩猎技术和制造武器的技术,熟悉各种宗教仪式的程序等。高兴时也偶尔出去狩猎和采集,从事一些实践活动。到12岁时,通过一系列复杂的成年礼并举行一场集体婚礼与其家长选择的还没有成熟的小女孩结婚,这才晋级为"小伙子"的年龄等,但他们需等到自己的妻子再成熟一些才能与她圆房。③小伙子:其主要的功能是充当社区的战士,亦可旁听村庄成年男子议事会的会议。④成年男子:成年男子议事会的参与者,可在该社会中行使某种权威,成年男子议事会成员由五个连续的年龄群组成,每五年形成一个新的年龄群,成年男子议事会中，最年轻的成员极少表达意见，年龄越长，其权威越高，故在成年男子议事会中，随着成员的成长，其发言权也逐步增长。沙万特人的女子也分为三个级别，即小孩、未婚女子和已婚女子。不过，在他们的社会中，女子的年龄等并没有形成社会组织，因此其也不具备社团的功能①。

中国台湾的少数民族当中，除了泰雅人和雅美人没有年龄组织外，其余的族群都存在年龄组织。有的只有几个代表长幼资格的年龄等级，每个等级都根据个人身心发育的状态有着具体的社会职责，个人到了适当的年龄，或自然升上一级，或通过升级仪式而升入高一级别。有的幼年期与老年期是男女不分的，但少年期与成年期的年龄组织是区分性别的，而且这些年龄组织各有专门的名称，是一种推进式的年龄组制度。如在台东的阿美人就是如此，该地的阿美人男性成年期以后年龄组为专名制，即一组男性进入成年礼后形成的年龄组通常会取一个专门的级名，这个级名终其一生而不变，但其社会职责则随着年龄的级别变化而变化。有的阿美人的年龄组织则为循环使用几个固定的级名，如花莲寿丰乡七脚川的阿美人即如此。七脚川阿美人的年龄组织称 sral，其有七个级名，依序排列，循环使用。每隔七年举行一次男子成年礼后，最大的一级就退休，升为老人组，与此同时，有一批人加入年龄组织，其级名就采用刚退休那一级的级名，依次循环不息。长流阿美人的年龄组织也是如此，他们的年龄组分为七级，其顺序为：Tsupuran，Lavagas，Aratiwas，Aramai，Mauwai，Alumat 和 Koakoh，然后又从 Tsupuran 开始循环②。

日本有的地方也有年龄组织，如日本静冈县伊豆伊浜就存在年龄组织，其年龄集团为：17～18 岁为跑差的；19～24 岁为当过跑差的；25～26 岁为小中老；27～28 岁叫中老；29～31 岁称头领近侧；

---

①C. 恩伯、M. 恩伯，杜杉杉译：《文化的变异》，辽宁人民出版社 1988 年版，第 371～375 页。

②庄英章、许木柱、潘英海等编著：《文化人类学》（上），（台湾）空中大学印行 1991 年版，第 284 页。

32～35岁为头领(年轻组中的最高地位);35～39岁为宿老,其具备该社会顾问的资格;40～49岁称中宿老;50～59岁为大宿老;60岁以上为长老级别。

除此之外,年龄集团中还有一个比较特别的例子,这就是“年龄村”,如坦桑尼亚的尼亚库萨人(Nyakyusa)在10～11岁以前与父母生活在一个村落中,之后,所有同年龄组的男孩去外面建立一个村落,在那里生活,娶妻生子,最后接管政权。他们的儿子也出去再建立一个村落,这样推展出去,就形成了祖父的村落、父亲的村落和儿子的村落这样的“年龄村”。尼日利亚东部的阿菲克波·埃博人(Afikpo Ibo)也是如此①。

总之,年龄集团是一种分类,也是一种组织人类的方法,以这种方式形成的组织是非自愿的,也就是说,在有这种组织的社会中,当一个男子到达某个年龄就必须进入一种年龄组或年龄等级,并具有相应的职责、权利与义务,从事相应的社会工作,因此它是非自愿社团的一种。

二、单性社团

所谓单性社团(unisex association),是指仅有一种性别的人才可以参加的社会团体,或者说,有些社会组织是根据性别条件组成的,而且在有的社会中它是非自愿的,只要是这个社会的男子或女子就一定要参加,不能有例外。就目前的资料来看,人类学家发现,男子的单性社团比较多,妇女组成的非自愿单性社团则极为罕见。这可能与在许多社会中都由男子掌权有关;还有一个原因可能是文化人类学家大多数都是男的,他们或忽略了妇女,对妇女的活动未加以注意,或可能无法进入妇女圈,无法深入妇女中间进行调查,所以造成对妇女单性社团的不了解。

在一些部落社会中,男子的单性社团的性质大致与年龄群相似,但也有一些区别,即在这种社会中,只分两类年龄群:一是成年

①哈维兰著,王铭铭等译:《当代人类学》,上海人民出版社1987年版,第419～420页。

男子，他们都是单性社团的成员；另一则是未成年男子，他们不是该团体的成员。

最典型的单性社团见于马埃·恩加(Mae Enga)社会中，他们生活在新几内亚高地，以园艺业的形式从事定居农业，人口约3万人。在这个民族中有性别隔离政策，对妇女有一种强烈的敌视态度，将她们视为不洁之物。男孩子5岁以前允许和母亲住在一起，但5岁以后，父亲和氏族中的男成员就开始向他们灌输敌视妇女的思想。男孩子被告知与妇女做伴是件不光彩的事，他应该加入男子的队伍，参加男子的活动，搬到男子公廨中住，不要同妇女住在一起(包括其母亲)。由于这样旷日持久灌输敌视妇女思想的社会化教育，当男孩子长大后，他们深信，如果接触到妇女的经血或接触到月经期间的妇女又没有做净化的巫术仪式的话，那么他就会被污染，这足以败坏他的精力，会使他的皮肤变黑起皱，肌肉松弛萎缩，智能衰退迟钝，最终将导致死亡。所以平常他们都尽量避免和妇女接触，甚至不吃猪肉，因为猪是妇女养的。当进入森林时，他们不看地面，以防止看到妇女的脚印和猪粪。如万一接触到，要用清水擦洗身体来净化自己。另外，他们如果做了梦，就一定要说出来，让别人给他圆梦、禳解。

恩加人小伙子15、16岁就开始加入男子社团。他们在年长的部落成员的监督下，在森林中的会所里过着简单的隐居生活，参加“圣加”(Sanggai)仪式，通过净化后获得洁净之身，具备了暂时能抵御污染的能力，才能和女子结婚。但由于恩加人在两性关系上也有许多严格的限制与控制，以致许多青年男子即便到了婚龄也不愿结婚。不过，如出现这种事情，年长的人也会出来劝青年人履行结婚和繁殖后代的职责。实际上，所有这些都是因为恩加人把妇女视为不洁之物造成的，因为这些与他们通婚的妇女都来自敌对的氏族，恩加人自己说：我们是和同我们作战的人结婚。正因为如此，恩加人形成这种单性社团，这种社团把恩加男子团结起来，坚定了他们的男子汉观念，同时也组织起最大多数的男子成为战士，可以随时向敌人显示力量和作战。

西非尼日利亚南部伊乔人(Ijaw)的北部集群中有妇女社团，在该地的伊乔人当中,妇女成婚后要做很多事情,不仅需要操持家务,而且要到市场上做买卖,一旦已婚妇女通过市场交易表现出她们有能力不用再依赖婆婆而自己独立操持家务及商务时,她就得参加与她丈夫的父系世系群相联系的那个妇女社团①。这种妇女社团的成员是非自愿的,因为该族群所有的合格妇女都必须参加该社团,无有例外。该地的妇女社团具有经济实力并有很大的权力。妇女社团在该地可以充当排解纠纷的调解者,甚至对一些已经告到法庭的案件也有权进行处罚,如妇女社团可以对该社会中犯了通奸罪、诽谤妇女人格罪的人进行罚款。妇女社团也有自己的行为准则,用于制约和限制本妇女社团成员的行为,如违反了,她们就会受到妇女社团的制裁。另外,妇女社团通过罚款等募集了经费,并把这些钱用来放高利贷等(50%以上的利息),无论是社团成员或非社团成员都可以借,但是无论男女,如无法如期归还,都将受到妇女社团的制裁。该社会为何会出现这种妇女社团?有的人类学家认为,主要是因为该地的妇女是市场交易的主力。

第二节　自愿社团

自愿社团(voluntary association)也称共同利益团体或业缘团体,即这类组织或团体不以年龄、亲属、性别、婚姻等为基础,也不是自动加入的,而是为了共同的利益而自愿加入的,换言之,它们是在个人自愿的基础上构建的社会组织。其目的可以是各异的,如为了追求友谊的同学联谊会、同乡会和宗亲会等,为了娱乐目的组成的桥牌俱乐部、网球协会、南音社、票友会和歌友粉丝会等,为了表示身份区别及管理目的组成的商会、个体工商者协会、工商联和工会等,为了政治目的建立的政党等。在文化人类学中,通常用秘密会社(secret society)的例子来介绍与说明这类组织,如利比里亚的克佩勒人(Kpelle)、塞拉利昂的门德人(Mende)的波罗(Poro)组织,美拉尼

①C. 恩伯、M. 恩伯著,杜杉杉译:《文化的变异》,辽宁人民出版社1988年版,第379~380页。

西亚的杜克杜克(DukeDuke)组织等。

一、秘密会社

秘密会社的主要特征是对成员的限制以及存在人们普遍坚信的能给其成员增添超自然力量的秘密仪式。一般说来,对那些不是秘密会社的成员,或者会社中处于最低等级的人,人们会向他们透露能唤起其恐惧和尊重的有关会社的情况。而在秘密会社中,人们的晋级要通过不同阶段的不同仪式完成,随着他们所谓的超自然力量专长的增长,他们的社会地位和政治影响也会得到相应的提高。秘密会社的著名例子有西非的波罗组织和美拉尼西亚的杜克杜克组织等。

波罗(Poro)是西非土著的一种秘密会社,所有男性都可以自愿申请加入波罗组织,但事先需要通过一系列严酷的体力测验。在利比里亚的克佩勒人(Kpelle),塞拉利昂的门德人(Mende)、腾内人(Ternne)等部落社会中都有波罗这类秘密会社。

波罗组织的共同特征为均由一个人格化了的形象来代表,这个形象有各种各样的名称,如伟大的主人、森林尤物和那姆(Namu)。当这种秘密会社即将召开会议时,那姆就会在公共场合出现,他总是戴着面具,穿着象征性的服装,被与会者簇拥着,而且用音乐般的假嗓音讲话。他从森林中出现时,也会引起该社会的恐慌和焦虑,没入会的人和妇女、小孩都慌慌张张地躲进自己家中。如果某个未曾入会的男孩看到那姆,他就会立即被抓去,强迫他行入会礼仪。如果妇女看到那姆,人们就认为她将中毒身亡。所以那姆的出现总要伴随着牛吼器发出的响声,以通知族人回避。

波罗所引起的强烈恐慌是秘密会社两大特征的反映。第一,人们相信,波罗跟他们死去的成员的灵魂很像,或者波罗成员与他们死去成员的灵魂很近,而这些灵魂被认为对引导超自然力量和充当神与人之间的媒介有着密切关系。第二,据说波罗拥有某些灵丹妙药,这些药可以为群体将来的利益服务,但也可以随意用于整个世界,特别是当人们蔑视某些习俗或不服从命令时,就会给世界带来灾难。

这些观念或意识形态的结果使那姆为当地人所敬畏，人人都对波罗表示尊敬。这种敬意也有直接的政治效果，它使波罗会社更容易使人们服从某些社会制约，比如，乱伦禁忌、禁止纵欲等，因为没有人敢不听波罗的话。此外，对波罗的惧怕也加强了政治权威的力量，这是因为人们知道本民族的首领人物都在波罗组织中身居高位。

波罗组织的入会过程是许多秘密会社入会礼仪的典型，其目的首先是使入会者成为“优秀的波罗分子”，其次才是成为有用的社区成员。这就意味着，要成为波罗成员，都必须到坐落在森林深处的“丛林学校”就读一段时期。过去这种学习过程要3～4年，现在则缩短了时间。在那里，每一个入会者都必须放弃他从前的身份和地位而取得新的波罗身份。他也必须接受严峻的“心理实验”，通过这些实验把波罗礼仪的神圣性和秘密性铭刻在他的脑海中。他还应该学习本民族或本部落的历史和将来在社会生活中获得地位所需要的各种各样的技能。

尽管波罗秘密会社的高度保密性使人们对它们的情况很难获得准确的资料，但它们在西非政治生活中却有着无可否认的重大影响。它们增强了该地区社会首领的权威，并有助于维持社会秩序。在反对殖民统治的民族解放运动中，秘密会社也做出了卓有成效的贡献①。

除了波罗这种秘密会社外，其他为人们所了解的秘密会社还有18～19世纪的共济会(Freemasonry)和20世纪美国南部的三K党等，前者是石匠和建筑工人的行会，强调道德、慈善和遵守当地法令，信仰上帝和相信灵魂不灭；而后者则是种族歧视的组织。中国清代的天地会、民国时期的青洪帮等也属于秘密会社之一种，它们都有各自的表现与特点。

二、其他共同利益团体

在人类社会中，还有一些自愿社团是没有秘密性的，它们多数是在共同利益的基础上自愿组建和扩充的，也可以称为共同利益团体。

①C.恩伯、M.恩伯著，杜杉杉译：《文化的变异》，辽宁人民出版社1988年版，第382～384页。

这些自愿社团有的是娱乐性的，如桥牌俱乐部、信鸽俱乐部等；有的是为了某些学术目的，如中国人类学学会、中国民族学会、中国民俗学会和中国历史学会等；有的是为了追求友谊而建的联谊会，如同学会、同乡会等；有的是为了某些公益事业，如过去的茶亭会、路灯会和八仙会等；有的是为了互助，如过去的标会；有的是为了行业共同利益，如商会、不同地方的会馆、工商联、个体工商者协会、台湾工商者协会和拉链公会等。

这些自愿社团五花八门，应有尽有，内容各异，但归纳起来，各社团虽组建目的各异，但它们具有以下一些共同特性，如：

第一，有一定程度的组织。任何一个团体都由两个以上的人在一定的关系下组织起来，并有一定的行为规范要遵守，有共同的观念、信仰、态度、价值观或共同的旨趣或利益。但组织形式则有差别，既有的严密些，有许多条款，有相应的组织机构等；也有的松散些。

第二，有一定的目的与功能。人们组成某种团体，都有一定的目的性。如过去有的村落或宗族中的茶亭会就是为了建造路边的茶亭让路人歇脚休息，有的还每天供应茶水。再如过去为了筹钱办结婚、建房等大事，村民可能组织标会来筹一笔较多的钱。总之，建立自愿团体总是有目的的，但不同的团体其目的一般不会一样，否则就不可能有各种各样的自愿团体存在。一旦团体组成，就要发挥一定的功能，如不发挥功能也就没有必要存在和维持。

第三，有区别也有重叠。人类的自愿团体由于目的、功能和组成成员等不同，往往是有区别的。一个人可以同时参加许多团体，因而有许多团体的功能也可能是重叠的。

第四，有分工有合作。社会中存在许多目的不同、功能不同的团体，也是社会分工的一种表现，不同的团体有着不同的分工。因此，不同的团体之间也存在合作。因为个人往往不能单独满足自己的各种需要，在许多方面都要和别人合作。也正是要和别人合作，才和别人组成团体。团体之间也是一样，多少都要和其他团体发生联系。所以荀子说“人生不能无群”“离群而不相待则穷”是有一定道理的。

第五,有持续有变异。人类的团体在时间的存续上有长有短,结合分子有多有少,活动性质也有不同,有的存在很短,如临时组成的一个旅游团也可以视为是一个团体,但旅游结束,该团体也就结束了。研究生的一个班,其延续的时间按我们国内的标准为两年或三年,两年或三年后其可能转化成同学会。有的团体虽不会解散,但其性质也可能发生变化。如洪门,过去是帮派组织,现成为致公党。

第三节　社会分层与阶级

在许多社会中都存在社会分层现象,在中国,社会分层是很明显的。社会分层主要有两个方面的问题:一是阶级(class),二是阶层。

一、阶级

阶级是分层社会中的一个基本单位,但是也必须清楚地看到,阶级是一个具有特定含义的历史范畴,它不是自古就有的,也不是永世长存的,它只是与人类历史长河中一定生产关系相联系而产生和存在的。下面先谈一下阶级产生的基本条件或原因。

(一)阶级产生的基本条件

在原始社会的大部分时间中,由于生产力十分低下,一个人生产的产品仅能维持自己最低限度的需要,没有剩余,因此,几乎每个社会成员都必须参加生产劳动才能生存下去。在生产过程中,大家共同占有生产资料,地位是平等的,以各种各样的形式平均分配消费品,互惠交换他们的劳动时间,所以没有阶级。当生产力发展到一定水平,劳动生产率得到提高,一个人生产出来的产品除了自己消费外还有剩余,这才使有些人有可能脱离生产劳动而依靠另一部分人的劳动来养活或生存,这就给阶级的产生创造了前提条件。这是阶级产生的第一个前提条件。

但是,光有剩余产品还不能使阶级的产生从可能性变成现实性。这里还有另一个重要条件,就是经过社会分工以及随社会分工而产生的产品交换的发展,并由此出现了生产资料的私有制。这时,由于有了剩余产品,使人们产生了占有剩余产品、占有生产资料以及占有生产者的欲望,这才慢慢产生了阶级。

有的人认为,最早有条件实现这种欲望可能的是氏族、部落的首领人物。也许他们利用职位上的便利,把由他们或用来交换的氏族部落公有财产据为己有,把战争的俘虏变成自己的奴隶,于是就出现了人类历史上的第一次阶级划分——奴隶主与奴隶,以后随着生产力的发展,私有制的形式发生改变,出现了封建地主与农民、资产阶级和无产阶级,最后再进入无阶级社会。总之,阶级的产生首先必须具备这两个基本条件:①生产力的发展,剩余产品的出现;②私有制的产生。没有这两个条件,阶级是不会产生的。但阶级产生的具体过程和变化的内容是复杂的,如一个人如何才具有权威、成为首领可能有不同的方式和途径,如美拉尼西亚的大人物就是其中的一类。

(二)阶级的定义

阶级是一个经济范畴,一般是指在一定生产关系中处于不同地位的社会集团,其主要是根据对生产资料所有制占有关系的不同而划分的社会集团,而不是一些人所说的,阶级是"据评价制度而定的声望显示出平等,或近乎平等的一批家庭"。换言之,阶级是一个经济范畴,是根据人们占有生产资料的不同来划分的,正如基辛所说的:"马克思坚持阶级必须根据人与生产工具的关系,也就是人与控制他人劳动的权力的关系来定义,这样他就掌握了问题的核心"①,根据经济状况来区分,而不完全与等级同义。

经济划分根源于社会经济结构,从这方面寻找阶级的根源在马克思之前就有人这样做了。英国古典经济学家亚当·斯密和大卫·李嘉图都认为,社会划分为阶级的根源在阶级关系中,但他们不是从生产资料所有制形式去说明,而是用产品分配形式来说明阶

①基辛著,甘华鸣等译:《文化、社会、个人》,辽宁人民出版社 1988 年版,第 331 页。

级划分的原因。他们认为,工资、地租和利润三种收入方式是把人们划分成工人、土地所有者和资本家的经济根源。这种观点无疑比从人的本性或上帝的意志等方面寻找阶级划分原因的理论进步不少,但他们并没有指出阶级划分的真正原因。划分阶级的根源不在分配过程,而在生产过程。资本家之所以是资本家,不是由于他攫取利润,而在于他们占有资本。所以马克思在1852年3月5日致魏德迈的信中讲:"无论是发现现代社会中有阶级存在或发现各阶级间的斗争,都不是我的功劳。在我以前很久,资产阶级的历史学家就已叙述过阶级斗争的历史发展,资产阶级的经济学家也已对各个阶级作过经济上的分析。我的新贡献就是证明了下列几点:(1)阶级的存在仅仅同生产发展的一定历史阶段相联系;(2)阶级斗争必然要导致无产阶级专政;(3)这个专政不过是达到消灭一切阶级和进入无阶级社会的过渡。"①

后来,列宁给阶级下了个定义:"所谓阶级,就是这样一些集团,这些集团在历史上一定社会生产体系中所处的地位不同,对生产资料的关系(这种关系大部分是在法律上明文规定了的)不同,在社会劳动组织中所起的作用不同,因而领得自己所支配的那份社会财富的方式和多寡也不同。所谓阶级,就是这样一些集团,由于它们在一定社会经济结构中所处的地位不同,其中一个集团能够占有另一个集团的劳动。"②

列宁在这里所说的由于人们在一定的生产关系中所处的地位不同,才使社会成员划分为各阶级。所谓的地位不同,即:

1. 对生产资料的关系不同,有的集团或阶层占有生产资料,有的不占有或很少占有生产资料。

2. 在社会劳动组织中所起的作用不同,指有的是生产的指挥者、监督者和管理者,有的是物质资料生产的直接承担者即劳动者。

3. 领取社会财富的方式和多寡不同,指有的集团以利润、地租等形式攫取大部分社会财富,有的集团以实物或工资等形式领取仅

①《马克思恩格斯全集》(第28卷),人民出版社1973年版,第509页。
②《列宁全集》(第29卷),人民出版社1956版,第382~383页。

够维持生活的极小一部分社会财富。

正是由于存在这三个方面的差别，人们才划分成不同的阶级，其中，最重要的是第一种差别，即对生产资料的关系是在划分阶级的诸因素中具有决定性意义的。同时，我们还必须指出的是，阶级的本质是剥削，没有一个集团剥削另一个集团的劳动，就没有阶级的划分，所以这也可以作为说阶级是一个经济范畴的佐证。

二、社会阶层

阶级和阶层（stratum）是两种性质不同的概念。阶级是在一定生产关系中处于相同地位的人们组成的。而划分阶层的依据，除了人们的经济关系之外，还有社会地位的高低、政治权力以及其他因素。因此，由于划分阶级的标准是经济关系，划分阶层的标准不完全是经济关系；同时，也由于阶级一般说来是在一定的历史范围中才有效的，而阶层的范围要更广泛一些，如基辛就认为，在原始社会中就已经逐渐产生和形成社会分层，以后才慢慢地转化为阶级①。所以，社会阶层在人类社会中是一种更为普遍的现象，是绝大多数分层社会的基本条件之一。

（一）划分阶层的标准不是单一的

划分阶层的标准不完全是经济的，但在阶级社会中，阶层的划分也与经济有密切的关系。如在一个阶级中，往往可以分成不同的阶层，如地主阶级可以分为大地主和中、小地主几个阶层；资产阶级也可以分为官僚资产阶级和民族资产阶级等。

不过，在有的社会中，阶层不是以经济标准来区分的，而是以其他某种单一的标准来区分的。如有的社会中的年龄集团是以年龄的标准来区分，随年龄的变化而变化。如肯尼亚的蒂里基人每15年为一个年龄等或级序，并有着不同的社会责任与义务和权力，如战士、年长战士、明断长者和仪式长者等。

在有的社会中，则综合几种标准来划分阶层，如在现代中国，在

①基辛著，甘华鸣等译：《文化、社会、个人》，辽宁人民出版社1988年版，第336页。

人民内部也分成不同的阶层，这是人们的经济水平、文化素养以及所从事职业等的不同造成的，如可分成工人、农民、知识分子等，新近还出现了争议颇多的中产阶级。对我国知识分子这样一个阶层来说，是根据多种标准来衡量的，他们由有相同的劳动性质、有相同的收入来源、有相同的心理状态和生活方式的一群人组成的，其特征是：①具有一定的文化知识，一般至少是中专以上学历；②脑力劳动者；③依靠脑力劳动的收入——工资为生活的主要来源。因而凡具备这些条件的人都属于知识分子的范畴，具体来讲，包括教师、医生、科学研究人员、工程技术人员、企事业高级管理人员、律师、会计师、建筑师、作家、诗人和艺术家等。所以，阶层划分的面较广，归纳起来主要有两种类型：

1. 阶级内部的阶层。如上述所说的官僚资产阶级和民族资产阶级等，其主要是根据他们占有生产资料与财产的多寡来区分的。

2. 社会基本阶级之外的阶层。这主要是指那些不和占统治地位的生产方式相联系，或不直接和任何一种生产方式相联系的人，如封建社会中的手工业者、商人等。

（二）阶层的稳定与变动

阶层具有相对稳定性，但个人通过身份和地位的改变，可以在阶层中流动。

阶层的划分虽不完全和经济地位联系在一起，但或多或少受一个社会的经济基础的影响。阶层的变化大致也根据社会经济基础的变化而变化。如旧中国存在的地主阶级、官僚资本家等在社会主义社会中就不存在了。但在某一种社会中，其社会阶层是相对稳定的，如社会主义社会中的工人、农民、知识分子等不同阶层是相对稳定的。又如，年龄级序（成员资格以年龄为基础的有组织的人群）中的级序也是相对稳定的。每个等级或阶层有其相应的功能，如肯尼亚的蒂里基人的战士级（斗士级）负有保卫的责任；年长战士级负担行政管理责任，如处理村落中的行政事务，如丧事后解决财产分配问题，充当使节、信使与外界联系等；明断长者负责仲裁和解决当地争端的工作；仪式长者则主持宗教仪式、巫术活动等。

然而，在分层社会中，一个人的个人身份是可以改变的，即通过自己的后天努力，改变自己的某些条件与地位后，就可能进入某种社会阶层或该社会中高一层的社会阶层。例如，在中国社会中，大学生和那些未能考上大学的同龄人相比，就处于不同的社会阶层。尽管他们可能在同一年进入幼儿园、小学、中学，但由于个人后天努力的不同，有的进入大学，有的没有，这以后就开始分道扬镳而进入不同的社会阶层，这种因后天努力而造成的社会流动普遍存在于各种分层社会中。当然，在我们的社会中，对个人而言，随着这种社会阶层不同的流动与变化，也会产生不同的心态，例如，你同你过去的，当上工人、农民、商人、民营企业家的同班同学有些差异而有所区分，虽然在经济方面你可能不如他们，但你还是会有一种"优越感"，尽管这种优越感比起鲁迅先生所说的"阿Q精神"也好不了多少。这是中国传统的"士、农、工、商"阶层观的残余，是不值得提倡的，因为在人民内部，各阶层的人从本质上讲是平等的，而且这种现实与心态上的差距随着高等教育的普及与改善将会得到改善。试想象一下，如一个社会普及了高等教育，工人、农民都必须由大学毕业生充当，那么文化教育水平就不再成为区别知识分子与工人、农民、商人的标准了，这时的区别只有工作不同的差别而已。但不管怎么说，作为当代大学生，你们已通过自我的努力跨进了一个与你过去不同的社会阶层，当然，以后你还可能有所变化，如毕业后不是从事教学、科研工作就是去经商或从政，逐渐地走向其他的社会阶层中。

总之，阶层在一个社会中有相对的稳定性，虽然它本身是可以变的，但这种变化并不容易，因为要受到许多因素的制约。不过阶层的相对稳定也给个人创造了一种条件，即一个人通过自身的努力改变自身的条件、地位后，可以在不同的阶层中流动。同时，开放的社会流动较快，而在封闭的社会中，这种流动较困难，有时甚至是不可逾越的，如印度的种姓制度。

三、印度的种姓制度

印度的种姓(Castes in India)是封闭的、内婚的、排外的、职业世袭的和分层的族群。它们与其他社会的等级制度没有什么本质的区别。不过,印度种姓制度的某些特征却非常独特。

印度教是印度大多数人民信奉的宗教,印度种姓等级制度是印度教不可分割的一部分,印度种姓的特点是和印度教密切相关的。印度人的宗教信仰认为,神给人们建立了等级,因此一切人在精神上是不平等的。印度种姓等级制度主要有四个等级,印度人称此为“瓦尔纳”(Varnas),即所谓的等级集团。据印度最早的口传[《梨俱吠陀》(Rigveda)],这四个瓦尔纳相当于原人神(Purusa)身体的四个部分。人类据说是从原人神的肢体上长出来的,从他的头上(嘴)生长出婆罗门(Brahmans),他们为僧侣贵族等级,掌握神权,主持祭祀,是人民的精神统治者;从肩上生长出刹帝利(Kshatriyas),他们为武士贵族等级,掌握政治、军事实权,是古印度国家的世俗统治者;从大腿上生长出吠舍(Vaishyas),他们为农牧民及工商业者等级,是被剥削的小生产者;从脚上生长出首陀罗(Shudras),他们为从事奴仆、杂工等低下工作的等级。后来还出现大批“不可接触者”,他们是社会地位最低、受压迫、剥削最深的“贱民”,其人身和用过之物都被视做“龌龊”的,不得与其他种姓的人接触,也不许他们进入寺庙、学校等公共场所,甚至有的还不可看见。根据印度教的经文,个人的瓦尔纳是由继嗣法则决定的,也就是说,根据个人双亲的“瓦尔纳”决定其子女的等级,在个人的一生中,瓦尔纳是不可以改变的。印度教的意识形态认为,每个瓦尔纳都有自己一套行为准则,即“责任之途”(Dharma,达摩,即“法”),当血肉身体死去时,灵魂转化为较高一级或降为较低一级(Karma,羯磨,即“业报”)都是由命运安排的。凡是遵循“责任之途”生活、行事的人,来生就可以升到原人神身体的较高一级的部位上,晋升为高一级的瓦尔纳;而违反“责任之途”的人,就会在来生变为贱民甚至变为牲畜。

“责任之途”最重要的方面是关于婚姻、饮食和身体接触方面的禁忌。种姓之间不能通婚,不能交往,甚至不能同坐同餐,与比你瓦尔纳低等的人通婚被认为是严重的污渎和污染;接受比自己低等的人送来的食物也是污渎和污染;婆罗门和首陀罗两等级的人相互不可以身体接触。这导致印度有的地方不仅有“不可接触者”,还有

“不可见到者”——这种人只能在夜里出来活动,从事高种姓的人不能看见的工作。因此在印度,各种等级集团在社会中各居于特定的地位,形成严格的种姓制度。1950年,印度国会通过了废除种姓制度的法律,但事实上,种姓制度至今仍有影响。

信仰印度教的印度人普遍实行种姓制度,各地的情况都差不多,但在思想深处和种姓关系的细微之处有所差别,因此地区之间的差别还是存在的。这使印度的社会结构或社会关系复杂化,而造成这种复杂化的主要原因并非瓦尔纳的区别,而是因为瓦尔纳的内部又可以分为许多次阶层——“加提”(Jatis,即次种姓)的缘故。这种“加提”有数千种之多,其与种姓一样,都构成了一个个在现实中真正起作用的内婚法人单位。不仅如此,同一名称的“加提”(如洗衣工、鞋匠、牧人等)又分为地区性的内婚群体,而且都比较封闭。因此从某种意义上讲,它们也是一种非自愿的团体。

对印度这种世袭的种姓制度有两种不同的看法。

一种看法在西方人中比较流行,而且在很大程度上也符合印度最上层的婆罗门种姓的主位观点。这种观点认为,每个种姓和次种姓都有世袭的职业,它使种姓成员的基本职业和生活得到保障。低种姓为高种姓提供后者必不可少的服务,因此高种姓的人知道他们的生活离不开低种姓,也就不会虐待低种姓的人了。当低种姓的人生活发生危机的时候,高种姓的人也可能以食物或贷款接济与救援他们。而且印度教还对为什么有些阶层社会地位低,有些阶层社会地位高的现象作了充分的主位解释。这种解释深入各阶层人的人心,因此,低种姓的人当自己被视为污染和污渎的来源时也就不生气了,也就不会想要改变自己在当地等级制度中的种姓地位了。

另一种观点——下层种姓的观点——使印度种姓制度与西方人熟悉的种族、民族、文化或族群的少数群体难以区别开。持上层种姓观点的当地人认为,美国白人曾强调说圣经替奴隶制度辩护,说黑人受到的待遇不错,他们满足于自己的生活,不想改变自己的地位。琼·门切尔(Joan Mencher)深入印度南部的“不可接触者”中间生活与研究后认为,印度和美国的上层种姓观点都是错误的。根据门切尔的报道,在印度,最低等的种姓对他们自己的生活状况并不感到满意，也不认为上等种姓的人对他们的歧视心态以及他们为此遭受的待遇是公平合理的。至于说铁匠、洗衣工匠、理发师、陶工等有一技之长的种姓的生活有保障，这种说法也没有能确切证实。这些人加起来占印度教人口的10% ~15%，然而在这些种姓的内部，种姓世袭的职业也无法为该种姓的大部分人提供基本的生存与生活条件。例如，查马尔人是以制皮工著称的，但实际上，该种姓中只有少数人在从事皮革业加工的工作，而大部分查马尔人则居住在农村中，他们几乎都是以为农业提供廉价劳动力维生，他们的生活水平非常低下，甚至难以养活家人。换言之，门切尔关于低种姓生活的研究表明，查马尔人世袭的职业无法满足这一种姓的所有人，这些没有从事其世袭职业的低种姓的人由于没有土地，只好依靠其他种姓生活，为他们出卖劳动力。那么，拥有土地的高种姓者是不是在低种姓的人特别需要的时刻或在发生危机时向低种姓的、依靠他们的土地维持生存的人提供免费的食物或帮助呢？门切尔说："向我提供资料的人，无论是老人或是青年人，都认为这种说法听起来好像是个神话故事。"①换句话说，这种慈善的好事情从来没有真正发生过。

人类学家对印度农村实际存在的种姓关系的研究与描述，与印度教神学假定的理想状况——各种姓各安天命的情况完全相反。因为人类学家发现，各地的"加提"经常在当地设法提高自己的仪式地位，以便改变其种姓身份或在种姓间流动。换言之，种姓间的流动并非像印度教神学理论设定的那样，完全不可流动与改变。一些地方的"加提"总是在设法改变他们在当地的仪式地位，以便符合他们实际的经济力量和政治势力。这也是因为各个地方的居民对当地仪式等级制从来没有一种统一的看法，因而在有某种经济与政治实力后，他们就努力去调整他们的仪式地位，从而使他们的地位或等级有所改变。但是不可否认，也有一些没有经济与政治实力的、地位低下的次种姓安于天命，消极地对待自己的命运，把它看成是

①Mencher Joan: *The Caste System Upside Down.* Current Anthropology, 15: 469 ~ 478, 1974.

"羯磨"的安排。因此,人类学家认为,假如在经济和政治上上进,获取一定的实力,某些低种姓的人的地位上升并非不可能。如果这些消极的群体也能积极地在经济与政治上向上流动,也就是获取一定的实力,他们的消极态度也可能会消失,也可能为改变他们的地位而积极行动。

四、纳切斯印第安人的社会等级

纳切斯(Natchez)印第安人居住在美国密西西比河下游河谷地带。他们有 3 500 人,分别住在 9 个村庄中,其中心村落称巨村(Great Village),为天王(Divine King)或"巨日"(The Great Sun)的首府。天王任命一个战争首领、两个和平首领、一个庙宇祭司、一个玉米首领、一个公共劳务行政官、四个节庆行政官等来处理该族群中的日常事务。巨村不仅是纳切斯人的行政中心,也是神灵统治的中心,在那里建有一座大家共有的太阳神神殿。

纳切斯人的社会是一个母系社会,也是一个分层的阶级社会。他们的社会分为贵族(Nobles)和鄙民(Stinkards)两大阶级。鄙民是一般人或者自由民,而贵族则包括王族或日族(Suns)和贵人(Nobles)两类。此外,在鄙民和贵族之间还有一种过渡型的等级或阶级,他们就是所谓的荣誉民(Honored People),荣誉民全由男子构成,他们是鄙民通过军功晋升上来的。而且如再有军功,还可能晋升为贵人。该社会的社会结构和男性等级向上流动的情况参见图 7-1。

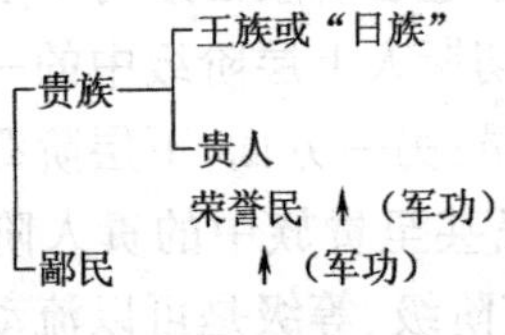

图 7-1　纳切斯人的社会结构与男性等级向上流动图

在纳切斯人当中,社会阶级是流动的。"巨日"是等级最高的"日族"妇女即"白妇"(White Women)的长子,他们有特权。但贵族的男女都必须与一位鄙民结婚。日族妇女的鄙民丈夫,由于是低等级的,所以不能同她一起用餐,而是像仆人那样站着。日族的妇女还可以同其他人谈情说爱,而她们的丈夫则不可以。而且日族的妇女去世后,她的丈夫要殉葬。根据母系继嗣原则,鄙民丈夫和日族妇女所生的子女即成为日族的成员,属于贵族阶级。

日族男子必须与鄙民妇女结婚,他们所生的儿子需降一等级,成为贵人,所生的女儿则随母系继嗣原则留在母亲那里而成为鄙民。贵人男子娶进鄙民女子,所生的儿子降一等而成为荣誉民,所生的女儿亦随母系而成为鄙民。贵人女子娶进鄙民男子,所生子女均属贵人。荣誉民与鄙民女子通婚,子女都因母系继承的关系属鄙民,图 7 – 2 为纳切斯人阶级向下流动的情况。

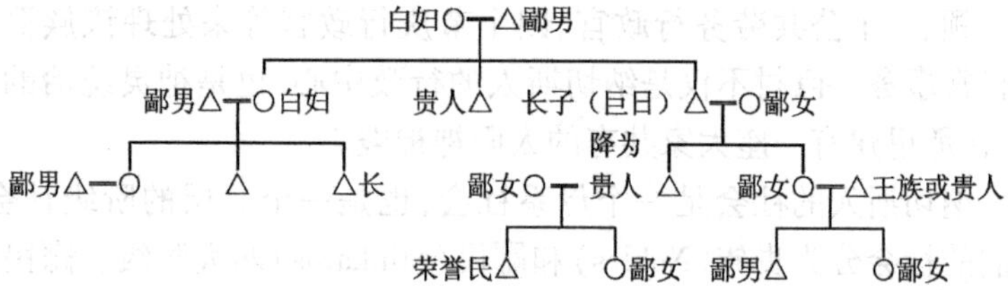

图 7 – 2　纳切斯等级向下流动图

综上所述,我们可以看到,纳切斯人的社会有其自身的独特性。该社会存在贵族与鄙民两大阶级和王族、贵人以及一个纯由男人组成的荣誉民阶层,但这些阶级与阶层的区隔并不是僵化的,而是可以流动的。一方面,由于上层阶级必须与下层阶级通婚的规定和母系继嗣法则的遵行,纳切斯人上层阶级中的一些人会不断地向下流动,成为下层阶级的成员;另一方面,下层阶级的男子也可以通过军功的方式上升为荣誉民甚至贵族中的贵人阶层,所以,该社会虽有阶级、等级的分层,但其阶级、等级是可以流动的,通过这种流动,使该社会的社会结构处于一种自我平衡的状态,并显露出其独特的个性。

第八章

政治制度与社会控制

前面我们谈了一些人类社会组织或族群的情况，这些不同的社会组织或族群都可以用某些特征加以区别，换言之，它们都是以不同的方式或联系结合起来的。这是因为人类要有秩序地生活，就需要协作，需要解决内外矛盾与冲突，这就涉及政治与社会控制问题。

第一节　政治制度

一、政治的定义及其本质

政治是什么？如果我们要给它下一个确切的定义可能会有很大的焦虑和挫折感，因为对政治，不同的人和不同的学科所下的定义是不同的。例如，王康主编的《社会学词典》说：政治是指政党、政府、民族和社会集团等现象及其关系；这些现象与国家之间的联系；参与国事、指导国家、确定国家活动的任务、内容和方式等大事。政治的科学含义和本质属性在于：①政治是个历史范畴，它是随着人类社会出现阶级、阶级矛盾、阶级斗争，并形成阶级压迫的工具——国家时而产生的；又是随着人类社会发展到一定的历史阶段，即阶级、阶级矛盾和阶级斗争以及国家消亡时而消亡。②政治的本质是阶级现象及阶级之间的关系。③政治的核心是国家政权，阶级、政党、政府、民族和社会集团等现象都与国家相关联；它们之间的关系都通过国家政权协调解决。④政治是阶级、政党、政府、民族和社会集团等代表人物参与国事，指导国事，确定国家活动的任务、内容、方式,提出国家的路线、政策、方针,采取的措施和手段。政治是一种社会上层建筑,它由经济基础所决定,并转过来为经济基础服务;政治是经济的集中表现,是实现经济目的的手段①。丘晓等主编的《政治学辞典》说:"政治是一个阶级概念,也是一种社会现象。"②这里说的意思是:政治是国家出现以后的一种社会现象。

那么,问题就出现了,那些没有国家的民族或族群就不存在政治了吗?看来这不是事实。因此就有另一种比较广义的说法,如中国古代哲人孔子说:"政者,正也。"③还说:"不在其位,不谋其政。"④这里讲的是如何用一种伦理道德的东西去使人民一致、安居乐业,意指统治管理国家,治国平天下的事务,也意味着"当官不为民做主不如回家卖红薯"的意思。孙中山先生也说:"政就是众人之事,治就是管理,管理众人之事就是政治。"此外,还有一些人类学家认为,凡举一件事物的决定过程,一群人的人际互动的动态过程,一种法律或规范或政策的制定过程,一种经济资源的分配与再分配过程,都可以说是政治。因此,政治是一群人对生活的共同事务的一个决定过程⑤。因为,我们都生活在政治氛围中,所以也可以讲,人类所有的行为都是政治行为。由以上情况我们大致可以看到,对政治来说有两种定义:其一为广义的,简言之,即政治是管理众人之事,当然,它是一群人对他们生活中共同事务的一个决定过程,其目的是建构一个秩序,使社会赖以维持秩序,减少冲突。其二是狭义的,这主要是指国家制度产生后的管理众人之事。前者为人类学家所喜欢使用的,后者则为政治学家和社会学家所喜欢使用的。

此外,在这里还有几个概念需要阐释一下。第一个是政治制度。由上述政治是管理众人之事的定义出发,政治制度就是管理众人之事的具体做法和规定。这是因为,这种经常性的做法成了一种

---

①王康主编:《社会学词典》,山东人民出版社 1988 年版,第 339 ~ 340 页。

②丘晓等主编:《政治学辞典》,四川人民出版社 1986 年版,第 419 页。

③《论语·颜渊》。

④《论语·泰伯》。

⑤庄英章、许木柱、潘英海等编著:《文化人类学》(下),(台湾)空中大学 1991 年版,第 4 页。

固定的程式，所以称为制度。第二个概念为政治组织。其有两种解释：一是广义的解释，它是指一个社会中的政治结构形式，换言之，即一个社会中的政治构成形式，也即一个社会中管理众人之事的构成形式。因为即便在原始社会或简单社会中，也有处理一些诸如领土权的维护、内部秩序的维持、分派权力以从事有关群体行为的决策等的行动①。另一个则是狭义的解释，它主要是指以政治目的为宗旨而构成的自愿利益团体，如政党、政体之类等。第三个概念是政治过程（political processes），主要是指人们领导、组织、夺权和用权等的过程，也是指有关公众目标的决定和履行以及权力的差异性分配和使用的过程②。而研究政治过程主要是研究各种政治事件和活动以及研究各个群体在互相角逐中如何夺取控制权……研究政治过程，就是突出研究权力如何易主换位，新政治机构如何推陈出新等③。

从上述定义来看，在这种过程中，每一个人都是决定过程的行动者，当然，并非每个人都具有相同的决定权力。但由于每个人都是其所属的群体中建构出来的人际网络中的一点，而在不同的社会中，这种网络是有区别的，因而每个人都不可能有相同的决定权力，即便在平等的社会中，也会因某种等级的不同，或上下、从属之分而有不同。但不管怎么说，在任何一种社会中，都可能在这种政治过程中讨论“权力”问题。当然，这里所说的权力是一种特殊的社会关系，它是在某种人际关系网络中扩张自己、限制别人的力量，尽管所利用的手段有不同，权力的程度也有不同。所以，马克斯·韦伯讲：“权力是行动者在特定社会关系中为所欲为的力量。”因此讲到政治，就会碰上这一权力问题。因为，政治关系就是一种权力结构，不论个人或是群体，都是借由政治关系行使权力以维持某一个领域范围内的社会秩序。所以，我们可以说权力是政治的本质之一，也是

①基辛著，甘华鸣等译：《文化、社会、个人》，辽宁人民出版社 1988 年版，第 344 页。
②基辛著，甘华鸣等译：《文化、社会、个人》，辽宁人民出版社 1988 年版，第 360 页。
③南达著，刘燕鸣、韩养民编译：《文化人类学》，陕西人民教育出版社 1987 年版，第 257 页。

政治的特征之一。

权力常常要通过各种渠道(或先赋或后天获致)以及以各种形式来劝说或影响别人的决定,因此权力的性质往往又是强制的,这里的强制应带有引号,这只是说,这种强制有不同形式,它可以是以社会的伦理与道德规范来达成;也可以是以法律或契约性的条文来达成;也可以是以代表武力的各种形式,如军队、警察等获取与达成;此外,也可以通过教育制度和大众传播媒介的形式来达成。因此,在不同的社会或者一个社会的不同发展阶段,强制都有着不同的形式与表现,而这些是政治的第二个特征。

要使权力的强制性存在,每个政治体制都需要建立在大多数人民认同的基础上,这就是所谓的政权的合法性,这也是政治的第三个特征。所谓的合法性,就是一个政权的合法统治。前面已经提及,在一个政治过程中,也就是一群人对生活中共同事务的一个决定过程,权力的行使是必要的。但权力有明确的范围——它需要大众的"同意",同时也需要考虑大众互惠的"利益"。当然,不同的社会,其"同意"的范围是不一的,不过,每个政治实体都是可以脱离合法性而存在的,每个政治实体都有自己一套合法性,而且有着该社会的观念支持,只不过这些合法性在不同的社会中不同而已。例如,韦伯曾区别出三种不同的政治统治形式:①法理型统治(bureaucracy);②传统型统治(tradition);③神异型统治(charisma),它们同时代表着三种不同的观念体系。

法理型统治的特点在于理性统治,官僚体系与制度是其典型的代表,欧美的政体可以说是其个案。然而,各国的政体也不尽然完全相同,如英国是两院制和王国制的民主政治,而美国则是三权分立制的民主政治。

传统型统治的特色建立在对传统的神圣性和权力的合法性的信仰上,在这种类型下,是以人际关系支持政治权威的,老人政治、父权政治、世袭制度、苏丹制度、中国传统社会的封建制以及日本天皇制等都是这一类型中的不同种类。

神异型统治则多半依赖于对某一领袖的盲目崇拜,其本质是情绪的或情感性的,如许多简单社会的大人物(big man)、前伊朗的霍梅尼统治、前伊拉克的萨达姆统治等，都是这种类型的不同种类。

总之，权力、强制性与合法性是政治的三大特征，也是探索政治不可或缺的分析概念，而且它们是互相牵扯与联系在一起的。

二、人类学与政治学的关系及政治人类学的研究对象与范围

古希腊学者亚里士多德说过，人是政治性的动物。实际上，我们都是生活在政治文化之中的，从某种意义上讲，人类的所有行为都可以说是政治行为。因此，人类学家很早就对政治行为发生兴趣，有的人认为，19 世纪古典进化论的学者，如梅因（Sir Henry J. S. Maine，1822—1888）、泰勒（Sir Edward Burnett Tylor，1832—1917）、摩尔根（Lewis Henry Morgan，1818—1881）等就开始对人类各社会的政治制度做了系统的研究①。但也有人说，作为政治人类学的出笼，严格说应从 1940 年埃文思 - 普里查德（Sir Edward Evans-Prichard，1902—1973）和福蒂斯（Meyer Fortes，1906—1983）合编的《非洲政治制度》（*African Political System*）开始。但不管怎么说，政治制度也是人类学所关注的一个方面。换言之，人类学家和政治学家都关心政治制度及其问题。那么，他们有没有区别呢？伊斯顿（Easton）认为：人类学家与政治学家所关心的问题是有区别的。政治学家偏重于研究他们所认定的某些政治制度或体系，而人类学家则企图透过各种不同的政治制度的比较，以区别政治集团与政体之间的差别，并关心所有那些达成各种“政治”目标的因素②。换句话说，政治学家倾向于把人类的政治行为和政治体制视为独立的、分离的实体来研究，例如，有人认为政治科学（science politique）研究政治关系、政治制度和政治活动，这可以分为狭义与广义两类。狭义的政治科学研究国家、政府及行使政府职能所建立起来的各种正式的机构；广义的政治科学则对与社会政治有关的各方面问题进行研究。具体来

---

①Ted C. Lewellen：*Political Anthropology*.（1983）Greenwood Publishing Group，Inc.，1992.

②D. Easton：Political Anthropology，in *Biennial Review of Anthropology*，B. Siegel ed.，Stanford University Press，1959.

讲,有人认为政治科学的研究对象有:政治哲学,研究政治活动和政治设置的本质及其评价标准;司法和法律程序、施政过程、行政组织和行为、立法政治学、政党和利益集团、选举与公共舆论、政治社会化与政治文化、比较政治学、政治发展、国际政治学和国际政治组织、政治理论和方法论等。而人类学家不论是研究某一政治体制或同时比较研究某些政治体制,都倾向于把人类的政治行为或政治制度放在一个社会的整体关系中来看,其范围更加广泛些,研究手段也有所不同。

那么,人类学家对政治的研究包括哪些方面呢?人类学家可能更关心:政治是什么?政治有哪些表现形式与类型?政府又是什么?国家是如何起源的?政治的意识形态与国家认同有什么关系?国家的角色与功能是什么?社会控制有些什么形式?这些形式各有什么功能?社会是如何决策的?权力是如何形成的?一个社会是如何行使权力的?它们如何被建构的?其强制性形式有哪些?其强制性的渠道有哪些?其合法性主张如何?有关合法性的观念支持体系是建立在什么样的利益基础上的?有多少人、哪些人认同它?等等,特别是政治人类学家所关心的。当然,如果仔细去分类与区别,问题还不止这些。我们在实地调查研究中也会经常碰到政治问题,需要我们在实地调查中收集资料进行研究。此外,对我国的政治体制改革,人类学家也应该参与研究,并应用于改革中。

三、政治制度的类型

前面提到,广义的政治是管理众人之事,其目的是使一个社会维持其社会秩序并减少社会冲突。出于这种广义的定义,人类学家把人类社会的政治制度分为两大类四种类型,即分散的政治制度(uncentralized political system)与集权的政治制度(centralized political system)两大类,前者包括队群(bands)和部落(tribes),后者包括酋邦(chiefdoms)和国家(the State)。

(一)分散的政治制度

分散的政治制度也称非中央集权的政治体系(uncentralized political system)或均权的政治体系。其经济属于生存型,多依赖采集、狩猎或游牧、粗耕农业的生产模式，人口较少，以亲属和世系群等为主要的社会组织或整合手段，大众的利益与资源分配的决策过程多透过家庭单位或宗族组织或社团性的社会组织来处理，权力不一定属于特定的个人或团体，当遇到危机或战争，则通过血亲或婚姻关系组成临时性的政治团体来处理，等危机过后，该政治团体也就解散了。这类社会不见得有成文的法律来约束社会秩序和成员。冲突来了就召集众人共议解决的办法，有能力或有经验的长者权充领导人。但其领袖位置不能传承，也不见得能维持很久，首领没有绝对的权力。人类学家大致将这类社会的政治制度分为队群与部落两种类型。

1. 队群。队群又称群队或团队型社会，它是一种小型的自主群体，一般有 20～50 人左右，通常很少超过 150 人，而且人口密度也很低。根据斯图尔德（又译史徒华，Julian Steward，1902—1972）测算，队群社会的人口密度，最密集的是 5 平方英里 1 人，而最稀少的是 50 平方英里 1 人①。澳大利亚土著、孟加拉湾的安达曼岛人（Andamanis）、非洲中部原始森林中的匹格米人（Pygmies）、卡拉哈里沙漠中的布须曼人（Bushman）、北极地带的因纽特（Inuit）（爱斯基摩）人、美国的肖肖尼人（Shoshonean）都是以队群的组织形式来活动与整合的。他们都生存在生态环境相对比较恶劣的地方，受生态环境因素的影响较大，通常队群的人们随着季节定期迁徙，采取狩猎、采集的取食方式。劳动以自然的性别和年龄分工为主，产品分配是平均分配，经济交换模式以互惠性交换为主，但与他族则有一些沉默交换的负性互惠交换行为。几乎没有个人财产观念，除了几件随身的武器、工具和衣物外，几乎没有私人所有物。队群社会中几乎没有等级、劳动的专门化，也没有什么正规的政治组织。队群往往是一个亲属群，由有亲属关系的男人或妇女和他们或她们的配偶及已婚和未婚子女组成。队群内的成员禁止通婚，实行队群外婚，以便通过婚姻关系与其他队群建立起某种联系，扩充人力资源，以应付

①史徒华著，张恭启译：《文化变迁的理论》（1955），（台）允晨文化实业股份有限公司 1984 年版，第 121 页。

可能遇到的各种危机。队群以有亲属关系的核心家庭或扩大家庭组成,共同占据一块领地,当食物资源丰富或集中时,人群就相对集中些;在食物稀少或食物分散的季节中就分散活动。在队群社会中,理论上讲,头人是领土的所有者,但他只是象征性地拥有这块土地,实际上,整个世系群组织或队群才是一个拥有地域权的法人。因此,所谓的头人没有权力完全由自己处理这片土地,他的主要责任只是协调大家的活动,如迁徙等。在亲属关系上,队群社会以双系与两可系为特色,不偏父系,也不偏母系。这主要与自然资源的分配有关,当父系群占据的地方资源丰富,就到该地生活,反之亦然,也因此,婚姻也同时具有经济整合的作用。队群社会的人们信仰的宗教多为萨满教(Shamanism),而且萨满(Shaman)多不是专职的。

队群内部的政治关系的特色是:缺乏形式化的层序结构,没有等级差别,大家的地位相当平等。指挥狩猎、作战等集体行动或维持内部和谐的权威人士往往是那些具备这方面能力和经验的人。换言之,领导权不是来自权力,而是来自影响力;不是来自职位,而是来自能力。队群中的关系主要是个人性的,而且主要是非正式的关系。因此在队群中,一般比较民主、均权,社会没有成文法,通常以群议群决的方式来处理众人的政治事务。首领人物有个人权威、权力,主要的依据是他的个人品质、能力和经验,通常都是由一些在狩猎中勇敢、成功的人,或具有安抚超自然力量能力的老年男人担任首领。但这种首领只是平等的个人中间的领头人,是自然而然地因其功绩或经验而形成的,因而其首领地位不能传承。

在队群社会中,社会控制由队群内成员的舆论,如闲话或共同的社会习俗与价值观来完成,形式多为群议群决,以此来调解冲突,以合作互利的精神把人与人之间的矛盾与冲突减少到最低限度,实现一种杜尔干(Emile Durkheim,1858—1917)所说的机械团结(Mechanical Solidarity),即建立在风俗、传统和共同的准则、规范与象征基础上的联合,而不是建立在专门化角色之间的互相依赖上。

当然,队群也非完全一致,它们可以依其特色而分为父居制

(patrilocal)、合成型(composite)与分立型的(anomalous)三种形式。

(1)父居制队群(the patrilneal band)的政治体系是最常见的一种类型。在这种社会中,以族外婚和从父居的规则为主,妇女同丈夫的团体(如氏族、世系群等)住在一起。由于每个队群都会因老年化而失去人口,也会因婚姻而带来人口,并通过婚姻的形式与他族形成互助的网络,从而具有相当的稳定性和灵活性。

例如,在非洲西南部卡拉哈里(Kalahari)沙漠的尼艾—尼艾地区(Nyae-Nyae)生活的昆布须曼人(Kung Bushman)就是一个例子。尼艾—尼艾地区有1万平方英里(大约1.5万平方公里),这一地区没有江河、溪流和其他地表水,只有一些散布在各处的水洞。雨季时,一些低洼地会积水成为水塘,而旱季中只有水洞有水。这个地区居住着三十六七个队群的昆布须曼人,大约有1 000多人。他们的工具简单,有掘棒和末端带毒的长矛与弓箭。为了寻找食物和水,他们带着一些可怜的财物四处迁徙。在昆布须曼人中,妇女提供80%左右的食物,她们采集芒刚果、水果、块茎和其他田野食物。其余部分由狩猎供给,这主要是男人的事,他们狩猎大羚羊为主,有时也打野牛、长颈鹿和鸵鸟等。一个队群一年可捕到15~18头较大型的动物。

在昆布须曼人中,没有独立的政治领域和系统,但有许多与政治有关的问题需要处理,如地域的保护、水洞的防护与分配、与队群迁徙和集体狩猎有关的公共事务等。每个队群都有一块地域,这块地域拥有永久性的水资源——水洞,而且与日常消费所需要的植物性食物相距不远。在这块地域中,有芒刚果林、草莓丛和适合块茎植物生长的地方等,这些植物类食物足以使一个队群的人果腹。这些都被视为是队群所“拥有”的,虽然名义上它归某个头人,但他只是象征性地占有,所以这个地域事关他们的生存,必须小心加以保护。侵入他人地域的事情偶有发生,特别是出远门狩猎时,在这种情况下,双方可能发生暴力行为,但从没有听说发生过真正的战争。

在昆布须曼人当中,首领的职位是世袭的,这种世袭的权威只限于控制“田野食物”和水。首领筹划对这些资源的利用,负责处理队群在自我的地域内从一个区域迁徙到另一个区域,而这些往往也成为一种风俗或惯习而固定下来，只有一些重大的决策才需要通过团体的共识做出。因此，首领的地位在一定程度上是象征性的，比如，客人须得到首领的同意才能分享他们的食物和水，但根据习俗，客人所有的合理要求都应当得到满足。因为在昆布须曼人的观念中，任何人都不得凌驾于他人之上，而且首领只有责任，没有报酬，所以极少人会去谋取首领的职位。此外，这种所谓的"世袭首领"也未必是队群实际的首领。如果他资历太浅或缺乏领导能力，这个角色就会落到更具有领导才能的人手中，而且这种实际的领导人其地位也不固定，他可能是优秀的狩猎领导者，但在其他公共决策方面，如营地何时迁徙、迁往何处，他就可能没有多大的权威了。

（2）合成型队群也称混合型队群（the composite hunting band）。斯图尔德认为，这是指"彼此间没有亲属关系的核心家庭所构成的原始（简单）社会。这些家庭由于经常的接触与合作，而非由于亲属关系为基础而整合为狩猎、打鱼、采集与农耕的村落或队群"①。这主要是土著在和西方文明接触后，由于战争与疾病不断，使其人口急剧下降，从而打破了前述那种父居制队群的相对稳定性造成的。因为在这种情况下，有的队群为了保持其一定的人口，以维持其生计与自卫能力，就改变原有的外婚制和从父居的规则，而和其他残存的队群杂居，并采取族内婚，或准许丈夫住到妻子的队群中，从而形成既有从父居又有从母居的合成型队群。根据斯图尔德的资料，加拿大的阿尔共金人（the Algonkian）、阿沙巴斯坎人（the Athabaskan）、安达曼岛人（the Andaman Islanders）等都是这类队群，尽管他们各自的情况也不完全相同。

加拿大北部的阿尔共金人以狩猎、采集为生，他们生存的自然环境很差，在大湖区以北，人口密度为每 5.3 平方英里 1 人，而在北极以南地区，则每 34.6 平方英里以上才有 1 人。他们的政治单位或社会组织是队群。一般一个队群有几百个人，每个队群有一个父系领袖，通常会举行季节性的庆典。在语言上，每个队群有其略或独

①史徒华著，张恭启译：《文化变迁的理论》（1955），（台湾）允晨文化实业股份有限公司 1984 年版，第 169 页。

特的方言,其拥有大片的土地可供狩猎,但是用陷阱狩猎皮毛动物的猎场则归家庭拥有。一个家庭的成员彼此有血缘或婚姻关系,在一个固定的地域中共同狩猎,家庭的猎场依父系原则继承。

猎场的家庭所有制与毛皮交易造成的特化经济之间有着密切的关系。产毛皮的动物以水獭为主,它们可以在相当小的地区内经过细心规划而繁衍不绝,也使各家庭依赖一小块猎场就足以谋生。阿尔共金人狩猎获得的毛皮主要是跟白人交换其他物品,如钢斧、烹饪器、陷机、猎枪和其他五金产品、粮食等,并以此维生。同时,透过这种交易的形成,阿尔共金人每个家庭通过交易商、传教士与政府官员甚至加拿大社会的联系远比透过队群活动与同族的其他家庭的联系更为密切。不过,这种现象是在与白人的接触后形成的,珍妮斯(Diamond Jenness)认为,土地所有权原来是归队群所有的,家庭所有是与白人接触以后才逐步形成的。类似的情况在对开利尔印第安人(the Carrier Indians)进行研究时也有发现。在与白人接触后,在白人的刺激下兴起了开利尔人与白人间的毛皮交易,这以后,开利尔人把猎场由原先的半偶族所有转变为单个家庭所有。所以在加拿大阿尔共金人中,虽然大部分历史记载都说谋生和拥有土地的单位是核心家庭,但实际上,在白人为该族做历史记载以前,也就是与白人接触之前,他们的主要生计是在当地狩猎大型的群居动物,其狩猎活动超越了单个家庭所拥有的猎场范围,所以在此之前,包含有许多家庭的队群不仅仅只是一个政治单位,而且也是一个拥有土地的生计单位与社会单位。换言之,在皮毛交易之后,原先整个队群一起狩猎大型群居动物的行为就转换成以小家庭为单位在一小区域中狩猎皮毛动物的行为,其土地所有情况也相应地发生了变化,成了队群与家庭双重所有,而且主要以家庭所有为主。

这类队群是混合型的,而非父系的,其理由如下:第一,虽然从父居为一般家庭所偏好,但因各家庭单位都有自主权,所以在队群这个层次就不能维持从父居的原则。第二,各个队群都比较大,以致成员之间的亲属关系容易被忘记,除非有特殊手段能保留对亲属关系的记忆。

在这些拥有猎场的家庭中，成员比较多的有时也可能发展成为队群，因为一直实行从父居将使各家庭发展成一个父系世系群。不过由于造成这种发展的条件并不稳定，所以在混合队群中形成小的父居制队群的现象并不太多。有的人类学家认为，造成从父居或从妻居的因素包括各家庭的儿女数、成员的体力状况、父亲是否还活着、伯叔是否同住、猎物的状况、狩猎区域的状况、当时的气候和个人因素等。所以，在阿尔共金人中，往往是长子继承家庭猎场，从父居或从夫居，余子则从妻居，所以变成一种混合的状况①。

(3)分立型队群的社会结构极为杂乱无章，社会文化的整合是以家庭为单位，也就是说，他们以家庭为单位去适应特殊的情况或极其恶劣的环境。同时，不同形式的家庭的组合和分离相当机动和变通，家庭间的聚散也没有定数，队群成员的数量也没有定数，相聚的时间也相当短暂，例如，生活在北极的因纽特（爱斯基摩）人，夏季以一家一户分散在北极大陆上活动，冬天才聚合在某个海湾附近。美国肖肖尼印第安人也是如此，他们多数时间都是一家一户各自行动，聚合很少。

在因纽特（爱斯基摩）人当中，每个居民点可能有自己的头人，他之所以能影响其他人，是因为社区中的其他人公认他多谋善断、技艺高强。头人对队群的迁移和其他有关社区的问题提出建议，而人们一般对这些建议都采纳，但他没有长期性的权威，也无权颁布禁令。比如说，在伊格卢利克（Iglulik）因纽特（爱斯基摩）人中，领导的含义是非常狭窄的。在伊格卢利克因纽特（爱斯基摩）人中，每个村落里通常都有一位老人受到人们的尊敬，并有权决定什么时候迁到另外的狩猎中心，什么时候开始狩猎，怎么分配猎物，什么时候该喂狗等。人们称他为伊逊奈托奎（Isunaitoq），意思是“深思熟虑的人”。这个人并不总是年纪最大的老人，但一般说来，如果某位老人是一名机智的猎手，或是一个大家庭的一家之主，或是在仪式上最

①史徒华著，张恭启译：《文化变迁的理论》(1955)，(台湾)允晨文化实业股份有限公司1984年版，第171～173页。

有经验等，那他就具有很大的权威，但我们也不能把他称为首领。人们并不一定非要接受他的意见不可，但在大多数情况下，他的意见通常为大家所接受。其原因部分是因为人们要依赖他的经验，部分是因为与他保持友好关系是一件好事①。

肖肖尼人住在有着沙漠、半沙漠区和森林区的美国西部大盆地的环境里，该地区的自然环境极为恶劣，冬天非常寒冷，夏天则又热又干燥，并不适于农耕。在这个区域中，他们能获取的食物有兔子或者其他小动物以及野菜和松果等，但收获很不稳定。肖肖尼人的生产工具非常简陋，弓箭是他们的主要武器。在这样的生态条件下，平均值是20到30平方英里只有1人，不仅人口稀少，而且为了在这种自然环境中生存，人们需要时常移动，到处觅食。他们以男性打猎、女性采集的生计模式生存。因此，一年到头常常只是一个家庭的人住在一起，构成一个小群体而已。这是因为，这里恶劣的自然环境无法支持许多人住在同一个地方。只有在松果或鱼比较多的时候，才会出现有几个家庭暂时住在一起的现象。由于自然资源及技术条件的限制，肖肖尼人只能发展出单个家庭化的经济活动。女人采集松果或草莓，只需一个人就可以，男人外出猎杀兔子等小动物也是一个人行动就成，这就导致肖肖尼人缺乏固定的、多家庭的社区，也就是说，没有固定的聚落，即没有类似村落这样的固定聚落，因此也没有超出家庭的群体，自然也不会有酋长等。虽然在冬天，他们会有几个家庭住在一起，但每个冬天所聚集的是不同的家庭，过冬的地点也是每年都不相同。他们有谁先得就归谁的财产观念，却没有土地所有权的观念。由于男的狩猎，女的采集，各有所司，所以家庭可以是一夫多妻，也可以是一妻多夫。各家庭的独立性表现在他们没有犯罪的观念，一切恶行都是针对个别家庭而发的，应由各家庭自行报复，与社会无关。因此，与其说这是在家庭层次上没有其他社会组织存在，不如说一个家庭就是一个

---

①Mathiassen，Therkel：*Material Culture of the Iglulik Eskimos*，Copehhagen，Glydendalske，1928. 转引自C.恩伯，M.恩伯：《文化的变异》，辽宁人民出版社1988年版，第398～399页。

社会①。

2. 部落。部落社会基本上也是非中央集权的均权体系，其权威的建立通常掌握在一群小团体手中。整个部落的整合与团结就是依靠这群小团体彼此之间的相互关系。部落社会也和队群社会一样，没有什么政治和经济分化的现象，也没有全职的神职人员，只有依年龄与性别而分类处理的劳动分工。成员在财产、地位和权力等方面也没有太大的差别。由于取食方式多已经是植物的栽培或动物的饲养，因此可以供养较多的人口，所以其聚落的人口密度较队群大，也比队群社会更趋向于定居的生活形态。

部落社会的社会控制和冲突的解决仍主要依靠非正规的制裁，通常多以某种社会习俗和规范来约束，但比队群社会有更多的强制性手段，而且也有比较多的社会组织形式，具体如下：

（1）首领人物多数是非正式的，他们没有绝对权力，也不是集权者。他们没有正式控制的手段，不能强迫任何人服从他的决定，但由于他的人格魅力，他的劝说通常还是起作用的。他们成为领袖人物，是因为他们身上有些东西受人尊敬，如年纪、正直、智慧、经验和技能等，他们也都是由民主产生的。在母系社会中，往往由母系家长们选出，如易洛魁人。父系社会则相反，主要由父系家长选出。不过，一旦选出首领人物，则不受外人干扰，如加拿大的奥吉布瓦人（Ojibwas），政府为他们立了一个大酋长，但当地人并不买他的账，并用他们自己的语言给这位大酋长起了个称谓叫"冒牌酋长"（fake chief）。

（2）部落社会中有许多小团体，如氏族、胞族和半偶族等，每个小型的自主单位，如氏族的首领人物，构成上一级社会组织单位的议事会议，这样一层一层往上，直到部落的头人会议。这些会议都是非正规的、暂时性的，必要时才构成来解决问题。当然，在某种社会中，或在某个发展阶段，这些组织已成了较固定和正规的组织。

（3）重大的事情由全体公民大会决定，而且常常要在一致同意

---

①史徒华著，张恭启译：《文化变迁理论》，（台湾）允晨文化实业股份有限公司 1984 年版，第 119～143 页。

的基础上才算数。

(4)在部落社会中,社会组织的基层单位可以是一个如世系群或氏族这样的亲属群体,也可以是年龄等级或秘密会社或以行政区划分而形成的地区性群体等这种非亲属群体,它们都可以是政治运作的组织,因此,人类学家把部落政治运行的组织分成以下几种类型。

①世系群社团组织政治体系。其政治体系是依靠父系世系群或母系世系群或氏族这些亲属组织原则组成的。例如,非洲尼日利亚北部的蒂夫人(The Tiv)就是一个典型的分支世系群的族群。1950 年统计,蒂夫部落有 80 万人,每一个小世系群约 200 ~ 1 000 人,占有一块土地,并与邻近同辈的小世系群的土地相连,二者构成了中世系群的领地。与此相似,中世系群的领地又与其同辈的中世系群的土地相邻,从而构成大世系群的领土。几个大世系群的领土再结合起来,就构成蒂夫人的全部领土。蒂夫人的分支世系群既是血缘组织,也是政治组织。就对外关系而言,这种制度是有效用的,因为,当某一个小世系群遇到外来威胁时,它可以得到其他世系群的帮助和支持,而且这种帮助会引起连锁反应,使卷入的力量越来越大,从而使它有力量应付外来威胁。所以,有些政治人类学家认为,分支世系群制度的主要功能是一致对外,这种制度常出现在本身需要扩张而周围的领土又已被他族占据的部落中。此外,氏族也是最为常见的一种亲属群。氏族的名称及其他象征为各分支形成团体的意识提供了方便的条件。由于具有共同的象征,使一大群人感觉到他们自己是和骨肉同胞联合成一个集体的。在氏族内部,长老或头人有处理族人争端和安排公共事务的责任,但他们不具备强迫他人服从其权威的能力,而且氏族的长老或头人往往构成部落的议事会,在部落内起作用,或在对外时代表该部落。对整个部落而言,他们通常都是内部团结,一致对外。

努尔人(The Nuer)也是用分支世系群制度来解决其部落统一等政治问题的。约 20 万努尔人分布在苏丹南部各村落,雨季他们种玉米;旱季则外出放牛。他们流动性大,而且好斗。尽管他们没有中央集权的权威或任何超出村落层次的正式权威,但他们能够组成大规模的团体，以抵抗外来的威胁。埃文思－普里查德把努尔人的社会描述为“没有首领的亲属制的国家”，“缺少政府性的机构，没有法律制度，也没有成熟的领导制度”，从总体来看，“也没有有组织的政治生活”，然而，它丝毫不混乱，因为“他们生活在一种有序的无政府状态之中”①。

在努尔人社会中，大约有20个父系氏族，氏族是最大的父系亲属群体，他们把其继嗣关系溯源于一个共同的祖先，彼此间禁止通婚，性关系也被认为是乱伦。他们有一个高度裂变的谱系结构，这些谱系裂变分支称为宗族(lineage)。因此在努尔人社会中，氏族是由一组宗族所构成的系统，宗族则是氏族的一个谱系裂变分支。也可以把宗族说成是一个其成员在谱系上互有联系的父系群体。在努尔人中，氏族A裂变为最大宗族B和C，后者又分成较大宗族D，E，F和G。较小宗族H，I，J，K是较大宗族D和G的裂变分支，而最小宗族L，M，N和O则是由H和K裂变而来的分支。它们的最小的谱系单位描述为“梭克·德韦厄尤”(Thok Dwiel)，其由一个曾祖父或高祖派下的后代家庭组成②。一个氏族可能有数千人，广泛分布在各地的村落中，并通过氏族外婚制与其他氏族建立起联系。其裂变分支结构见图8－1。

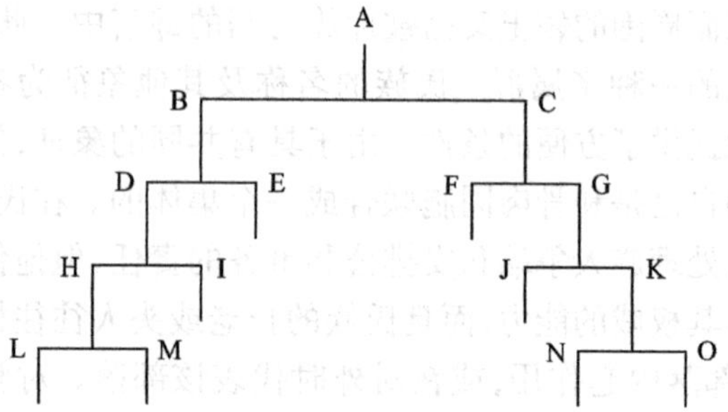

图8－1　努尔人的裂变分支结构

①埃文思－普里查德著，褚建芳、阎书昌、赵旭东译：《努尔人》，华夏出版社2002年版，第207页。

②埃文思－普里查德著，褚建芳等译：《努尔人》，华夏出版社2002年版，第221～222页。

努尔人的世系群(宗族)都是平等的,在自主的最小世系群或某层分支之上不存在真正的领导人或政治组织。在处理政治事务时,他们采取一种平衡对立或互补对立的方式来处理。例如,当最小世系群“梭克·德韦厄尤”中的家庭争斗时,他们是对立的。当他们与其他最小世系群争斗时,同一个世系群的各家虽有争斗,但也会联合起来与另一个最小世系群争斗,甚至与他们相关的上层世系群乃至民族都会站到与他们关系密切的一边。但当努尔人的一方与丁卡人(The Dinka)冲突时,所有的努尔人都会联合起来,一致对外。

此外,在努尔人内部,由于好斗,争端也是不断的,并经常可能导致世仇、血亲复仇或大规模的争斗。所以,努尔人设有一种人称“豹皮酋长”(Leopard Skin Chief)的人物当和事人(Go-between),以调解内部的争端。豹皮酋长被认为是世系群之外的人物,他没有政治权力,他所能做的只是劝说有世仇的世系群接受“血牲”形式的赔偿,而不要再在血亲复仇中夺去一个人的生命。他的调停使双方在死亡很多的情况下有一个机会体面地做出让步,使争端平息,但如果发生争端的双方由于某些原因不愿和解,他也无权强行解决争端①。

②年龄等级或年龄群构成的政治体系。通常有年龄级序的民族,年龄级序是跨地域和跨世系群的,它也是这种社会政治组织的主要手段之一。在有年龄级序的民族或族群中,整个部落的未成年人在青少年时都要通过成年礼这种仪式进入根据年龄级序原则构成的第一年龄等中,成为该社会的战士;随着年龄的增长进入不同年龄组的级序,并行使相应的权利与义务。在非洲的卡里莫庸人(Karimojong)当中,年龄群在其政治生活中起着重要的作用。作为游牧民族,他们经常远离亲属而行动,但不论走到哪里,他们都可以得到同辈群其他成员的帮助。在这个民族当中,年龄群的意义在于,它可以立即确定一个人在普遍化的社会等级中所处的地位,从而指导他采取与其身份相适应的行动。例如,如果营地内部发生争

①哈维兰著,王铭铭等译:《当代人类学》,上海人民出版社1989年版,第471~472页。

执,那么年长同辈群的任何一个成员都可以出面进行调解,而不论他是属于哪个继嗣群。卡里莫庸的老年人因其丰富的知识和经验而受到人们的尊重,据说他们还具有与部落的神灵进行沟通的能力,这种能力是年龄赋予他们的。由于年长,就跟自然和超自然的分界更接近,这就使神灵更容易接受他们的请求。除了祈福外,老人还可以用超自然力量进行报复。在19世纪晚期,卡里莫庸人曾遭受一次严重的干旱和疾病,当地人解释说这是因为年轻同辈群对年长同辈群的大不敬,这才招致年长者的惩罚。

又如东非的基皮斯吉人(the Kipsigis)有五个年龄等级,即少年战士、穆拉尼克(Munenik,即战士)、年轻长者、长老波伊西克(Poysiek)与退休长者,其中,战士与长老是比较重要的年龄等。年轻男子在青春期时(十五六岁)加入战士年龄等,在这一时期,他们除了学习部落的风俗习惯和宗教戒规等外,还须从事军事和经济任务,即他们需保护他们的领土,捕捉牲畜来使部落增加财富,并娶妻生儿育女。长老的职责则有军事的、行政的和司法与宗教的,长老有着权威,他们有的在村社、村庄和地区性的群体中任职。在村社中,由精通法律的长老来处理与调解纠纷。如果村社这级不能解决,再呈送至村庄一级,由这里的长老议事会审理。此外,他们还主持入社仪式等,在战争中他们也参战,保卫村落,有的则当参谋或军事统帅,组织军队,并提出意见与决策①。

③仪式分层的政治体系。有的部落社会中,虽没有如祭司等专职的神职人员,但宗教和祖先崇拜联系在一起时,宗教就扮演着重要的组织作用。这种部落社会通常是单系的世系群社会。在这种社会中,负责和把握不同层次祖先崇拜仪式的人往往在世俗事务,如战争、维护社会秩序等中也担任着不同层次的决策职能。因此,在这种社会中,透过仪式的分层(ritual stratification)的把握,把部落中的人际关系分层化和功能化,从而使仪式的分层成为该社会整合的一个关键因素。

④村落长老委员会政治体系。有些社会,年长者为社会的权威

①哈维兰著,王铭铭等译:《当代人类学》,上海人民出版社1989年版,第472~473页。

力量，他们往往推举出代表各社区的德高望重的长老，组成部落或村落委员会（village councils）处理部落内的大小事务，他们在委员会中讨论，取得共识，做出决策。如17、18世纪中国台湾台南平埔人的西拉雅人的社会就是如此。

⑤大人物政治组织。在有的社会中，一个人的权力获得通常要借助个人的财富、慷慨与在战场上的英勇，这种社会的政治体系称为大人物（great man）或强人（big man）政治组织。这种政治组织在新几内亚西部的卡保库人（the Kapauku）中称“托诺威”（Tonowi）；在特罗布里安德群岛称“古岩”（Guyan）。在这种社会中，大人物有时也像酋邦组织中的酋长一样有权威，但其权威并不稳定，当他的财富不稳定，无法将财物等赠予他的追随者时，他的地位和声望会随之下降。这类政治类型常见于美拉尼西亚。如美拉尼西亚的奎欧人（Kwaio）分散为数十个地域继嗣群，每个地域继嗣群都拥有一块土地，没有中央政府等形式将这些小群体在政治上联合起来，世俗事务上的影响力、权威、领导权等主要来自某些大人物调动和操纵财富的成就。一个大人物同他的同胞比起来可以算是一位比较成功的“资本家”或“企业家”。在这种社会中，有形的“资本”是贝珠串和猪，无形的资本是声望。

在这种社会中，要想得到声望，就要举行“丧宴”，该群体的人为其积累财富，并在这种宴会上将财产赠送给抬棺材的人和乙群体的人。当乙群体也死了对等的人时，他们也举办“丧宴”来招待甲群体的人，并赠送礼物给他们。

大人物一般是长子，有大批可以动员起来的近亲和世系群的成员。他的策略是通过本族群的人累积财富，而在别人的庆筵中赠送礼物，资助他人的婚姻，或把资源拿去投资，以使别人欠他的情而对他有还债的义务。

大人物没有正式的权威和权力，也没有清楚的职位。他之所以成为领袖式的人物，只是因为别人追随他；他做决策，是因为别人有求于他，他带头向其他世系群提出要求，也平息一些纠纷。因此，奎欧人说，大人物像一个舵手，维持内部的稳定，掌握其群体的方向。

大人物不是世袭的，但其长子在这种名誉与权力的追求中占有优势。其权力是个人性的，是靠其自身的努力得来的。目前，在新几内亚，大人物已掌握了相当程度的实权，这是因为，他们通过类似库拉交易这种形式的交换体系获取了一定的特权。

这种政治虽也是部落社会中的一种，但当他们与普通人之间的鸿沟加深并形成一阶层时，雏形的阶级制度就开始萌生了。

⑥社团政治组织的政治体系。在这类部落社会中，主要是以共同利益的自愿社团起内部整合作用。如在19世纪，美国西部平原的切延内（the Cheynne）印第安人就是以军事会社或战士俱乐部起内部整合作用。切延内人有7个军事会社，男子到一定的年龄就被邀请进入一个军事会社。每个军事会社有自己的会歌、会徽和仪式。这些斗士监督营地中的生活，保护迁徙的队伍，从事狩猎野牛的集体活动等。而这种军事会社也起着使整个部落整合的作用。其他地方也有这一类型的政治组织，如西非的波罗秘密会社就是这种组织的典型。

在有的社会中，则有好几种社会组织来整合社会并处理政治事务。如在西非的科普勒人（the Kpelle）中，既有分支世系群，也有村落长老委员会以及波罗秘密会社。在科普勒人中，部落分为若干个自给自足的社区，每个社区为一个世系群，它们是土地所有者，每个社区还有村落长老委员会，其通过共识做决策。此外，科普勒人中也有波罗组织，它横贯各个世系群，而把科普勒人联合成一个大规模的团体。实际上，波罗组织的范围超出了科普勒人的范围，甚至扩展到了尼日利亚、象牙海岸、利比里亚、塞拉利昂、加纳和葡萄牙几内亚等地。过去，当本地发生战争时，波罗在战争的双方中进行仲裁；如果遇到紧急情况，还会联合这个地区的波罗力量共同行动，从而使政治运作可以在大范围中进行。

（二）集权的政治制度

集权的政治制度（centralized political system）与分散的政治制度的不同之处在于：

第一，前者往往和私有制、阶级分化等经济因素密切相联系，也可以说，没有私有制与阶级分化，集权的政治制度就不可能存在。

第二，在一般情况下，实行集权政治制度的社会都是分层等级社会或阶级社会，不平等是这种社会的基础。

第三，实行集权政治制度的社会，劳动分工与社会角色的分化比较明显，拥有较高的科学技术水平，经济资源的分配多是透过权力结构的再分配。

第四，实行集权政治制度的社会，权力集中在某些等级或阶级或个人手中，在一些社会中，权力多为世袭。

第五，实行集权政治制度的社会，形成了较为完整和严密的政治组织、制度和体系，政治不再通过亲属关系表现出来，专业化的政客或官僚才是政治运转的枢纽，有比较明显的暴力垄断状况，并以此来制止社会各阶层或各阶级之间产生的暴力冲突。

第六，实行集权的政治制度的社会，有了比较明确的法律手段（至少是习惯法）与负性制裁手段。

第七，集权的政治制度多出现在畜牧业社会或集约农业较发达的社会中。

集权的政治制度通常分为酋邦和国家两类。

1. 酋邦。酋邦（chiefdoms）社会一般都是一种等级分层社会，每个成员在等级社会中都有一个相应的地位，社会成员一般至少可以分为贵族与平民两类，权力集中在贵族手中。酋长是最高的政治领袖，他虽不见得一定拥有至高无上的权威，但他有最低限度的权力让他行使强制权，他通常可以决定土地资源的分配、组织军队、课征税收，并把物质资源再分配的层次提升到更分化、更复杂、更有生产效能、支持更多人口生存的社会整合上。

酋邦社会通常以再分配的经济制度为基础，即通过集中或剥削他人的剩余产品集中于王室贵族手中再加以分配，以维持政治机构的运行，它有相对永久性的政府机构，其依赖经济剩余维持。

传统的夏威夷社会就是这种酋邦社会的实例。传统的夏威夷社会分为四个阶层或等级，最上一层是“阿利”，包括国王及其家族以及出身名门、拥有大量土地的贵族首领（包括官吏、武士、僧侣）；第二层是拥有少量土地的地主，他们是自由人，称“马卡伊纳”；第三层是依附民或平民，包括农民、渔民、工匠，他们在前两者的领地上劳动，工匠在一些作坊里工作;第四层为奴隶“考瓦”,主要以战俘补充,也包括一些所谓的下等人。每个阶层严格禁止流动,不同等级不许通婚。

在18世纪末,夏威夷已确立了国王的权力世袭制。据称,国王来源于某神灵的系谱,是神灵之子。他们采取一种政教合一的神权政治,属韦伯所说的“卡里斯玛(Chrisma)型”。国王名义上是全部土地的领主,跟神灵一样有力量与权力,可以夺取臣民的生命与财产。不过这种神权统治需不断由世俗的成就来巩固,所以国王的成败取决于战争的成败。因此,国王除了有所谓的神灵的灵光外,也必须是勇敢的战士。如卡马马一世(卡美哈美哈)常在一年一度的一种仪式上表现自己的英勇行为与神异。在仪式上,他赤手空拳地在海边上走,武士则向他投掷长矛,但他都能灵巧地躲开长矛的攻击,甚至可以接住长矛。他自己夸口说,在夏威夷群岛上,还没有一个武士能用长矛刺中他。

夏威夷社会实行长嗣继承制,国王的称号由父亲传给长子或长女,并且只在他们这个家族中世袭最高权力,所以夏威夷国王是兄妹通婚,以确保所谓神灵的血液不会流传到家族之外。在夏威夷社会中,其他阶层的个人的等级和分支的等级也是根据出生顺序来追溯,长嗣的级别最高。国王的亲属都担任高级职务,分别管辖各个岛屿或主岛的各地区,是低于国王的各地统治者。他们的土地是在卡马马一世征服群岛的大部分地区后,根据继承法分配给他们所有的。土地可以传给后代,但他们必须贡纳实物给国王,并协助国王作战。这些人下面还有统治小地区的小首领,比他们更低的是更小的首领和大家族的族长等。他们根据指派或根据继承法获得职位。所有这些首领要向国王和他们的上级首领贡纳实物,这样分层一级级贡纳,形成分层负责的复杂官吏制度和再分配制度。

普通居民除交纳贡税外,还必须服一定的劳役。这就是说,在夏威夷社会中已经存在阶级分化了,其社会等级结构如图8-2所示。

司法、立法、管理制度完全为首领的利益服务,法律制度主要是习惯法,对偷窃、抢劫判驱逐出境,对破坏禁忌和对丈夫不贞的人判处死刑。

在夏威夷社会,已有一只类似军队或警察的队伍,他们是国王

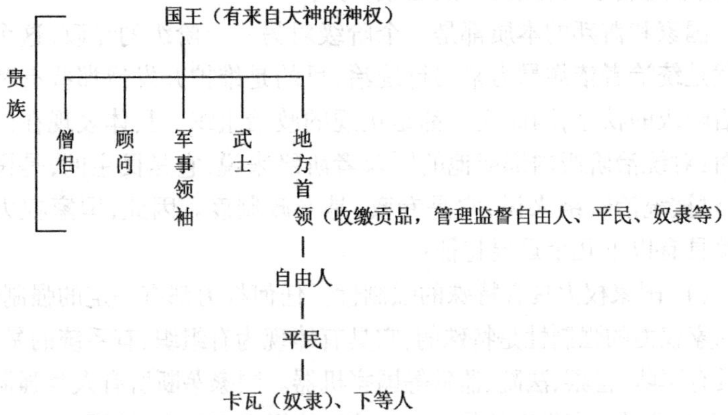

图 8－2　传统夏威夷社会的等级结构图

或首领的近侍，他们执行国王或首领的命令，维持秩序和进行战争。所以，在夏威夷，暴力机关的雏形已形成，战争往往是夺取领土、获得奴隶和维护权力的手段。当一个酋长征服另一个酋长后，就剥夺了他的“马那”（灵力）、权利与财产。所以，在夏威夷，政治命运总在更迭之中，权力的获得和保持需要很有技巧地运用他们的自然资源和人力资源，同时也需要好运气。

2. 国家。国家（the State）制度与酋邦制度唯一不同之处在于：国家以正式的法制化形式规定了君主或统治者、政府、民众等的权力与义务；有正式的强制力量，如军队、警察等；政体稳定；有专职的官僚机制等。

如秘鲁的印加王朝（1531 年灭亡）分为统治者贵族、被统治者贵族及后代、平民以及贱民四种等级。国王是太阳神之子，由长子继承。帝国分为四个部分，有四个总督，由国王的亲信担任，也可随时撤换。四万户为一省，由印加的贵族担任官员。一万户为一部，由印加贵族或属国贵族担任主要官员；每部十个千户，每千户有两个五百户，下有五个百户，百户分为二，每个有五个十户，十户长由平民担任。印加帝国的土地是按人口平均分配的，子女分家后，土地也相应减少。平民 50 岁退休，由公家供养。印加王朝的贸易不发达，城市是庙宇、宫殿集中的区域，等等。

国家和酋邦的本质都是一个阶级对另一个阶级的专政，这个专政就是统治者依靠暴力来实行统治，目的是维护并发展那些有利于统治阶级的秩序，因而它们都是正规的政治组织。具体表现在两个方面：对统治阶级内部或他的同盟者阶级来说，它是民主的，是民主制；对被统治阶级来说，它是专政，是专政制度。因此，国家权力通常都具有以下几个重要特征：

(1)国家权力具有特殊的强制性。任何权力都有一定的强制性，而国家权力的强制性是特殊的，它具有体现为有组织、有系统的暴力，即具有军队、警察、法院、监狱等国家机器。国家垄断所有人身强制手段，没有经过国家批准的暴力行为按法律规定都要受到惩罚。

因为统治阶级总是要把本阶级的意志作为国家的意志来推行，这就必然要遭到被统治阶级的反抗。统治阶级为了强迫被统治阶级服从自己的利益和意志，维护本阶级在政治上、经济上和思想上的统治地位，处理好与其他国家的关系，只能依靠军队、警察、法庭这些有严密组织和严格纪律的暴力来镇压被统治阶级的反抗，强迫他们服从，这就是阶级专政，也是国家权力的特殊强制性。

另外，国家也通过思想教育和宣传手段来控制人民，行使权力。所有国家制度的立法哲学思想都使人们头脑中形成这样的观念，即国家有权统治。这种国家制度思想可以是理性的，如社会契约论，按这种理论，国民自愿赋予国家权威；也有的带有宗教性，如认为国王具有神圣的权力。

(2)国家权力具有主权性。主权性是指一个国家的国家权力具有独立性。这种独立性主要表现在国家具有独立自主地处理对内对外事务的最高权力。国家主权是不容侵犯的，如果一个国家不能按本国的意志来处理自己的内外事务，那就部分或全部丧失了国家主权，国家的独立和主权也就受到了侵犯。

所谓国家意志，实质上是这个国家统治阶级的意志。所谓按国家意志来处理内外事务，实质上是按这个国家的统治阶级的意志来处理国内外事务，所以，国家权力是属于统治阶级的。

(3)国家权力具有普遍的约束力。国家权力施及国境线内的全体居民。例如,国家有立法权,国家制定法律,要求全体国民遵守。其他社会组织、政党、团体也有自己的权力,但无权制定法律,只可制定章程,它们的权力只对本组织的成员有约束力。

(4)国家权力具有地域性。国家有一定的疆域,它是按地域划分而不是按种族、民族或其他什么因素来划分的。例如,一个民族住在这里就属于这一国家,而住在另一个国家地域中的就属于那个国家。正因为国家是有一定疆域的,所以有的人也把它视为一个社区。

根据上述四个特征,国家是阶级社会特有的,尽管形式不同,国体和政体不一样,但它们的本质都是一样的,都是一个阶级对另一个阶级的专政。中国目前处于社会主义初级阶段,是向无阶级社会的过渡阶段,尽管阶级矛盾已不是主要矛盾,但仍存在阶级残余,世界范围内也还存在阶级,所以专政还是必须与必要的,但对作为统治阶级的人民来说,它是民主的。

(三)归纳与比较

综上所述,我们可以将世界上所有的社会政治体系的情况加以归纳,如图 8－3 所示。

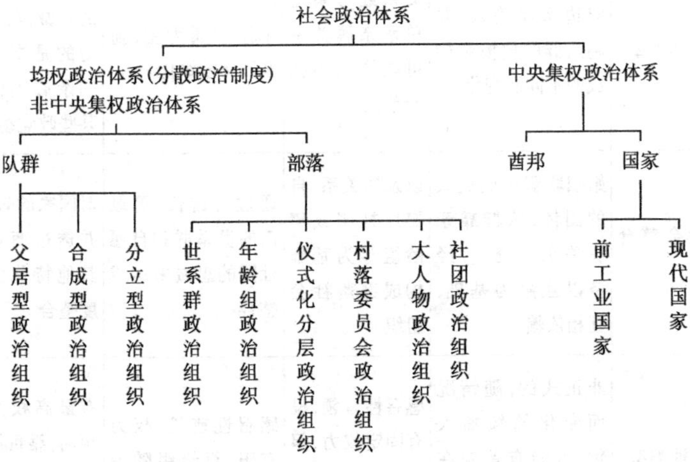

图 8－3　社会政治体系分类示意图

此外,我们也可以参考表 8-1,以十项重要的指标对不同的社会政治体系进行比较,以寻求各项指标之间的关联。

表 8-1　社会政治体系之十项特质比较

	均权的政治体系		集权的政治体系	
	队　群	部　落	酋　邦	国　家
1. 生计类型	采集、狩猎,还没有或很少驯养动物与栽培植物	园艺农业与畜牧业	园艺农业、集约农业、渔业	集约农业、有的为工业
2. 经济交换模式	平均分配与互惠交换	互惠交换与较进步的贸易	酋长再分配下的阶层互惠	贡税形式的再分配、市集与贸易,或市场经济
3. 财产所有制	很少或没有个人私有制概念	宗族或氏族公有农地与牧场	宗族或氏族公有农田,但有个人头衔、特权等	个人私有与国家所有盛行
4. 社会分层	平等主义	平等主义	个人和宗族等级分化	阶级社会
5. 亲属类型	双边亲属关系,并随队群的规模和构成的不同而变化	父系或母系之单系亲属关系可能构成为社会单位	单系亲属为主,血亲团体阶级化	超越亲属关系的忠诚,获得权力的是高等级的亲属团体或某些政党组织
6. 社会整合方式	婚姻联盟组成更大的团体,队群靠亲属关系来统一,经济以互惠为基础,互相依赖	以亲属关系、自愿性社团或年龄组等为基础构成部落社会组织	通过对酋长、等级高的世系群和自愿社团的忠诚来达成整合	对国家的效忠,并透过商业及其他特化的制度整合
7. 领袖类型	非正式的,随情况而变化的领袖人物,可能有首领在队群决策中充当仲裁人	感召性首领,没有固定权力,但在团体决策中有一定权威	感召性酋长,权力有限,靠给跟随者以好处来维持	有最高权力的领袖,靠贵族或官僚阶层来支持

续 表

	均权的政治体系		集权的政治体系	
	队 群	部 落	酋 邦	国 家
8.政治传承	可能是世袭首领，但实际的领导人是那些具有特殊知识或能力的人	没有正式的政治传承手段	酋长职位不是直接继承的，但酋长必须出生于高等级的世系群中	王位直接世袭传承，但高层行政官员渐渐多由委派；现代国家多靠选举产生
9.法律与社会控制	没有成文的法律与惩罚，以团体制裁为主	没有正式的法律或刑罚，制裁的权力属世系群、氏族或社团等	有约定俗成的法律和专门的刑罚，酋长的制裁力量有限	有正式的法律与刑罚，国家掌管所有制裁的合法权利
10.宗　教	没有祭司或专职的宗教人员，以萨满信仰为主	萨满信仰，并强调以通过仪式整合世系群等	有早期的祭司，有以祖先崇拜为中心的等级制宗教	专职祭司，以证明国家的神圣合法性；有的政教合一
现当代实例和历史上的实例	非洲昆布须曼人、匹格米人，加拿大的因纽特人，美国的肖肖尼人	西非的凯普勒人，委内瑞拉的雅若玛莫人，苏丹的努尔人，美国的切延纳人	殖民时代的夏威夷人，加拿大夸扣特尔人，玻利维亚的蒂柯皮亚人，蒙古的达斡尔人	乌干达的安科莱人，埃塞俄比亚的季马人，印度的卡查里人，非洲的沃尔特人和所有的现代国家
	所有旧石器时代和大部分新石器时代的社会	前殖民时代的美国易洛魁人，墨西哥瓦哈卡谷地1 000～1 500年的社会	前殖民时代的非洲阿散蒂人、贝宁人、达荷美人，苏格兰高地人	前殖民时代的祖鲁人，墨西哥的阿兹台克人，秘鲁的印加人，伊拉克的苏美尔人，古代埃及人等

资料来源：Ted C. Lewellen: *Political Anthropology*(1983). Greenwood Publishing Group, Inc.,1992,pp.20～21.

第二节 社会控制

从广义的政治定义来看,政治的功能之一就是社会控制(social control),但社会控制并不限于此,它还包括其他方面。这是因为,一个社会必须安定而有秩序才能长久存在。因此,每个社会的成员彼此之间必须具备某种团体精神,遵从某些社会规范,同时,为了团体的利益而必须将某些个人的私欲控制起来。此外,社会对它的成员还必须有某些公认的方式,以便有效控制或约束成员的不当行为,或危及团体安危的行动与欲望。

一、社会控制的含义

社会控制是指通过大家所认可的社会力量,使人们遵从社会规范,维持社会秩序的过程。社会控制既是指这个社会或社会中的群体组织对其成员行为的指导、约束或制裁,也是指社会成员之间的相互影响、相互监督和相互批评等。因此,广义的社会控制是把社会控制理解为社会或其中的群体为达到维持社会秩序的目的而采取的手段,其包括正负两面的控制与制裁。而狭义的社会控制则是指社会或其群体对偏离社会规范的越轨行为所采取的限制措施及限制过程,即负面的控制与制裁。

二、社会控制的类型

对人类学来说,社会控制是广义的,它可以包括许多方面。

(一)内在化控制

内在化控制一般是指人们对其社会的各种规范的遵守,即自我控制,也就是说,人们通过濡化(enculturation)和持续社会化的教育过程,把该社会的人生观、宇宙观和社会规范内化为其自我的无意识,并自觉地运用这些内化的社会规范来指导、约束和检点自己的行为,使自己的行为不越轨,如超出社会规范的话,就会感到内疚而自责。换言之,就是各种社会规范通过濡化的过程深入人心,成为其自我的无意识的一部分，并指导着他的行为。人们遵从它，知道违反它是不道德的，或是犯法的，或是会受到神灵超自然力量的惩罚、巫术的报复等。即便在没有人知道他是错的情况下，犯错误的人也希望受到惩罚，内心责问自己。

(二)外在化控制

外在化控制是指一个社会发展出某些机制来鼓励该社会的人们遵守社会规范，这些机制被人类学称之为制裁(sanction)。拉德克利夫 - 布朗(Alfred Reginald Radcliff-Brown，1881—1955)说："制裁是一个社会或社会的大多数成员对一种行为的反映，即赞成该行为方式(正性制裁)，或反对该行为方式(负性制裁)。"①此外，制裁也可以分为正规的制裁和非正规的制裁两种。德国社会学家曼海姆(K. Mannheim)则分成直接控制和间接控制两类。

1. 正性制裁，是由诸如判定、赞赏、称号以及邻居等的赏识等一类对遵守规范的行为的鼓励组成的。

2. 负性制裁，是由诸如监禁、体罚，或受该社会共同体的排斥等一类对违反社会规范的行为的威胁等组成的。

3. 正规的制裁，是指以成文法和不成文法的形式对人们的行为进行调整。它包括正性制裁，如通过某些鼓励(如奖金、提升等)手段鼓励遵守社会规范而又突出的人；负性制裁，即丧失地位和等级，剥夺公民权，被排除在社会生活及某种特权之外，没收财产、监禁，甚至体罚或死刑一类的威慑性东西。

4. 非正规的制裁，一般是指以某种道德规范进行的调整。其中，正性制裁是对某行为的道德赞许、赏识、鼓励及期待；而负性制裁则是对违反社会规范的行为的各种威胁，其包括监禁、体罚或排斥等。如彝族谚语说：少不得的是牛羊，缺不了的是粮食，离不开的是家支。这说的是彝族家支的重要性。在民主改革前，每个黑彝家支互不统辖，但严禁内部通婚和婚外性关系，又有父子连名制为纽带，组织严密。每个黑彝成员无论到何处，只要背熟自己的家支谱

①Radcliff - Brown：*Structure and Function in Primitive Society*，NY：Free Press，1952，p. 205.

系，并指出自己在这一血缘链条中所处的位置，那他立即就会得到承认，并享受应有的权利。举凡济困扶危、报仇泄愤、喜庆丧吊、道路食宿等，均非这家支莫能济其事。新中国成立前，善雄县有一果基家黑彝，为了侵吞一孤寡曲诺（白彝）的绝业（根据传统习俗，黑彝有吃白彝绝业的特权），竟施恶毒手段将该曲诺杀害，因此引起被杀曲诺家支成员的愤怒，共起反抗。果基家为平息事端，不得不将这个违反习俗的肇事黑彝开除出家支。该黑彝既被除籍，只好外逃他乡。但没有家支的黑彝为凉山彝家所不齿，按传统习惯又不能降为奴隶，最后他走投无路，只好自杀身死。所以，非正规的制裁也具有相当残酷的惩戒作用。

三、社会控制的形式

广义来讲，在任何类型的社会中，社会控制的形式都是多种多样的。人类学常常把风俗习惯、道德、法律、宗教、社会暗示、批评、模仿、报酬、赞许等以及各种社会制度和与此相适应的、体现国家权力的军队、警察、法庭和监狱等视为社会控制的不同形式。有的社会控制形式具有体罚性，如禁闭、镣铐和肉刑等；有的具有物质性，如实物或金钱的奖罚；有的则具有精神性，如授予某种荣誉、记功、表彰，或记过、剥夺某种荣誉、斥责和批评等。

社会控制的形式不仅多样，而且是变化和发展的，而且每个社会又是不同的。它是由社会经济状况，即社会制度的性质以及在此基础上人们行为的差别和人们对社会控制认识的深化程度等决定的。

一般说来，队群与部落社会（或初民社会、简单社会）以风俗习惯、道德、宗教信仰、社会舆论、全体成员集会的裁决等为社会控制的主要形式；而在阶级社会或复杂社会中，如酋邦和国家，风俗习惯、道德、宗教、社会舆论等之外还加上法律、政权等的正规控制。下面介绍一些社会控制形式的简单情况。

（一）观念性的社会控制形式

1. 习俗。习俗是指人们在集体生活中逐渐约定俗成的并共同遵守的习惯与风俗。“习俗移人，贤者难免”。习俗一般没有明文规定，但事实上，人人都不知不觉地按照它的规定和规范办事、行事，这就是习俗的约束力。

中国古代的"礼"实际上是社会惯习的制度化表现或规定，是一般人生活行为的规范。《曲礼》说：礼可以"定亲疏，决嫌疑，别同异，明是非"。《昏义》说："夫礼，始于冠，本于昏，重于丧祭，尊于朝聘，和于乡射。"换言之，"礼"对人们社会生活的各个方面都有具体的规定，约束着古代中国人按一定的规范和社会秩序生活。

杜尔干（Emile Durkheim，1858—1917）也认为，一个社会的风俗制度会在其社会成员中形成一种保存传统的集体意识，由此对个人产生约束作用，因此他把这种约束作用称为社会制约（social constraint）。而在变迁中的社会里，这种力量会相应地减弱，所以，一般而言，城市中的犯罪率会高于农村，因为城市中变动的因素太多。

2. 道德。道德是人们自觉地用来控制社会生活的一种内化的行为准则，是人们对其思想、行为的是与非、善与恶、正义与非正义、正当与不正当等进行评判的一种标准。有道德的人受到社会的赞扬，心情畅快，不会内疚。不道德的人则会受到社会的谴责与排斥，个人在思想上也会感到一种压力。当然，是非、善恶等的观念，不同时代、不同阶级、不同文化是有其不同的评判标准的。

3. 宗教。宗教是人们建构的虚幻世界和想象的秩序，是对自然界的一种扭曲的看法，也是人类通过已知的技术或组织方法不能解决问题时所采取的一种信仰和行为方式。也就是说，当人们已知的技术等不能应付面临的问题时，人类往往向超自然求助来克服这种局限。

任何一种宗教都强调内省、自我控制和行为规范，以达到其建构的规范可以在来世不会沦落而进入一个理想的天国或境地，所以它也是观念性社会控制的一种。

法术和巫术也同样具有这方面的功能。所谓法术，有人认为它是一种准宗教现象，是幻想以特定动作来影响或控制客观对象的一种现象，这类动作最初多为模仿。而巫术，有人认为它也是准宗教现象之一，也是幻想依靠超自然力量对客体强加影响和控制的一种现象。有人认为,巫术与法术略有不同,法术纯是动作,以为用某种动作即可战胜自然的诸问题;而巫术已具有模糊的超自然力量观念,行巫术者被认为具有这种力量。有人认为,巫术与宗教也有不同,巫术尚不涉及神灵观念,且不是对客体加以神化,向其敬拜求助,而是力图影响或控制客体。在有些社会中,往往对违反社会规范者施以法术或巫术,而在有的社会中则认为巫术者是反社会的,如坦桑尼亚卡古鲁人(Kaguru)的巫术。

4. 社会舆论。社会舆论也称公共舆论、公意和民意等,它是在某种公共利益的问题上所形成的,对个人和集团的行为以及政府的政策产生影响的公民意见的总和。简单地说,社会舆论就是社会上众人的议论和意见。社会舆论在任何一种社会中都是一种社会控制形式,社会舆论有正面的,也有负面的,如中国成语"三人成虎""曾母逾墙"之类故事所体现的都是一种负面的社会舆论。

此外,大众传媒也是观念性社会控制的形式之一。

(二)强制性的社会控制形式

1. 政权。政权是统治阶级实行阶级统治的工具之一,也是国家一切权力的基础。政权的职能,对外是防止他国入侵,保卫领土的完整;对内,是保护一定的物质生产资料占有方式,维持现行的社会秩序。政权通过按地区划分的行政系统设置各级统治机构和官员来发挥作用,凭借军队、警察、法庭、监狱等专政工具和媒体等社会舆论工具,从政治、经济、思想、教育和人们生活的其他各方面来控制社会。政权代表着统治阶级的利益,因而对被统治阶级有着强制性。国家政权有权强制国民服从规则、习俗、政令和法律等。

2. 法律。法律是经过国家制定,反映了统治阶级意志,由国家政权强制实施与执行的行为规范的总和。成文法就是规定准许做什么和不准做什么的一套书面规定。霍贝尔(E. Adamson Hoebel)认为,法律是一种社会规范,人们如果忽视或违反这些规范,肯定要受到拥有社会授予司法特权的个人或团体的压力,这种压力可以是威吓性的,也可以是事实上的,即拥有社会授予其行动特权的个人或团体将给予事实上或警告性的强力反应①。法律一般是指成文法，其通常为国家产生后的产物。但广义地说，法律还应该包括不成文法，即在某些部落社会中约定俗成的对社会行为规范的不成文规定。成文法和不成文法同样具有以下一些共性：①规定了社会成员的关系，决定了不同情况下所应有的适当行为，使每个成员知道他们对社会其他成员的权利与责任；②它们都规定与分配了实行制裁的能力，在集权的社会中，此归政府与法庭体系；而在均权政治的社会中，则一般归受害者；③法有重新规定社会关系并保证社会机动性的功能。法律的目的不在于惩罚一个犯法、犯罪的人，而是为了恢复社会的和谐。从狭义上讲，反映统治阶级的意志和利益，经国家制定和认可，以国家的强制力保证实施的行为规则才是法律（成文法），它主要是限定人们行为不能超过该社会所允许的某种度。

3. 纪律、章程和条令等。这是公私机构为自己成员规定的行为准则，也属于强制性社会控制的一种形式。

四、越轨行为

（一）越轨行为

所谓越轨行为，是指偏离或违反社会行为规范的行为。越轨行为包括违反行为准则、道德、习惯法、成文法、纪律、章程和规定等的行为。由于社会规范通常都具有民族性和阶段性，在阶级社会中还有阶级性，因而每个民族、每个时期、每个阶级都有自己的社会规范，对人们的行为要求也有不同的标准。此时此地为越轨行为，彼时彼地则可能被认为是正常的。因而，判定一种越轨行为的好坏，要同具体的社会、民族、族群、阶级和时代等联系起来，具体问题具体分析，而且还应该看看这种行为是否符合当时社会进步发展的需要。

①E. Adamson Hoebel: *The Law of Primitive Man*(1954). Harvard University Press, 1983, p. 28.

（二）违法与犯罪

违法与犯罪都是越轨行为，但它们不是一般的越轨行为，而是违反法律的越轨行为，尽管在有的社会中，违反不成文法也称为犯法或犯罪，但这里说的违法与犯罪主要是指阶级社会中违反成文法的越轨行为。因为，在有些社会中，区别犯罪与违法并没有价值，如匹格米人在家庭之外并没有家系或经济单位，因而即便两个人的纠纷，也影响了必要的协作，所以家庭之外的越轨与家庭内的越轨一样，没有区分的必要。

那么，在阶级社会或复杂社会中，什么是违法呢？凡违反国家宪法、法律、行政法规和地方性法规的行为都是违法行为。所有的违法行为都是危害社会的行为，但不是所有的违法行为都是犯罪。狭义的违法是指那些还没有触及刑事法规，不受刑事处分的违法行为，有的也称一般违法行为，如我国的行政违法和违反《治安管理处罚条例》或违反交通规则等的行为都属于此类。但必须指出的是，违法行为深化下去也会转化。

对违法也是有制裁的，如我国对违法所采取的强制措施就是所谓的处分。例如，对行政违法的强制措施就是行政处分，视情节的轻重而有一些差别，具体分有警告、记过、记大过、降级、降职、撤职、开除留用和开除八类。

至于犯罪，这也根据不同的法律而有不同的规定。一般说来，一切危害社会的行为，依据法律应当受到刑罚处罚的违法行为都是犯罪。例如，我国《刑法》第 13 条规定：一切危害国家主权、领土完整和安全，分裂国家、颠覆人民民主专政的政权和推翻社会主义制度，破坏社会秩序和经济秩序，侵犯国有财产或者劳动群众集体所有的财产，侵犯公民私人所有的财产，侵犯公民的人身权利、民主权利和其他权利，以及其他危害社会的行为，依照法律应当受刑罚处罚的，都是犯罪，但是情节显著轻微危害不大的，不认为是犯罪。根据此，我国认为，危害统治阶级利益和统治秩序应给予刑罚处罚的越轨行为均属于犯罪。具体包含有三层意思：

第一，犯罪必须是对社会有危害性的行为。这种行为触犯了我国广大人民的根本利益，或触犯了公民的权利，而且还必须是刑法明文规定禁止的危害社会的行为。其他如一些违法行为虽也是危害社会的行为，如违反交通规则，但在刑法上没有明文规定，可不视为犯罪。

我国刑法规定，属于犯罪的危害社会的行为有如下几个方面：

(1)危害人民民主专政的政权，即社会主义制度的政治基础，危害性最严重的是危害国家安全的行为。

(2)危害全民所有和集体所有的公共财产以及公民个人合法财产。如放火、爆炸，破坏工厂、矿山等公共财物；贪污、盗窃、走私、贩私、破坏集体生产、抢劫、诈骗、敲诈勒索和故意毁坏公私财物等，也属此类。

(3)侵犯公民的人身权利、民主权利和其他权利，如杀人、伤害、强奸、诬告和破坏选举等，均视为犯罪行为。

(4)破坏社会秩序、生产秩序、工作秩序、教学科研秩序和人民群众生活秩序，如各种流氓活动、聚众扰乱公共秩序、妨害执行公务、私藏枪支和窝藏包庇等犯罪行为。

上述这些都是我国现行刑法明文规定的犯罪行为，若违反了这些规定，基本可以视为是犯罪。

第二，这种行为是受人主观支配的，是故意或过失造成的。过失行为是造成严重危害的才视为犯罪。

第三，犯罪必须是依据刑法应该受到刑罚惩处的行为。

从上述情况来看，犯罪只是越轨行为的一种特殊类型。就我国现阶段的情况来看，坏的、错误的越轨行为是违法犯罪的基础与准备阶段，而违法、犯罪是一般坏的、错误的越轨行为发展的必然结果。当然，一般性的越轨行为比较普遍，如违反交通规则的事很多人都犯过，而犯罪是少量和严重的，它们只是越轨行为中极少的一部分。人类学和社会学对犯罪的控制问题的研究，重点并不在于犯罪之后，而是在于犯罪之前，在于防止犯罪行为发生，在于研究为什么会产生这样的越轨行为。这方面的研究有的人类学家认为属于法律人类学的范围。

就目前的状况来看，法律人类学研究各种社会的法律（社会规范）以及与其相关的诸问题。首先，法律人类学研究不同社会中的法律定义、法律的类型、法律的控制范围、法律规定的社会关系等。其次，法律人类学也研究违反法律（包括成文法和习惯法）的越轨行为（即违法和犯罪），其种类、程度、产生的原因、如何处理与控制、整治，其与其他社会方面的关系、对越轨行为的处理以及解决方式等。如在有的社会可能采取双方协商的方式解决；有的社会可能采用通过第三方调解的方法解决；有的社会则通过第三方裁定的方式解决等。在复杂社会，可能运用法律来解决，这就要根据证据、规范、评价标准、过去的裁决等来裁定。而在简单社会中，有的可能采取神判法来裁定，即利用超自然的力量来裁定。如利比里亚的克佩勒人（Kpelle）以喝一种“卡杜”的液体来分辨纠纷双方的是非。最后，法律人类学也研究不同社会中社会冲突的解决方式，如社区集体行动、非正式裁决、神判、赌咒发誓、成文法与法律、暴力解决方式，如血亲复仇、袭击、大规模对抗甚至战争等。所以，法律人类学有一个范围相当宽广的研究领域。

第九章

世界观、仪式与宗教

维克多·特纳(Victor Turner,1920—1983)说:“许多时候,我们只可以看见我们希望看到的事物,而我们希望看到的事物,在我们掌握了自己的文化的定义和分类后,就能够看到。”①也就是说,在社会生活中,人类是根据文化创造出来的认知体系,把没有形状和紊乱无序的世界改变和建构成具有意义的形态和秩序,然后根据这一认知体系与秩序来认识世界与生活。所有民族的人们都是这样进行使世界秩序化的活动,不过,每个社会的认知与秩序化方法却各不相同。

在文化人类学中,有些人把这种将世界秩序化的体系叫作“认知体系”,即人们认识世界,并把世界秩序化的思维体系。对各社会的认知体系进行比较研究,文化的异同或者说思维方式的结构异同等问题就会明了起来。除此之外,一切社会都拥有用于把世界分类并将其秩序化的认知体系之上或背后的层次,这种层次在文化人类学中被有的人称为“信仰体系”。因此有的人将信仰体系定义为:对自己社会的认知体系无批判地接受的知识体系。

信仰体系关系到人们感知到的和人们想象到的所有东西。人们通过认知体系形成的信仰体系不仅把客观世界分类和秩序化,并且把体验到的世界所产生的各种事情、事物组织起来,并赋予其意义。因此,信仰体系实际上是人们的知识体系。

在人类学中,人们不断寻找能把“信仰”和“知识”加以替换的概

①特纳著,赵玉燕等译:《象征之林》(1967),商务印书馆2006年版。

念。虽然如此，但目前我们所能看到的是人类学家对“信仰”一词有所偏好。其原因就在于，信仰体系中存在泰勒所定义的“对灵魂存在着信仰的‘宗教’”。

近些年来，人类学已不太使用“宗教”这一术语，而更喜欢使用“信仰”“知识”之类的术语。这是因为，与其说人类学家从被看作“宗教的”想象的具体考察出发，对不同文化的所谓“宗教”现象套用了西方的宗教概念，不如说是由于对构成各社会的精神生活、思维方式之一部分的“对灵魂存在的信仰”的考察而生成出来的。过去的人类学常把与西方的秩序、分类体系不同的秩序、分类体系或非“科学”的说明体系用“野蛮的信仰”“低劣的宗教”“异教”“迷信”这样的词语来表达，如伊斯兰教和非洲的祖先崇拜被划归异教信仰的领地，而特罗布里恩德岛民相信会因巫术而死以及地中海等地区的人认为某些人拥有邪恶的眼睛之类的常见观念，都是迷信思想的体现。而现在，则将非西方的秩序和分类体系看作是用和西方社会不同的方法将客观世界和主观经验加以秩序化的表达来理解，并开始向可以解释其结构的方向发展。因而，现在对所谓的宗教，对某个社会或民族的人们是如何认识与体验世界，并将其秩序化，或如何与客观世界发生关系等问题，已开始放在有关这些问题的知识和信仰体系中进行论述。

第一节　世界观与信仰体系

一、世界观

在文化人类学中，通常把一个社会所创造的、认识客观世界的方法称作世界观(world-view)。雷德菲尔德(Robert Redfield，1897—1958)说：所谓世界观，是指某个民族对世界的独特看法。如果“文化”这个词对人类学家来说意味着某个民族是怎么样的看法，那么，“世界观”这个词对某个民族来说就意味着该民族认为所有事物是怎么样的看法。也就是说，世界观意味着把客观存在的东西作为一个整体来把握。此外，雷德菲尔德还认为，将一个民族或社会中少数专家所创造的、和一般人不同的、复杂而洗练的对世界的看法可称为宇宙观(cosmology)。换言之,雷德菲尔德是把一个民族的所有人共有的对世界的看法视为世界观,而将该社会中少数由专家所创造的、与常人不一般的、复杂而洗练的对世界的看法称为宇宙观。不过,在当今的文化人类学中,宇宙观与世界观在概念上已几乎没有什么区别,常常作为同义语来替换使用。

人们是根据属于自己的文化所规定的方法来看待世界的,尽管同样是太阳、月亮,然而,我们复杂社会的人所见到和认识与解释的太阳和月亮,与初民社会和简单社会的人们所看到和认识与解释的,是截然不同的。例如,对日食和月食现象的解释,我们现在知道那是月亮在运动中遮住太阳或地球在运动中遮住月亮的缘故,但在中国传统社会中,是认为天狗把它们吞食了,所以过去常用敲锣打鼓的方式驱赶天狗,迫使它吐出,使其恢复原状与秩序。在日本民间社会,过去则把这种现象看作因为太阳和月亮代替人类偿还人类犯下的罪行所导致的,因而人类的“污秽”变成毒从天而降,遮蔽了太阳或月亮。从下面的例子我们也可以看到一种与我们社会完全不同的世界观——西阿·普埃布洛印第安人的世界观。

有一位西阿·普埃布洛印第安人指着一种被称为“查米索”(Chamiso)的沙漠植物,对他的一位人类学家朋友这样说:“你看这灌木丛,也许你不能理解,这个植物就是我,我就是这个植物。它是我,也是我的祖先,我们把这种植物称作‘哇夏普’(Wawshap)。”这位普埃布洛印第安人是哇夏普氏族的成员。人类学家能够理解这位印第安人的话与思想,但是这位人类学家自我的“科学”世界观却妨碍他和这种植物取得情感上的认同。他可能从植物学的角度来考察这一植物,以便认识它的功能与特性;也可以将它作为是哇夏普氏族为了求得该社会集团的整合而创造出来的一种象征,即哇夏普氏族统一的象征性表现(如所谓的图腾)来理解与认识。再深入一步,他还能分析他的这位印第安人朋友感知那一植物时所带有的关于“生命意义”的活生生的情感。但是,由于这位人类学家并非哇夏普氏族的成员,因此在他们两个人之间存在难以轻易跨越的鸿沟。人类学家的世界观是所谓理性的、科学的和西方机械式的世界观，而他的印第安人朋友的世界观则是西阿·普埃布洛印第安人的世界观，是一种感性的、互渗律的世界观。尽管两个人生活在同一个世界、同一时空中，看见的是同一事物，却用不同的方法去认识它（Hoebel 和 Frort，1976）。

这一实例是对某种沙漠植物的不同看法，但这种不同在针对其他植物、动物、自然现象或社会现象中到处都可以看到。每个民族或社会的整体文化就是这样按照他们各自的世界观建构与组织起来并运作着，每个民族或社会中的成员也是按照他们各自的世界观建构起来的想象秩序而生活着。因此，世界观是生活在某一种社会中的人们主位认识世界的看法，以此为基础，人们对"客观存在"作一种整体的认识、思考、理解与建构。也就是说，任何一种社会都有其认识世界的独特看法，每一种世界观都是该社会所拥有的、希望看到和可以看到的感情和知识的体系。它是在该社会的信仰体系的基础上建构起来的，因此是独特的。该社会的人通过学习将其内化于自我的内心或无意识中，并依据其建构的想象秩序与规则规范行为与生活。

二、信仰体系

如果我们要将世界观与信仰体系加以区别的话，可以说，世界观是指一个社会的人们对世界的独特看法，也就是说，它强调"用眼睛看"，即在某种信仰体系的基础上去看待客观世界。与此相反，信仰体系则是指这个社会的人们关于世界的主位思考方法，它是强调"思考"或者观念形态的概念。不过，在文化人类学中，世界观和信仰体系几乎被归于一类，也就是说，世界观的不同可以和信仰体系的不同相互置换而加以论述。

信仰是一个不容易清楚界定的概念，人类学通常认为，各文化所拥有的信仰体系是真实存在的，而且各文化都依照遵从的原则在其基础上进行思考与行为。也有人试图对其进行界定与阐释，如认知人类学家古迪纳夫（Goodenough，1963）认为，人类是寻求把自己的经验组织起来的存在物，因而，信仰体系被看成是把这种经验一方面与关于对物理世界的感知（percepts）联系在一起，另一方面与关于宇宙的文化说明联系在一起的模型。因为,有了某种体验就试图提出假设,最初只是直觉地认识物理世界,比如,把形、音、味、色等这些感知的东西组织化,以及按照其文化知识将其排列归类,而且借助语言或其他符号系统来认知,使其集合排列起来并形成概念,然后再进一步运用这些概念,形成更高层次上的抽象概念。古迪纳夫还认为,所谓感觉到的,就是在感觉体验的层次上,"对存在做出判断";所谓概念,就是通过符号系统,从感知上进行推理。也就是说,这不是在直接经验上的了解,而是运用类比和象征的手段,把感知到的东西重新排列而加以创造之后的了解。因为,信仰意味着这些感知到的和概念化的事物是真实的和得到承认的状态。因此,古迪纳夫强调,信仰体系的特征在于其理论的一贯性。他认为,以在日常体验中不言而喻的事情为基础,然后通过逻辑和一贯的推论所导出的知识就是信仰。在很多地方和很多时候,信仰是使人们在世界上生存成为可能的最重要因素,对信仰的否定就意味着对他们自身的否定,对他们的文化的否定。

然而,当我们把上面古迪纳夫表述中的"信仰体系"改为"知识体系",也似乎可以解释得通。因此,事实上,我们是很难明确地区别出异文化人们中间存在的信仰体系和知识体系。这导源于人类学在异文化的研究中常常无法把异文化的"知识群"明确区分为信仰和知识,如人们生产过程中对神灵的祈求或生产性巫术应归属于知识还是应归属于信仰,这的确难以区分。正因为如此,人类学家在研究中有时使用信仰体系这一术语,有时则使用知识体系这一术语来指称同一种事物——人们的宗教实践;并认为信仰、宗教、知识等是一些可以互换的概念,它们都可以看作是认识包围着自己社会的内外部世界的手段。

不过,为了要进入所谓的"宗教"这样的领域,按照亨特和惠顿(D. E. Hunter and P. Whitten,1976)把宗教体系或实践区分为"工具的信仰体系"和"超越的信仰体系"两类可能会有一定的好处。

所谓的"工具的信仰体系",也称作"理性的、技术的信仰体系",它与人们为了生存所必须从事的活动关系密切,是成为某个社会人们生活指标的信仰,如什么时间吃饭,应当和什么样的人结婚,亲属中谁要是生了病该怎么办，等等。也可以说，凡构成日常生活中的知识体系，都包含在这个信仰体系中。在我们看来，这也许是毫无科学根据的，但在很多情况下，它对维持该社会的生活来说仍可以说是最好的。例如，在某个民族中，自己女儿应当和哪个氏族的男子婚配，可以吃牛肉而不可以吃猪肉，恪守这一类规定时，即使没有宗教的背景，但人们相信这是正确的行为，当然它就应该被称作信仰。

与此相对应，“超越的信仰体系”是关心宇宙、世界、人的产生与消亡的知识。关心超自然存在的活动、说明神秘发生的事情、解释某些事物的存在等，都是在超越日常生活的层面上运作的，故名“超越的信仰体系”。有些人类学家认为，这部分的知识才可以看作是以“宗教”冠名的信仰体系。

第二节 宗 教

上节所谈到的“超越的信仰体系”的问题在人类学中一般是在“宗教”这样一个术语的界定下展开研究的。

一、宗教的定义

一般认为，中文的“宗教”一词来源于对佛教经典的翻译。佛教以佛陀释迦牟尼所说的东西为“教”，佛教意为佛陀所说的东西，也即佛陀的教诲。佛教中，以佛教弟子所说的东西为“宗”，“宗”实为“教”的分派，“宗教”合称，意指“佛教的教理”。但也有人认为，《礼记·祭义》讲：以神道设教，“合鬼与神，教之至也”。其意思为：对鬼神的信仰和崇拜是教化人民的至理，从而也就是宗教的根本道理。有人认为宗者本也；宗教者，有所本而为教。这里的“宗”为追随的意思，即对教义有所追随，有所本也。

在人类学家和其他学者中间，有许多人为宗教下过定义，如英国人类学家泰勒认为，宗教是对灵魂存在（超自然存在或力量）的信仰①。弗雷泽认为，宗教是对超自然和超人间的权威力量讨好并祈

①泰勒著，连树声等译：《原始文化》（1871），上海文艺出版社 1992 年版，第 412 页。

求和解的一种手段。马林诺斯基认为,宗教是对较高势力的乞求。奥地利的施密特(Wilhelm Schmidt,1868—1954)说,从主观来说,宗教是人对系属于一个或多个超世而具有人格之力的知与觉,根据这种知识或感觉,人与此力有一种相互的交际;从客观来说,宗教即是表现这主观宗教之一切动作的综合,如祈祷、祭献、圣事(sacraments)、礼仪、修行和伦理的规条等①。杜尔干认为,宗教是一种与神圣事物(即性质特殊的、禁止接触的事物)有关的信仰与组成的统一体系,这些信仰与仪式把所有对之赞同的人团结在一个叫作"教会"的道德社群内。宗教应该是一个明显的集体性事物②。他还认为,宗教的基础是社会需要,故被宗教尊奉为"神圣的"事物,本质上无非就是社会本身。神明不是别的东西,只是被改造的和被象征的表现出来的社会。麦克斯·缪勒(Max Muller,1823—1900)认为,宗教就是对某种无限存在物的信仰。而人类学家安东尼·华莱士(Anthony F. C. Wallace)则认为,宗教为"与超自然事物、神灵和神力有关的信仰与仪式"③。

归纳起来看,上述这些早期的定义中主要都是认为宗教是信仰、崇拜超自然力量的一种社会意识形态或体系。正如马林诺斯基所说:"无论怎样原始的民族,都有宗教与巫术,科学态度与科学"④那样,世界上任何一个民族都有所谓的宗教存在。如中国汉族社会中目前被指称为"民间信仰"的一些意识、仪式与行为方面的实践也是一种宗教。不过,它与佛教、道教、天主教、基督教和伊斯兰教这类所谓的"人为宗教"⑤不同,是所谓的"自发宗教",亦即一个民族在其历史过程中自我建构与完善的宗教。换言之,世界上没有一个

---

①施密特著,萧师毅等译:《原始宗教与神话》,上海文艺出版社 1987 年版,第 2 页。

②涂尔干著,芮传明等译:《宗教生活的基本形式》,(台湾)桂冠图书出版有限公司 1992 年版,第 49 页。

③Wallace, Anthony F. C.: *Religion: An Anthropological View*. New York: Random House, 1966, p. 5.

④马林诺斯基著,李安宅译:《巫术科学宗教与神话》,中国民间文艺出版社 1986 年版,第 1 页。

⑤人为宗教是指由某人创立出来的宗教。

民族是没有宗教的，只不过他们各自所拥有的宗教的形式与内容不同。换句话说，不同的民族或文化，对超自然力量或超自然存在的表述方法与体系大多是不相同的。比如，在现代社会中，把某种疾病的原因归结为细菌或病毒的侵袭，并把它看成是自然存在的现象。但在别的社会里，同样的疾病会被看成是由神灵、精灵或鬼怪所引起的，而归罪于超自然的存在。还有，在现代社会中，现象可以被分成超自然和自然两类，但这并不表示所有的社会或民族都必须做这样的区分，如上述所引的普埃布洛印第安人的例子就没有作这样的区分。此外，在许多社会中，被我们视为神圣宗教的事情往往又会和构成日常生活的其他方面重合、交织在一起。如中国汉族的春节是一种年度过关的宗教实践，也是纯粹的世俗日常生活，难以精准地区别。换言之，文化系统的各个侧面，如经济、政治等，并不容易和宗教这一侧面明确地区别开来。总之，人类学家把文化分作若干侧面和部分进行论述，这只是研究上的需要与方便而已，人类学家所涉及的侧面和要素在文化中并没有真正独立存在过，因为文化是一个复合的整体，其整体的各个侧面或部分都有相互的关联并交织在一起。

不过，我们也应该明白，虽然人类学家把文化看作各种文化因素交织在一起和相互配合的复合整体，但一般说来，生活在任何一个文化中的人们对这种文化因素的区别几乎是没有感觉的，也就是说，生活在某一文化中的人们对该文化所有的“知识”和“信仰”都是一体看待的。只不过人类学家将这些“信仰”或“知识”按照人类学家的分类，区分为经济、政治、宗教信仰等而已。人类学家就是这样经常面对这种复合性、多层次性的研究对象，并煞费苦心地指望如何将其分门别类地组织起来，从而使之丰满，充满生机和便于理解。然而，事实上，这样的研究是不可能尽善尽美的。例如，美国人不吃狗肉、猫肉和猪内脏，而朝鲜人和韩国人则视吃狗肉为大补，这是什么原因呢？是经济的原因，抑或是宗教信仰的原因？谁都难以分辨清楚。

20世纪70年代以来，对所谓宗教的看法也有一些改变，如格尔茨认为，宗教是一个象征的体系；其目的是确立人类强有力的、普遍的、恒久的情绪与动机（moods and motivations）；其建立方式是系统阐述关于一般存在秩序的观念；给这些观念披上实在性的外衣；使这些情绪和动机仿佛具有独特的真实性①。

换句话说，从此开始，人类学家们把以宗教冠名的一类事务和“信仰体系”或“知识体系”、“象征体系”这类的术语联系起来。由此可见，每个社会的宗教不仅是信仰超自然存在那么单纯，它实际上是某一民族的信仰体系或知识体系（包含象征体系），它是人们在认识周边的物理世界的基础上主位建构起来的一套由意识形态、想象的秩序和象征体系等组成的信仰体系或知识体系，人们透过此去认识世界，遵从其建构的秩序和规范生活，遇到问题就向人们或该社会建构起来的超自然存在求助，以解决问题。同时，不断地通过各种宗教实践（religion applied），如仪式等，崇拜、记忆、传承和再生产这一信仰体系或知识体系。换言之，人类学关心的是信奉某种信仰体系（或宗教）的人们如何运用该套解释去设计并安排其社会文化的构成秩序。

二、宗教的起源

有关宗教的起源有各种不同的说法和理论，具体如下所述。

（一）万物有灵论

在人类学中，19 世纪英国人类学家泰勒（E. B. Tylor，1832—1917）就曾对宗教做过概括性的研究。他发现，许多当代宗教（如基督教、伊斯兰教等）和古代“异教徒”的宗教有着共性，这就是对灵魂存在的信仰。由此他认为，宗教的基础在于：人们存在一种信仰，即人们相信任何事物都是由物理的、可见的物体和精神的、不可见的灵魂所构成。这是在对梦境、神志恍惚和死亡等情况的反思基础上形成的，也就是说，宗教产生于人们对精神状态以及其他人们不完全理解的事物的理智好奇心。泰勒把这种“关于灵魂普遍存在的信仰”命名为“万物有灵论”（Animism），也称“泛灵信仰”或“泛灵论”②。泰勒认为，灵魂的存在有各种各样的形式，他把它们进行了

①格尔茨著，纳日碧力戈等译：《文化的解释》（1973），上海人民出版社 1999 年版，第 105 页。

②泰勒，连树声等译：《原始文化》，（1871），上海文艺出版社 1992 年版，第 404 页。

分类，认为主要有：存在于人体中的灵魂（soul），死后离开躯体的鬼魂（ghost）和存在于人体之外的精灵（spirit）。后来，人类学家发现，万物有灵的信仰在世界上分布甚广，而且种类繁多，除了上述三种类型外，还有祖灵、怨灵、恶灵、妖精，甚至山川、草木、鸟兽、风雨雷电等自然界中的任何事物都有灵魂的存在。人类学家也发现，各民族的万物有灵论形态呈现出来的差异很大。

在人类学家看来，灵魂的存在（celestial being）或超自然的存在（supernatural being）大致可以分成两个大类：一是非人类起源的灵魂，另一则是起源于人类的灵魂。前者的代表是有姓名和无姓名的人格神，其中有不少是宇宙的创造者，比如，中国的天公、地母、土地等就属于这一类。后者的代表是死者的灵魂，即祖灵或祖先、祖宗。活人死去后，其灵魂还存在，仍给子孙后代带来长久的影响，这种信仰就包含在后一种大类的信仰中。如东非的卢格巴拉人（Lugbara）就把祖灵分为两类：一类称作“阿比”（a' bi），其包括所有没有姓名的远祖们的灵魂，他们把作为无数远祖灵魂的“阿比”集中在一个庙中祭祀；另一类祖先称“奥里”（ori），其为最近死去的人的灵魂，因而被认为对活着的人还抱有极大的关心。“奥里”这种灵魂和“阿比”不同，其有各自的个性，因而拥有各自的庙宇，进行各自的祭祀。卢格巴拉人能够通过对祖灵“奥里”的祈愿给氏族中的某个成员带来疾病或其他灾难。比如，某个人和另外某个氏族成员发生纠纷，一旦他的行为被看作是威胁到氏族的团结，首领就向祖灵“奥里”祈愿，给这个人以灾难，要是这个扰乱氏族社会秩序的人生病，那肯定是遭到了祖灵的惩罚①。

（二）万物有生论

泰勒从对超自然存在和灵魂的信仰中寻求宗教的基础和起源，但超自然存在的表现却不仅限于灵魂的存在。从许多社会中的人类学研究也可看到，有的民族并不信仰灵魂存在，而是信仰一些不具备人的特征的超自然力量。人类学家通常把这种超自然性的、非

①J. Middleton & E. H. Winter, eds.: *Witchcraft and Sorcery in East Africa*. London: Routledge and Kegan Paul, 1963.

人格的存在或力量用起源于大洋洲的“马那”(灵力)(Mana)一词来称呼。马那是一种超自然的非人力量,被认为是附着在某些特定的物体或人上,而不是附着在任一物体与人上,换言之,马那是为了表现事物的特殊属性和形态所使用的概念。在传统波利尼西亚社会中,有技术的人被认为拥有马那,因而其能发挥出精湛的技术水平;战士因拥有马那,所以能勇敢杀敌;锋利的宝刀比起其他别的刀也具有更厉害的马那。

马那并非固定与永恒地存在于某种事物之中。比如,波利尼西亚的首领人物被视为拥有马那,但是如果他在战争中失败了,人们就说他的马那丢失了。

在一些复杂社会中,马那的事例也存在,如日本社会中各种各样的“护身”就是具有灵力的东西。又如一名球类运动员可能会认为他的某件球衣或某双短袜具有超自然威力,穿了它就会得高分,这种现象实际上也是这类灵力信仰的例子。因此我们可以说,所谓马那,就是对异常的认知,是感觉到作为异常产生原因的超自然力量的作用的信仰。

对于马那,英国人类学家马雷特(Robert Marett,1866—1845)有较多的研究,他认为,在从人和物体中分离出灵魂存在之前,有一个把客观的肉体和物体本身视为神秘而令人敬畏的阶段,这就是所谓的马那——无个性的或非人格化的超自然力量的阶段,由于它早于泰勒所说的万物有灵阶段,所以对神秘而令人敬畏力量的信仰才是宗教的源头。马雷特把这叫作“万物有生论”(Animatism),或称做“泛生论”。因该阶段在灵魂存在之前,因而人们也将“万物有生论”称作“前万物有灵论”(Pre - animism)。

(三)满足心理需要论

马林诺斯基认为,宗教之所以产生与普遍存在,是因为它具有满足人们某种心理需要的功能。他认为,宗教是对影响到个人的焦虑情绪和人生无常的感觉的反应,由于上述情绪与感觉会瓦解社会群体的运作,因此宗教也是对瓦解社会群体运作的诸种威胁的反应。换言之,由于人们在社会生活中存在一些未知与焦虑,也存在对人生无常的焦虑，而这些因素如没有得到处理与解决，社会将不成社会，所以这些需要就成了一种刺激因素——文化迫力，迫使人们建构出宗教这类文化因素，以便减小与解决这些问题，从而使人们能正常地生存与生活下去。因此，在这些需要的刺激下，人们做出刺激反应，发明了宗教这类东西来满足人们的需要。如对死亡的恐惧，即人死后将去哪里，这往往是一种令人烦恼的问题，因此这种焦虑得不到解决，在绝大多数民族中都是困扰与瓦解社会正常运作的重要因素，然而，通过宗教的建构，人们相信自己不会真的死去，肉体的死亡是进入另一世界，或者被赋予永生的人格，或根据身前"业"的如何进入所谓的来世而形成不同的生活，等等。这样，人们的生活就没有了这类焦虑而可以有序地生活，社会也就正常地运行下去。总之，在马林诺斯基看来，宗教是一种文化因素，它是为了满足人们的某种心理需要应运而生的。

(四)宗教起源于社会本身和社会需要

杜尔干认为，把神圣的事物与世俗的事物区分开来的是社会而不是个人。一种物体，如一段木头、一块石头和一尊塑像等本身并没有任何东西可以使它自然而然地神圣化。因此，这个物体必定是一种象征。但象征什么？杜尔干认为，被视为神圣的物体象征着整个社会都认为这种东西是神圣的这一社会事实。他引用澳大利亚中部一些部落对图腾的象征性运用来作为宗教象征着社会的例证。那里的人们是以氏族的形式组织在一起的，而每个氏族都有自己的图腾。图腾是氏族各种宗教仪式的焦点，因而既象征着氏族本身又象征着氏族的神灵。人们赖以生存的以及在公共仪式上必须遵从的不是别的，正是氏族——或者说正是整个社会。换言之，是人们根据建构社会的需要而发明神灵，或把某些事物神圣化，因而这些神圣化的事物实际是社会的人格化身或象征，其存在于社会之中，对其社会的成员具有一定的权威。

三、宗教与巫术

就目前的情况来看，人们与所信奉的超自然存在发生联系的方法大体上有两大类型——宗教与巫术。

人们区别宗教和巫术,主要是根据人们与超自然力量的关系是采取从属的姿态还是采取支配的姿态来决定的。采取从属的态度时,就被称为宗教;而采取支配的态度时,就被看作巫术。一般而言,宗教行为的明显表现是“祈愿”,而巫术行为的明显表现则是“操作”或“诅咒”。对那些凌驾或优越于人们的超自然力量,借助于祈祷及其他手段传达人们的意愿,以企求超自然力量给人们带来所期待的援助或结果,这就是一般而言的宗教态度。而通过施行一定的行动或吟诵特别的语言、使用特别的道具驾驭和支配超自然力量,以此获得所期待的结果,这就是人们通常所说的巫术。换言之,我们也可以说,巫术是人们企图借助某种神秘的超自然力量,通过一定的仪式过程,对客体实施影响与作用的活动。不过,这种区别是人类学在各种不同社会中从事研究归纳出来的,换言之,在有的社会中,人们的宗教实践采取的是人们对超自然力量的操弄方式来完成的,而有的社会则是采取崇拜与向超自然力量祈愿的方式来实现的,它们都是我们上述所讲的信仰体系或可以用广义的宗教来指称。而这里所介绍的与巫术可以区别的宗教则是那种向神灵祈愿形式的宗教,也可以说是狭义的宗教,因为到目前为止,还无法创用一种新名词来界定它,所以只能留下这样的遗憾。实际上,近来的人类学不像过去那样特别注重这两者的区别,而是认为祈愿的宗教态度和操弄的巫术态度的差异只是人们对超自然力量的联系方式的不同。在现实中,巫术行为也包括所谓的祈愿在内,而在宗教行为中也包含有操弄行为,所以它们都是广义的宗教信仰的一个形态。

(一)巫术

巫术可以作不同的区分,具体如下。

1. 白巫术和黑巫术(邪术)。巫术是人们企图借助某种神秘的超自然力量,通过一定的仪式过程,对客体实施影响和作用的活动。也就是说,巫术是通过对超自然力量的驾驭和支配,希望由此取得某种期待的结果。而根据巫术的目的,巫术可以分为白巫术(white magic)和黑巫术(black magic)两类。通过巫术行为能给自己和别人带来好结果的巫术可以说是受社会欢迎的巫术，其为白巫术，其中，部分用于治疗疾病的称医疗巫术，巫术师则称巫医。与此相反，只给自己带来好处，而对别人却不是什么好事的反社会的巫术就是黑巫术，黑巫术也可以称作“致害巫术”、邪术（sorcery）等，在汉族民间社会中，有的黑巫术称之“做欠算”“做扣”等。比如，干旱时用于乞求老天下雨解困的巫术是白巫术，而加害仇人的巫术则是黑巫术。

2. 模拟巫术和接触巫术。从另一角度对巫术进行分类，巫术又可以分为模拟巫术（imitative magic）和接触巫术（contagious magic）两种，这是英国人类学家弗雷泽根据两个不同的思考原则来分类的。一个是根据类似的原理或相似律（law of similarity），此指类似的事物互相影响，以相似产生相似，也就是果近似因，即模拟某种现象以达成相似的结果，或者相似是一种象征（symbol），即用 A 代表 B，用一种指符（index）代表另一种指符，它反映的是一种隐喻（metaphor）。例如，为了祈雨而燃烧起团团黑烟，敲响震天响的锣鼓，这是基于黑烟与雨云、锣鼓声与雷鸣的类似，也是以前者作为指符去象征后者，并形成所谓的隐喻。这类巫术称为模拟巫术或顺势巫术。

另一原理称“接触律”（law of contact），是指对原体有过接触的事物离开其原体时，也能对其发生影响，例如，通过做法于从人身上掉下来的指甲屑、毛发、排泄物等而作用于或伤害他人的巫术就属于这类巫术。也就是说，这种巫术是用 A 代表 B，因为 A 是 B 的一部分，或者说，它用的是“记符”（sign），它作用于 A 而引起 B 的反应，即对 A 发出一个“信号”（signal），最终要引起 B 的反应，因此它强调的是一种“转喻”（metonymy）或感染。类似于这一类的巫术称为“接触巫术”或“感应巫术”（contagious magic）。

上述两类巫术并不相互排斥，一种巫术行为可以使用两种原理，故人类学家也将它们合称之“交感巫术”（sympathetic magic），而两种巫术的巫术原理合起来也称交感律（law of sympathy）。

3. 邪术与妖术。有的人类学家还把人们制造的、用于加害他人的神秘力量区分为邪术（sorcery）与妖术（witchcraft）或巫技两类。邪术大致与黑巫术相重合，在有这种信仰的社会中，施术者被称为邪术师，他通常有明确的害人之心，为了实现这种害人的打算，他一边唱着充满恶意的咒语，一边辅以某些象征性的行为（模拟的或接触的）来从事这种邪术。邪术的特征是针对在体验上能够观察到的事物，也就是说，你可以看到巫术操弄的现象。而所谓的妖术，则是指那些无法通过观察而见到的伤害事物，换言之，即便施术者即妖术师（witch，也译为巫婆）本身不曾对被害者具有有意识的恶意，也没有吟诵恶毒的咒语和没有象征性行为的实施，但该社会的人们同样也会认为某些人所拥有的这种神秘力量会给他人带来灾难。换言之，妖术通常是指想象上给人带来伤害与危险的一种行为。

在有的社会中，妖术和邪术具有对该社会成员所经历的疾病和其他不幸负责的解释特征。在这类社会中，人们描绘出来的妖术师和邪术师的形象大多被赋予违背人类道德的性格，例如，在东非的安巴人（Amba）中，人们认为该社会的妖术师形象具有倒着走路、吃食盐解渴、吃人肉、近亲通奸等反社会、反道德的属性。中国汉族对放蛊害人的巫婆也多有丑恶形象的描述。

4. 禁忌与塔布。禁忌是消极性地禁止对特定事物或人物的接触，或禁行某些日常行为。如中国汉族在妇女怀孕期间不得在家中乱钉钉子。“塔布”（Taboo）这个词来源于波利尼西亚语tabu、tapu，是“神圣的”或“印有符号”的意思。当地人相信，某些超自然力量带有危险性，人们若以错误的方式与其交涉，将会触犯危险而带来遭难。后来这个词成为英语国家的学术用语，用来指称禁止说不允许说的话和禁止做不允许做的事，一旦违反，就受到人们共同体或超自然力量的严厉惩罚。汉译的准确替换词为“禁忌”。

禁忌既有针对该社会中的每一个社会成员的，如乱伦禁忌（incest taboo）等，也有针对一部分人的，如在汉族中，孕妇有许多禁忌，故其种类十分复杂和多样。每种社会中都存在许多形形色色的禁忌，民族或文化不同，其禁忌的种类和内容也多不相同。

禁忌不单是社会和法律（包括习惯法）的禁止，其根源还可以从超自然的力量中寻觅。侵犯禁忌意味着人们和超自然力量之间发生了错误的交往。实际上，超自然力量对人类的作用除了赐福外，也包含着某种危险，所以人们极力不让这种危险发现与靠近自己，从而就需小心翼翼地对待超自然力量。由此看来，所谓禁忌，实际上就是不让超自然力量发现的危险信号。因此也可以说，禁忌是一种防御的机制。利奇（Edward Leach，1910—1989）曾指出，禁忌是因为对两个不同的范畴的接触重合部分进行论证分析的结果，因为这种分析发现，两个范畴间的重叠之处带有两义而模棱两可，具有模糊的属性，而这在认知上是很危险的，所以就把它变成“不能看见的状态”，而这种状态就是禁忌。

（二）宗教

这里讲的宗教是狭义的宗教，即指那些透过祈愿的方式与超自然存在或力量建立联系的宗教形式。宗教一般分为两类，即多偶像崇拜的宗教与单一偶像崇拜的宗教。

1. 多偶像崇拜的宗教。多偶像崇拜的宗教也称多神崇拜或信仰，其宗教崇拜与信仰一群神灵，有的宗教的这群神灵互相不统属；有的宗教中，虽有一个统领众神灵的神灵，但其下的各位神灵也各司其职，如中国汉人自发的宗教实践——神仙教①就属于这类。人为的宗教如佛教、道教也属于这类。

2. 单一偶像崇拜的宗教。单一偶像的崇拜也称一神教，其宗教只崇拜单一神灵，人为的宗教如犹太教、天主教、基督教和伊斯兰教等都属于这类，虽然它们也有一些差别，但因它们都信仰唯一的神灵，如上帝、真主，故它们都归于此类。而且它们的宗教认知方式也是比较一致的，即都认为人类获得宗教的途径应归结于超自然力量对人类的启迪，因此这些一神教多为“神启”的。

四、宗教的中介

几乎每个社会中的人们都会多少和宗教发生某种关系，但在每个社会中也存在一些与超自然力量的联系比他者更深的人，这些人可以称为宗教中介。当然，由于不同社会的宗教是不同的，所以不同社会中存在的宗教中介的情况也是不同的。这种宗教中介在其社

①石奕龙：“中国汉人自发的宗教实践——神仙教”，《中南民族大学学报》，2008 年第 3 期。

会中扮演着一种与一般人不同的作用与功能，他们多为处理宗教事务的专家或职业者，在人类学中，除了称他们为宗教中介外，也可以称他们为宗教专家或宗教职业者（religious specialist）。按其从事的宗教实践来看，他们可以分为下面两种类型：巫术师或萨满和祭师。

（一）巫术师或萨满

巫术师（magician）是能够施行巫术的宗教执事者，他们常常是业余性质的，他们被认为能够通过平常人不懂的宗教知识和行为，支配和驾驭超自然力量，从而制造出他所期待的结果。例如，在密克罗尼西亚乌利西岛上的巫术师当中，有管理天气的巫术师。他相信，在大海起风暴或持续干旱时，将放入小筒内的液体加热或冷却，就能像他所期待的那样改变当地的气候。在乌利西岛上，通常是起风暴时将小筒内的液体加热，干旱时则将其冷却，由此，乌利西岛的气候和天气巫术师的液体发生交感影响。如果我们将当地的天气视为宏观的系统，那么，小筒内的液体就被看作宏观系统所浓缩、投射的微观系统。当地人相信，改变了小筒中微观系统的液体状态，作为宏观系统的天气也就会随之自动发生调节。

巫术师的权威与祭司不一样，其极具个人性。他的巫术越有效，他的神圣性和权威性就越大。巫术师的魔力不管是直接还是间接地在各种场合出现，都是在与超自然力量的交涉中获得的，并且是操作性的。因此，在有些简单社会中，巫术人人会做，人人都具有操弄超自然力量的能力，特别是一些简单的、涉及个人的巫术更是如此。当然，一些涉及族群和公共事务的巫术可能就需要某些专家来从事。而在有的简单社会中，巫术师已由某些专人业余担任，他们也可以说是掌握了某些巫技的业余宗教执事者。在有的社会中，巫术师可以分出一类所谓的邪术师（sorcerer），这种所谓的邪术师是指那些专门施行黑巫术的人。

在人类学中，有时会把萨满（shaman）归于巫术师中，有时则把巫术师归在萨满中，因为他们都懂得各种巫技，有“能力”操弄巫术。不过，仔细考究起来，萨满与上述所说的巫术师还是有区别的，即巫术师大都是一种操作者，他们相信自己完全有能力控制超自然力量。而萨满所具有的魔力则认为是来自灵魂的存在或超自然力量。换言之,萨满通常要直接和超自然力量交涉后才具有"神力",他们往往以自己的身体作为工具,使神灵附体(possession),或脱魂(ecstasy)与神灵沟通后才能施行法术。因此我们可以说,巫术是个人的超自然力量的体现,而萨满则要通过与神灵交涉后才能施行法术。

关于萨满如何形成,各种社会并不一致。在美国平原印第安人当中,要接受神示而成为萨满,必须通过幻觉而获得必要的魔力。在北极的因纽特(爱斯基摩)人当中,一个人想当萨满,其必须独自一人去寻找神灵的眷顾。当他巧遇一位老萨满,在他的指导下学习各种有关的巫技与知识,并指明某位神明是他的守护神后,才能成为一位萨满。在中国汉人社会中,乩童通常是由神灵选择的,俗称"神抓",有的人是因久病不愈,在求神许愿中,以愿意当神灵的中介——童乩后而病愈,从而知道神要他当灵媒,这以后再加以训练、考验后而最终成为乩童。有的还要在神庙中闭关,学习一些技巧和咒语等。有的则由神灵直接"抓取",最后通过"过火""洗油""泼油""上刀山"等残酷的考验来验证其已成为灵媒。

萨满的主要工作是治病与占卜,即为社区的福祉服务,当然也为该社区中的个人服务。他们常常要和超自然力量直接交涉,因而同巫术师和祭师等有所区别。这种直接的交涉通常可以分为两种:一是因灵魂附体而交涉,即萨满以外的超自然存在暂时附体于萨满,这时萨满丧失了其对自己肉体的控制能力,而由附体的超自然存在支配自己的肉体,人们或社会的病因、过去、未来由超自然存在借萨满之口叙述出来;另一种则是脱魂而交涉,即萨满的灵魂脱离其肉体,走到上界或下界这些人们想象出来的遥远地方,在那里与超自然力量进行交涉,调查病因或其他问题,并加以解决。日本的萨满、中国汉族的乩童一般都属于前一类,而西伯利亚通古斯语族的萨满则属于后一类。中国汉族的"牵亡者"则具备这两种功能。

总之,巫术师和萨满具有下面几个基本特征:

(1)他们都是业余的宗教执行者,因此他们的生活要靠他们自己从事其他方面的生产活动来维持。但目前也出现了一些以此作为副业的宗教执事者，如中国台湾的“济世”，中国内地有些地方的“巫觋”。不过，在以这些类型为主的社会中，往往不存在维持宗教组织的经济结构。

（2）萨满和巫术师，可以直接从梦幻中或视觉上得到某种法力，或与超自然力量交往的经验来获得，最低限度，第一代巫术师或萨满会有这种经验。他们不同于祭师，祭师的法力是靠严格的道德训练以及他在宗教组织中的地位而来的。

（3）由于巫术师和萨满的法力直接接触到超自然力量，所以巫术师和萨满常是一些情绪方面不稳定的人。他们比平常人更容易做梦和出现幻觉。像在因纽特（爱斯基摩）人那样的社会中，萨满的做法一定会包括癫痫、发狂、迷幻以及其他类似的举动。中国汉族的乩童也会发生迷狂、癫痫状态，因此，他们的心理特征特别值得注意。不过，我们也必须清楚，这很难用心理学的方法来加以研究。

在许多社会中都有巫术师或萨满，但每个社会的情况和形式都可能不一样。在有的社会中只有巫术师，有的只有萨满；而在有的社会中则两者并存；有的还可能和祭师共存 。一般而言，只有巫术师和萨满从事宗教实践的社会，大多数是狩猎、采集的简单社会；而有祭师存在的社会，特别是存在职业化专职祭师的社会，一般都是生产并贮存食物的复杂社会，而且常常是已进入较高的社会分工和阶层分化的社会。例如，中国汉族社会中就是三者共存，既有基督教的牧师、佛教的和尚、道教的道士、伊斯兰教的阿訇，也有村庙中的三坛头（巫术师）、乩童（萨满）、法官、巫婆、神棍、神姐、上身者、牵亡者和尪姨等。所不同的是，萨满和巫术师的仪式大多在临时搭成的祭坛里进行，而祭师所举行的仪式大多在永久性的建筑物，如庙宇、教堂和礼拜堂中进行。实际上，中国汉人的乩童虽属于萨满，但他们也是在永久性的建筑物如庙、宫、院等中进行公共的仪式。而天师派、闾山派的道士和佛教的和尚也常受民间的邀请而在临时设立的祭坛中从事宗教仪式，为民间服务。

此外，值得注意的是，在人类学中，除了上述巫术师和萨满的称谓外，还可以被称为灵媒（spirit medium）、占卜师（diviner）、巫医（medicine man or doctor）、预言者（prophet）和仪式专家（ritual specialist)等。这些用语常常是在某些场合中用巫术师、萨满或祭师的概念将过于含糊不清和不适用时使用,如在从事某种仪式时,上述三类人均可以称为仪式专家。但有时仪式专家是指那些专门从事仪式而不做其他业务的宗教执事者。有时在强调某种专家的主要工作或工作情境时,也可以使用上述术语,如占卜师严格说是以占卜为主要职能的宗教职业者,这在非洲和欧洲较多,如欧洲的吉卜赛人,但一般的巫师或萨满通常也会占卜,而他们在从事占卜这样的工作或在占卜的情境中也可以被称为占卜师。又如,巫医准确地讲是专门以治病为主要职能的一类宗教职业者,但有时也可以称为人治病时的巫术师或萨满为巫医。再如,萨满都要通过与神灵的交涉而行事,所以也可以称为灵媒,因为人们认为他们是神灵与人类沟通的媒介。而有的巫术师在牵亡时,因需要借助神灵的力量,所以也可以称作灵媒等。实际上,他们基本上是一码事,只是工作的目的与性质有时有一些不同,所以有时人类学家往往也把这些灵媒或神灵与人类沟通的宗教中介人都称为萨满。

（二）祭师

祭师(priest)亦称祭司,通常是指职业或专业的宗教执事者,他把全部时间用来从事宗教活动,是代表信徒向超自然力量传达信徒们的意志和愿望,执行该社会或该社会的宗教组织承继下来的仪式,深入研究、理解和建构以超自然力量为中心的信仰体系,并常常把知识传授给信徒的人。但是,他的法力大多是透过与他有切身关系的宗教组织而来的,并非靠个人直接与超自然力量的接触与交涉。祭师不带有个人的神圣性,他是通过在宗教组织中获得宗教知识后而获得祭师的地位来发挥其权威的。为了成为祭师和提高地位,他必须长期进行严格的修行积累,而不是从神灵那里接受直接的启示。祭师一定要主持各种仪式或法事,虽然这些仪式或法事可以有相当程度的个人倾向,但绝大多数的情况都是依照既定的法则和程序从事,一丝不苟地进行。一个社会中有祭师的存在,表示这个社会的宗教已经相当复杂和制度化了。

可以称得上祭师的宗教执事者有很多种类,天主教(Catholicism)和基督教(Christianity or the Christian religion)的神甫(Catholic father)、牧师(Priest)、教士、修女，犹太教(Judaism)的教士(Judaism Raddi)，佛教(Buddhism)的和尚(Buddhist Monk)，道教(Daoism)的道士(Daoist)，伊斯兰教(Islam or Islamism)的阿訇(Ahung or Imam)，日本神道教中的“神主”等，都可以称为祭师。另外，还有一个共同的现象值得我们注意，即这些有祭师的社会都是在技术方面有长足进步的复杂社会，他们有程度不同的劳动力分工现象。在那些完全没有现代经济组织的社会中，制度化的宗教组织和专职的祭师都是不存在的。但自从资本主义世界体系形成以后，西方的制度化宗教，如天主教、基督教也渗透进许多简单社会中，并导致了许多文化冲突。

五、宗教仪式的构成要素

如果说巫术是宗教执行者的一种操作行为的话，那么，与此相对应的所谓狭义的宗教往往是由专职宗教执行者主持的一种与超自然力量进行交际的仪式。这种仪式通常都是一个复合体，它可以由许多要素构成。根据华莱士(Anthony Wallace)的分类，它大体有如下一些。

(一)祈祷

祈祷是对神灵表达求助、愿望和感谢的言语和行为。在所有的社会中，不论是表达谢恩或是恳求神灵相助，祈祷时都使用和日常用语不太相同的言辞或语调。有的使用的是古代的语文，如中国汉族在祭祀仪式中所使用的“疏文”“祭文”等还在用文言文和过去的地名；有的则采取独特的语调和节奏，有的大声地朗读，有的则用几乎听不见的细语来述说与表达，如非洲的卢格巴拉人祈祷时为默祷，从不把祈祷词说出声来，因为那样会用力太大，他们只是心里默念使他们烦恼的事，对他们来说，神灵懂得一切语言。此外，在祈祷时通常都有着比较特殊的姿态与表情，念祈祷词时的姿态多表现出虔诚、尊敬、爱戴、敬畏之意的程序化动作，如双腿跪着甚至五体投地，低下头、双手合十举于胸前或头前，等等。

(二)音乐

乐器演奏、唱歌、吟诵、节奏和舞蹈等对人们在仪式中的身心专一有着积极的作用。在仪式与礼仪中,音乐起着重要的作用,为了向神灵祈愿,添上音乐就能增加效果,使人专一,并具有将人们整合起来的作用。所以,进行集体仪式时,不能缺少音乐和节奏,因此,在把神灵迎接到祭祀场所和事后送回原处时,常常可以看到利用锣鼓、唢呐之类的简单乐器进行的伴奏,同时,在仪式上也常有用乐器伴奏的吟诵,如和尚念经时要用木鱼、磬、鼓、云锣等伴奏和控制节奏。道士在做仪式时有锣鼓、唢呐等的伴奏,所念的经文也是用乐音。基督教和天主教则有管风琴、钢琴的伴奏和唱诗班的歌唱等。尼达姆(Rodney Needham)看到世界上的各种宗教都会用一些音乐响声来引起超自然的注意,他认为,这是因为人们普遍使用音响来标志一个人从一种状态向另一种状态的转变。因此,从事宗教仪式实际上是从世俗的日常生活进入到一个神圣的领域,所以通常会以乐音来作为一种进入的标志。

(三)生理体验

服用会引起幻觉等生理反应的草药(如皮约仙人掌、有魔力的蘑菇)甚至烈酒等、苦行式的修行(如穿毛发衬衫或戴镣铐、自我鞭挞、刺穿肉体、长时间不睡觉)和禁欲之类的行动也常常与宗教活动相联系。饮用或嗅闻草药等产生幻觉也是宗教活动的内容之一。如《神农百草经》讲:“麻蕡(大麻的种子)多食会见鬼神狂走,久服通神明、轻身。”还有商代有那么多的酒器,其实也是为了喝酒醉后恍恍惚惚可以见鬼神。而通过幻觉和超自然力量直接交涉,这作为萨满的一个形态特征是为人所知的。苦行、禁食与禁欲生活也会产生头昏眼花、眼睛蒙眬、精神恍惚或欣慰快感等与食药或饮酒相近似的状态,由此也能够感受到神秘的体验与快感,如释迦牟尼是在山中饿了一段时间后才得道的,李叔同也是在杭州灵隐寺饿了几天后才有所悟而出家的。这些都是一些生理的体验。因此,和尚需要苦修,要出家。萨满要借助一些药物来产生精神恍惚的状态而跟神灵沟通。

(四)告诫与布道(说教)

传道者或说教者通常是作为超自然存在与人之间的中介的宗教专家。祭司或萨满等常常扮演这种角色。因为他们处于一种比一般人更接近神灵的位置,因此他们能从超自然力量那里获得信息,然后把这些信息传递或转告给人们。他们也能够告诉人们,神灵对人们有何要求,期待什么,什么样的行为能使神灵感到高兴,什么样的行为会使神灵不悦等。在任何一种宗教仪式中都存有告诫与说教、布道等行为,因为在任何一种宗教中都有着作为神人中介的宗教执事者或专家,而这些专家的布道与传递往往在宗教仪式中起着极为重要的作用。

(五)吟诵经典

在许多社会中,存在着记录那个社会的宗教建构的神圣书籍或口头流传,这些经典的代表就是神话和传说,它们讲述了神灵的所作所为,描述着神灵所期待的道德行为规范等。在宗教仪式中,这些经典常常要被诵唱,因为人们认为,这些经典中所描写的事情在很多时候都是现在人们的道德基础,并且认为这些敬神的文学多数是神灵亲自口授的,或是特别受神灵钟爱的人物著作流传下来的。

(六)模仿

在很多宗教仪式中,模仿活动也占有极其重要的地位。最典型的模仿(simulation)例子是弗雷泽注意到的“模拟巫术”。如攻击象征性敌人的偶像,就是攻击实际敌人的信仰,就是以这种模仿为基础的。在占卜中这类因素特别多,如莎士比亚笔下的裘力斯·恺撒(Julius Caesar)蔑视他妻子所做的预示死亡的梦,结果不久他就在元老院里被他人杀害。在一些期待丰收而举行的预示仪式中,模仿也占有中心位置。如景颇族的目脑纵歌中,要模仿人类从远古走到现在的历程。

(七)占卜

在世界各民族当中,有各种各样的占卜形式。露西·梅尔(Lucy Mair)把占卜分为三类:①自我进行的占卜,即物体自动回答占卜者的问题,不需要由人来加以解释。如非洲中部的阿赞德人(Azande)所使用的摩擦板就能直接给出是或否的答案。②要求对所使用的物体加以解释的占卜。要做到这一点,占卜者多少得了解一些当地盛行的流言蜚语和小道消息,还要善于察言观色,通过手势和语调等来摸清对方的底细,并具备能凭直觉抓住问话者想要得到的回答的能力。③占卜者被视为是从冥界获取信息的中介的占卜。这类占卜者进行占卜,在神灵揭示答案前,绝大多数必须进入一种出神入迷的状态,即所谓的神灵附体或灵魂出窍。

从事占卜主要是想知道超自然力量才能知道的事情。如生活在刚果河入海口附近的荣贝人(Youmbe)相信,死人是由某个敌人或发怒的亲戚朋友施展妖术造成的。所以,葬礼的部分目的就是要找出某个造成死亡的人。他们在葬礼期间派一名男子去打一头麂麝羚(一种非洲小羚羊)。如果他打死的是雌羚羊,那么该家庭中的女方就要对死者负责;如果打死的是雄羚羊,那么男方就应对死者负责。最常见的占卜方法是使用一定数量的由木头或象牙制成并带有象征性标记的小物件来进行。占卜者把这些小物件投到地上或在容器中摇晃后再投出,从物体散落于地上的分布情况中找到答案。也就是说,人们只是在遇到问题并试图寻觅解决问题的方法时才从事占卜。因此,在相信存在有超自然力量且时时与超自然力量相联系的任何社会中,占卜都是寻求信息的一种令人满意的方法。

对研究者来说,占卜方法与因占卜所得到的实际结果并没有任何直接的关联。如骨头上的裂纹实际上无法告诉任何人这一天哪里的猎物最多。奥玛·莫尔(Omar Moore)指出,占卜之所以能存在,应该有某些道理,即占卜除了有表面上提出问题和解决问题的功能外,还存在某种“潜在的积极功能”,要不然早就会被社会所摒弃。他认为,在某些情况下,随机策略可能会比以经验为基础的策略更具有适应性。例如,拉布拉多半岛的纳斯卡皮人(Naskapi)在狩猎运气不佳时,隔三岔五地就要去求卜一下。占卜时,把一块驯鹿骨放在火上烤,然后根据烤出的痕迹和裂纹决定该群体到哪儿去狩猎。这实际上是用一种随机的方法确定该去哪儿狩猎的方法。由于人类容易形成习惯性的行为模式,然后遵循着这种习惯性行为模式去寻找猎物,但是猎物也可能学会避开按此种习惯行动的猎人,这样一来,任何违反模式化或可以预测到的习惯行事的做法都可能对狩猎有利,因此占卜便提供了这样一种随机策略。占卜还具有减轻决定狩猎方向个人责任的作用,因为如果这个人做了决定而在那里打不到猎物,就会引起人们对他的愤怒。因此莫尔指出,占卜实际上与随机游戏类似,随机游戏是通过对几个互相竞争策略的成功随机概率值的认识来解决问题的,为了解决像去哪寻找猎物这种包含随机因素的问题,社会如果采用随机策略,成功的机会可能会更多。纳斯卡皮以及其他社会很可能就是作为解决某些问题的方法而采用占卜的。

(八)圣餐

饮食"神圣的东西"这种现象在许多宗教仪式中也能看到。如基督教的圣体拜受就是吃神灵血肉的仪式,虽然他们吃的只是面包和水,但它们象征着神灵的血与肉。在澳大利亚土著居民中的一些图腾崇拜(Totemism)中的图腾共食礼仪也是这种食用圣餐的仪式。在这种仪式中,人们要吃掉作为自己集团神话祖先的某种动物。因为,通过这种吃掉圣体的方式,人们可以从祖先那里获得神圣的力量,并相信能与神灵结成更深的关系,而且有与神灵融为一体的感觉。

(九)供奉牺牲

从狭义上讲,供奉牺牲为把活着的动物或人奉献给超自然力量的举动。广义上讲,供奉牺牲是指奉献给神灵的一般供祭品。作为牺牲的东西因社会而异。食物、饮料、金钱、家具、服饰、人或动物等都可以作为牺牲品。如中国汉人社会一般有三牲(标准为猪、鸡、鱼,简单的有肉、蛋、韭菜或韭菜、蛋、面干等)、五牲、菜碗(素菜如栗子、香菇、木耳、金银花等)、果盒、糕点、茶酒、金箔、香烛和鞭炮等。供奉牺牲的目的大多是向神灵请愿或还愿,赢得神灵的欢心,或是去平息与转移神灵的怨气,使其息怒等。多数社会的人认为，人们如果做出适当的牺牲，神灵就不得不代表其利益而采取行动。

(十)集会

宗教的主要功能是社会性的，因而即使在个人的宗教活动占有很大比重的地方或时候，也必然包含强调社会功能的情形。宗教这种社会方面的突出功能表现就是组成集团，进行集会或游行等。在集会和游行(如巡境)中，人们集体行动、唱歌跳舞、祈祷等，向神灵表示敬意或观看萨满和祭司等向神灵表示敬意等，这些活动在族群的内部也具有提高社会认同感的作用。

(十一)灵感

所有社会都存在自认为能感受到从超自然灵魂世界发出信号的人，这种接收信号的举动就是所谓的接受灵感。这种人在入迷、鬼神附体、梦境和幻觉等状态中和超自然力量进行交涉与沟通，并把神示转达给人们。这样的人通常都具有与一般人不同的精神状态，比如，萨满、乩童等就是这种能获得灵感的人，而且这类出神入迷、附体时的迷狂等通常也被认为是超自然力量显现的标志。

(十二)象征

在宗教中，象征所起的作用是极其重要的。象征就是为了表现意义的内容而成为媒介的符号和语言、动作、行动以及事物等。象征一般分为用部分表现整体的转喻(metonymy)和用一个整体表现其他事物的隐喻(metaphor)两种类型。例如，用王冠表示王权就是转喻，而用木棒表示阴茎则是隐喻。前者实际上是接触律，而后者则是模拟律。因此，接触巫术反映的是转喻，而模拟巫术反映的是一种隐喻。

宗教上的象征通常都被看作“神圣的”表现，但其具体的象征则是多种多样、丰富多彩的。象征大体可以划分为视觉上的、行为上的和语言上的三类。宗教就是由这些为数众多的象征构成的。宗教上的象征往往用图像、雕塑、神话、传说、礼仪和事物的形态来表现超自然力量(神灵)和意义，用仪式和行动来表达一个社会的意义等。不过,并非所有礼仪中所使用的象征都是表现超自然力量。例如,结婚仪式中新娘所穿的白色礼服只是象征纯洁和清净,与超自然力量没有丝毫关系①。

除了上述这些以外,宗教仪式中还可能包含那些应该接触的力量——马那(灵力)与那些不该接触的力量——禁忌等要素。因此,构成宗教仪式与实践的要素是多样的。我们所见到的各种具体形态的宗教现象或实践都是由这些要素的不同组合显现出来的,因而在人类学的宗教研究中,完全可以用对诸多因素加以分析和归纳的形式去理解和研究。

第三节　仪式与神话

一、仪式

仪式在宗教构成要素中是最重要的部分。上述 12 种要素被复杂地组合在一起构成一系列行为体系,这种行为体系即为仪式。因此,仪式是在文化上是被加以形式化了的行为的实际展演。在特定的场合中,其一般为反复地重复同一做法。

仪式常把信仰与超自然力量的存在作为前提,它从形式和重复的行为出发,甚至包含了极为日常的形式和反复的行动,诸如问候、辞谢、握手、饮食及其他礼节行为。在人类学中,"仪式"(ritual)一词往往只在把宗教信仰作为前提的场合才使用。如特纳(Victor Turner,1920—1983)认为,仪式是"用于特定场合的一套规定好的正式行为,它们虽然没有放弃技术惯例,但却是对神秘的(或非经验的)存在或力量的信仰,这些存在或力量被看作所有结果的第一位和终极的原因"②。亚历山大(Bobby Alexander)认为:"仪式是按计

---

①Anthony F. C. Wallace: *Religion*: *An Anthropological View*. New York: Random House, 1966.

②Victor Turner: *From Ritual to Theater and Back*: *the Human Seriousness of Play*. New York: PAJ Publications, 1982.

划进行的或即兴创作的一种展演，通过这种展演形成了一种转换，即将日常生活转变到另一种关联中，日常的东西被改变了。”①而在其他场合，一般用典礼（ceremony）一词。例如，祭神是仪式，而入学式和毕业式之类则是典礼。与此相对，作为日常生活中的习惯性的形式性行为，多用礼仪（etiquette）或规矩（manner）来指称。人类学家在研究信仰体系和宗教体系时，所对待的主要是仪式的一部分。

仪式的分类可以是多样的，但大体看来，仪式有以下三种类型：岁时节日、通过仪式或人生礼仪以及状态仪式。

（一）岁时节日

一年中的例行节日和活动（annual-calendarical ritual），亦即我们所讲的岁时节日。岁即年，时序上某种周期中的一个点。时，《说文解字》解释：四时也，也是某种时序周期上的一个点。节，《说文解字》阐释为：竹约也，指的是竹节，也是指时序中的一个点。这些点即为某种关口，需特别对待。因此，这些年度中例行的节日和活动是对应于一年的自然周期的不同点而举行的仪式，它按照季节的变换、月亮的盈亏、星座的移动（如地球绕太阳旋转）等作为主要指标来设定。对人们的生活来说，一年的周期是一种不断重复的再生产过程，在年度的生活中，播种之前和收获之后是举行仪式的重要时节。

（二）通过仪式或人生礼仪

称作通过仪式或人生礼仪（rites of passage or life-cycle calendarical ritual）的仪式，是按照人一生的定期变化而举行的仪式。诞生、命名、成年、结婚和丧葬等就是这种仪式。但广义的通过仪式还可以指个人或集团从某个状态过渡到另一种状态所举行的仪式，狭义的通过仪式则仅仅指人生礼仪。

通过仪式（Les Rites de Passage）是由出生于德国、在法国长大的荷兰人类学家范热内普（Arnold Van Gennep，1873—1957）于 1909 年提出的。范热内普从“先后连续”（sequence）或“先后次序”“连续继

---

①Bobby Alexander: *Ritual and Current Studies of Ritual: Overview*. In Stephen D. Glazier ed.: *Anthropology of Religion*. Westport, CT: Greenwood Press, 1997.

起”的视角,观察仪式的整体过程。这使他特别注意到人类社会中有一连串的仪式主题,牵涉人类生命过程中的年龄、身份和场所的变化。无论在哪个社会中,人的一生必定经历出生、成年、结婚和死亡的过程,这意味着人们在其所属团体内的身份和地位的改变,在社会中被赋予的角色也随之变化。因此,为了帮助人们顺利通过这些阶段或关口,人们举行仪式,这些仪式即为通过仪式。此外,除了生命过程的通过仪式外,因季节变换所举行的岁时节庆以及关于就任、升迁、入学、毕业和退休等社会地位的变化,或是出征、狩猎等举行的仪式,也都带有通过仪式的性质。

范热内普在观察、比较和研究这些仪式中也发现,在许多通过仪式中,可能还包含着三种不同的程序:

1. 分离仪式。分离仪式(rites of separation)是使某个人从原先的生活中分离出去的仪式,其目的是使人离开原来的地位或状态,如使其外出旅行,隔离在村外的小屋里,剥夺其财产、衣物等仪式,都可以属于这一类。又如中国汉族的婚礼有“上头”仪式,其表示与过去的小孩子身份分离,上了头就成为大人,所以它应该属于婚礼这一通过仪式的分离仪式。

2. 过渡仪式。过渡仪式(rites of marge, or rites of transition)是为了实现向新的社会地位和状态过渡的仪式。在这种仪式中,个人可以发生最戏剧性的身份和地位的变化。由于人们的生理状况是不可能在一夕之间或短期内发生剧烈变化的,因此需要借助仪式中的夸张表现使个人得到解放,在最自由但也是最危险、暧昧不清的阶段中完成其身份、地位的转变。而在这个阶段中的人往往处于一个既非过去又非未来的游移不定的状态中,如中国汉族婚礼中的入门、拜堂等,一方面是两者的结合,另一方面仪式烦琐,没大没小,比较混沌。

3. 统合或组合仪式。统合或组合仪式(rites of incorporation, or rites de dagregation)是使过渡到新地位和状态的人以新的姿态再次进入社会为目的的仪式。也就是说,完成了变化过程之后,个人必须重新加入新的地位团体,成为其成员。此时,新的地位团体需以一种仪式,如宴请或共食等方式,让新成员分享,以表示接纳。如中国汉人婚礼中的宴请、闹房,到祖厅、祠堂拜祖,让祖宗承认,给公婆等长辈敬茶等,其表现的就是一种接纳与统合①。

(三)状态仪式

状态仪式(ritual of circumstance)与上述两类仪式有些不同,它主要是为了消除人生中突然来临的“灾祸”而举行的仪式。当疾病、天灾、触犯禁忌等个人或社会集团面对危险的事态时,以回复到过去的良好状态或秩序为目的的仪式均属于这一类。而根据不同的目的,这类仪式还可以分成以下几种:

1. 作为技术的仪式。这种仪式是以使人类的生活更加丰富和为了更好地统治和驾驭自然界的方方面面为目的。如人们为了获得在正确的方向活动而做的占卜(divination);期待获得丰盛的动植物收获的狩猎或农耕的强化仪式(rites of intensification);预防疾病、死亡、洪水、旱灾和地震等灾难袭击的防御仪式(protective rituals)等,都属于这一类。

2. 治疗和反治疗仪式。这类仪式是为了人类的健康,尤其是以治疗疾病为目的的仪式;以及与此相反,以给人类带来疾病为目的的“反社会的仪式”。治疗仪式大多数由萨满或巫医等宗教执事者来执行。在很多社会中,人们都把生病和死亡看作超自然力量作怪造成的,如神灵、祖灵的恼怒、降罪,或心地邪恶的人施行妖术、邪术等,如中国传统社会中所谓的放蛊等,这些都需要用一定的仪式来加以禳解,才能使该社会的生活在他们认定的正常秩序中延续下去。

3. 作为观念意识形态的仪式。这种仪式的目的是在社会和族群集体中,让个人能正常地有序地生存下去,而对社会集团成员进行该社会集团的价值观、道德和合理的行为模式、社会分工等的教育,以使他们能够掌握该社会的这些社会意识形态,正常有序地生活下去。这种仪式主要体现在通过仪式中的过渡阶段进行的仪式中,其内容主要是教授有关新的社会身份、地位、状态的意识观念。此外,祖鲁族(Zulu)中的“反乱仪式”也属于这一类,因为它是为了

①范热内普著,张举文译:《过渡礼仪》,商务印书馆 2002 年版。

再次确认日常的观念形态，并有强化王权的功能。

4. 作为救济的仪式。这种仪式也可以包括在治疗仪式当中，其目的主要是治疗由于个人的本体崩溃而产生的精神疾病。仪式对感到不安、压抑、不能消除不满的人，通过与超自然力量的仪式交往，如通过神灵附体、入迷、神秘体验等来恢复其本体或获得新的正身。例如，许多萨满就是通过这种仪式过程而成为萨满的。实际上，许多萨满多为现代社会所说的精神病患者，他们要成为萨满，要经过一段仪式训练，并由此演变成为在该社会中起一定作用的神媒——萨满。

5. 再生性的仪式。如果说作为救济的仪式是关于个人本体崩溃的仪式，那么，再生性的仪式则与在文化和社会整体规模上的本体崩溃有关。当一种文化、族群或社会与别的或新的、外来文化、族群或社会接触，既存的文化或社会遭到破坏，并发生变异时，有些民族或族群的人们常常会发起旨在将文化或社会的整体向好的方向改善的拯救运动。在很多情况下，试图否定现存的文化或社会而指向新的文化或社会建构的这类宗教实践或仪式就是这种社会或文化自身的救赎仪式。因此，美拉尼西亚的船货崇拜（Cargo Cult），伊斯兰教文化圈中的救世主运动，原教旨主义（Fumdamentalism），基督教文化圈中的千禧年运动（Millenium Movement），北美印第安人的复兴运动（Revitalization Movement）、鬼舞（Ghost Dance）、仙人掌教运动（Peyotism）等，都可以说是这种再生性的仪式或宗教实践①。

二、神话

和仪式密切相关的是在仪式场合或其他场合中吟诵的神话。“神话”一词是随着世界神话学的介绍而引入的。“神话”（myth）一词来源于古希腊语“mythos”，意思是传说或故事。公元前 6 至 5 世纪，它已变成有特定意义的术语，即“对于具有神性的存在的某种传说”。从 19 世纪开始，神话学成为一门独立的学科，神话一词也随

---

①Anthony F. C. Wallace ：*Religion：An Anthropological View*. New York：Random House，1966.

之成为世界性的科学术语。神话是世代相传的、有关超自然力量的超凡活动和包括宇宙之初在内的各种事物起源的神异故事。它通常把现在存在的万事万物归结于始源事件或超自然力量的行为,并由此赋予这些存在事物以根本的基础,解释了这些事物的由来与意义。换言之,一个社会的神话就是该社会对其面对的世界上存在的各种事物所做的一种主位解释。

对神话的分类有各种各样的尝试,但由于神话的基本特征大多是讲述有关最早发生的事件以及万物的起源,根据此,可以将神话区分为:宇宙起源的神话、人类起源的神话、文化起源的神话和人类状况的神话等几类①。

（一）宇宙起源的神话

宇宙起源的神话有超自然力量,如创造神用某些方法创造宇宙,和无须超自然力量的介入而由某种原初物质自然产生宇宙两种类型。如新西兰毛利人的创造神"依奥"是万物的始祖或创造神,他通过思考和语言,把水分开,创造出天和地,光明和黑暗。天和地派生出所有的物质和人类的创造者们。中国则有盘古开天地的神话,如徐整的《三五历纪》曰:"天地浑沌如鸡子,盘古生其中。万八千岁,天地开辟,阳清为天,阴浊为地。盘古在其中,一日九变,神于天,圣于地,天日高一丈,地日厚一丈,盘古日长一丈,如此万八千岁,天数极高,地数极深,盘古极长,后乃有三皇。"②又如,中国人认为盘古死后,其身体变成了各种事物,"昔盘古氏之死也,头为四岳,目为日月,脂膏为江海,毛发为草木。秦汉间俗说:盘古氏头为东岳,腹为中岳,左臂为南岳,右臂为北岳,足为西岳。先儒说:盘古氏泣为江河,气为风,声为雷,目瞳为电。古说:盘古氏喜为晴,怒为阴。吴楚间说:盘古氏夫妻,阴阳之始也"③。

从这里我们可以看到人类的原始思维在创世神话中的表现,它总是以表象类比的方式来解释事物,而且多以人的某些表象特征来

---

①大林太良:《神话学入门》,(日)中公新书出版社 1966 年版。

②(唐)欧阳询撰:《艺文类聚》卷第一,上海古籍出版社 1982 年版,第 2 页。

③(南朝梁)任昉:《述异记》卷一,景印文渊阁四库全书本 1047 册,台湾商务印书馆 1986 年版,第 613 页。

建构与阐释自然界的事物，如用眼睛之明亮来解释日月发光的现象，用毛发丛生来解释草木的繁衍和繁盛等。而且早期的人类认为，这种表象类似之物是可以从此处到彼处转化的，这里面贯穿着列维－布留尔所说的"互渗律"的关联。

（二）人类起源的神话

人类起源的神话主要解决的是人类如何产生的问题，有的也包含宇宙起源或由其延伸出来的神话中。如人类由卵和植物、动物产生；人类由超自然存在的尸体上产生的；人类由超自然力量创造的等。如中国汉族的女娲抟土造人；犹太人的上帝造天地，第七天造出人类来；畲族的盘瓠传说和现代建构出来的凤凰卵生畲族祖先等，都是这类人类起源神话。

女娲的名字最早见于屈原的《天问》："女娲有体，孰制匠之?"最早记录女娲造人神话的是汉代的应劭。《太平御览》卷七十八所引应劭所著的《风俗通》记："俗说天地开辟，未有人民。女娲抟黄土作人，剧务，力不暇供，乃引绳于絚泥中，举以为人。故富贵者，黄土人也；贫贱凡庸者，絚人也。"此外，另一种说法则为女娲是通过兄妹通婚而成为繁衍人类的始祖。如唐代李冗的《独异志》载："昔宇宙开初之时，只有女娲兄妹二人在昆仑山，而天下未有人民。议以为夫妻，又自羞耻。兄即与妹上昆仑山，咒曰：'天若谴我二人为夫妻，而烟悉合；若不，使烟散。'于烟即合，其妹即来就兄。乃结草为扇，以障其面。今时取妇执扇，象其事也。"再如湖北地区流传的《女娲造六畜》的民间传说故事则包括了一部分宇宙起源的神话。相传女娲造万物时，先造六畜后造人。开始，天是一团浑沌，地是一堆泥巴，女娲于是掺水盘泥巴玩。第一天，女娲摔泥巴摔出了一只鸡，鸡一叫，天门开了，日月星辰一齐出来了。第二天，女娲摔泥巴摔出了一条狗，狗一跳，地门开了，定出了东南西北四方。就这样，从第三天一直到第六天，女娲又接连用泥巴摔出了猪、羊、牛、马等六畜。第七天，女娲又用泥巴造出了人，并让他去管理这些家畜①。

①《民间文学》1986年第1期。

(三)文化起源的神话

文化起源的神话涉及人类文化的各个方面,所以数量最多。其是以做饭、用火、人工取火、栽培植物、饲养家畜、捕鱼、造房、乐器、礼器和文字等有关事物的起源为主题的神话。所以,有人将其定位为:“初民用原始思维来诠释他们祖先所创造的物质文化之起源的神话。”①这类神话的特点是,这些文化事物都由文化英雄所创造或带来的,而这些文化英雄有人,也有动物等。

如燧人氏钻木取火的神话,王子年《拾遗记》云:“燧明国有大树名燧,屈盘万顷。后世有圣人游日月之外,至于其国,息此树下。有鸟啄树,粲然火出。圣人感焉,因用小枝钻火,号燧人氏。”②这也说明,人们是在自然现象的启示下,或者说模仿自然现象而创造发明了文化因素。

又如壮族的《谷种和狗尾巴》的民间故事说:古时候天上有谷种而不给人间,于是人们派九尾狗到天上找。九尾狗到了天上,就在晒谷种的地方用九尾沾满谷种。看守谷种的神仙发现后,用斧头砍狗尾,一连砍掉了八条,狗只好带着一条尾巴回到人间,从此人们才有稻谷种植,并给狗吃白米饭,狗也只剩下一条尾巴。汉族的神话则是:“古者民茹草饮水,采树木之实,食蠃蚌之肉,时多疾病、毒伤之害。于是神农乃教民播种五谷。”③神农即炎帝、厉山氏、烈山氏、稷、后稷等,所以其他记载中有“是故厉山氏有天下也,其子曰农,能殖百谷,夏之衰也。周弃继之,故以为稷”④。这里的稷就是神农。厉山氏是古代羌人之一部,已进入农耕社会,烧山种田,所以又称烈山氏,供稷。炎帝、神农即出于此部落,夏以后称后稷。所以有的记载说:“田野不修,民食不足,后稷乃教之辟地垦草,粪土种谷,令百姓家给人足。”⑤“古之人民皆食禽兽肉,至于神农,人民众多,禽兽不

---

①陶阳、钟秀:《中国创世神话》,上海人民出版社1989年版,第269页。

②(宋)李昉等撰:《太平御览》(一)卷七十八引《皇王部三》,上海古籍出版社2008年版,第746页。

③(汉)刘安撰:《淮南子·修务篇》,岳麓书社1989年版,第248页。

④《礼记·祭法第二十三》,《周礼·礼仪·礼记》,岳麓书社1989年版,第463页。

⑤(汉)刘安撰:《淮南子·人间训》,岳麓书社1989年版,第231页。

足，于是神农因天之时，分地之利，制耒耜，教民农作，神而化之，使民宜之，故谓之神农也。”①至于神农的谷种之来历，古籍有三种说法：一是神农亲自发明的，“神农城在羊头山上，山下有神农泉，即神农得嘉谷之所”②。二是粟种从天上掉下来的，“神农之时，天雨粟，神农遂耕而种之……然后五谷兴助，百果藏实”③。三是鸟兽衔来的，如黄帝时，“有丹雀衔九穗禾，其坠地者，帝乃拾之，以植于田，食者老而不死”④。

还有黄帝时代，“奚仲作车，仓颉作书，后稷作稼，皋陶作刑，昆吾作陶，夏鲧作城”⑤，高元作室，虞姁作舟。神农的臣子创造农具等，如“倕作规矩准绳，垂作耜，垂作耒耨，垂作铫耨，垂作耜，垂作铫，垂作耨”⑥。还有黄帝的臣子“雍父作舂，雍父作杵臼”，等等。

（四）人类状况的神话

人类状况的神话为关于人类居住的世界和人类生存状态等产生本质变化的传说。属于这类神话的有：为什么人间有善恶之分？为什么人会死亡？为什么妇女会有月事？等等。换言之，这类神话就是为了说明和解释各种各样的人类状况的起源、发生而创造、建构出来的。

三、仪式与神话的关系

前面已经说过，仪式与神话有着密切的关系，关于这一点，美国哈佛大学的人类学家克拉克洪（Clyde Kay Maban Kluckhohn，1905—1960）是这样说的：依据事实来说，仪式是神话的原因，或与此相反，神话是仪式的原因。这类假说不能作为一般化的结论。神话和仪

---

①（东汉）班固撰：《白虎通义·号》，景印文渊阁四库全书本850册，台湾商务印书馆1986年版，第7页。

②（唐）李林甫撰：《元和郡县图志》卷十五《何东道四》，中华书局1983年版，第419页。

③《绎史》卷四《炎帝经》，景印文渊阁四库全书本1365册，台湾商务印书馆1986年版，第82页。

④（晋）王嘉撰：《拾遗记》卷一，景印文渊阁四库全书本1042册，台湾商务印书馆1986年版，第314页。

⑤（秦）吕不韦撰：《吕氏春秋·审分览》，岳麓书社1989年版，第147页。

⑥茆泮林辑：《世本·作篇》，中华书局1985年版，第115页。

式之间的关系不如说是复杂的相互依存关系。这种关系根据不同的文化，或者同一文化中的不同时代，具有不同的结构。有些人不太赞同上述说法，他们认为，仪式先于神话产生，特别是在某些社会中，神话并没有记载和传述，而是记忆在人们的大脑中，只有举行仪式时才吟诵，因此，神话说明解释了仪式，而仪式则再现了神话。但也有人认为，神话是对事物的一种主位的解释，不仅仅只针对仪式，而且在有的社会中，不伴随有仪式的神话和不伴随有神话的仪式都有存在，因此，仪式应是在神话之后才产生的。当然，某种仪式的产生也可能再发明出某种神话来加以解释，所以神话与仪式是相辅相成的。争论孰先孰后，有点像鸡生蛋还是蛋生鸡的问题，故在研究神话与仪式时，应该具体问题具体分析为好。

下面可以用一个具体的事例来看一看神话与仪式的关系。根据雷切尔·多尔梅托夫（Reichel Dolmatoff，1912—1994）的研究，居住在南美洲亚马孙河流域的德萨那（Dessana）印第安人的女子成年礼仪式过程如下：

当德萨那少女首次月经来潮，氏族就要为她举行成年礼仪式，经过这一成年礼仪式后，她就可以成为能够结婚的女性而在群体中生活。

一旦少女开始有月事，其氏族就要在俗称“马牢卡”（Maloca）的公房正门内的左侧用草席为其建造一间小屋，屋内的地上撒上灰，少女就住在里面暂不出来。在以后几天的仪式中，她只能吃从小河里打回来的鱼，这是一种仪式性的洁净食物，她不能喝任何东西。俗称“帕依”（Paye）的萨满把少女的头发剪掉，丢到小河里，还要在少女的身上涂上红色和黑色。而且他每天三次来小屋里，向用椰子的纤维搓绳子的少女吹烟雾。

当少女的月事一结束，她就可以走出小屋。她先到河里沐浴，洁净身体，沐浴完再回到“马牢卡”的房间中，由帕依为她做“祈请礼”。帕依做个炉子，用炉火点燃一根冒烟的火把，从公房一路熏烟到河边的码头，并在码头上向少女的保护神祈求保佑。然后返回公房，接着进行“问候仪式”。在仪式中，吟诵神话和氏族的谱系，告诫少女遵守该氏族的传统规范。接着，少女先给帕依萨满斟上酒，然后再给自己的父亲和其他到席的宾客斟酒,举行饮宴仪式。饮宴结束后,大家一起跳舞①。

以上为德萨那人少女成年礼的过程,但为什么如此行事并有这样的过程和细节?当地人有一个关于月事起源的神话来加以解释。这个神话说:太阳的女儿还未成年时太阳就爱上她了。在“哇依那比”河的急流处,太阳和他的女儿犯下了近亲乱伦罪,所以太阳女儿的血流了出来并扩散开来。因此,后来的女人只要一想起太阳犯下的近亲乱伦罪,每个月就必然会滴血,这是为了不要忘记这个罪行的缘故。但是,太阳的女儿在与其父亲的乱伦中感到快乐,简直就像太阳的妻子一样和父亲生活在一起,并沉迷于其中而不能自拔,因而就变得消瘦肮脏,失去了生气,脸色苍白。同样道理,刚刚结婚的女子之所以脸色苍白而瘦弱,就是因为她们性生活过度的缘故。这在德萨那印第安人中叫“嘎姆里”(Gamuri)。要是女性每个月有两次月事,那就是她的灾难。她将不能再吃东西,要像死去了那样横躺在岩石上,让太阳看见她,然后举行像迎接月事初潮时所做的祈祷那样的“嘎姆巴亚里”(Gamubayari)仪式。在这种仪式上,太阳吸着烟,喷向这种女人,让她复活过来。就这样,太阳规定了女人们迎接初潮时的祈请仪式,并一直沿用至今。由此看来,德萨那人的这些神话解释了该族少女的月事起源和少女成年礼仪式上的具体做法与过程等问题。而仪式过程实际上也用一种具体的做法来反映神话的来源与情节。

四、对浑沌的解释和对秩序生活的追求

人类学家林哈德(G. Lienhardt)说:“在论及巫术和宗教的信仰以及仪式时,我们要考察的是:特定的人们是如何理解自己世界中的潜在秩序;如何发现这些秩序;又如何表达出来,以及他们用什么手段适应这一秩序等问题。”②换言之,人类学家必须弄清楚的是:宗

---

①Reichel – Dolmatoff, Gerardo: *Amazonian Cosmos: The Sexual and Religious Symbolism of the Tukano Indians*. University of Chicago Press, 1970.

②Godfreg Lienhardt: *Social Anthropology*. Oxford University Press, 1964.

教上的观念和象征强调了人们体验的某几个侧面(因宗教或信仰体系的不同而有所不同),将这些侧面排列在同一秩序中,并使之互相发生关系,以奠定理解人们体验的基础。

不过,人类生活的秩序,即物质、理智、道德等的秩序,是从混沌状态形成的。混沌或无秩序有着破坏现存秩序的可能性,同时又具有潜在的创造力。也就是说,混沌具有两重价值,用道格拉斯(Mary T. Douglas, 1921—2007)的话来说,就是混沌"象征着危险和力量两个方面"①。可以说,所谓的超自然力量,就是把这种危险和力量的两重价值加以形象化。神灵可以造福人类,也会降罪于人类,就是这种力量与危险两重价值的表现。神灵通过浑沌建立秩序,并把秩序给予人类,从而使人们按一定的秩序生活。上一节所提到的德萨那印第安人的神话与仪式也可以说明这一问题。

对德萨那人来说,近亲乱伦是重大的犯罪,而女性的月事是太阳和其女乱伦的后果,这就意味着对这种犯罪行为的警告和永志不忘。少女的成年礼称"嘎姆巴亚里",这是再现作为该族群第一任帕依(萨满)的太阳为了使因月事流血而面临死亡的女儿复活或再生所进行的治疗仪式。在仪式中,每日三次拜访隔离在"马牢卡"中的少女,并用烟雾喷她的行为,就是表现和模仿太阳的行为。

在少女成年礼上,帕依在临时小屋中撒上的灰象征着遍及世界的大火。根据德萨那印第安人的神话,太阳和其女儿乱伦,导致一段无秩序的浑沌时代,在这一阶段,世界上大洪水和大火盛行,之后人们才进入现在这种有序的时代。由此看来,在德萨那人的心目中,所谓浑沌或混乱状态,就是以性关系的无序为中心的、没有任何规范的有罪状态。因此,在仪式中撒灰的举动表现的是混乱阶段曾存在,并希望在此混乱之后能进入秩序的阶段,同时也表示作为父亲的太阳和自己的女儿乱伦,犯下了异常的罪行,这才引起混乱。因此,以此获得教训的造物主太阳为避免混乱的再次出现,从而制定了作为基本道德规范的法律体系,即乱伦禁忌,从而在更广泛的

---

①Mary T. Douglas: *Purity and Danger: An Analysis of Concepts of Pollution and Taboo.* London: Routledge & Kegan Paul, New York: Praeger, 1966.

意义上禁止族内通婚。

这样，对认为禁止了近亲乱伦就等于确立了该社会的法律秩序，并把这种信仰作为生存基础的德萨那人来说，近亲乱伦是危险的标志。因为这意味着向浑沌时代的倒退，意味着秩序的混乱。就这样，德萨那人通过少女成年礼，经常意识到浑沌时代的存在和倒退的可能，从而也意识到社会秩序的重要性，并使这种意识不断强化。

此外，从对德萨那人其他信仰中也可以得出上述同样的结论来。在德萨那人的社会体系中，有男性原则和女性原则的区别。他们也懂得，一旦把这两者混为一体，就会招致对秩序的否定而重新回到浑沌之中。例如，在德萨那人当中，森林中的动物是男性的食物，这是遵循男性原则的；而河川里的动物是女性的食物，这遵循的是女性原则，它们之间是有区别的，不能相混在一起，这就是德萨那人社会秩序的一部分。这种男性与女性区隔的原则决定了德萨那人的烹调行为和他们日常的饮食习惯。换言之，在德萨那人中，肉与鱼混合在一起做菜是绝对不可以的。之所以如此，是因为这种混煮的举动混淆了男性和女性原则，它意味着违反外婚制的规定，而会导致近亲乱伦的内婚制，这样就可能会发生向神话中的浑沌时代倒退的危险而出现秩序上的混乱或无序。所以肉和鱼是不能混合煮在一起的。

总之，从上述分析来看，我们可以看到一个社会是如何运用神话和仪式来整合和调适其社会中的社会生活实践，使之有序与再生产。

第四节　作为象征体系的宗教

当我们要区别人类和其他动物时，我们常说：人类是掌握和创造象征的动物。在人类的象征活动中，尤为重要的是语言活动，因为语言是一种非常明显的象征体系，它是用声音符号或文字符号象征性地表述事物的体系。不过，在语言之外，人类社会中还存在其他的象征体系，也进行除语言之外的各种各样象征活动，其最具代表性的体系与活动就是宗教和艺术。而在人类学研究得比较多的简单社会中，在很长的时间内，宗教与艺术是相重合的，难以区分。

根据格尔茨的说法，宗教是一个象征体系，但为了分析上的方便，它可以区分为称作“归属模型”的“现实的模型”（a model of “reality”）和称作“目的模型”的“为了现实的模型”（a model for reality）两重性[①]。所谓的“归属模型”或“现实的模型”，就是强调对象征结构的操作，这样才能使其大致贴切地成为那种预先设定的非象征体系的比照物，好比我们发展了水力学理论或给出了流程图便知道了堤堰如何起作用。理论和图表以简要形式表达其结构，用可理解的方式“摹写”物理关系，这是一归属“现实”的模型。换言之，现实的模型是为了理解我们生活的现实世界而由文化规定的概念体系结构或象征体系结构，它就像造堤坝时的水力学理论或工程流程图一样。而所谓的“目的模型”或“为了现实的模型”，强调的是对非象征体系的操作，它借助象征体系来表达，好比我们依据水力学理论所隐含的规则或者按照从流程图得出的结论来建造堤堰。这里，理论是一种模型，它指导着物理关系的组织过程，它是以现实为对象的模型。换句话说，这是一种依据象征体系而对现实进行建构的过程，其就像依据水力学理论或工程流程图来建造大坝一样。前者强调的是想象的“蓝图”，而后者强调的是根据蓝图的“操作”。换言之，也就是说，象征包含着为了理解现实而产生的文化模式和为了创造新的现实所产生的社会性行为的基本准则。例如，上述德萨那人的少女成年礼仪式及其神话中表现出来的象征意义具有把女性月事这种现实情况纳入该文化对现实的了解和所期待的现实世界是什么样的想象之中；而禁止近亲乱伦和外婚制则传达了该族生活规范的另外两重意义。

弗思（Raymond Firth，1901—2002）说过：人类学研究宗教的主要任务，在于把人类的象征性行为作系统的记述与分析。弗思认为，研究宗教应遵循四个步骤：①先把有意义的行为和附带的行为区别开来；②把形式的和标准的要素和个人的及特殊的要素区别开来；③从行为者、参与者和非参与者对其行为所赋予的意义那里获

---

①格尔茨著，纳日碧力戈等译：《文化的解释》（1973），上海人民出版社 1999 年版，第 107～108 页。

得他们对该社会文化的说明；④把所有这一切置入一般的、概念的和制度的框架中，以及放在与此相关的人们身份关系、集团关系等这些更为特别的框架中去分析[①]。这里的第三步是被研究者的象征说明与解释，其相当于主位的（emic）或民俗模型（folk model）的解释。而第四步是研究者所得出的分析结果，其意义相当于客位的（etic）或分析模型（analytical model）的解释和说明。

特纳认为，象征—仪式有各种不同的意义，并综合了人的心理情感和社会结构中的规范和价值观。因此，研究象征—仪式有必要探讨三个层次的意义。这三个层面即解释意义（exegetical meaning）、操作意义（operational meaning）和位置意义（positional meaning）[②]。

特纳所说的解释意义就是被研究者本身的解释，即一般的仪式参与者和宗教执事者或仪式组织者对宗教中的诸事物的象征所给予的解释。换言之，解释意义相当于观念形态的本地人主位解释，即对信仰、仪式和象征的原生解释。如信仰、仪式和象征的来历、关系、社会价值和超人力量等，是被研究者的意识形态、主位表述与解释。因此，通过对仪式参与者、组织者和记录者（包括文献和口头记录）的调查，可以探讨特定族群的信仰、仪式和象征所代表的观念形态。也就是说，"通过就所观察到的仪式询问当地的信息提供人，我们能得到解释意义"。

操作意义是象征在仪式场合中的运用，即研究者在实际的仪式场合中，根据观察象征实际使用的情况得出来的意义，其主要是指可以观察到的仪式层面，如祭祀行为、生命礼仪、算命、卜卦行为、择日择地择方向等所体现的意义。特纳认为，仪式是一种"社会戏剧"，表现了社会关系的过程。其具体的操作程序是以结构—反结构—结构的程序运作的。换言之，仪式刚开始总是将参与者按照日常生活中社会结构的分层关系加以严格安排，使之符合"结构"的基本规范和价值观。发展到仪式的中心期，参与者的社会角色便消失了，他们之间的差异被暂时消除，成为一个共同社区。到了结束阶

①Raymond Firth: *Symbols, Public and Private.* London, Allen & Unwin, 1973.
②特纳著，赵玉燕等译：《象征之林》（1967），商务印书馆2006年版。

段，参与者在社会结构中的位置得以再一次肯定，并恢复日常生活中的社会角色。

位置意义则是根据研究者的分析得出来的意义。它是从观察、考察与分析某个象征体系内部的以及和其他象征的关系中，或者从观察一个仪式整体中的关系及其在该社会整体中的关系所得出的意义。换句话说，位置意义是指象征的仪式系统性及社会结构意义，是象征在整体社会文化系统中的意义①，而这种态度性的意义，当事者们通常是无法意识到的。

一、象征二元论的分类体系

格尔茨说，宗教的象征是从文化上了解现象世界的模型，同时也作为在现象世界中生活着的人们的社会规范的模型而发挥着功能。换句话说，象征能够把抽象的事物变成具象的事物；把复杂的事物变成简单的事物；把未知的事物变成已知的事物；把无形的事物变成有形的事物。它还能够用已经理解的事物来表现神秘的事物；把经验的事物变成理解的事物，并创造出新的经验来。它还可以按照现实来塑造自身，也按照自身去塑造现实，并把意义即客观的概念形式，赋予社会和心理的现实②。

从这种象征人类学的立场出发，可以说象征是文化体系的基础。在亚洲、非洲、南北美洲等地的各民族中，都可以明显地看到，他们有象征二元论的分类体系。这种分类体系是创造和维持文化秩序的最基本分类法。在拥有这样的分类体系的社会中，强调左和右、男和女、上和下等这些互补的二元论对立的情况，这些在日常生活和宗教生活中比比皆是，只不过不同的社会文化所使用的具体东西不同而已。所以，通过调查研究，研究者可以把由这样的二元对立和类推组织起来的、贯穿于该社会中各方面的二元论分类体系，

①特纳著，黄剑波、柳博赟译：《仪式过程：结构与反结构》（1974），中国人民大学出版社 2006 年版。

②格尔茨著，纳日碧力戈等译：《文化的解释》（1973），上海人民出版社 1999 年版，第 108 页。

从具体和个别的事物中抽象出来。例如，在东非的戈戈族的文化中就存在由下面例子所构成的一个体系。

东非戈戈人（Gogo）的象征二元论分类体系：

右（侧，手）	左（侧，手）
男	女
吃饭时用的手（清洁的手）	排泄时用的手（不洁的手）
接受或馈赠食物和礼物的手	交换香烟时的手
强	弱
贤明	愚蠢
性交时，男性睡的一侧	性交时，女性睡的一侧
埋葬男性的一侧	埋葬女性的一侧
女性手淫用的手	男性手淫用的手
弓	瓢、鼓
东	西
南	北
上	下
山地“未开垦”的部分	山地“已开垦”的部分
生殖力、健康	死亡、疾病
	恶灵、妖术师、魔术师
冷凉	暑热
提供巫药的植物	有毒的植物
长老	青年
黑	红与白
统治、政治权力、财富	人生危急关头的几个礼仪的处理

又如，在中国汉族社会中，也存在有这种象征二元论的分类体系：

阳	阴
上	下
前	后
左	右
男	女

乾	坤
单数	双数
热	冷、寒
干	湿
正常	非正常
协调	不协调
秩序	无序、混乱
洁净	污染、垃圾
神、人	鬼

当然，中国汉族人的象征二元对立论的分类体系可能比较复杂些，它通常是根据与人的关系推展出来的，同时它还有五行的变化，所以比较复杂。

尼德海姆(Rodney Needham,1923—2006)对这种象征二元论分类体系多有研究，他认为，研究这种体系实际上是去研究被研究者的思维结构的问题。他说，我们反复探求的要点，只不过是左、右、男、女四个词语和对立与类推这两种关系类型。也就是，使用基本的逻辑对立(左—右)和基本的经验对立(男—女)两个方面，并通过类推的结合而寻找出首尾一致的两种不同对立物的关系。前者反映了在思维结构中不可或缺的因素，而后者则是生殖性的感情表现①。

总之，象征二元对立论分类体系的研究并不局限于宗教的象征问题，它也是研究人类思维结构等领域的问题，因而，实际上这一问题的研究是一种基础科学的研究课题，并非宗教研究所独有的。

二、神话的象征意义

在人类学的研究中，通常是把神话故事所描述的人物及其行为、事件、事物等作为某种象征来理解与认识，并试图解释其意义。对于这样的研究，目前主要的理论有两类，即心理学派和结构功能学派。前者是用弗洛伊德主义的性象征理论来对神话加以解释的，

①Needham, Rodney: The Left Hand of the Mugwe. *Africa*, XXX, No. 1.

而后者则是用神话是社会结构或思维结构的象征的理论来加以解释的。

例如，在东非居住的卡古鲁人（Kaguru）有这样一则鬣狗和兔子的神话故事，该故事说：在大饥荒年代中的一天里，野兔子与其舅舅鬣狗谈论如何才能度过这个大饥荒年代的问题。鬣狗提议将它们各自的母亲杀了，拿去卖掉来度过饥荒。野兔勉强同意了舅舅鬣狗的建议，决定先杀鬣狗的母亲。这两个家伙来到鬣狗母亲住的地方去杀它，吓得其母亲四下逃命，但终究还是被这两个家伙杀了。卖了鬣狗母亲之肉以后不久，再次发生了食物困难的情况。于是，兔子开始不踏实起来，并为这次该轮到杀自己的母亲而感到很痛苦。于是，它想了一个办法来欺骗鬣狗。兔子外出去打猎，它的运气不错，打到了一只鹿。它诈称这是自己母亲的肉，并交给鬣狗。鬣狗得肉大喜，它们一同去卖了鹿肉。但是饥荒并没有因此就即刻结束，鬣狗终因饥饿而死去；而兔子则因为设法欺骗了鬣狗，保全了母亲的生命，并得到躲藏在洞穴里的母亲的帮助，终于度过了这长时段的大饥荒，最终得以长久地和母亲在一起幸福地生活①。

搜集到这个故事的白德曼（Thomas O. Beidelman）对此作了分析和阐释。他认为，可以把这个神话传说看作该社会的社会结构的反映和象征。也就是说，鬣狗及其母亲、鬣狗的外甥兔子、鬣狗的妹妹——兔子的母亲这四个人代表着卡古鲁人母系世系群的基本关系。鬣狗和兔子的关系是卡古鲁人舅甥关系的象征表现，鬣狗、兔子及其母亲们的关系也象征着该社会的母子关系。因此，这个神话传说实际上是一个训诫故事，其描述了卡古鲁人中不遵守该社会道德规范的叛逆者鬣狗和遵守该社会道德规范的兔子有不同的结局。进一步来看，这个传说故事还表明，卡古鲁人中代表反社会之妖术师形象的鬣狗被象征着卡古鲁人有道德人们的兔子所战胜。总之，根据白德曼的观点，这个传说故事是卡古鲁人社会关系的象征表现，它讲述与强调了卡古鲁人应该遵守的社会秩序的意义。

---

①Beidelman, T.: Right and Left Hand among the Kakuru. *Africa*, XXXI. 1961.

卡古鲁人的社会也是一个有着象征二元对立论分类体系的社会。根据这样的观点，我们也可以把鬣狗和野兔这两个形象所象征的内容进行二元对立论的抽象。如：

兔子	鬣狗
外甥	舅舅
社会的存在	反社会的存在（食人）
生存	死亡
秩序	混乱
"文化"	"自然"

从上述分析中我们可以看到，兔子是卡古鲁人的"文化"、社会秩序和生存的象征。而鬣狗则是破坏这些的"自然"、混乱（无序）和死亡的象征。因此，这个传说故事也体现了该族群的认知结构与宇宙观辩证法。

当然，白德曼也暗示说，这个神话也有用弗洛伊德主义进行解释的可能。因为，也可以把鬣狗杀死母亲的事情理解为与母亲的象征性性交，也就是说，该神话传说象征着近亲乱伦会导致混乱和死亡等。

总之，要把神话和传说看成象征体系，就得像列维－斯特劳斯所说的那样，必须参照拥有该神话或传说的社会的经济的、社会的、伦理的、世界观等的社会文化各种密码加以破译，才可能了解这个社会文化的象征体系所表现的意义。换言之，只有了解一个文化的背景，才能解释该社会的神话传说，也就是说，应把神话传说故事放在该社会文化的整体中，才能真正理解这个神话传说的意义，而如果将神话传说孤立起来，就很难真正地阐释其意义。

三、仪式的象征意义

仪式也充满了象征的表现。仪式是形式化的行为展演，它是传达"是怎么一回事"的象征系统，它把日常语言和行为不能表达的事情，通过形式化的无声语言和行为来表达。在这样的表达过程中，象征是其表达的工具。仪式通过象征的表现，所涉及的即使是个人作为仪式的具体对象，也同样是集体和社会的事情，是隐藏在日常生活背后的事情。仪式往往涉及人类本源性的问题，关系到社会的根本。把仪式看作象征体系，分析其象征意义的工作也就涉及对社会实体、社会秩序和宇宙论的把握①。

例如，从南非的斯威士人（Swazi）俗称“因库瓦拉”（Incwala）的“王权仪式”中就可以看到丰富的象征主义表现。斯威士人的王权仪式是一种表示年度交替的复杂仪式，它在年中举行，由大小两个仪式构成。先举行的是小因库瓦拉仪式，这从太阳走到夏至点，月亮变成新月时开始做，持续两天时间；而大因库瓦拉仪式则从该月的满月之夜开始做，持续六天时间。

在仪式举行之前，国王的仪式专家应先从海里和河里汲来能使国王精力充沛，并能使其强化和净化的“水”，并收集许多用于同样目的的草药。在小因库瓦拉仪式开始的早晨，仪式专家把国王安置在一个神圣的围子里，宣布因库瓦拉仪式开始的荣誉则给予在国王祖母娘家村落出生的年老士兵们。换言之，就是由国王祖母的村落中出生的年老士兵宣布仪式开始。

仪式开始后，国王的近卫传令兵开始唱起赞歌，听到歌声，参加者逐渐加入唱歌与跳舞的队伍。为了给国王治疗，在仪式上要杀一头黑色的阉牛。到日暮而月亮还未升起的傍晚时，跳舞的队列逐渐从新月形变换为满月形后，人们开始唱起“西麦洛”（Simelo）歌。这时，王子和外人必须退出。因为“西麦洛”的歌有憎恶王权的内容。这歌唱了一会儿后，突然司仪宣布安静，司仪告诉人们，神圣围子里的国王吐出了充满神秘力量的巫药。仪式专家们则随之大声叫道：“我们的雄牛，我们的国王，用这个牛角猛烈地刺杀。”国王为了破除旧年迎接新年而吐出了巫药，这意味着已产生了国王期待的结果：取得胜利和强化了大地。

第二天则重复与第一天大致相同的仪式活动，最后，士兵们到国王家属们的地里干活，进行摘除杂草等的农业劳动。

大因库瓦拉仪式的前四天，继续进行与小因库瓦拉仪式基本相同的礼仪内容，只是内容更详尽些，而最后两天的仪式则有比较大

---

①Raymond Firth：*Symbols*，*Public and Private*. London，Allen & Unwin，1973.

的差异。

第一天傍晚,由未婚的士兵去采摘象征生长、青春、坚固、丰饶的神圣树枝,这些树枝必须在圆月开始升起的时候摘采。他们采好树枝后,在夜里将其运回。第二天早晨,大臣们将这些神圣的树枝堆放在国王暂时居住的神圣围子周围,与此同时,那些采摘树枝的士兵则自豪地手持棒子围在周围,唱着催眠曲。

第三天早晨,再由士兵们去收集称作"木本道窝"(Mbondvo)的植物。回来后,这些植物也放置在神圣围子的四周。中午,士兵们将黑色的阉牛(去势牛,当地人称其为雄牛)先弄得奄奄一息。接着,在国王拿着为了丰饶而施以巫药的手杖击牛后,将黑色的阉牛杀死,运入神圣围子里。这头黑牛是力量的象征,其尸体的各部位将作为王家的巫药来使用,剩下的则奉献给祖灵。这一天,另一项重要的仪式是从王家的牛群中选出一头黑色的阉牛。国王坐在牛背上,其他人用圣水冲洗国王和这头黑牛。这以后,这头黑牛也就变成神圣的牛。然后国王要做出食用牛的肝脏的样子。随着夜色的降临,当士兵们的舞蹈队列从新月形变换为满月形时,人们又开始唱起"西麦洛"歌。

第四天通常被视为伟大的日子,并且是大因库瓦拉仪式的高潮。人们在天明之前就开始唱歌、跳舞,闹腾起来。清晨时分,把象牙阴茎套除掉的国王全裸地展现在人们的面前。为了和他最初的仪式之妃结婚,他全裸地穿过人群的夹道,从神圣围子向一座白色的小屋走去,其仪式之妃就住在这屋子里。而在这个过程中,人们一直感叹、悲伤地唱着"西麦洛"歌曲。在白色的小屋中,国王要施放巫药,命令静默,最后,国王吐出含在口中的巫药。这时,大臣们发出"国王刺中了"的信号,外边的人们则响应着。接着,国王衔起新年的礼物,以此表示这个仪式的结束。随后,他的家族成员也需要举行"初穗礼"。孩子们食用在国王的神圣围子里放了整整一个晚上的"旧肉",并在河里洗净。当接近黄昏时,人们在国王的周围唱歌跳舞。王子则逐渐靠近国王,一边和国王一起唱着离别的歌,一边强迫国王从神圣围子中做出或进或退的动作。不久后,国王离开神圣围子。过了一会儿,国王装扮成传说中的怪物模样,几次在场上出现又隐蔽起来，最后消失掉。这时，王子和外人也要退出去。过了一会儿，国王再次出现，这次他不再装扮怪物的模样，而是为自己施以巫药，并染成黑色。他手中拿着一个绿色的葫芦出现在场地上，并把葫芦投向士兵，士兵则用神圣的黑盾接受之。至此，大因库瓦拉仪式结束。然后，舞蹈者需要进行洁净仪式，由国王给他们施以巫药。之后，国王和他最初的仪式之妻一起过夜。

第五天的仪式主要是善后仪式。如把杀牛的残存物、人们带来的东西、剩下的巫药、礼仪和国王的“污垢”之物等堆积在养牛用的牛栏里，在用黑色阉牛作为牺牲后，由国王亲手点火将它们付之一炬。当火焰熄灭后，人们再次集合起来，为赞美国王和国家而欢宴终日。第六天清晨，士兵们则举行为国王的家族进行农田劳动的仪式①。

在这个仪式中，许多行为和事物都被赋予象征性的表现，如在神圣围子里的国王要做出“变暗”的状态，这是对应太阳被月亮遮住而“死去”的状态。而在神圣围子里的国王需要象征性地表演因由秘密仪式所渐渐赋予超自然力量而起死回生的仪式。在这种“黑暗状态”中的国王相当于处于凡－吉内普所说的通过仪式的过渡阶段，其带有不明朗的双重属性，而具体象征这一点的是作为牺牲而供奉的黑色阉牛。在斯威士人中，黑颜色具有两极性，意味着危险。其既带有表现恶、不幸与罪行这些否定意义的综合，也带有不可理解、隐秘的力量、潜在的能力这些积极意义的综合；而被称为“雄牛”的阉牛则象征着雄性野兽的强力，同时，由于它被去势阉割，也象征着它被除去了世俗的性欲；用施以巫药的棒子的敲击，也象征着打掉了它的粗暴野性，同时，也象征着国王为了国家和其祖灵移植了这些力量。然后，国王在巫药的作用下渐渐地成长；通过和最初的仪式之妻的结婚，国王从“黑暗状态”过渡到“光明状态”；而这种象征是用全裸着的国王从神圣围子移步走入仪式之妻的“白色小屋”的行为来体现的；在这座白色小屋中，“达到成熟”的国王除旧迎新，而这种举动也象征着“时节”的变换。

---

①Kuper，Hilda：A Ritual of Kingship among the Swazi. *Africa*，vol. 14，No. 5，1944.

就这样，通过对因库瓦拉仪式的各种象征性行为和事物的分析，人们可以认识斯威士人的世界观、信仰体系和道德体系。不仅如此，根据与斯威士人其他文化体系的比较，也就能够了解斯威士人的经济关系和政治关系的观念形态。对斯威士人进行调查研究的库伯（Hilda Beemer Kuper，1911—1992）将因库瓦拉仪式作为斯威士人经济、军事和宗教的复合性仪式来进行分析和研究。对该仪式的象征意义，她认为，构成这一系列仪式的骨干仪式是初穗的圣餐，它把统治者和生产活动联系起来，还让他们和太阳、月亮这些自然的伟大力量神秘地结合在一起。因此，它强调的是丰饶和力量是社会的连续性的本质。丰饶和力量能够由规范化了的技术而获得……因库瓦拉象征着对国家的统一及其维持的尝试……内在的纽带不断地由外在的对立所强化。就是说，国王比敌人更强大，从而国家对抗外部敌人而得到巩固……参加因库瓦拉仪式的人们意味着接受这种传统的统治者权威与社会集团①。

人类学家把宗教的和仪式的象征作为“社会性的”来处理，这一传统是从杜尔干开始的。他认为，宗教的所谓神圣性质实际上是来自社会本身的，也就是说，一个社会集团成员们高度凝聚的意识最终将外显投射在某个共同信仰的对象上，这就是他称作“集体表象”（collective representation）的东西。因此，仪式的象征就是社会的象征。宗教的象征主义即反复使用外在于个人的“集体表象”，而且该图腾或该信仰体系又反过来规范并整合该社会。因此，宗教和社会有互为表里的关系，只要社会本身存在，必然就有宗教意识的存在，这是宗教之所以存在的理由。上述库伯对因库瓦拉仪式象征体系的解释正是基于这样一种理论传统。

不过，近来这类研究也发生了一些变化，有些人类学家认为，过去的象征分析仅停留在特定文化内所使用的象征和意义的水平上，应该根据这些成果尝试着考虑对冷、热、干、湿以及肌肤相触等这类感觉和对立；上和下、左和右这类方位和对比；食物的摄取、排泄、生

①Kuper，Hilda. 1963：*The Swazi：a South African Kingdom*. Holt Rinehart & Winston，1985.

产、消费等这类身体的和生理的活动等的对立统一是怎样，善与恶、清净与不洁、秩序与混沌等这类社会价值的对立问题做进一步深化研究（Beidelman，1966）。的确，已有不少人开始这样的研究，如在因库瓦拉仪式中的黑色象征主义为什么是危险的象征，而不是安全和秩序的象征。又如马文·哈里斯对印度神牛和伊斯兰教为什么不吃猪肉的解释等，都是这种研究的尝试，而这种研究仍在不断的发展，这大约是现代宗教人类学研究的趋势吧。

第十章 文化与人格

美国商人到日本谈判做生意,都想一到那里就坐下来谈判,而日本人则是先请你吃一吃,玩一玩,社交几次,这对美国人来说是很厌烦的,他们总想先坐下来谈判,干完了再玩。好不容易坐下谈判了,美国人就急于达成协议,而日本人对美国人说的东西只是笑一笑,点点头,美国人见了,就以为他们同意了他提出的款项,也就回美国了。到了正式签约时才发现不对头,日本人从来没有答应他的要求,一切都得从头来。那么,这是不是日本人的谈判艺术呢?实际并非如此,而是日美文化上的差异。对日本人来说,一是不习惯同不熟悉的人谈判,所以要有一个认识的过程;二是日本人是主人,不愿一下子就反驳客人的意见。而美国人直率,直截了当,认为事情做完了才能休息,因此,这种行为上的差异就造成了一些文化上的冲突,但也可能导致贸易这样的经济活动的失败。

在外贸和外交的场合中也会出现这样的场面,一个美国人和一个拉丁美洲人面对面站在那里谈话,谈着谈着,就会从大厅的这一头一直谈到大厅的那一头。他们并非在大厅里渡方步,而是面对面地站着交谈,并且不断移动他们的位置。为什么?对美国人来讲,同别人面对面讲话要有一个间隔空间,此也称个人空间,其大约是一两尺,即使再好的朋友也是如此。为什么?据说是因为怕有同性恋之嫌,而对拉美人来说,要同别人表示亲热,一定要贴得很近,甚至是勾肩搭背的。这样,谈着谈着,拉美人要表示亲热,就向前运动,美国人为了保持私人空间,就不得不退后一步,这样就慢慢地从这头运动到那头。

我们都知道这些不同的行为方式是由文化的不同造成的，而文化的不同是一种选择的不同。那么，文化是如何塑模个人的？文化又如何通过人的载体传递下去？这是文化传承的关系，它们是心理人类学研究的中心问题。

心理人类学即文化与人格关系的研究，是在20世纪20年代末以后发展起来的人类学分支学科，它是人类学田野工作与心理学理论相结合的产物。最早开创这方面研究的是博厄斯（Frank Boas，1858—1942），但这门学科的建立是和博厄斯的几位及门弟子，如萨皮尔（Edward Sapir，1884—1939）、米德（Margaret Mead，1901—1978）和本尼迪克特（Ruth Benedict，1887—1948）等人的努力分不开的。

这一学科在第二次世界大战前曾一度很兴盛，而战以后有一段时间受到很多批评，主要原因在于：①这种研究太简单化，有许多先入为主之嫌；②认为有些民族的基本人格有心理偏差，要用美国的生活方式来帮助他们过渡到美国生活方式中去，因而被看成是种族心理学派。20世纪50年代以后，心理人类学又慢慢恢复元气，到1961年正式提出“心理人类学”的名称，研究也得到复兴，现为现代文化人类学的一个分支。

第一节　濡化与社会化的概念

濡化（enculturation）这一概念也称“文化传承”或“文化熏染”，其是指文化的传承过程，即一个人一生获得文化教养而学习的过程和传递文化的过程。该术语是赫斯科维茨（Herskovits）在1948年提出的，他说：把人类和其他生物加以区别的学习经验能使人类在生命的开始和延续中借此种经验以获得在其文化中的能力，即可称之为濡化。在本质上，此种有意识的或无意识的具有制约作用的过程是在一种特定风俗的主体（a body of custom）所认可的限度内运用的①。

---

①Herskovits：*Man and His Work*. New York：Kropf，1948，p. 39.

这里所说的意思包括:①这个文化传承的过程是与动物的遗传性区别开来的。②从个人的角度说,这是因为文化是习得的;而从文化的角度说,它是一个塑模的过程,也就是文化造就了个人的基本人格。③这个过程从生命的开始到生命的结束,贯穿个人的一生。④一个人获得了这种基本人格,他也就能在这个文化中适应与生活下去,否则他会觉得总有些不妥当的地方。⑤这种传承是通过塑模该文化中的每一个个体,使之成为社会成员(社会人)的模式,一代一代传承下去的。

赫斯科维茨认为,濡化过程是复杂的,并且是终生的,但它在人类的生命周期(life cycle)中有不同的变化阶段。它包括基本的濡化(basic enculturation),即童年早期习得及经验。其功能主要是把婴幼儿的生物反应转变为社会可接受的文化行为的形式。这种濡化通常是任意所加的过程,是一种有助于文化稳定性(cultural stability)的根本架构。也就是说,这时的濡化通常把该文化的基本准则内化为其个人的东西。完成此以后,他到了另一地方也就会表现出“文化的坚韧不变性”(cultural tenacity)。此外,还有晚期濡化,即成年后遇到新问题时的学习过程,通常是在要充当新角色时所发生的学习过程,主要是在不断的社会角色的变化中学会新情况、新内容对他提出的新期待和新要求,赋予他新责任、新义务和新角色。这时,他已有主动性,对学会或抗拒社会的新价值等有一定的偏好,有选择性。因而,晚期的濡化会在由他自己的群体所建立并被接受的行为范围内导致文化的变迁。此外,濡化这个过程还必须包括一个教化别人的过程,这是从一个人的一生来说的。所以,简单地说,濡化是使文化代代相传的过程,对个人而言,它是一个“个人适应他的文化及学习履行他的地位和职分的功能的过程”①。

濡化的概念与社会化(socialization)的概念几乎同义。不过,人类学家比较强调的是一个文化传承的过程,如人类学家惠廷(John W. M. Whiting)说:社会化是“使文化代代相传的过程”。而在社会学中,社会化往往强调的是学习的过程或个人成为社会成员的过

①C. Winick: *Dictionary of Anthropology*. New York, 1956, p.185.

程,而忽略了教化与传承的过程。例如,《社会学简明辞典》说:社会化是“个人与社会生活不断调适,使该个人从‘有机体生物人’发展成为‘社会人’的过程,即一个人进入社会以后终身接受社会文化和行为模式的教化,完善与发展个性的过程”①。社会学家罗伯逊(Robertson)认为,社会化就是人们借以获得个性并学会其社会的生活方式的社会相互作用过程。

心理学也有自己的解释,其也是注重个人如何成为社会成员的过程,如有的词典说:“社会化就是指个人学习知识、技能和行为规范,取得参与社会生活的资格,发展自己的社会性的过程。换句话说,社会化就是一个自然人在一定的社会生活环境中通过与他人的接触与互动,逐渐认识到自我,掌握了一定的社会文化,取得了一定的角色,被社会接纳为社会成员的过程。”②也有人说:社会化是“个体在社会环境的影响下从自然人发展成为社会人的过程”③。还有人说:“心理学上的社会化指个人学习和掌握作为一定社会或集团成员所必备的条件(知识、技能、倾向、情感等)的过程。社会对自己的成员都有一定的心理、文化的要求,个体不具备符合这些要求的条件,就不能成为该社会的成员。一般地说,个人在社会中达到成人期,便意味着社会化完成了,个体在社会化的过程中就获得了发展。如果一个人在达到成人期以后,还没完成社会化,不完全具备一定的、必要的知识、技能、情感或倾向,就是一个人格上未成熟的人,就不能成为对社会、对工作及对家庭都负有责任的独立的人。这种不能完成社会化的现象是由于个体发展中遇到各种心理的或社会的障碍而造成的。儿童期的社会化与青年期的社会化是相继的两个发展阶段,但它们在社会条件制约、强化的方式、榜样的选择、社会化的承担者等方面各有特点。社会化是在社会环境中进行的,社会化的主要执行者是家庭、学校、集团、报刊、电视、广播等宣传媒介。”④

---

①李剑华、范定九主编:《社会学简明辞典》,甘肃人民出版社 1984 年版,第 230 页。
②孙非、金榜主编:《社会心理学词典》,农村读物出版社 1988 年版,第 198 页。
③时蓉华主编:《社会心理学词典》,四川人民出版社 1988 年版,第 76 页。
④宋书文主编:《心理学名词解释》,甘肃人民出版社 1984 年版,第 158 ~ 159 页。

从上述表述来看,社会学和心理学中的社会化主要讲的是如何成为社会人的过程,从这些引文可以看到,如心理学认为达到成人期,便意味着社会化的完成,因此社会化的概念缺乏社会文化教化的功能。此外,社会学和心理学还把社会化分为几种或几个阶段,具体有:

基本社会化:一是指学龄前的社会化,主要学习的是社会规范。二是指个体在幼儿期、学龄期和青年初期进行的社会化,主要掌握的是作为社会成员所应具备的基本知识、技能与行为规范。

预期社会化:是指个人在社会中学习他将来要扮演的角色。社会学一般是用这个术语来指在学校中完成的社会化。

发展社会化:是指对新情况、新内容对他提出的新期待和新要求所做的适应,如换工作、成家等都要经过这一阶段。

再社会化:①意味着跟自己的过去决裂,将截然不同的规范和价值标准内化的过程,一般针对犯罪问题而言;②指个体从一种生活方式向另一种生活方式转变所表现出的适应过程,其包括两种:一是主动性社会化,是指个体在生活方式的转变过程中主动自觉地去适应新的社会生活;二是被动社会化,是指对行为不符合规范者,强迫其再教化,使之符合社会规范。

反向社会化:是指年轻的一代将文化知识传递给其前辈的过程。反向社会化在文化涵化和文化冲突的地方才有,如现代的乡土社会、多元化的社会或移民社会中比较多见。

由此看来,社会化的概念在分类上具有模糊性,如基本社会化可包括两种内容,也可包括一种,如是后者,就加上一个预期社会化。发展社会化与再社会化有重合,再社会化有广义和狭义两种解释,而发展社会化可以是广义再社会化的一种,即主动性的再社会化,而狭义的再社会化只相当于广义再社会化的一种,即被动性的再社会化,因此矛盾重重。实际上,就人类学的观点而言,濡化或社会化的概念如果从社会教化方面讲,有两个阶段:一是基本社会化,一是再社会化。前者是指学习社会规范与基本的生存技能,这种濡化或社会化应该是每种文化都具有的。但是,在复杂社会中,由于有了学校制度,因此基本技能的教化功能多转移到学校,所以,所谓的预期社会化,只是在有学校制度的社会中才有。而现在,那些处于传统社会向现代社会转变的社会中,则两种情况并存。

因此,在人类学中,濡化和社会化的概念都可以使用,但不同的是,人类学认为,濡化或社会化应包括基本的社会化、预期社会化和再社会化以及把文化传递下去的过程。因为,在基本社会化结束时,个体虽然已经成为社会人,但这还不够。而在现代社会中,由于技能的教育多由学校承担,所以应包括预期社会化。故民间有"盖棺定论""江山易移,本性难改"的说法,这些都是指初期社会化的完成,其已基本定性。虽然如此,但由于个人所充当的角色在一生中是不断变化的,因此还应该有一个再社会化的过程,这主要是适应某些新出现的新角色而为的,由于它是在基本社会化完成后的社会化,所以称其为再社会化是合适的。所以民间有"活到老,学到老"的谚语来说明社会化是终身的。最后,如果从文化传承的角度来讲,社会化还应包括社会教化下一代的过程,这才是一个完整的文化内部传播或传承的过程。但由于社会化的概念似乎会引出误会,即其为一个学习过程,所以人类学多用濡化而少用社会化,或者也将社会化指人的学习过程,而将教化过程分离出来,用另一种术语去概括它,即称为文化教化。

此外,关于社会化和濡化的概念所引申出来的另一个问题是,社会化过程的不同造成了不同的文化特色,或可以说不同阶段的文化。这就是米德提出的前喻文化(pre-figurative culture)、并喻(同喻)文化(co-figurative culture)和后喻文化(post-figurative culture)。所谓前喻文化,也称老年文化,是指传统导向的文化,在这种文化中,由长者教化下一代,也就是年轻一代通过学习老年人的经验而社会化,把社会规范等内化到自己的大脑中。这种文化通常是现代化以前的文化,如简单社会的文化、乡民社会的文化或传统社会的文化等。并喻文化是指晚辈和长辈的学习都发生在同辈人之间的文化体系,即以捷足先登的同伴为自己效仿的楷模。这种现象多在传统走向现代的社会中看到,在移民社会中尤为多见。而后喻文化也即青年文化,是指由青年人将知识文化传递给他们生活在世的前辈的文化形态。这是一种反向的社会化,大多数发生在向现代社会转型中,是不是能够作为一个阶段实际上还很难说,但在这样的社会中,的确有些方面的知识,老年人需向年轻人学习。

例如,中国的社会化问题现在也很混乱,主要是成年的标准不一,如传统社会一般以16岁成年,通常由成年礼仪式来确定。如阿帕奇(Apaches)印第安人中,女孩在月经初潮时就要举行成年礼,以折箭为盟,并认为其开始有了超自然神力。摩梭人13岁就要在男柱、女柱边上举行成年礼。汉族过去的成年有几种标准,如16岁时举行称之为冠礼的成年礼,有的则以结婚前夕的“上头”仪式来作为成年礼。而现在,成年的标准更加不一致。首先,以工作与否为标准时,会出现传统技能掌握与预期社会化的矛盾,如从劳动技能方面来看,农村中可以参加农业劳动,自己养活自己,虽大字不识几个也可以算成年,因为其基本的劳动技能已经掌握,这大约在十一二岁就可以完成了。但是现行的法律却要求从事九年义务教育,因此,经过正规学校教育的人则要在初中毕业、高中毕业或大学毕业后才能正式进入社会工作,养活自己,因此这里也有生理与心理上的矛盾。其次,如果以婚否来看,结婚也是一种标准。在法律上,结婚现在以20~22岁为标准,但民间仍以传统的婚礼有否举行来判断,结婚的仪式有的办得很早,出现法定婚龄与实际成家的矛盾。再次,以成年标准来看,传统的成年标准仍在,如有的地方还存在16岁举办成年礼仪式的现象,或用举办宴会的仪式来替代,有的地方还保留有婚前上头的仪式。最后,法定的公民权也不一致,如公民权是18岁,所以现在中学常举行18岁时的成年宣誓;但如果是犯了死罪,16岁就要负刑事责任,后又降到14岁,这又表明14岁与16岁就已成年。所以,在现在这样的社会转型时期,因成年标准的不同,使社会比较混乱,从而造成了许多社会问题,这是值得我们注意的。

第二节　儿童教养理论与群体人格

濡化问题是一个社会将文化传承下去的问题,也是文化如何塑模个人的问题以及文化一代一代如何传递下去的问题。这个问题在历史学派的鼻祖博厄斯(F. Boas)那里就开始感兴趣。1925年,博厄斯在给米德的一封信中写道："我非常感兴趣的一个问题是：年轻的女孩子对习俗的限制是如何反应的。在我们的社会中，我经常发现，正值豆蔻年华的青年男女，会在愠怒无常和脾气突发中表现出强烈的反叛精神……我并不了解原始社会发生类似情况的可能性程度有多大。"①

在当时，社会学对个人社会化的问题已进行了一段时间的研究，但多数人是以遗传决定了生理因素这样的观点去解释这一问题。如美国心理学家斯坦利·霍尔（Staley Hall）根据他对西方社会青年的研究，率先于1904年出版的两卷本《青春期》一书中提出了"青春期危机"理论。霍尔从"个体发生概括了种系发生"的重演论角度出发，认为青春期象征着人类的一个动荡过渡阶段。青春期的出现是一种"新的诞生"或"心理断奶"，意味着个人心理形态的突变和危机。沿着霍尔的思路，斯普兰格（E. Spranger）认为，青春期的种种理论都在讲一个主题，即遗传决定的生理因素引起了人的心理反应。因此，青春期的特征具有生物学的普遍性。如20世纪初形成的弗洛伊德（Sigmund Freud，1856—1939）的精神分析法的人格②发展理论认为：①人格是由各种婴幼儿期的经验塑造而成的，即婴幼儿期的各种经验对人格的形成是具有决定性作用的。②人的活动取决于本能，本能的动力是"性力"（libido），性力是与生俱来的，它存在于"本我"之中，是人类行为的原动力，它随心理性的发展阶段而发展，而且这两点是人格发展的前提条件。弗洛伊德还认为，人格的发展大致可以分为如下几个心理性发展阶段：口欲期（oral stage），此为1~2岁；肛门期（anal stage），此为2~3岁，这两个阶段也称婴幼儿期和自恋期，或肛欲期；恋母期（oedipus complex stage），此为4~5岁，也称性器期和儿童期；生殖期，其又可分为潜伏期，此为6~12岁左右，青春期（adolescent stage），此为12~18岁。

人格的形成就是与生俱来的"性力"在心理性发展阶段的发展。

---

①Margaret Mead：An Anthropologist at Work. New York，1959，p.289.

②人格即个性，是指在个人的生理基础上受到家庭、伴侣、学校教育和社会环境等的影响而逐渐形成的气质、能力、兴趣、爱好、习惯和性格等心理特征的总和。

也就是说，性力发展的变异或在这些阶段中的各种经验对人格的形成起着决定性作用，如发展顺利，人格的形成就正常，如发展有阻碍、延缓或不充分，就可能造成各种变态或疾病的倾向，因此而成为各种精神病的根源。例如，挫折和过分放任可能造成固恋(fixation)和退行(regression)，如退到自恋期就会成为夸大妄想症，退到肛门期，就会出现弄粪症。

弗洛伊德认为，成年人的性格特点在前三个阶段(1~5岁)就基本定型，第三与第四阶段之间有一个潜伏期，它是心理性力发展的一般插曲。根据弗洛伊德的观点，在口欲期，包括通过吸吮、吞咬和其他与婴儿的营养需要有关的口腔动作得到满足，以后其人格就发展平稳。如果这个阶段的发展受到抑制，如婴儿的口腔部位的要求在这个阶段不能得到满足，那么，他长大后就缺乏独立性，性情很不稳定。

在肛门期，正常的孩子能通过掌握自己身体器官的功能而获得对周围环境的控制。这种功能的掌握给了他一种快感，包括粪便的存留和排泄所造成的快感。如这个阶段受抑制，如过早或过分严厉的便溺训练，孩子长大后就会表现出沉默、内向的性格。

在1~3岁的婴幼儿期，儿童性快感的主要源泉为自行刺激身上感觉灵敏的部分，如生殖器官、大肠、尿道口以及皮肤和其他感觉灵敏的部位。婴儿吃奶、排便等都是为了欲望的满足，故有口唇淫欲(oral erotic)、肛门淫欲(anal erotic)、尿道淫欲(urethal erotic)、皮肤淫欲(slin erotic)以及吃手指等自体淫欲(autoerotic erotic)的表现。婴幼儿的性欲望虽然颇丰富，但最先都是单独的冲动，各自满足。随着自我意识的逐渐形成，性欲也就不是在个别器官上，而是整个自己得到满足，此时出现自恋(narcissism)，它在幼儿的表现就是自我欣赏，自己爱恋自己，喜欢别人夸奖他/她的容貌和能力等。

欲望的进一步发展则以第二者为爱恋的对象。这与自我和"排我"意识的逐渐形成有关。儿童最先是以同性的人作为性欲的目的物，喜欢和自己同性的幼儿在一起玩，这就是同性爱(homosexuality)的表现。后来又喜欢和异性的人接近，此也称异性爱(heterosexuality)。这时可以发现，儿童有裸露癖(exhibitism)、观淫癖(voyeurism)

等。此外,这时性欲冲动还表现为相反的一对现象,如主动和被动的,因而出现施虐狂(sadism)和被虐狂(masochism)的倾向。主动的性欲冲动表现为产生求知欲,被动的则表现为产生欣赏艺术、戏剧等的冲动,而且这两者也与所谓的升华作用(sublimation)有关。

在生殖期阶段,性力的正常表现为孩子对自己的身体和环境有了不断增长的自信感,而以玩弄自己的生殖器为乐。在这个阶段,孩子们感到了异性父母的吸引力。一方面,由于父亲爱女儿超过儿子,母亲爱儿子超过爱女儿,因此可能出现子恋母、女恋父的现象;另一方面则是向父母学习,形成性格上的模仿。他们性欲望所选择的对象都与儿童需要他人的帮助有关,儿童最初喜欢一切熟悉的人,但是最接近的人总是父母。亲子关系不能脱离性的附属刺激的成分,父或母就成了他们性欲望的对象。但是他们也必须在这个阶段抑制这种吸引力,因为它会使自己为了异性父母的爱而陷入与同性父母的冲突之中,所以他们在行为上以一种无性的方式保持和同性父母的一致。也就是说,他们力图和同性父母的行为保持一致,不能完成这一转变的孩子就会产生俄狄浦斯情结(oedipus complex),即恋母情结,而女孩则会出现恋父情结(elctra complex)。

在潜伏期,孩子们把他们的注意力从性满足转移到智力和社会发展上,这是因为,儿童期的性力倾向在此时大都受到压抑,因此性力的发展转移到了智力开发和社会发展上。自我战胜了本我,孩子们开始自如地步入社会。成年人基本个性的许多方面都是在这个阶段形成的。而青春期是个性成熟的阶段,这个阶段的特征是:异性爱的倾向占优势,开始了成年人的性活动,这也是性力发展的作用。

总之,弗洛伊德认为,人格的形成是性力的正常发展变异的结果,是生物性的力量——性力在起作用,而且世界上的每个社会都是如此。

由于当时弗洛伊德的理论十分流行,人类学也利用此去研究并加以检验。经过人类学家的努力,他们发现弗洛伊德的理论并非每个社会文化都可以适用。如马林诺斯基利用弗洛伊德的理论去调查,却发现所谓的恋母情结(oedipus complex)并非每个社会都存在。

在他所研究的特洛布里安德岛(Trobriand Is.)上的民族中实际上不存在恋母情结现象。因此他认为,恋父、恋母情结的情况实际上是家庭管教的结果。一般的核心家庭(犹如弗洛伊德研究的那种维也纳中产阶级社会中的核心家庭)中,父亲对儿子的管教多些,母亲对女儿的管束也多些,往往一个唱白脸,一个就唱黑脸。正因为这个原因,才造成儿子对母亲的依恋和女儿对父亲的依恋,而这种依恋也不是什么性欲冲动,而是寻找一个庇护所而已。在特洛布里安德岛上,由于那里的民族实行母系制度,孩子属于母系氏族,管教由舅舅进行,而父亲的角色多是孩子的朋友,所以在那里不存在什么恋母、恋父情结。因而所谓恋母、恋父情结是性力变异发展某一个阶段表现的说法和这种情结是普遍存在的说法是很成问题的。实际上,导致这种现象出现的原因并非生物性的性力因素,而是文化因素在起作用①。

米德大概是人类学中完全利用弗洛伊德的理论与分析去从事文化与人格关系研究的人类学家。1925 年,她 23 岁时只身一人到萨摩亚(Samoa)去研究当地土著的情况。当时她针对的问题是:美国社会中少年犯的问题是由青春期骚动而引起的,这种骚动是一种生物性造成的。在做了 9 个月的调查后,她写了《萨摩亚人的成年》一书。她认为,少年犯并不是生物性冲动造成的,青春期的骚动也不是生物性的原因造成的,这些焦虑都是因为不同的儿童教养方式造成的,也就是文化塑模成的。她说:在萨摩亚,儿童受到了很好的照顾,从口欲期开始,他们安心地吃奶到二三岁,一哭就有奶吃,就可受到大人的安慰,得到皮肤上的满足,稍大就由兄长和姐姐陪伴,很少受到大人的责罚,也很少会去吵闹大人并由此受到惩罚。除去若干必要的社会规则外,萨摩亚的儿童很少受限制。更重要的是,他们从不被鼓励做竞争性的行为,社会的理想是满足而不是超过,也不鼓励孩子去战胜别人。少女们的性生活自由而正常。在青春期的后几年,女孩和男孩都有性自由,很少人去留意和指责这种行为,所以他们从不感到冲突,从不会因这些问题而烦心,也从不会因

①马林诺斯基著,李安宅译:《两性社会学》,中国民间文艺出版社 1986 年版。

输于他人而失望、痛哭。总之,萨摩亚的少女生活是愉快和平静的,成长过程中没有明显的阶段性,她们是在玩耍中学习知识,绝没有成熟期的危机和烦恼存在,从童年到成年的转变都表现出比较平稳的发展。

而在美国则不同,儿童在口欲期就开始受到压抑,如儿童的喂奶时间受到限制,在固定的时间里才喂,而且将婴儿捆绑在襁褓中,手脚不能伸展。到了肛门期,儿童开始会坐就开始训练大小便,不让他们随地乱拉,如随地乱拉,就加以惩罚。到恋母期乃至青春期,更是对所谓的性欲求进行限制。这些诸多的压抑使少年的生活变化较大,由于压抑多,从而也使少年犯的现象多了起来。

因此她认为,这些情况都是因不同的儿童养育方式造成的,而不是生物性的因素诱发的。她说:青春期并非必然是一个危机四伏的紧张时期,青春期的任何心理压抑与紧张都来自文化条件。因而她提出建议,由于人格形成的不同是由文化造成的,而像美国这样的高发少年犯的情况,正是我们社会的躯体与骨骼直接操纵我们自己的东西造成的。由于文化是学来的而非生物性诱发的,那么,我们就可以通过改变文化,把青春期的焦虑和反社会行为减少到最低限度。通过改变儿童养育习惯,我们也许可以变革社会的结构①。

由于米德的努力,人类学家认识到文化对人格的塑模程度如何,也影响了大批学者来从事儿童教养方式对人格影响的研究。因此,米德的研究实际上在当时做出了以下一些贡献,例如:①使社会心理学在讲心理问题时要加一个限定语,如“在我们的社会……”而不敢再把他们的观点说成是放之四海皆准的东西;②提出文化塑模个人人格的作用;③开创了文化与人格关系的研究;④迫使美国新精神分析学派的形成。

后来,为了反驳世俗间对男女两性在体型和气质上有别而不让妇女参加工作的谬论,米德又到新几内亚调查了同一个区域中相距一百英里之间的三个差别很大的民族,写了《三个原始部落的性别

①米德著,周晓红、李姚军译:《萨摩亚人的成年》(1928),浙江人民出版社 1988 年版。

与气质》一书。在这本书中,她认为,这三个民族由于文化不同,所以两性的气质与行为各不相同。住在山区的阿拉佩什人(Arapesh)是种芋头为生的和平民族,他们以小家庭为经营单位,家庭中气氛和睦,有的也多妻。兄长过世后,妻子转房给弟弟,其目的是照顾兄长的孩子。孩子们在学会走路之前,母亲无微不至地照顾他们。男孩子被鼓励不要太要强,欺负他人、伤害他人都被认为是很大的过失和罪过。在家中,男人和女人一样承担家务,照顾孩子,很少争吵,因而阿拉佩什人的男人和女人在性格和气质上没有很大的差别,他们都很文静、和平,感情很丰富,只有少数不正常的人才表现出侵略性。所以米德说:这种模式依我们的传统偏见,可以描述为母性的、女子气的、非男性的①。

另一个民族是住在河边的蒙杜古莫人(Mundugumor),他们是新几内亚著名的猎头和吃人的民族,为邻族所害怕。蒙杜古莫人中多半是多妻者,他们以姐妹换妻子,没有姐妹者则用暴力抢亲。在家庭中,儿子憎恨父亲,因为他们常见到母亲被父亲鞭打、虐待。儿子与父亲也常因青年女子而互相仇视,因为父亲用女儿换取妻子,继娶年少的妇女为妻。妇女憎恨怀孕,因为怀孕期间的禁忌很多。孩子们的处理也很轻率,很多婴儿生下来就被丢弃在河中;未弃者则不善加养育,经常置于粗硬的篮子中,等到其哭得声嘶力竭时才喂一次奶,而且早早断奶,让他们吃硬的食物。在这样的文化培养下,男人的性格是极为粗暴的,而且终身致力于战争和宗教仪式。而女人也同样非常粗鲁,好嫉妒、自私而带有侵略性。总之,在蒙杜古莫人当中,无论男女都是粗犷的,表现出强烈的粗暴气质,而与上述阿拉佩什人正好相反。只有不正常的人才表现出文质彬彬的样子。

第三个民族是居住在湖边的查布利人(Tschambuli)。他们从事捕鱼生活,所以有很多时间举行宗教仪式。小孩都受到很好的照顾和抚养,经常满足他们吃奶的欲望而不让他们哭叫。可是等到少年

---

①米德著,宋践译:《三个原始部落的性别与气质》(1935),浙江人民出版社 1988 年版,第 157 页。

期时,男孩子就要经过一次痛苦的割礼,并离家聚居在少年会所,由年长者教他们舞蹈、身体装饰和吹笛子等。少女们则开始学习家务事和生产工作技能。这个民族的妇女是主要生产者和劳动者,但是他们的社会是一个父系社会,男人是一家之主。表面上男人是这个社会的支配者,但实际上,男人的大部分时间都花在仪式生活中,整日花工夫学习舞蹈、装饰身体和吹笛子求爱,以取悦女性。所以,在性生活方面,女人成了支配者,女人远比男人主动。在这种情况下,男人经常生活在表面的优势和实际的被动之冲突中,使他们变得比较神经质,经常有疯狂的例子出现。在这种社会中,不主动的女子或采取主动的男人都被视为是不正常者。

由此看来,在这本书中,米德有如下一些看法:①文化塑模了群体人格,如男女相同的气质等均是由文化造成的。②儿童期的经验决定了个人以后的性格,如她认为阿拉佩什人在婴幼儿期有两种挫折,一是给孩子洗冷水澡;二是当小孩拉屎撒尿时,大人会把他突然扔到一边,以防弄脏自己,这打乱了孩子正常的排泄,激怒了孩子。这些对其后来的人格、情绪等有很大的影响。③阿拉佩什人由于父亲的照顾,也没有恋母情结,儿童期的挫折主要是大孩子不给小孩子食物,大人不带他们去串门等。④提出了正常行为与异常行为都是由文化决定的观点。

另一位早期从事文化与人格关系研究的学者也是一位女人类学家,她就是本尼迪克特(Ruth Benedict, 1887—1948),她原姓福顿(Fulton),嫁给一位生物学家本尼迪克特后从夫姓。她初学英国文学,1919 年接触到人类学,遂进入哥伦比亚大学人类学系,成为博厄斯的弟子,1923 年,她 36 岁时获得博士学位,曾教过米德人类学课程。1927 年,她在印第安皮马(Pima)人中从事田野工作,发现文化与人格有密切的关系。1932 年,她创用了文化形貌(Configuration)的概念,认为这是一种文化中的支配驱力,由于此而使其他文化特质失去了作用。文化是一种各种行为要素组成的形貌,一个整体,一种格式塔。1934 年,她出版了《文化模式》一书,用文化模式(cultural pattern)来替代文化形貌的概念。她认为,每一种文化都选择一些因素作为主题或主旨(theme),并用这些因素为主体,把各种文化元素整合起来成为一个有机的、整合的、具有内在一致性的思想和行为的文化模式。

她在《文化模式》一书中借用德国哲学家尼采使用的两个名词——“阿波罗”(Apollonian)太阳神和“戴安尼”(Dionysian)酒神描述了两种不同的文化形貌或模式,试图用人格类型来区别各种文化。

她所描述的第一个文化形貌或模式是北美印第安祖尼人(Zuni)。他们是小心翼翼的民族,他们的生活与团体举行的仪式有很密切的关系。在仪式中,他们是那么虔诚和进退有方,做祭祀的人特别避免激动和愤怒。他们的丧礼也是平静的,服丧者深深地祷告、静居而从不号啕大哭,节食而自制。在这个母系社会中,女人是一家之主,男子人赘到女家。婚姻不如意时,离婚是轻而易举的事。通常只要女人把其丈夫的铺盖挂在门外,丈夫回来看到后就提着东西返回自己出生的家庭,最多也只是掉几滴伤心泪,绝没有破口大骂或动手打架的事。有时女人只要拒绝为丈夫洗衣服,做丈夫的就明白他们的婚姻已结束,于是他就默默地走开。祖尼人的宗教以群体的祷告和仪式为主,没有个人的幻梦或神灵附体的举动,一切个人的野心和侵略行为都被看轻,理想的生活是平静、适度而安逸的。由于他们的文化和群体性格所表现的基本特征为守秩序、重仪式、讲形式、有规律、戒酗酒、去浮躁、不好暴力与放纵、讲自制,崇尚谦和、中庸之道而乐群,所以,本尼迪克特用太阳神类型来代表祖尼人的人格形貌。

酒神型的文化以美拉尼西亚的杜布人(多布人,Dobuan)为例,和祖尼人有着强烈的对比。杜布人用巫术符咒来保护自己的芋头田,同时也用巫术符咒去害别人的农作物。他们的生活充满了神秘和敌对。他们对死者的反应也是激烈的,痛哭而绝食,女人甚至在婴儿夭折时上吊自杀,切手指和破头则是常有的事情。死者的遗物全部被焚毁,屋子烧掉,坐骑杀死,刀剑折断。遇到婚姻纠纷,杜布人也有粗暴的反应,丈夫打破妻子的锅子,妻子打死丈夫的狗。他们的宗教行为也充满敌对和神秘,符咒和邪术非常盛行,朋友、亲戚甚至夫妇之间互相猜疑而做巫术陷害,夫妇一方早死,未亡人常被怀疑是凶犯。杜布人的性格是多疑、欺骗、冲动而自私的。

另一个酒神型的民族是夸扣特尔人(Kwakiutls)。他们的食人行为和夸富宴(potlatch)所表现的杀戮和暴弃财物以及想通过世人的痛苦竭力想进入最大、最好的幻觉状态等情绪,暴露了粗暴的经验和猛烈的心理状态。他们偏重"内向"的行为,崇尚个人主义,主动攻击性强,有迷狂的仪式,这些都反映了酒神型的特征[1]。

从上述情况来看,本尼迪克特的文化形貌实际上是指文化的特点、文化精神而言的,即作为一个民族各种文化丛组成的、具有鲜明特征的、整体的文化模式的表现特征。

文化形貌理论后来受到了许多批评,其一,本尼迪克特的研究是凭印象的,没有经过反复的验证;其二,她用这种太阳神型和酒神型之类的评价性字眼来描述文化的心理特点显得片面;其三,她忽略了文化内部的变异性。所以有人认为,她的研究"过分简化"。例如,李安宅就批评过她。李安宅曾到祖尼人中进行调查,他认为,本尼迪克特的研究带有主观片面性,本尼迪克特认为祖尼人的男子应该避免权力的攫取,"他可能有机会获得权力,但他却不去追求"的说法主要是想去说明太阳神型的人格是规律的、自制的和乐群的。李安宅根据自己的调查与观察认为,祖尼人"不仅仅有为了个人优越权力而争斗的常见形式,而且偶尔也会发生暴力的情形"。因此,他认为,本尼迪克特的研究不够全面[2]。另外,有的人认为,李安宅和本尼迪克特有不同的看法,是因为他们有着不同的文化背景。

但不管怎么说,本尼迪克特在其研究中首先提出在一个民族的许多不尽相同的个人性格中可以找出其特有的共通性,这就是所谓的文化形貌或称为典范人格,也就是后来所说的民族性(national character),因而也为以后这方面的研究开创了一个先例。所以米德说:本尼迪克特的《文化模式》一书是20世纪第二季最成功的著作

①本尼迪克特著,张燕等译:《文化模式》(1934),浙江人民出版社1987年版。

②Li, An-che: *Zuni: Some Observations and Queries*, American Anthropologist, 39: p. 69.

之一①,其为“民族性或国民性这种集体心理学研究的开端”②。

总的说来,米德和本尼迪克特的研究为心理人类学的形成开辟了道路,她们在几个方面做出了较大的贡献:其一,明确地提出了文化对人格的塑模作用。其二,提出了群体人格问题,开创了民族性或国民性这类集体心理学的研究道路。如本尼迪克特是运用格式塔心理学的方法——整体大于组合物的方法来研究文化的,并希望通过人格类型的建立来区分不同的文化。因此,她提出了文化模式的概念,即以一种文化主题或主旨整合其他文化因素而形成一个整体,而这里还包含了文化选择性的问题。米德则用精神分析学的方法进行研究,从文化塑模人格这方面着手,提出群体人格的问题以及正常、异常人格行为的问题和关系。因此,米德和本尼迪克特的研究产生了一场革命,这场革命就是促使社会学和心理学开始注重文化因素在人格形成和社会化过程中的作用,同时也开始了人类学家与精神分析学家的合作,并把文化与人格关系的研究推向一个高潮,这个高潮主要出现在20世纪40年代,表现为对敌国的国民性研究上。

第三节 20世纪40年代的儿童教养理论与群体人格理论

一、基本人格结构理论和方法上的变化

米德和本尼迪克特的研究,促进了美国心理学中的新精神分析学派的形成,它们的特点是:注重文化因素对人格的塑模作用,其与弗洛伊德的精神分析法注重性力的作用有很大的不同。该派的代表人物如霍妮(Karen Horney, 1885—1952)、弗罗姆(Eric Fromm, 1900—1980)和卡迪纳(Abram Kardiner, 1891—1981)等均如此。在

①Margaret Mead: *Ruth Fulton Benedict.* American Anthropologist, 51(1949):460.

②Geoffrey Gorer: *The Concept of National Character.* In C. Kluckhohn, H. A. Murray, and D. Schneider (eds): *Personality in Nature, Society and Culture.* N. Y.: Alfred A. Knopf, 1953, p. 24.

这些人物中，卡迪纳与人类学的关系最密切，他在心理人类学方面做出了较大的贡献。

卡迪纳是一位精神分析学家与人类学家。1919年，他曾赴维也纳学习弗洛伊德的精神分析。1922年回美国，在纽约精神分析研究所(New York Psychoanalysis Institute)工作，这时他已经意识到文化的作用。1936年，他在纽约精神分析研究所里同后来在哈佛大学工作的人类学家科拉·杜波依斯(Cora DuBois，1903—1991)等一起举办了一个讨论班，研讨新精神分析学的方法与人类学研究结合的办法。在此之前，萨皮尔(E. Sapir)和唐纳德(Dollard)也在耶鲁大学举行过一次文化与人格关系的讨论会。

1936年，博厄斯退休，先由本尼迪克特副教授代理系主任①，1937年则由哥伦比亚大学哲学博士林顿(Ralph Lindon，1893—1953)为系主任。林顿在1920—1922年间曾在太平洋中的马克萨群岛(Marquesar Is.)做田野工作，被该岛的岛民接受，为专任雕刻师。1925—1927年，他在非洲马达加斯加岛进行调查，成为当地的巫医(奥姆比西亚·卡卓)；1934年，他在俄克拉荷马州科曼奇(Comanches)印第安人中进行调查时被接受为当地人的成员。所以在当时，林顿有些名气，并以撰写了《人的研究》一书而著名。

林顿当上哥伦比亚大学人类学系的系主任后，支持人类学家与精神分析学家的合作。1937年，他把卡迪纳创办的讨论班移到哥伦比亚大学，参加讨论的人多了起来，如林顿、杜波依斯、克拉克洪(Clyde Kluckhohn，1905—1960)等，米德和本尼迪克特也全力支持并参加讨论。因而在人类学中形成了一批专门研究文化与人格关系的学友，也因此，这批人被称为“哥伦比亚讲座派”或“心理学派”。

当时的做法是，林顿把他们在田野工作中收集到的资料，如儿童教养方式和其他文化特质的材料，让卡迪纳等人用精神分析方法来分析，共同讨论，最后，他们用讨论的结果写了两本书：《个人与社会》(*Individual and His Society*，1937)与《社会心理的边界》(*Psychological Frontier of Society*，1945)。

---

①本尼迪克特到1948年才升为教授，1948年9月17日在纽约逝世，享年62岁。

在这两本书中，卡迪纳的主要贡献在于提出"基本人格结构"(basic personality structure)的概念和理论。本尼迪克特提出的文化模式是指一个民族中各种文化因素、文化丛组成的、具有某些特征的整体，其表层特征可称为文化形貌，但有些概念还没有明朗化，其主要还是在文化模式这个范围中加以描述，只是提出了群体人格的问题，并未触及人格的形成问题，而且本尼迪克特认为一个文化的人们都具有相同的人格特征。那么，一个文化里的人们的人格是否就那么划一而没有区别吗，或者一个文化是否存在有不同的人格特征等问题，本尼迪克特并没有最终解决。人格形成问题的解决是卡迪纳等提出的，这就是所谓的基本人格结构的概念和理论，至少他使这一问题在概念上明朗化了。卡迪纳认为，基本人格结构是指一个社会的成员因共同的早期养育和训练的经验而形成的共同人格结构。也就是说，所谓的基本人格结构，是一个社会中的所有成员所共有的人格，它是由早期的儿童教养和训练经验习得的。换言之，基本人格结构是一个民族的群体人格，但在此之外，每个社会中的成员都可能有其自我的特殊人格特征，即个体的人格。

根据卡迪纳的理论，一个民族的基本人格结构是由那个社会的"初级制度"(primary institutions)，如生产方式、家庭、婚姻、儿童养育方式等所形成的，而且基本人格结构又创造出该社会的"次级制度"(secondary institutions)，如宗教信仰和传统神话等，并由后者反映出来与强化。因而，他是从人类生存的基本条件方面去研究基本人格结构的形成。

为了说明他的理论，卡迪纳用林顿在南太平洋马克萨群岛调查的土著为例来解释与说明基本人格结构的形成与制度的关系。在马克萨群岛上，马克萨土著(Marquesas)以种芋头和打鱼为生。在平时，农产品富庶，足以供给居民食用而有富余，但遇上旱灾，则作物歉收而引起饥荒。在马克萨群岛，旱灾有时可持续二三年，因此，饥荒有时足以达到杀人吃肉的境况。马克萨岛女子极少，男子比女子多出两倍多，而且当地也没有杀女婴的现象，所以该地一妻多夫制盛行。一个家庭中，二三个女子嫁给五六个男人的事经常发生，实际上，这种家庭是一个群婚的团体，因此性关系甚为松懈。在这里，不论是婚前还是婚后，性关系都是自由的，只是女子在性生活上总采取主动，女子花去所有的时间来装饰自己，为的就是吸引更多的男人。由于女性沉溺于性生活的满足，她们对婴儿的照管和养育不感兴趣。她们为了保护自己性象征的乳房的丰满，大半不愿意自己给孩子喂奶，而以芋头糊加椰子水喂婴儿，所以婴儿在口欲上所遇到的挫折很大。

由于上述这些初级制度的作用，形成了马克萨人的特殊基本人格结构，其具体表现为：对女人的怨恨和恐惧、对男人的信任和男人间的团体组织、性的不满足和忧虑(anxiety)、同性恋的趋势。女性间有敌对态度，恐惧被吃掉，恐惧被解体。而食物则是作为增进自我的最好方法。这些基本人格结构的特征很明显是同性与食有关的，而这些也是马克萨人初级制度中最重要的部分。

马克萨人的基本人格结构投射在次级制度上所反映出来的表象也与这两种焦虑有关。在马克萨人的神话中有两种妖魔，一种叫维希尼亥(Vehinihai)，她是恐怖的女妖，这种女妖经常出来吃小孩，对青年男子则变成美女去引诱之，在享受了青年人的性能力后再把其猎物吃掉。另一种妖魔叫法恼那(Fanauna)，它是男性之妖。据说在马克萨，每个女子都有一个法恼那跟着，一方面在性生活上满足她们的要求，另一方面帮助她打击其他女子。很显然，这些神话上的人物反映的是马克萨人生活中忧虑的焦点。

从这里的情况来看，首先，这个地区的生产力情况导致了食人肉行为的出现，以致在意识形态中也出现食人肉等的反射。其次，从人口的分布上看，女少男多而形成表面上一妻多夫而实际上是群婚的状况。在这种情况下，一般都是女子主动，她愿意跟谁就跟谁，这就引起男子在这方面的忧虑。女子之间当然也有竞争。如在摩梭人中，一个女人有许多阿注并非丑事，而是值得光荣的事情，起码说明这个女子有魅力，能吸引许多男子围着她转。但这种状况也会引起其他女子的忧虑，这也反映在神话上，如法恼那可以帮助女子打击其他女子。也就是说，马克萨人的社会生活和基本人格结构投射到上层建筑和社会意识形态中，就在他们的神话中形成这两种形式的妖魔。这也表明，为了使这样的行为存在下去，要有一个合理的解释,因而也产生出与之相适应与吻合的神灵或妖魔来。这种创造或想象反过来又说明了这种行为存在的合理性,同时也强化了这种社会生活形态与基本人格结构。由此可见,卡迪纳和林顿在这里主要是从经济基础与上层建筑的相互关系方面来对基本人格结构的形成进行解释的。

卡迪纳和林顿发展出基本人格结构的理论,而林顿又根据社会人类学的概念——身份(status)和角色(role),发展出“身份人格结构”(status personality structure)的概念来作为基本人格结构的补充。林顿认为,每个民族虽有其基本人格结构,但一个民族或社会中,不同地位和身份的人各有其应扮演的角色,由于角色的不同,遂形成不同的人格结构。例如,所有的日本人都有其独特的基本人格结构,如温柔、洁净和粗犷、严格和自律。但在日本社会中,长子的地位和次子的地位绝不相同,由于长子继承家世和所有财产,次子以下均需自己去打天下,没有祖先之荫可以依赖,所以长子的性格和次子的性格就有很大的差异。一般说来,长子都较自满而缺乏进取心,而次子以下的人则较卑谦而富有进取心,这种一个社会中的不同的人格结构,就是林顿所说的身份人格结构。

杜波依斯(Cora DuBois,1903—1991)是第一个把卡迪纳的理论运用到田野求证中去的人类学家。杜波依斯是克鲁伯(Alfred Louis Krober,1876—1960)和罗维(Robert Heinrich Lowie,1883—1957)的学生,其成就也可以与米德和本尼迪克特相媲美。1938 年,她 25 岁时就到印度尼西亚巴厘岛东边的小他巽群岛中的阿洛尔岛阿提美兰村(Atimelang)从事田野调查。她不仅用人类学传统的调查方法调查,也使用心理学的投射测验(projective test)方法,如罗夏墨迹测验(rorschach test)、联想测验(word association test)、波氏迷径测验(porteus maze test)等从事调查。罗夏墨迹测验是瑞士精神病医生罗夏(Hermann Rorschach, 1884—1922)于 1921 年创制的。这种测验用 10 张黑白或彩色的墨迹图去测验受试者,让受试者从任意角度去观察这些墨迹图,并说出自己看到了什么,或者说出这些墨迹图各自代表什么意义、像什么东西等。测验者记录受试者的反应,并对反应记录进行分析和解释,判断受试者的行为主要是受理智支配还是受感情支配,并在此基础上确定受试者的人格特征,看其属于哪种类型、有哪些个体差异等。

杜波依斯回来后,采取“盲目分析法”(blind analysis)把一般的人类学调查材料,如8份个人生活史资料交给卡迪纳去分析,而把37份罗夏墨迹测验的资料和33位男童和22位女童的绘画资料分别送给两位心理学家奥博霍尔仁博士(Emil Oberhozer)和施米德-沃那泽博士(Trude Schmidl-Waehner)来分析。有趣的是,这三位心理学家分别研究的结果竟然完全相同。杜波依斯把这些分析结果写成《阿洛尔人》(*The People of Alor*)一书,并于1944年出版。

杜波依斯也是从初级制度对基本人格结构的影响开始叙述她的研究的。她说:阿洛尔岛是一个穷困的地方,岛上的男人大半从事各种交易活动,田里的生产工作交由妇女担任。阿洛尔的妇女从早到晚在田里工作,很少有时间照顾孩子,这样,婴孩在出生10天以后就交由兄姐或祖父母照管,婴孩只有在黄昏后母亲回家时才能吃到奶水,其他时间都用代用品,因而婴孩的口欲期挫折特别严重。这是用生产方面的因素来解释为什么阿洛尔人会出现儿童口欲期的挫折。

这以后,到小孩五六岁时也不怎么管,小孩断奶时采取比较激烈的手段,如把孩子送到亲戚家住几天等。如一直要求吃奶,常会挨到耳光。在学会走路之前,小孩不进行如厕训练,即使粪便污染了全身也不会受到谴责。孩子大约在18个月时学走路。学走路时,只用布带系住帮助他走路,而到了两岁就不必再扶持了。

当学会走路后,他们就跟大孩子玩,但口欲仍得不到满足,因为小孩子得从大孩子那里获得食物,而获得这些食物,往往是不断的乞求和不断哭闹的结果。

小孩在学走路之前,每两三天洗一次热水澡,会走路以后就改为洗冷水澡,而且洗冷水澡往往是强迫的,这使小孩感到痛苦,用摇头、抖动身体的方式挣扎,这时母亲就一把抓紧孩子,用力拖来洗澡,所以孩子洗澡时老是看到母亲发脾气打人的现象。

阿洛尔人对孩子的咿呀学语并不关心,而且常常取笑孩子在语言上的错误。对孩子的睡眠也是任其自然发展。在那个地方,晚上常有各种活动，或是户外的舞会，或是少男少女献殷勤的盛会，或是家人围坐在一起谈天，所有这些小孩都会参加，所以小孩夜间睡眠很少，白天睡觉的时间反而较多。对小孩的管教常以责骂的方式，有时甚至以恐吓的方式进行，长辈手中挥舞着刀子，嘴上威胁着要砍掉哪个孩子的耳朵或手，虽然成人只是闹着玩，但有些儿童却往往被这种玩笑吓坏了。在这样的潜移默化下，小孩在碰到挫折时常常要骂几句。

到了 10 岁左右，大人开始对小孩严厉管教，主要是教他们如何搜寻食物。对男孩的管教比对女孩子松。女孩除了要做严格的女红训练，学习织布、缝衣、做树皮布外，还要参加农业劳动。而男孩的自由度较大，他们可以像跟班一样，鞍前马后地跟着那些年轻的后生，为他们效劳，也可以参加田里的劳动。不过由于缺乏严格训练，也缺乏鼓励，因此男孩多有不稳定和缺乏自信心的现象。

在阿洛尔人当中，男子主要从事交易活动，在这方面常要讨价还价，诡辩、欺诈、互不信任是常有的事，因此，他们要求儿童的行为要与大人合拍，所以阿洛尔文化的价值观是训练孩子不要信任别人，不要信任他处的环境。

从这些陈述中，杜波依斯得出的结论是：阿洛尔人的人格表现出猜疑，没有安全感，男女之间关系紧张，男子企图从妻子身上找到母亲的安慰，但总也不能成功，因此离婚率很高。而且阿洛尔人缺乏创造力，对艺术完全没有兴趣，男子多表现出冷漠，这也为心理学的测试所证实。

与卡迪纳不同的是，杜波依斯在研究阿洛尔人之后提出一个新的概念——众趋人格结构（model personality structure）来代替基本人格结构的概念。她认为，基本人格结构是抽象的和理想化的概念，在实际行为中，社会成员与这一理想化的人格结构合适的程度只有以统计学上的“众数”（mode）才能表示。也就是说，人类学家和心理学家所描述的某一民族的特殊人格在实质上只是一个众趋的形态，即在统计总体各单位按某一标志排列后出现次数最多的数值，所以只能称“众趋人格结构”。换言之，众趋人格是在某民族众多的个人人格中统计出来的、带有共性的人格特征。这一概念后来为人类学与心理学所接受和采用,并逐渐发展为民族性或国民性的概念。

此外,杜波依斯在对阿洛尔人的研究中也运用了一些新的方法,比如,在研究中引用了统计学的方法,但是她在抽样(sampling)时却存在一些问题。她虽然收集了8个生活史的材料,但这些都是从生活不得意的家庭中收集来的,因此,它们是否具有普遍的代表性和典型性则很成问题。这也是她被别人批评的重点之一。后来有人问她,如果再去阿洛尔岛做田野工作应该怎么办?她说:我将要正确地加以选择,量化将是我所关心的,甚至连样本观察资料与系统访问都可以量化,也许包括联句和在田野发展出来的多重选择表也可以①……由此可见,当时的人格与文化的研究仍有许多不足之处。

二、儿童教养理论运用到复杂社会的研究中

第二次世界大战期间,同盟国为了认识敌对国家的国情,曾号召人类学家为国家服务,以研究德国、意大利和日本的情况。因此有许多人类学家参与此事,如米德和她的丈夫贝特森(Gregory Bateson,1904—1980)、克拉克洪,康乃尔大学的莱顿(Alexander Leighton)、英国的格雷尔(Geoffrey Gorer,1905—1985)等。他们中间有一部分到战时的情报局(Office of War Information)工作,有的则在其他组织中工作,如贝特森在战略情报局(Office of Strategic Services)服务。1939年,米德、查波尔(Eliot D. Chapple)、法兰克(Lanrencek Frank)等成立了一个名叫"国际士气重整委员会"的组织进行研究工作,想提高美国人的士气,其研究方法是:访问其他文化的高级知识分子,以了解其国家的文化。1941年,本尼迪克特也加入这一研究,成为"饮食习惯委员会"的委员。1943年,格雷尔到英国使馆的"战时参谋处"工作,本尼迪克特接替了格雷尔的职位,到战时情报局工作,最初受命去研究"罗马尼亚人的文化与行为",后来才转向

①Cora Du Bois: *Two Decades Later*, *The People of Alor*, Cambridge, Mass,: Harvard University Press,1960 (1944), p. xxiv.

研究日本文化。在研究日本人时,除了访问一些被关在集中营的日籍美国人外,本尼迪克特主要依靠日本的出版物,如书籍、报纸、杂志和电影等进行研究。第二次世界大战后,这一研究继续进行,如1947年,本尼迪克特从海军研究中心拿到25万美元,在哥伦比亚大学继续从事题为“当代文化研究”(Research in Contemporay Culture)的国民性研究计划,主要研究中国人、俄国人、东欧犹太人、捷克人、法国人、波兰人、叙利亚人和德国人等,从1947年到1953年,大约有16个国籍的120多名研究者参与了这类研究。

首先,这一时期的研究都是把过去他们用于研究简单社会中民族文化模式或人格类型的方法,如弗洛伊德心理分析式的儿童期决定论(childhood determinism)运用到研究现代复杂社会的国家或民族中,去探究他们的国民性或民族性,也出版了不少有关各国的国民性或民族性的著作,如布里克纳(Richard M. Brickner)的《德国无可救药吗?》(*Is Germany Incurable?*),罗维(R. H. Lowie)的《德国人及其社会画像》(*The Germen People: A Social Portrait*, 1945),《了解德国》(*Understanding Germany*, 1954),格雷尔的《美国人》(*The American People: A Study in the National Character*, 1948),《英国人性格的研究》(*Exploring English Character*, 1955),格雷尔和瑞克曼(John Rickman)的《大俄罗斯人》(*The People of Great Russia*, 1949),芮斯曼(David Riesman)的《孤独的人群》(*The Lonely Crowd*, 1950),哈林(Douglas G. Haring)主编的《人的性格与文化背景》(*Personal Character and Cultural Milieu*, 1956),米德的《枕戈待旦》(*And Keep Your Powder Dry*, 1942)和本尼迪克特的《菊花与刀》(*The Chrysanthemum and Sword*, 1946)等。这些著作都有一个基本的假设,即童年经验或者至少是早年的家庭环境(family constellations)和个人的人格取向(personality orientation)的形成有明显的密切关系,并且人格类型与文化模式相符,其大致的公式为:童年经验(甲)→人格形成(乙)→社会文化模式(以主导人格类型为主)。其次,这些研究都无法到被研究对象的国家进行,只能在美国利用各种文献资料,并访问在美国的该国公民进行研究,所以都可以称为“民族性或国民性的遥研”(the study of national character at a distance)。再次,这时所研究的对象全部是复杂社会，而且主要研究其群体人格，即民族性或国民性，而称简单社会的群体人格为“理想人格”。最后，这种研究也给学人一种信心，即可以通过零散、支离破碎的资料理出一个完整的形貌来。

在这些著作中，最有名的是《菊花与刀》，1946 年出版，到 1952 年已出了 11 版。在书中，本尼迪克特认为，日本人的民族性有两面性。菊花是日本人喜欢的一种花，它代表温柔、洁净、平和的一面，如禅宗讲究心中无主，花道、茶道讲究平和、安静。而刀则代表武士道的粗犷、严格自律，对权威的服从，如训练柔道、剑道、忍术等。日本人平时多礼而平静，而战争中又变得那样“失去人性”、惨无人道，就是这种性格的反映。她认为，这种性格是在早期放任、晚期严格训练的童年教养中形成的。这种晚期的严格训练表现在：①养成良好的大小便习惯；②如违反就遭家庭的抛弃。这些为后期的严格训练做了准备。她认为，同日本相比，美国人在儿童期和老年期所受到的社会化要求都比较严格，在这两个时期中，人的独立性较小，行动受到较大的约束，如美国的老人会被他们的子女送到养老院去，没有太多的自由。而在日本，这两个时期的情况正好和美国相反，儿童和老人都被认为是“不知耻”的阶段，对他们比较放任。而对青壮年却有很大的约束甚至是刻板的严厉要求。所以，日本人的意识中仍深深地留下幼时的印象，那时他们在自己的小天地中生活得像神仙一样，他们那时甚至可以尽情地发泄自己的寻衅心，愿望可以得到满足①。而在青壮年的管束中，则要使他们服从，认识他们的地位和身份。因此，日本人呈现出这样的两重性：外表的谦恭、自律、有秩序和多礼，而在此下则有粗犷的一面。当这种因素发展到极致时，就会表现出在战争中的那种疯狂行为，如自杀式飞机、剖腹等。也就是说，这不是一种自我牺牲，而是自尊的一种表现，服从到以死来报答，以完成个人自尊和自我的体现。这是为了符合世人的“意料”而抛弃自己的个人要求，而成为知耻辱，为家、为村、为国争光的人。

---

①本尼迪克特著，孙志民译：《菊花与刀》，浙江人民出版社 1987 年版，第 244 页。

格雷尔在本尼迪克特之前也研究过日本人。他认为，日本人具有一种强迫症的倾向(compulsive tendency)，具体表现为注重仪式、洁净而守秩序等人格特性。这些人格特征都是由于早期严格的排泄训练而将其攻击性倾向压抑在潜意识中的结果。也就是说，他认为，日本人受到压抑的无意识的侵犯感是由于肛门期的严格排泄训练造成的压抑导致的①。拉贝尔(Weston La Barre)在犹他州托帕兹(Topaz)日裔美国人战时安置营中研究这些被羁押的日本人后撰文认为，在世界民族之林里，日本人可能是最具有强迫性倾向的民族。他们比德国的北方人更具有强迫性倾向，精神分析学家对强迫症性格的叙述与民族志学者对日本人典型人格结构的叙述几乎完全一致②。而史毕泽(Hermann M. Spitzer)则认为，整个日本文明表现出一种强迫性的精神官能症(compulsive neurosis)的模式③，同时也认为这都是肛门期严格的排泄训练所形成的压抑造成的。

第二次世界大战以后，格雷尔和瑞克曼在1949年出版《大俄罗斯人》一书，认为苏联人内向、压抑很厉害，所以酗酒很厉害。还有，压抑太久了就会爆发革命，这是苏联人的国民性。其也是因童年的经验造成的，如苏联的婴孩被捆在襁褓中的木板上，定期换尿布，不管它有否尿湿，或者湿了也不及时换，一定要到固定的时候才换。他们认为，这种现象表现了一种压抑和压抑到某时才爆发出来的现象，所以苏联人具有有时粗鲁、平常顺从的性格。

米德在研究美国人时认为，美国除了印第安人外，都是移民及其后裔，进入美国必须重新社会化，以便与周围的人认同。于是，他人导向的性格应运而生，竞争、奋斗、注重成就之所以成为美国人的性格，是由于美国是一个移民社会导致的。初到美国的移民不仅希

①George Gorer: *Themes in Japanese Culture.* Transaction of the New York Academy of Sciences, ser. 2, 5(1943):106～124.

②Weston La Barre: Some Observation on Character Structure in the Orient: The Japanese. *Psychiatry*, Vol. 8(1945), p. 326.

③Hermann Spitzer: Psychoanalytic Approaches to the Japanese Character. *Psychoanalysis and the Social Sciences*, Vol. 1(1947):131～156.

望自己能同化于美国人，站住脚，而且更期盼子女超过自己，离开自己，忘记原来的祖国，改掉乡音，以期被美国社会接受。

在这些著作中，《菊花与刀》一书对日本人的影响很大，日本人认为，本尼迪克特在没有很多材料的基础上一下子就抓住了日本人性格中的双重性是一件很了不起的事，也因此，日本人开始对此有了兴趣。

但不管怎么说，这种国民性遥研也有许多不足，例如，几乎没有实地调查的材料，对在美国生活的该国侨民的研究又偏重在某些阶层，无法反映普遍性。再如，把儿童教养理论用得太滥，就连本尼迪克特这样的人类学家也用儿童教养的训练来解释民族性或国民性的形成，而且有的人的分析有些偏颇，如对日本人的研究，上述一些人多认为肛门期的严格训练导致了强迫性人格的形成，战后有些人在日本本土进行了实地调查工作，才发现在美国所发现的排泄训练的情形并不会跟日本的有太多的差别①。因此，把强迫性人格的形成归之于肛门期的严格训练的解释就存在问题。当然，有的人也转向其他文化因素来解释，如日本盛行的警察监管等可能是造成这种强迫性人格形成的原因。

第四节　20世纪60年代后的心理人类学研究

一、泛文化比较研究的兴起

20世纪40年代，心理学派的人类学家着重于早期童年养育方式对人格形成的决定作用，如米德研究青春期的异动，本尼迪克特只关注肛门期的压抑等，这样就造成了一些局限，有以偏概全的感觉，因此遭到不少批评。有的人认为，实际上，我们无法证明某些喂养方式或育婴习惯会影响某些成人的性格，

---

①Betty B. Lanham：*Aspect of Child Care* in Japan：*Preliminary Report*, in Haring (ed.)：*Personal Character and Cultural Milieu.* New York：Syracuse University Press, p. 581.

也就是说，无法用心理实验的方法来证明。为了解决这些矛盾，人类学开始用跨文化的比较研究（cross-cultural study）来解决与探索。

1953 年，耶鲁大学出身的人类学家惠廷（John W. M. Whiting）①和心理学家柴尔德（Irving L. Child）在默多克（George P. Murdock）等建立的耶鲁大学“人类关系地区档案”（Human Relations Area File, HRAF）中选择了 65 个不同文化中儿童教养方式的材料，再加上 10 个当代民族志报告，共计 75 个民族文化样本，用跨文化比较研究的方法进行文化对人格的塑模作用的比较研究并验证一些假设。他们写了《儿童教养与人格：跨文化研究》②一书，探讨了文化与人格的关系以及文化如何透过人格的媒介而整合的过程。

在做跨文化比较时，他们采用了弗洛伊德的分期方法，但有些区别，他们把儿童教养过程分为几个阶段：①口欲行为系统（oral behavioral system）；②排泄行为系统（anal behavioral system）；③性行为系统（sexual behavioral system）；④依赖行为系统（dependence behavioral system）；⑤攻击行为系统（aggressive behavioral system）。

根据这五种行为系统中的各种不同训练过程与方式，如属于口欲系统的喂奶时间与方式、断奶的早晚等，如排泄系统的大小便训练方式的早晚、严格与否等，加以详细分析与评定，然后用统计的方法计算它们与某些性格特性的相关性。他们认为，如果所用的样本可靠而且足够，那么做若干假设就可以证明儿童教养方式与人格有一定的因果关系。如惠廷假设口欲期养育方式严格的民族，其儿童就会因此引起口欲需要上的忧虑，那么，这些民族大概会养成一种对饮食非常关心的性格，而经常认为身体的疾病是“由口而入”导致的，这一假设通过他们的泛文化比较而得到肯定的答案（参见

---

①在从事这项研究之前，惠廷曾在新几内亚做过调查，写过一本《成为公民》（*Becoming a Kwoma*）的书，以描述当地人是如何训练成为公民的。

②Whiting, John W. M., Irving L. Child: *Child Training and Personality: A Cross-Cultural Study*. New Haven: Conn.: Yale University Press, 1953.

表 10－1)。

表 10－1

病从口入/口欲忧虑	口欲忧虑高的民族	口欲忧虑低的民族
是	17	6
否	3	13

又如,另一个假设认为,凡是性训练严格的民族,大致会产生相信迷信来达到求爱目的的趋向,根据此所做的比较结果见表 10－2。

表 10－2

求爱巫术/性训练	严格而引起忧虑	不严格
有	19	6
无	1	13

由此看来,比较的结果基本反映了上述假设是存在的,其他如进取心和进取动机(achievement motivation)则证明和较早与较严格的自立训练(independence training)有关。

这种泛文化的比较研究是建立在社会统计学的基础上的,它把某种行为化成一个基本的量化单位然后加以统计,以求得统计学上的意义。在这个研究领域中,这种研究方法是一种创举,对人类学的研究也是一种很大的改进。也就是说,这种方法使人类学"科学"化,使它成为可以查对与核实的研究。当然,批评也不是没有的,如有的人认为,折中方法仍有先入为主的嫌疑,假设某种因素有意义、某些因素没意义有时可能是不准确的。量化研究时的最小单位的确定也是人为的,很难有一个标准。也就是说,你可以这样确立一个基本单位,我也可以确立另一种基本单位,这两者可能是重合的,但也可能是矛盾的。但不管怎么说,他们的研究在人类学中具有一定的改革作用,因此,现在这种方法的使用已经很普遍了。

对惠廷等人的研究,还需要介绍的有,他们在当时的文化生态学的影响下,提出了生态环境决定儿童教养方式的形式的论点。他们认为,主要有两种儿童训练方法:一是依附训练,它与扩大家庭有关,其训练儿童安分守己,依附大人。二是独立训练,这与核心家庭有关,其训练儿童强调独立、自我依靠、个人成就等。这两种方式是由不同的“维持体系”(maintenance system)支配的。他们所谓的维持体系就是该社会的经济—生产方式、政治、社会组织和生产关系等,而这些又是同生态环境密切联系的。

如在解释非洲加纳等热带地区为什么有如此剧烈的成年礼时,他们认为,热带地区的环境适合于木薯、芋头、甘薯等块茎植物的生长,这些粮食的卡路里(热卡)很高,但蛋白质不足,这样,小孩就容易得一种叫作夸西窝克(kwashiokor)的病,这是一种缺乏蛋白质而引起的小儿肚胀,皮肤、头发变黄,浮肿,时间长了会变成低能儿的疾病。在这一地区,为了给孩子供应多一点的蛋白质,妇女的哺乳期就不得不延长,一般可延长到 3 ~4 岁。由于哺乳期中有很多禁忌,如妻子不能和丈夫同宿,因而形成多妻制。由于多妻,丈夫与妻子分开住,每个妻子带着自己生的孩子单独居住,这又造成乱伦的机会,所以当孩子快成年时,就利用激烈的、严格的成年礼,如集中到一个秘密的地点生活一段时间,并经过一些磨难,如割礼等,以后就算成年了,也不能再和母亲住在一起了。所以,惠廷认为,这种剧烈与严格的成年礼的功能是把母亲和孩子长久的依存关系切断了①。

类似的研究还有赖特(George O. Wright)利用“人类关系地区档案”,从五大洲挑出 33 种社会文化,每个社会又挑 12 种民间故事来加以比较,对这些社会的攻击性和非攻击性做评估,并分析它们与儿童教育模式的关系②。麦克莱兰(David C. McCleland)和弗里德曼(G. A. Friedman)则直接调查了 8 个印第安人族群中流传的蒙面大盗的故事,对故事中蕴涵的成就需求(need for achievement)进行

---

①John W. M. Whiting: *Effects of Climate on Certain Cultural Practices.* In Ward H. Goodenough (ed.): *Explorations in Cultural Anthropology, Essays in Honor of George Peter Murdock.* N. Y.: McGraw - Hill Book Co., 1964, pp. 511 ~544.

②George O. Wright: Projection and Displacement: A Cross - Cultural Study of Folk Tale Aggression. *Journal of Abnormal and Social Psychology*, 49 (1954): pp. 523 ~528.

评估和研究，并探讨它们与儿童教养模式的关系[①]。有的人则是运用多种方式去调查，如使用心理学的各种测试方法，如罗夏墨迹测验、主题统觉测验（TAT）、绘画测验、生活史研究法以及统计相关法等进行研究，然后再进行比较。有的则在方法上加以改进。如伊戈顿（Robert B. Edgerton）利用罗夏墨迹测定法与社会学的问卷方法来比较和探究东非的塞贝人（Sebei）、波科特人（Pokot）、刚果河下游的坎巴人（Kamba）和坦噶尼喀湖以东的赫赫人（Hehe）4 个族群的心理异同与生态环境的关系。这是沃尔特·高斯明（Walter Goldschmidt）主持的东非文化与生态研究计划的一部分。这项研究用了泛文化的比较方法。他们在说卡勒金安语（Kalenjian）、尼罗特斯语（Nilotes）和说班图语（Bantu）的民族中各选了两个族群，塞贝人和波科特人属于前者，坎巴人和赫赫人属于后者。在每个族群中又各选两个社区，一个是以畜牧为主的社区，一个是以农耕为主的社区。根据这样的设计，既可以比较两种语言群的差异，也可以比较4 个族群的差异和比较两种生产类型的差异。伊戈顿在调查与分析后认为，畜牧者（pastoralists）和农人（farmers）在人格特征上有系统的差异。畜牧者在人格上的一致性跨越了文化与语言的边界，他们较多具有个人主义倾向，较少具有敌意与猜忌，较少幻想与抽象思考，而且较能控制情绪[②]。

由此看来，伊戈顿的研究是一项比较出色的、有控制的比较研究（controlled comparative study），同时他注意到生态因素对人格形成的影响，为心理人类学对人格的研究开辟了新的研究思路，因此在方法论上是值得推崇的。不过，从事这种类型的研究花费较大，而且时间也比较长，这也是应该注意的。

此外，人类学的研究范围也有所扩大，人类学家开始关心梦、幻

---

①David C. McClelland, G. A. Friedman: *A Cross – Cultural Study of the Relationship Between Child Training Practices and Achievement Motivation Appearing in Folk Tales.* In Guy E. Swanson, Theodore M. Newcomb and Eugene L. Hartley (eds.): *Reading in Social Psychology*: New York: Henry & Co., 1952, pp. 243 ~ 249.

②Robert B. Edgerton: *Conceptions of Psychosis in Four East African Societies.* American Anthropologist, 68(1966), pp. 408 ~ 425.

想与幻想的解释、梦的象征解释、攻击性、成就动机、艺术对思想与行为的影响、精神异常、治疗方法等问题,最终形成文化人类学的一个分支——心理人类学。

二、民族性研究的继续与变化

20 世纪 40 年代兴起的国民性研究到 20 世纪 50 年代后仍在继续,前述许多著作都发表在 20 世纪 50 年代。虽然招致许多批评,但也有人继续进行,其中,最执着和最有影响的是华裔美国人类学家许烺光(Francis L. K. Hsu,1909—1999)。1933 年许先生毕业于上海沪江大学,1937 年获庚子赔款资助赴英留学,在伦敦大学政治经济学院师从马林诺斯基攻读人类学,1940 年以《中国南部家庭的功能》一文获得人类学哲学博士学位。1941 年取道南非—印度—缅甸回国,在云南大学任教,任副教授、教授,讲授人类学和社会学;1943—1944 年任云南—燕京大学社会人类学工作站主任,并于1941—1943 年在云南进行调查。1944 年应美国心理社会学派代表人物林顿的邀请赴美,在哥伦比亚大学人类学系任讲师,并跟随林顿学习心理人类学。1945—1947 年在康乃尔大学任人类学助理教授。1947 年转到伊利诺伊州埃文斯顿的西北大学人类学系工作,任助理教授;1955 年升任副教授;1957 年升任教授,并担任该系系主任至 1976 年。在此期间,他还于 1949—1950 年在夏威夷华裔居住区做田野工作;1955—1957 年在印度作调查;1964—1965 年在日本做田野工作,并在芝加哥大学、斯坦福大学、哈佛大学、俄亥俄州立大学、夏威夷州立大学、印度德里大学、加尔各答大学、中国台湾和中国香港一些大学任客座教授。1977—1978 年担任过一届美国人类学协会会长。1978 年退休后任旧金山教育文化研究中心主任至1982 年,并在旧金山大学任教。1978 年任中国台湾"中央研究院"民族学研究所研究员,并被选为中国台湾"中央研究院"院士,1982 年任民族学研究所通信研究员。他在 20 世纪 40 年代末到 20 世纪60 年代写了不少心理人类学的著作,如《祖荫之下》(*Under the Ancestors Shadow: Chinese Culture and Personality*,1948),《美国人与中国人》(*Americans and Chinese*,1953),《宗族、种姓与俱乐部》(*Clan*,

Caster and Club, 1963),《心理人类学》(*Psychological Anthropology: Approaches to Culture and Personality*, 1961)等。

他认为,中国的社会结构是以家庭为基础的,家庭中的成员关系是以父子为主轴的,其他各种关系都以这一主轴(dyad)为中心。父子关系不但在家庭中发生作用,而且扩及宗族乃至国家。中国古代的君臣关系实是父子关系的投射。由于中国社会背景所孕育,中国人的性格因素首先是服从权威和长上(父子关系的扩大),再则是恪守本分。生存在中国宗族组织之下的人,每个人各有一定的地位和关系。这在许多方面都有反映,如族谱中的辈分排列、亲属称谓等,在其他地方也有反映,如在墓碑上有孝男长、次或伯、仲、孟率孙某某、某某、某某……几房、几代祖等也很清楚。在这样的关系中,个人不必也不能表现他的才能,所以中国人的性格是保守和不喜欢变迁、不鼓励个人主义的。进一步说,由于个人始终生活在宗族团体中,因此养成一种相对的宇宙观,这也就是一般所说的中庸态度。

在《宗族、种姓和俱乐部》一书中,他探讨了中国人、美国人和印度人的性格,他认为,印度人是以超自然物为中心,中国人是以情境为中心(situation-centered),而美国人是以个人为中心(individual-centered)的。自我信赖是美国人性格中的主要特征,而对家庭和民族的重视则是中国人性格的主要特征。

20世纪60年代以后,国民性与民族性的研究成为多种学科交叉研究的项目,参加综合研究的人经常有人类学家、心理学家、社会学家、政治学家、经济学家、法学家和哲学家等。例如,李亦园和杨国枢在1972年合编的《中国人的性格:科际综合性讨论》一书就从人类学、心理学、社会学、精神医学与史学以及哲学等各种不同的方法与观点探讨了中国人的性格。

第十一章 文化的变化

第一节 文化变迁

唯物主义认为,历史中的决定因素归根结底是人们直接生活的生产和再生产。但是生产又有两种:一方面是生活资料,即食物、衣服、住房以及为此所必需的工具的生产;另一方面是人类自身的生产,即种的繁衍①。换句话说,即认为,人类要生存、发展以及建构其文化与历史的第一个前提就是从自然界中不断获取满足人类自身生存下去的生活资料。要满足这样的需要以及随之产生的其他需要,人类并非简单地从自然界中获取,而是通过"为此所必需的工具的生产"的手段,也就是通过文化——这种决然与动物分界的手段来获取生活资料。功能主义也认为,人和其他动物一样,一定要有养料,为了个人和种族的延续,他一定要传种,他也一定要时常防御着自然、动物或他人所给他的危险。他若要得到舒服的生活,不能不有住处,温度、湿度的调剂及清洁的设备。要满足这些生物上的需要,每个社区都一定得备下一种所谓文化的"军需处"及一种传种的安排,这迫使任何文化产生种种基本结构:营养方面的"军需处"、两性交接及传种的制度、防御的组织及日常生活的设备。于是,人类有机的需要形成了基本的"文化迫力",强制着一切社区发生种种有组织的活动②。因此,从某种意义上讲,文化是人类适应自然、遵循自然规律、改造自

①恩格斯:《家庭、私有制和国家的起源》,人民出版社 1972 年版,第 3 页。
②马林诺斯基著,费孝通译:《文化论》,民间文艺出版社 1988 年版,第 24 页。

然、解决人类生存与发展问题的手段。各种文化因素，诸如生产工具、经济组织与制度、亲属组织与制度、社会组织与政治制度，乃至宗教信仰等一起密切配合，形成一个一体化整合的文化体系。它具有一定的弹性，能够适应和改造自然环境，同时，它也具有相对的稳定性，这是因为它所适应和改造的自然环境具有相对的稳定性，以及人类对这些自然的物质条件的反映与看法具有相对独立性。人类学研究已在许多方面揭示了一种文化成分如何延续了很长的时间，如两千年前中国浙江地区古代越人所使用的锯镰目前仍在这个地区的现代农村中使用着，一千年前中美洲玛雅人所用的历法现在还在某些现代玛雅人的村社中使用。中国人普遍使用的阴历也已有几千年的历史了。所有这些都表明，文化的确具有相对的稳定性。

尽管相对稳定性是许多文化因素明显的特征之一，但文化变迁也的确在发生。我们在前面已讨论过人类文化的各方面发展，如生产工具的创造、发明以及变化；食物生产结构的发展；亲属组织、婚姻制度的演化；以及政治制度、社会控制的发展变化等。同时也了解到我们今天的文化是来自 200 万年前的狩猎、采集文化，经过时间的推移和空间的扩散，文化在适应各自的生态小生境中产生了巨大的差异，这些事实都充分、清楚地表明，文化具有变异性，文化变迁在不断、经常地发生着。

一、文化变迁的机制

文化变迁(culture change)也称社会变迁(social change)或社会文化变迁(social-culture change)，其是指文化在因素或结构方面的所有变化。文化因素的变迁是指单个文化因素或特质甚或文化丛的独自变化，文化结构的变迁则是指文化的整体结构或生活方式整体或大部分文化因素的变迁。文化变迁包括因横向的交往而发生的变化——文化涵化(cultural acculturation)和因质变引起的纵向的变化——文化演化或进化(cultural evolution)，文化变迁的研究是文化人类学考察、研究文化动态变化发展的领域。

促使文化发生变迁或变化的原因很多，当自然环境发生变化时，就可能需要在文化方面也随之产生一种适应性的变化。在同另一族群的接触与交往中，也可能引进新的文化因素与新观念，从而使该文化发生变化。有时，出于对自然界认识的经验积累或某些偶然因素，也可能促使或造成一个民族改变他们观察自然环境的方式和改变他们对自己在自然环境中的地位的看法，从而导致理解他们自己的文化规范和价值观的方式发生个别的改变或整体上的改观。或者一个民族征服另一个民族，并强迫被征服者接受外来的生活方式，或者征服民族生活在被征服民族的汪洋大海中，等等，均可能导致文化发生变迁。但是，上述种种原因仅是文化变迁的表面现象或外部原因，并非文化变迁的根本原因或内部原因。唯物主义辩证法认为，自然界中，运动是绝对的，静止是相对的。人类本身就是自然界的物质不断运动的产物，文化也不例外。为了满足人类生存与发展的需要，人类创造了文化来作为达到自己目的的手段，当“已经得到满足的第一个需要本身、满足需要的活动和已经获得的为满足需要用的工具又引起新的需要”①，而这些需要又是无止境的时，文化就自然而然要发生不断的变化，以满足人类不断提出的需要。换言之，变迁是绝对的，而稳定是相对的。

变迁是人类一切文化所固有的特征之一，但是变迁的速度和方向，在文化与文化之间、时代与时代之间都有着很大的不同。这是因为，影响一个特定文化的内部即将发生变化的因素有着很大的差别。例如，一个文化的主观能动性的机动程度如何，该文化在一个具体时期内的特定需要如何，新的文化因素和既定的文化母体之间的“适合”程度如何，等等，都可能影响文化变迁的速度和方向。

文化变迁可能是缓慢的，也可能是迅速的，但是总的趋势是向上的，是朝着每个具体时代进步的方向发展的。同时，文化变迁的过程和途径也存在差异，这主要与文化变迁的机制密切相连。

(一)创新

文化变迁的主要机制之一是创新(innovation)，它是指各类新事物的发现与创造，因此，创新包括发现(discovery)与发明(inven-

①《马克思恩格斯全集》(第3卷)，人民出版社1960年版，第32页。

tion)。发现是指找到客观存在于自然界与社会中的各种物质和非物质的新事物。也就是说,发现是使某些原本已经存在于世界上但过去不为人们所了解与认识的事物变成为人们所知的事物。无论是有意去发觉还是偶然发觉,发现都是一种找寻(finding)的行动,它是把那些原先在自然界和社会中存在的各种物质的或非物质的新事物寻找出来。对人类总体文化来说,它是一种增添、补充和创新,但不是创造。创造是发明的同义语。

奥格本(William Field Ogburn,1886—1959)认为,发明的意思就是设计出新的东西①。狄克逊(R. B. Dixon)说,发明是有目的地创造出来的崭新事物②。林顿(R. Linton)认为,发明是对知识的任何补充③。伍兹认为,发明是对先前存在的材料、条件和风俗的新综合,发明是一种制造(making)。意见虽不是很统一,但都认为发明是把原本不存在的东西创造或制造出来,故我们可以把发明定义为:发明是人类为了适应环境,遵循自然规律,改造自然和社会环境而创造物质和非物质新事物的行动。

发明通常分为两类:一是非物质事物的发明创造,诸如语言、文字和制度等社会性的发明创造。二是物质事物的发明创造,包括工具、机器、飞机、轮船乃至宇宙飞船、人造卫星等。由此也可以说,一切文化形式或元素的初创都是一种发明。

如果根据发明的目的性来分类,则可将发明分为无意识的发明(non - volitional invention)与有意识的发明(volitional invention)。无意识的发明亦称"盲向发明"(obtrusive invention),是指事先缺乏预见的发明,即偶然得到的发明。换言之,当面对一些事物无计可施时,忽然领悟到将某些东西组合在一起;或受某种现象的启迪,产生另一种新形式,而有可达到某种目的的新功能,从而就形成某种发明。如远古人类在森林大火中见到被烧焦的动物,可能启迪他们发明出烧烤甚至炊煮食物的方法;一根沿小溪漂流、上面栖息着一只

---

①奥格本著,王晓毅等译:《社会变迁》(1922),浙江人民出版社 1989 年版,第 44 页。
②R. B. Dixon: *The Building of Cultures.* New York, 1928, p. 35.
③R. Linton: *The Study of Man.* New York: Appleton - century - Crofts, 1936, p. 306.

小鸟的树干可能启发人类的思想，从而发明了独木舟。人类学家格林内尔（Grinnell）曾描述了一位印第安人无意识地发明了他们的茅屋（tipi）的过程：

一个印第安人正摆弄着一片白杨树叶，他非常偶然地将它卷成一个圆锥体。当他注视这个树叶卷成的圆锥体时，突然有一个奇思妙想涌上心头——做一个像这样的帐篷来栖身，可能要比现在用的更好些。于是，他做了圆锥体的新帐篷，其他人见了觉得不错，也随之效仿，因此诞生了一种新的文化形式。这一过程反映了无意识发明的情况，同时也表明，在无意识发明中有一种"偶然的合并"（accidental juxtaposition）或"巧合"的因素在起作用。格林曼（E. F. Greenman）认为，这种"偶然的合并"是在两个或更多的对象之间建立起一种密切的空间关系，或者在它们的心理形象之间建立一种密切的时间关系。这种建立是自然的或人为的，但纯属偶然，其结果是一种新的事物的创造①。也就是说，两个或两个以上过去互不关联的观念或物质偶然凑到一起，从而碰出火花，就可能创造出某些新事物来。

有意识的发明亦称"定向发明"（directional invention），是指人类为自己确定一种目标，然后设法达到这一目标的创造过程。换句话说，有意识的发明通常都有主动去创造或改变某些现象或事物的理性思维，而且也明确自己的目的是什么。也就是说，当人们对某些事物的形式、功能等感到不满意时，就会萌生出加以解决和改善的念头，并在此基础上进行试验，通过把旧有的事物分裂、改造、替换、重组和合并等行动，最终创造出一种新事物来。因此，有意识的发明是有理性思维、有目的、有决心要达成目的的一种创造行动。

有的人，如林顿还把有意识的发明分为两类，即基本发明（basic invention）与改良发明（improving invention）。前者为纯粹的创造，而后者则是在创造基础上的改良。他说，一种基本发明可解释为含有一种新原理的应用，或者原理的一种新的结合。就下列意义来说，

①E. F. Greenman: *Material Culture and the Organism*. American Anthropologist, 47: 215.

它是基本的,即它为进步启发了新潜力,并在正常的发展情况下必定会成为其他发明的基础。改良发明,顾名思义,乃是对某种原先已有设计(pretesting device)的修改,其用意通常是增加它的效率,或使之可作某种新用途。例如,最早出现的旧式电话机可视为一种基本发明,而后出现的把手电话机(hand-telephone)则是改良发明,而现在的移动电话、手机等又是在这一基础上的改良发明。

有的人还把发现称为首次创新(primary innovation),因为新的客观事物、规律、原则和方法的发现可以并可能导致应用这些规律、原则、方法和物质去改进旧事物或创造出新事物。根据这样的观点,对已知原理等的有意应用而产生新事物的发明则可以称为二次创新(secondary innovation)。换言之,发现新的事物可能导致发明。但实际上,发明也可以导致新的发现,如显微镜的发明使人们可以发现一些过去未曾了解的已存在的东西,如细胞、细菌、病毒,甚至基因等。因此,发现与发明是互为促进和补充的,它们都会导致社会内部发生某些变化,甚至是一连串的变化,进而推动社会文化发生变迁,向前发展。

从表象上看,创新是某个个人或团体发现了一种新的规律、做法、原理或创造了一种新的工具、制度等,最终为他人所接受,而成为社会共享的东西。但是从本质上看,创新是人类对物质世界认识的累积而产生的飞跃。换言之,创新需要三个因素,即文化基础、社会需要和人才,创新是这三者在社会实践中联合作用的结果。

文化基础是指创造某种新事物的社会文化基础,即文化的成熟程度,也即人们对自然界的认识程度。创新有时代性,在某一个时代、某种社会文化状况以及具有认识某种自然规律的程度下才能产生某种创新。例如,当人们还未在自然界中认识到火的正反作用、摸清火的部分规律时,就不可能去利用火。当人们没有认识到摩擦、钻研、碰击可以生火的现象和规律时,也不会产生摩擦、钻木、压击取火的方法。又如,汽车必须等到1895年液体气体储藏器出现后才可能最终造成。因而,文化基础的程度如何具有促进和限制创新的作用。发现就是在这种文化基础上的提高和飞跃,它的出现可能导致连锁的发明创造的出现,从而引起系列的文化变迁。

人类对物质世界认识的累积要产生飞跃,往往要通过社会需要来实现。社会需要是指人类遇到新环境或新情况时,由于旧的方法不适用,于是感到有创造新事物的需要。换句话说,是社会实践需要新事物,新事物才会伴随着这种需要的推动而产生。人类最初的创新就是这样,如遇到河水而发明渡水的工具和方法,因要避寒暑或其他需要而制衣裤等。相反,如果社会没有这种迫切的需要,即便有的人已经发现某种物质世界的客观规律,即有了首次发明,也不能马上促成再次发明的实现,或为社会所普遍接受。例如,孟德尔(G. J. Mendel, 1822—1884)在1863年左右就发现了遗传学的基本定律——遗传因子的分离和自由组合规律,这虽是在前人工作的成就或文化基础上的创造性见解,却和他那个时代社会需要的步伐不一致,因而得不到应有的重视。直到他死后16年,三位植物学家、遗传学家——德国的柯伦斯(K. Correns, 1864—1933)、奥地利的切尔迈克(Van S. E. Tschermak, 1871—1962)和荷兰的狄·弗瑞斯(H. de Vries, 1848—1935)于1900年在不同的国度中,用各自不同的植物杂交实验得到和孟德尔最初发现类同的遗传规律后,孟德尔的发现才为人们所注意,也才确认了孟德尔的发现。由此可见,社会需要就像化学中的催化剂一样,有着促成创新的出现或使创新为人类社会所认可的作用。此外,上述例子还表明,一旦文化基础达到某一程度,就能在其内部导致某种创新。

另外,创新的出现也不可否认个人的作用,因为,发现与发明往往是由某个个人来实现的。当然,这种个人的实现是在人类或某个特定文化对物质世界的总体认识和认识累积的基础上产生的,而且是在社会需要的催迫下促成的。个人的发明或发现有的具有偶然性,也就是说,当认识达到一定的程度,又有了社会需要这种飞跃的迫切性时,创新的实现不是由这个个人,就会由那个个人来实现,因为创新的能力人皆有之,并没有种族的界限。

创新是适应和改造环境的新事物,一旦产生,经巩固与发展,就会在社会内部产生一点变化,并刺激出其他发现或发明,引起一系列的变化,也就促进社会向前发展,发生变迁。但是,要使一个社会接受创新,问题并不那么简单,除去它必须和社会需要、价值观等相一致外,其他的因素也应该考虑。因为习惯势力往往会起阻碍作用。一般来说,人们普遍的倾向是愿意固守他们所习惯的东西,而不太情愿采用需要他们做出某些改变的新事物,这与人类的观念和意识的形成具有相对独立性有一定的关系。因此,虽然发明创造出来的新事物具有强大的生命力,也有迹象显示出它将比它所要取代的事物或观念更好,然而,它最终实现的过程并非一帆风顺,而是复杂、曲折的。

（二）传播

文化变迁的另一重要机制是传播(cultural diffusion)。文化传播是指某种文化因素乃至文化结构由一个社会向另一个社会或许多其他社会的转移、扩散或互动的行动。传播包括有意的文化传播和无意的文化传播两种。

有意的文化传播是指一个国家或民族、族群有目的、有计划、有组织、有步骤地输出文化或文化元素,同时也包括一个国家或民族、族群为发展自己的文化,有目的、有计划、有组织、有步骤地模仿、引进和吸取他国或他民族、他族群的文化或文化因素,这也可以称为文化采借(cultural borrowing)。在现代社会,文化采借的现象较为普遍,特别是对新技术、新原理和新的生产方法等的采借,是经常发生的,因为任何一种符合客观规律的新技术、新原理和新方法都有助于人类社会进一步向前发展,它们是属于全人类的,所以,有时人们会说科学是没有国界的。也因此,任何一个社会都对这些有助于人类社会前进与发展的新事物都不会熟视无睹,而是乐意并且愿意引进与效仿。在现代社会中,由于交通和通信手段的进步,这种采借的速度更快了。此外,必须指出的是,国外有些学者把帝国主义、殖民主义的远征、传教、殖民以及一切政治、经济和文化的侵略、渗透等也美其名曰“文化传播”,这是为其侵略和掠夺的政策服务的。实质上,这种文化传播是一种强制性的文化侵入,并非真正平等、友好的文化传播和交流。

如果说有意的文化传播常常是某种文化特质的整体传布和采借的话,那么,无意的文化传播主要是指人类在相互的接触、交往或贸易中,随着物质与思想的交流,不知不觉地产生的单向或双向的影响与变化,也有人称之为自然的传播。例如,现代之前的人类互相贸易,一般的情况是互通有无,交换对方具有先进性与本方稀少的物品,如果获得这类物品的一方认为该物品对其社会有价值、有用,就可能促成这个社会模仿、改造和采纳对方的某些先进的物品或某些文化特质,从而使两个不同的社会出现某些相似但又不完全一致的文化特质。实际上,把这种现象称为影响可能要比把它称为传播更确切一些。

如果根据传播的形式加以分类的话,传播大体可以分为三类:

一是直接传播,是指一种文化元素通过与该文化周边有直接接触的文化,一站一站或一石激起千层浪似的,以同心圆的方式逐层扩散出去的现象。直接传播大约有两种情况:一种是通过和邻近文化的接触,一站一站地传向远方;另一种则是通过移民或人口迁徙的方法,把某种文化直接传播到另一种文化中,那种通过征服迫使被征服民族采纳征服者文化的行为也可以归属这类,但我们必须清楚,这是一种强制性的文化侵入,与自然传播不可混淆。

二是媒介传播。如果两种文化之间不是直接交往,而是通过第三者为媒介而得以进行交流,这种状况就是媒介传播。在信息时代之前,进行双边贸易的商人是最常见的文化媒介,其次是旅行家、官方使者和士兵等。近代因殖民主义的扩张而遍及全世界的基督教、天主教传教士,虽是强制性文化入侵的产物,但在某种意义上也可以算是一种传播媒介。由于这类传播非一站一站地传播,而是具有跳跃式的传播,故有的人类学家也称这类传播为“远地散布”(dissemination at distance)。

三是刺激传播,亦称“观念传播”(idea diffusion),是指在某一种文化的知识或观念的刺激下,导致另一文化产生某一对应相似文化因素的过程或行动。也就是说,某一文化的文化因素刺激了另一文化,给对方以灵感和启迪,使之相应地发明或创造出类似的文化因素的过程或行动。因此,刺激传播可视为由外来文化的先例所促发的新事物的成长。

文化传播的首要条件是人类不同民族或族群之间的接触与交

往，没有这个条件，文化传播就无从谈起。例如，南美洲的印第安人与北极圈的爱斯基摩人相距只有1 000多公里，然而，南美洲印第安人发现的烟草传播到爱斯基摩人那里却经历了几千年的时间。原因就在于，爱斯基摩人与世界其他人的隔离状况仅在近四五百年才被打破，从而使产生于南美洲的烟草在世界上绕了一大圈后才传入北极圈内。因此，有了接触这个条件，有利于社会发展的新文化因素逐步地通过一个一个的社会传递到遥远的社会中。由于有的社会发展较快，对自然界的认识的累积较为深厚，相对而言，它们对物质世界的认识的飞跃就可能多些，能创造出更多的新事物，因而就可能成为许多新的文化特质的传播中心。但是，由于独立发明创造的能力人皆有之，且没有种族的界限，因此文化传播的机会总体来说是互相交叉和均等的。

任何一种文化特质或一组文化丛，从一个社会传播到另一个社会时，必须面对接受者那一方的文化考验，同时也具有一定的层次。通常最容易为他人接受的是物质文化因素，例如，移民到美洲的欧洲人没多久就从印第安人那里采借了玉米、大豆、南瓜、马铃薯、木薯、花生、番茄、花椒、鳄梨、巧克力、火鸡和爆米花等的用法，而印第安人也很快地接受了欧洲人的金属锄头、铲子和大砍刀等生产工具，因为这些工具比石器要好，同时，这些也与传统上男子用手工工具种植玉米的生产方式相符合，也就是说，这些物质文化因素基本上不会同传统文化方式相抵触。

次一层比较容易接受的文化传播是制度文化的传播。制度是某一文化或民族根据其对客观世界认识的程度而对某一事物做出的一些规定。它的接受通常要经过引进者或接受者的一番选择。只有当认识到这种制度文化具有价值，又不会和自己文化的价值观、传统方式等相矛盾时，才会采纳并加以改造，使之与原有的文化体系整合起来。

最艰难的就是心理素质方面的文化特质的传播了。这不仅仅是选择，而且要通过长期而痛苦的抉择后才可能实现。因此，在文化传播中，本文化的选择是一个非常重要的因素。当遇到文化传播时，或从外来文化中选择一些合乎自己文化要求的文化因素，或照单全收,或加以改造,全凭该文化内部的抉择。抉择不同,其结果就可能不同,这就是同一项文化因素传播出去,在不同的社会或文化中会呈现不同变异的缘故。

二、文化变迁的过程与结果

(一)文化涵化

文化涵化可以界定为文化变迁的横向变化过程与结果。当两个或两个以上的文化的人们或多或少地互相接触后,经过一段时间的相互传播、采借和适应,结果可能造成一方或双方都发生大规模的变化,这种横向的变化现象在人类学中被称为涵化。

涵化与传播不同,传播是一种变迁的机制,而涵化则是结果。一个社会可以不经过涵化的过程,从另一个社会中借用某些文化因素,但是涵化必须在互相持续的接触中,单方或双方都发生较大的变化。

文化接触是涵化的基本前提条件。这种接触不是一般的接触,而是相互交织在一起的大规模接触。统一政治统治下的各民族的杂居与交往是这种接触最典型的例子。在这样的接触中,接触的时间越长,接触得越多,交织得越深,各民族之间的相似性就越多。现代,在我们这个越来越小的世界中,随着交通、通信、互联网等手段越来越现代,人们的接触与交织将越来越密切,因而在经济全球化的今天,总的趋势可能是各文化之间会有越来越多的相似之处,即有可能朝着一种文化趋同的方向发展。接触对文化涵化来说是如此重要,以至英国人类学界将涵化称为"文化接触"(culture contact)。

虽然文化接触是涵化的前提,但是,由于相互接触的两种文化关系的不同,涵化的过程和结果也可能不同。例如,两种文化的关系是对等的还是统治与被统治的关系;交往的情况和内容如何,交往是友好的还是敌对的;是通过两种文化的一部分代表进行文化交往,还是一般民众的交往,或是殖民地式的交往;两种文化的文化差异程度如何,什么人在交往中起调停作用,是行政官员、贸易商人还是传教士;两种文化之间的涵化方向是单向的还是双向的互动等,均可能影响涵化的过程及其结果。

由于上述各种条件的影响,涵化的过程或形式就可能不同。在人类学中,有如下几个术语描述不同的涵化情况,如"逆涵化"(negative acculturation),是指在统治者或征服者强制下形成的接受。"顺涵化"(positive acculturation),是指在接触中自愿或自发形成的接受。"边际涵化"(marginal acculturation),是指两种或两种以上的文化在各自区域的边缘地带发生的传播、涵化现象。"广面涵化"(planitational acculturation),是指在一种比较宽广的区域中发生的、较为深厚的传播、涵化现象。对抗性涵化(antagonistic acculturation)是指一个文化通过自我发明或再创造,或从其他文化采借一种文化因素,用来同另一方类似文化因素相抗衡的现象,这种涵化形式常用来抵御他文化的强制入侵。除了上述这些术语之外,人类学家认为,文化涵化过程中可能发生的情况还有如下一些:

1. 接受(acceptance)。接受是指通过接触、选择、采借,甚至是修正、改造和再解释等,接受了他文化的某些文化成分或某些文化成分的部分内容等。接受包括:

(1)取代(substitution),即一种文化过去存在的文化因素或文化丛由另一种外来的新文化因素或文化丛所代换,并且新的文化因素或文化丛发挥着旧文化因素或文化丛的功能,并产生了一些变化。例如,满族入主中原,在260多年的满汉接触中,改良的满族妇女的旗袍逐渐取代了汉族传统的妇女服装而成为今日汉族的传统服装延续下来,就是一个很好的例子。

(2)添加(addition),即在文化传播与涵化的过程中,引进与增添某些过去不曾有的新文化因素或文化丛,它有时可能改变文化的结构,有时则不一定。如汉族从西域吸收了二胡、笛子等乐器,改变了汉族乐器组合的结构,而汉族从西域引进了葡萄等并没有改变汉族的饮食结构。

(3)创造(origination),即在涵化过程中,在某些外来文化因素的刺激下创造出与外来刺激物类似的新文化因素,以满足该文化体系在变迁状态中的需要。

(4)重新解释(reinterpretation),亦称“再解释”,是指传播与涵化过程中出现的一种调试行动或过程,它通常是指把原有文化的意识赋予在外来新文化的因素上,或用新的价值改变原有文化因素的意义的调适过程。因为任何一种文化都是一个整合的体系,原来就有许多文化因素在其中起作用,满足该文化人们的生活需求。因此,外来的新文化因素在原有文化体系中完全没有的情况并不多见,只是外来的文化因素可能比原先相同的文化因素更好些、更有用、更有意义或更能适应现时的生活,所以当发生传播与采借时,常常需要对外来的新文化因素进行重新解释,才能纳入原有的文化体系中,或者在此刺激下,对同样的旧有文化因素重新解释,并纳入原有体系中。换言之,在传播与采借的过程中,常会出现重新解释的现象,或针对外来的新文化因素,或针对原有的文化因素,以改变它原有的形式、功能甚至是意义等来适应受方文化体系的特殊需要。

2. 适应(sdaptation)或调和(syncretism)。适应或调和是指把接受过来的各种文化成分同自己文化体系的相当部分或全部协调起来的过程或行动。在这一过程中,新旧文化因素或外来的文化因素与原有的文化因素相互调适、调整或重新解释而混合成新的体系的现象或行动。由于调适的方向不同,其结果可能有以下几种:

(1)文化同化(cultural assimilation),即一个文化受他文化的影响,逐渐失去本文化的特点而成为他文化的一部分的过程。这是一种单方面的协调一致,反映在民族问题上,就是所谓的民族同化。文化同化有两种途径,即强制同化和自然同化。前者是指具统治地位的文化在政治、经济等方面采用一系列强制性的政策和措施,压迫、摧残、歧视甚至掠夺其他文化,迫使它们放弃其传统文化,改变其文化特点,全面地接受他文化,导致一种文化被完全消灭。由于这种同化带有强制性,因此是压迫的一种表现。后者则是指在长期密切的接触交往中,技术发展较落后的民族逐步在文化上向技术发展先进的民族靠拢,自然地改变其原有的文化特征。由于它是自然发生的,因而它可以被视为文化进步的一种表现。

(2)文化融合(cultural fusion),是指两个或两个以上的文化在接触交往过程中发生双向协调,产生出与各自原先文化特征都不同的新特征、新形式、新内容甚或新结构,达到难以区别的程度,从而形成一个新的、单一的文化体系的过程。这是双方相互交叉互动的调适一致,两种文化完全融合。例如,中国回族文化的形成就是文化融合的结果。文化融合的最高境界是在未来的无阶级社会中,各文化由于彼此接触愈多,互相交流、学习,取长补短,文化上普遍得到高度发展和繁荣,共同性日益增多,差异性日益减少,直至世界性文化趋同的出现,这可能是历史发展的一种趋势,但在这种状况未出现时,还是应该提倡多元文化主义。

在同化与融合的同时,也可能伴随着所谓的文化萎缩(deculturation)现象的出现。文化萎缩也称"文化丧失"或"文化没落"(kulturgefalle),其是指在文化接触、传播以及涵化过程中,由于接受了新文化而造成原有文化因素的萎缩、没落、解体和丧失等现象。它包括部分或全部文化因素的丧失、解体等。换言之,在文化接触与涵化过程中,由于优势文化的冲击与影响,弱势文化体系中所包含的一些文化因素可能发生某些方面的解体与丧失,而且解体与丧失的部分又没有新的文化因素来取代其功能,由此造成某些缺失或没落。

3. 抗拒(ejection)。抗拒是指在文化涵化的过程中,由于变迁幅度过猛,使人难以接受而导致的排斥、抵制和反抗变迁的现象。在西方文化与其他地区文化的关系上,由于政治上处于支配地位的统治者文化的压力太大,迫使一些传统文化发生急剧变迁,由于强制性与文化冲击、变迁幅度太大,以致有些传统文化的人们不能接受这种强制性的变迁,其结果就会导致排斥、拒绝、抵制或反抗的对抗性涵化现象的出现。有的地方则出现了以强调其固有生活方式的价值,恢复固有生活方式的反殖民主义,反文化侵入的文化自觉运动或民族复兴运动,即所谓的复兴运动(revitalization)。复兴运动多利用宗教的形式来进行,如 19 世纪末与 20 世纪初的本土主义运动(nativistic movement)、船货崇拜(cargo cult)、千禧年运动(millennial movement)、救世主运动(messianic movement)和鬼舞(ghost dance)等,都属于复兴运动。

（二）文化演化

人类学多把文化形态从简单向复杂的纵向质变过程称为演化或进化，而对形态的部分质变称为转型，纵向性量变则称为累积。

唯物主义认为，社会文化是由生产力—生产关系、经济基础—上层建筑以及社会意识形态在不同层次上构成的。在社会文化内部的这个三阶结构中，第一层次是生产力，它是指人类与他们用来生产物质资料的那些自然对象和自然力的关系，即生产过程中，人类通过文化手段适应自然，遵循自然规律，改造自然的关系。它包括生产力诸要素中最根本的、能动的、起决定作用的要素——劳动者、自然界和"人类学的自然界"（即在人类历史中，在人类社会的产生过程中形成的自然界是人的现实的自然界）①（即人为的文化环境）构成的劳动对象，以及人们用来影响和改变劳动对象的一切东西——文化的一部分，即包括生产工具、技术、科学在内的劳动资料。其中，生产工具是社会生产力发展水平的指标，因为技术和科学最终都得反映在生产工具上，生产工具的发展标志着技术的发展。但在生产力中，决定因素是人而不是物。生产工具是由人制造和使用的，离开人，生产工具就无从产生。生产工具产生出来了，不与人结合，也只是一堆无用的东西。因而生产力是人通过文化的一部分——劳动资料这个中介系统作用于自然的关系，体现了某一社会的人们适应自然、改造自然的能力。

第二层次是生产关系或经济基础。生产关系是指人们在生活资料生产和再生产过程中必然结成并体现于生产、分配、交换和消费四个环节中的人与人的关系。它包括生产资料所有制和由此产生的交换关系和产品分配关系，生产关系体现了生产过程中人与人的关系。生产关系的总和，即社会发展的一定阶段的经济制度就是经济基础。

第三层次是上层建筑和社会意识形态，它是建立在经济基础上的政治、法律等制度以及与经济基础和上层建筑相适应的社会意识

①马克思：《1844年经济学哲学手稿》，《马克思恩格斯全集》（第42卷），人民出版社1985年版，第128页。

形态。在这个三阶结构中，除生产力诸要素中的人类主体系统和自然环境这样的客体系统之外，其余均可看做人类的文化。

社会文化的这个三阶结构中存在两对基本社会矛盾，即生产力与生产关系之间的矛盾以及经济基础和上层建筑之间的矛盾。其中，生产力和生产关系的矛盾是占主导地位的一对矛盾，它们构成了人类社会为了存在和发展，谋得物质资料（生产资料和生活资料）的物质生产方式。它们的关系既对立又统一。有什么样的生产力，就有什么样的生产关系。因为，人们只有在一定的生产关系中才能进行生产。由于生产力是人类适应自然、遵循自然规律、改造自然的能力，因而它是生产中最活跃的因素，生产关系则具有相对独立性，因此，生产力对生产关系总是起决定作用的。当生产力发展到一定程度，原来基本适合于生产力发展的生产关系就转变为不适合，生产关系与生产力之间的矛盾日益激化必然要引起生产关系的根本变革，以适合生产力的发展水平。这种状况周而复始，不断矛盾地运动着。

经济基础和上层建筑的矛盾运动是受上述矛盾运动制约的。在这对矛盾中，经济基础一般起主要的决定作用，但不是唯一的决定作用。上层建筑是适应经济基础的要求建立起来的，为经济基础服务，它促进了一定经济基础的形成，并维护和巩固着这个经济基础。上层建筑的各部分同样具有不同程度的相对独立性，并不都是随着经济基础的变化而立即变化，因而它与经济基础之间存在矛盾。前面说过，经济基础是社会发展到一定阶段的经济制度，即生产关系的总和。随着生产力发展到新的水平，生产关系（其总和为经济基础）就由基本适合逐渐转变为不适合，与此相适应，维护这个生产关系的上层建筑也就逐渐转变为阻碍生产关系的根本变革、阻碍新的生产关系产生和发展的反动力量，这时就提出了根本变革上层建筑的要求，从而导致了文化的演化。

总之，由于生产力的发展及由此引起的新生产关系的产生和发展，然后才有适应这一新的生产关系的需要和上层建筑的产生和确立，才有可能逐步发挥和加强上层建筑对新的经济基础的促进和保护作用。因此，是社会生产力的发展推动着社会基本矛盾的运动，这个矛盾运动又推动了社会的前进,也推动了人类文化的不断发展,从而使人类社会文化由一个阶段向另一个阶段发展与演化。

关于上述理论的阐释,我们可以用夏普(R. L. Sharp)在澳大利亚研究伊尔约龙特人(Yir-Yoront)的文化变迁的例子来加以说明。伊尔约龙特人居住在澳大利亚最北部,很早就同欧洲人接触,但到20世纪30年代左右,他们还大致保持原有的传统文化。伊尔约龙特人最重要的生产工具是磨制的石斧,很多重要的生产都要用它。制作石斧的石料要用装有倒钩的鱼枪辗转从400公里以外的地方交换而来。石斧制作由男子完成,男子知道在什么地方可以找到做绳子的树皮,也知道在什么地方可以找到制作石斧需要的树胶,并用这些把石斧头加固和捆绑在手柄上,成为一件复合工具。正因为男子从事石斧的制作,因而他们也掌握了对石斧的所有权,从而石斧成了男性的象征。由于制作石斧用的石料是从外地辗转交换来的,因而他们和其他民族构成了一种类似美拉尼西亚"库拉圈"(kula)的交易伙伴网络。这种交易一年举行一次,由此有许多复杂的仪式。由于石斧制作不易,石斧也成了尊贵的象征。同时,由于石斧的稀少性以及它在生产中的重要性,使伊尔约龙特人的观念世界中把它视为氏族的圣物,并创立了一些神话来证实它的重要地位。换言之,伊尔约龙特人以石斧为生产工具,并在此生产力的基础上相应地建立起一定的生产关系和由此引起的一系列相应的上层建筑和社会意识形态,形成了一个整合的文化体系。

1915年开始,在距伊尔约龙特人居留地中心3天路程的地方建立了一处基督教传教站。传教站进行了一些有意识的传播。尽管传教站原本的目的并非是改变伊尔约龙特人原有的文化基础,即不改变他们的文化结构,只想传播一些传教站自认为可以改进生活水准和丰富精神生活的物品,如短柄钢斧等。但是事情的发展并不像传教士所期望的那样,而是沿着生产力的发展必然导致生产关系、上层建筑和社会意识形态变迁的方向发展。

伊尔约龙特人的男子主要从事生活资料的生产,经常在外,因而伊尔约龙特的妇女和小孩同传教士的接触程度要比男子同传教士的接触程度大。由于妇女与小孩有时也需要使用石斧从事生产劳动,却要向男子借用,这种事有一定的困难,在男子垄断生产工具和女子也要使用石斧的情况下,矛盾往往不能很好解决。于是,妇女和小孩最先广泛地接受传教士赠送的短柄钢斧,慢慢地,妇女和小孩掌握了先进的生产工具——钢斧。新的生产工具的出现使伊尔约龙特人的生活发生了变化。钢斧的效力远胜过石斧,它使工作效率提高,劳动时间缩短,因而伊尔约龙特男人的睡眠时间增加了,石斧的生产效用也丧失了。这样,过去的一些生产技能和劳动,如制作石斧、采集制作石斧用的树皮、树胶以及相应地对这些树皮、树胶、石料的自然知识和制作石斧的生产知识也成为没有必要了。过去为交换石料而构成的交易伙伴、交易圈以及为交易而举行的一年一度的部落聚会和仪式也失去了其作用和重要性,也就是说,生产关系发生了变化。由于妇女和小孩成了钢斧的所有者,普遍掌握生产工具,一方面使伊尔约龙特人的人际关系发生了变化,另一方面也使性别、年龄和尊卑的一些规定混淆起来,从而使该社会的上层建筑和社会意识形态也发生了变化。斧头不再作为男性的象征了,也使过去传统的一些维护石斧地位的神话传说、信仰和价值观等破灭和瓦解。与此同时,新的生产关系、新的价值观和信仰等意识形态和上层建筑的事物在新的生产力的推动下也自然而然地出现,以适应新的生产力的发展①。

从上述这个实例来看,虽然伊尔约龙特人的生产力变化不是其内部独立发展起来的,而是从该群体的外界传入的,是文化传播导致的,但是在大多数情况下,文化传播要通过采借一方的选择,或接受或不接受全由受方决定。如不接受,就排斥了该文化因素,如接受该文化因素,就必须和该文化旧有的因素进行调适,实质上是适应了该文化,成了该文化的一个组成部分。这是外因通过内因起作用规律的反映。这种选择过程也可以看作是一种涵化现象或过程,通过文化接触后,采借的一方通过选择使该文化接受了外来的文化因素,使之和该文化结构协调起来,取代了原有的一些文化因素的

---

①R. L. Sharp: *Steel Axes for Stone – Age Australians*, in Human Organization, 11: pp. 17 ~ 22.

功能,此后再引起一系列的生产关系和上层建筑的变化。在伊尔约龙特人中,这个过程延续了相当长的时间。就他们和欧洲人的接触而论,已有了几十年,而从钢斧的传入到他们原有的文化基础发生根本的变迁也有15~20年的时间。总之,这个例子至少从一个侧面清楚地说明,尽管生产力的提高是由外部世界引起的,但它的变化也会导致生产关系与上层建筑的变革,最终导致文化结构的变迁。由此可见,生产力的发展是推动文化演化和社会进步的主要动因之一。

第二节　现代化与全球化

现代化(modernization)是描述当今所发生的社会和文化变迁时最常用的词。它通常是指传统农业社会或发展中的社会向现代工业社会乃至发达的现代工业社会发展转变的历史过程,也被描述为一个无所不包的、全球性的文化与社会经济变迁的过程。在这一过程中,各个社会试图达到西方工业社会常见的特征。正因为此,目前,人们认为现代化这一概念具有文化变迁上所谓的进化暗示,故现多用全球化(globalization)一词来替换。在现代化与全球化问题上有些不同的理论:一是在20世纪50年代至60年代闻名的现代化理论;二是在20世纪70年代兴起的所谓“低度发展理论”或“依附论”;三是20世纪90年代后兴起的多元世界理论。

一、现代化理论

现代化理论是20世纪五六十年代美国的一批社会科学家首先创立的。第二次世界大战以后,世界上面临着许多问题,其中,受战争创伤的所有国家面临的重建与复兴以及昔日殖民帝国主义崩溃,摆脱殖民统治的新兴国家与地区的发展,都成了引人注目的问题。尤其是对那些新兴的民族独立国家来说,是效仿社会主义发展模式或效仿资本主义发展模式,还是根据各自的特点,探索自己的发展模式,这不仅关系到这些国家能否迅速改变自己的落后面貌、迅速赶上时代步伐的迫切问题,而且是关系着国际社会发展的方向和全局性的问题。因此,有关这些地区的经济发展问题、政治稳定问题、社会和文化变迁等问题自然就成了社会科学研究的新课题,而且越来越引起人们的重视,也就是在这样的历史背景下,现代化理论诞生了。此外,由于战后美国社会科学界拥有并投入比欧洲更多的研究力量,更重要的是,美国政府从它的"全球战略"出发,非常注意发展中国家和地区的发展策略,美国公私机构也支持"发展""现代化"这样的研究,这样,美国就自然而然地成为研究现代化理论的中心。

现代化理论大都吸收了杜尔干、韦伯等经典社会学家关于传统与现代之分的观点,并强调在两种类型的社会及经济系统中起作用的规范和价值观是不同的,同时也强调企业家的进取心与持续的资本积累和投资的结合是现代化过程中的两股重要动力。此外,现代化理论大都为现代化过程划分了阶段,并强调西方化。根据安德鲁·韦伯斯特(Andrew Webster)的归纳,现代化理论主要有以下一些内容:

第一,现代化理论包含有社会学、社会心理学和经济学、政治学的内容。例如,它谈到了价值体系、个人的进取心、资本的积累等。他们认为,现代各社会可以归纳为传统社会和现代社会两类。传统社会的特征为:①传统主义的价值观占据统治地位,即人们向往过去,缺乏文化能力去适应新的环境。②世系门第制度是决定一切社会实践的依据,这种门第制度是实行经济、政治和法律控制的主要工具。一个人在门第系统中的地位,即他在社会中的地位是先赋性获得的,而不是凭借自己的业绩获得的,也就是说,一个人的社会地位反映出他所属的家庭、民族或部落的地位。③传统社会的成员用一种带有感情色彩的、迷信的、宿命论的眼光看待世界,认为一切都将听天由命,事物的发展注定如此。

而现代社会的特征正好相反,其特征有:①人们可以保留传统的东西,却不做传统的奴隶,并且敢于摒弃一切不必要的或阻碍文明继续发展、进步的东西。②门第关系在一切社会生活领域中都无足轻重,因为人们在地理上的流动已使家庭纽带松弛了。一个人在经济、政治上的地位是由于他努力工作和高度的进取心而获得的,而不取决于他们的出身门第。③现代社会的成员不听天由命，而是勇往直前和富有革新精神。他们随时准备克服障碍，表现出强烈的企业家精神和对世界的理性与科学态度等。

第二，大多数理论都强调人们的价值观、行为规范和信仰在决定社会类型（传统社会和现代社会）方面所起的重要作用。因此，价值观的转变是社会变革最重要的前提条件。例如，麦斯克列兰德（D. McClelland）和哈根（E. Hagen）认为，在传统社会中，人们缺少创新和企业家精神；而在现代社会中，企业家个人的高度进取精神可以打破各种经济上的束缚。D. 莱勒（D. Lerner）也认为，统计数据表明，在现代社会中表现出比以前任何社会都要高的情感移入性①。

第三，西方工业发展的历史不再被看成是韦伯当初认为的那种只有在西方才能产生的现象，而是可以在全世界的发展中普遍见到的，如艾森斯塔德（Samuel Noah Eisenstadt，1923—2010）说：从历史上看，现代化是一个朝欧美型社会、经济和政治系统演变的过程，这一过程于 17 至 19 世纪就在欧美各国完成了②。

第四，改变传统行为模式的社会变迁是在现代化的推力下发生的，尽管这种推力是在西方社会逐渐形成的，发展中国家也可以从外面引入这种推力，也就是说，发展中国家可以在发达国家的援助下迈入现代社会，而发达国家的思想观点和技术也就可以输入穷国并得到传播与扩散。例如，罗克斯巴勒（I. Roxborough）说，强调企业家精神和资本积累在有关经济发展的论著中成了最热门的话题。这个话题总是告诫人们要学习西方的经验，要把这一经验原原本本地搬到世界上其他地方，以便能够重复从传统社会到现代社会的转变③。

第五，这种"靠传播而现代化"的过程应当不妨碍第三世界本身各种特征的发展，包括以核心家庭为基础的城市化，发展教育以扫

①Damiel Lerner: *The Passing of Tradition Sociaty*, New York: Free Press, 1964, p. 51.

②Samuel Noah Eisenstadt: *Revolutions and Transformation of Societies*. Oxford: Pergamon Press, 1966. p. 51.

③Iam Roxborough: *Theories of Underdevelopment*, London: MacMilliam, 1979, p. 16.

盲和进行职业训练，发展大众媒介以传播思想和促进社会意识的发展，提高政治觉悟和对民主制度的参与，通过提供投资而增加就业机会，用政府立法代替建立在传统的效忠观念基础上的权威模式等。

第六，不同的社会处于不同的发展阶段，因为它们被现代之光照耀的程度不同，在输入现代化特征方面就有成功性大小之差。例如，艾森斯塔德就认为，现代化过程可能始于部落集团、城邦社会以及各种类型的农民社会，也就是始于发展程度和类型各不相同的社会。这些社会由于本身的资源情况和能力不同，对现代化的需求程度就可能大不相同①。

在此基础上，现代化理论家，如帕森斯、艾森斯塔德和莱勒等都认为，现代化是一个文化过程，这一过程包括接受那种与企业家雄心、创新精神、合理性和追求业绩的取向相适应的价值观和态度，并以此去反对传统社会的价值观和生活方式。各个社会所处的发展阶段是根据它的工业化程度，即是否确立了由某种价值观所主导的行为方式和社会行动方式，例如，在分配报酬时，是论业绩还是论等级身份，于是，不发达国家就被认为是由于缺少现代价值观所致。因而，不发达国家的发展要通过西方思想和价值观的传播及“合理工业化”实现，这才可以排除传统主义的障碍，使第三世界成为现代型的社会。

现代化理论认为，第三世界国家的发展应当是：①把鼓励第三世界国家的对外贸易和引进外国资本放在首位，逐渐减少援助项目，发展经济。②鼓励发展现代价值观和进取心，为现代经济组织的繁荣创造一种相适应的文化环境。③促进南方国家②的发展，因为那里是推销北方工业国家③制造业产品不可缺少的长期市场。

---

①Samuel Noah Eisenstadt: *Revolutions and Transformations of Societies*. Oxford: Pergamon Press, 1966, p. 25.

②南方国家指的是“第三世界国家”和“发展中国家”，现多称后者。

③北方工业国家指的是西欧与北美的资本主义工业国家，过去也称“第一世界国家”“发达国家”，现多称“发达国家”。这是因为这些发达国家多位于北半球，而发展中国家多位于南半球和北半球的南部，故过去有南方与北方国家的区分。

显然,这一理论认为世界各地都有可能接受资本主义工业化的渗透,从而通过这种反应方式使那些不发达国家成为现今的资本主义国家,其带有很浓厚的西方化色彩。因此,这一理论不论在经验上还是在理论上都遭到了激烈的批评。

其一,批评者指出,这一理论的重要用语"传统社会"和"现代社会"作为对不同社会的分类太过于牵强附会了。因为这两个术语无法表明各种社会存在的重大差异。"传统的"标签可以贴在工业化之前的任何社会上,但这些社会却有着各自不同的社会经济和政治结构,有的是官僚王国,有的是封建社会,有的则是部落社会。要认识这些社会正在发生的社会文化变迁及其带来的后果,就需要从历史的角度对它们进行认真考察与研究,而不是简单地加以分类。

其二,即使人们为了讨论的方便,同意采用"传统社会"和"现代社会"这样的术语,现代化理论所阐述的观点也不符合实际情况。如现代化理论认为,由于社会的发展,传统社会将由于受到现代价值观与态度的压力推动而前进。但是有许多充分的证据表明,经济的增长和现代化的到来并不一定意味着人们要抛弃所谓的"传统行为方式、价值观或信念"。例如,索尔兹伯里(R. F. Salisbury)说,在新几内亚高原地带,由于铁斧代替了石斧,村民们发现,他们可以更快地干完农活,腾出时间来举行传统的仪式和庆典,因此,他们的传统习俗非但未受到技术进步的破坏,反而得到了维护①。弗兰克(A. G. Frank)也谈到,尽管日本企业录用人员时是以业绩,即以技能和资格为依据的,但工人被雇用后所得的报酬和升迁的前途则取决于他们的年龄、家庭和威望等,传统的等级规范在这方面仍起着相当大的作用,以致日本成了世界上独特的现代化样板。此外,现代工业社会也不一定能鼓励所有成员都用进取精神去创造业绩,例如,无论在家庭还是在学校与社会中,两性之间的不平等处处可见,妇女并没有被鼓励以进取精神去创造业绩。

其三,认为工业化和城市化必然使家庭关系纽带越来越松弛的

①Richard Frank Salisburg: *From Stone to Steel*. Cambridge University Press, 1962.

观点也值得怀疑。正如龙格(N. Long)所说:“有几项研究成果证明,某些大家庭系统不仅在现代经济条件下仍然存在,而且往往发挥着积极的作用,它使个人能够为现代资本主义筹集资金和提供其他动力。”①此外,对于城市的穷人、中等阶级以及那些到城镇去寻找职业的人们来说,大家庭仍是他们的主要支柱。因此,认为城市化彻底破坏家庭关系的价值是错误的。实际情况是,家庭关系依然存在,但与城市化以前相比,已经发生了改变,但绝不是彻底破坏。现代化理论在这方面的基本缺陷是:它把带有特殊性的事物普遍化,并缺少对不同社会的历史文化特点进行深入考察。

其四,认为传统文化有碍于经济发展的观点也成问题。人们一谈到传统文化,就想起农民的保守性、宿命论等。其实,如进一步探索这种落后的根源就不难发现,它恰恰是农业生产者无保障状况的反映。例如,遇到天灾人祸,农民总是比其他阶级受的损失大,而且他们被政治和社会系统牢牢地束缚在土地上,一旦发生社会经济变革,农民最先感到动荡,因而农民的保守性反映了他们在无保障的环境中求稳定的意向,当有利的时机到来时,他们是会做出反应的。

其五,对现代化理论最激烈的批评是指责它完全无视殖民主义和帝国主义对第三世界的影响。同时,这一理论也没有正视经济增长在很大程度上取决于对资源的控制权这一点上,而只是一味侈谈进取心。

总之,现代化理论是一种过分简单化的发展理论,它缺乏充分的历史阐释和足够的结构分析。从历史角度来说,现代化理论忽略了大量的历史证据。这些证据表明,经济增长过程不能简单地归结为用现代的价值观念和制度去取代传统的东西。从结构角度来讲,现代化理论没有揭示诸如引进技术或扩大市场这类经济增长的因素在发挥作用时如何受到现存社会关系的制约。而且,构成社会关系的社会权力与社会阶级的不平等在现代化理论中也只字不提。此外,价值观与经济发展之间的关系是复杂而多变的,例如,在西欧

---

①N. Long:*An Introduction to the Sociology of Rural Development*. Lodon:Tavistck,1977,p. 37.

社会现代化过程中，经济机会对许多善于创新和精打细算的企业家是存在的，但是在第三世界国家中却可能不存在这样的机会。也就是说，在第三世界，人们的价值观与态度不一定表现为一种追求业绩的进取心，因为在那里，经济机遇由于跨国公司的出现而受到重大影响，追求业绩的价值观已显得不现实了，人们宁愿为保证安全起见而寻求"传统的"价值。同时，"民族主义"、"社会主义"乃至"自力更生"等价值观也可能成为社会变革的动力。现代化理论对这些内容也阐述得不够。还有，对经济权力的不平等和由此造成的冲突，现代化理论也缺乏认识。因此，到20世纪70年代，出现了所谓的"低度发展理论"。

二、低度发展理论

低度发展理论(underdeveloped theory)又称"不发达理论"或"依附论"(dependency theory)，它是根据俄裔美国马克思主义经济学家保罗·巴兰(Paul Baran)的"增长的政治经济学"的观点，由安德烈·弗兰克(Andre G. Frank)等人创立的。

这一派学者对西方资本主义发达国家经济增长的原因和第三世界发展中国家特别是拉丁美洲经济落后的根源作了新的探索，得出了与现代化理论不同的结论。他们认为，第三世界国家的经济落后与低度开发并非由于它们的前现代即前资本主义结构，而是由于它们在资本主义世界体系中处于依附地位造成的。这种经济体系形成的宗主国与卫星国秩序是一种帝国主义剥削与被剥削的关系。当今世界先进的工业中心的发达就意味着某些国家的不发达，因为这些国家的经济剩余被西方剥削去了。因此，不应当把那些贫困国家看成是它们自身在经济发展上不成熟或不发达，幻想经过一定时期它们就会有所发展，只要它们仍受西方经济帝国主义的统治，它们的贫困就将持续下去。

依附论的一个重要代表人物是弗兰克，他认为，第三世界国家的长期贫困是它们"依附性"的反映。他说，在商业资本主义和殖民主义时期，第三世界国家被迫接受生产的专业化分工，它们的生产首先是为了出口，因而生产范围受限制，主要是满足帝国主义国家对原材料的需求，形成一种依附关系。第三世界国家的上层领导者加入了这种依附体系，它们不可能越雷池一步去创造任何独立的经济活动方式，而是越来越心甘情愿地在富裕的消费者和贫困的生产者之间充当中介人。弗兰克称他们为上层买办阶级，这个阶级的财富与生活方式越来越有赖于中心地区的经济上层的活动，弗兰克把这种中心地区称为“大都会”。当第三世界的上层醉心于自己的买办活动换得的高度享乐的生活时，广大群众却经受着长期被剥削之苦，因为它们的剩余产品被本国富裕的农场主和商人搜刮殆尽，然后转移到国外。弗兰克认为，存在着一个“依附链条”，它从世界上高度发达的中心地区，通过附属于这些地区的大都会伸向贫困的城镇和乡村，经济剩余就沿着这个链条向外转移，最终从穷国转移到富国，或从边陲转移到中心，或从卫星国转移到宗主国。

在弗兰克和其他依附论者看来，外在的依附关系与内部收入结构的极不平等及其相互作用使发展中国家的工业化进程遭到扭曲。要阻止对经济剩余的剥削，唯一的办法是打碎转移这种剩余价值的依附链条。而能够起来打碎这种链条的，就是第三世界的工人阶级；唯一强大的武器，就是社会主义革命，它将首先砸烂这链条上最薄弱的环节，即买办阶级。

因此，依附论者所提出的发展政策为：①第三世界应当和资本主义中心割断联系；②要和国际资本主义做斗争，即工人阶级起来推翻本国的“买办”阶级；③第三世界国家之间要加强国际团结，以便相互帮助，并在南方各国建立起强有力的工业基础。

弗兰克的理论得到拉美许多新马克思主义者和民族主义经济学家的支持，但也有人试图对弗兰克的理论进行实际验证并加以讨论。某些经济调查似乎在一定程度上证明了弗兰克所说的层层剥削的情况，但也发现依附论的一些不足之处：

第一，“依附性”这一概念在使用上十分含糊，它不能明确地说明第三世界国家在多大程度上依附于中心地区。因为各个国家的经济发展都是相互依赖的，不可能完全独立。例如，加拿大在很大程度上依赖美国的资本，但加拿大仍不失为一个发达国家。至于第三世界国家的所谓依附性究竟有什么特殊的地方，弗兰克并未讲清楚。

第二，弗兰克早期的著作在阐述第三世界不发达问题时，认为第三世界国家是停滞不前的，因为其经济剩余被发达国家吮吸走了，所以不可能有发展。但从巴西、阿根廷、墨西哥和东南亚某些国家的情况来看，它们近年来在经济上都有明显的增长。因此有些人开始重新思考他们的依附理论，如卡多索(F. H. Cardoso)认为，资本的引进确实促进了当地制造业部门的发展，所以他不再谈论什么"依附性"，而是改谈"依附性发展"即"低度发展"了。而这一点，弗兰克在1981年出版的《在第三世界》一书中也有相同的看法，即认为第三世界国家有着低度的发展。

第三，弗兰克花了很多时间把经济剩余的交换与转移作为衡量不发达的尺度，这也引起较多人的异议。如拉克罗(Laclau)等人就认为，弗兰克理论的基本缺陷在于他未能探究经济剩余是如何通过在第三世界行之有效的生产系统抽取出去的问题。因此，要研究不发达和贫困问题，应当通过分析劳动的剩余价值是通过什么方式被剥削的这一途径去解释，而不应该仅仅根据转移了多少剩余的货币资本这一点去解释。

总之，弗兰克的主要贡献是：他从理论上对带有民族中心主义色彩的、缺乏历史观点和概念含糊的现代化模式提出了挑战。他同时指出，下层社会阶级由于剩余价值被剥夺而陷于贫困。也就是说，贫困是经济和社会结构的产物，而不是文化价值观不同所致，这一观点正是不发达理论胜过现代化理论的主要标志。尤其是他注重从历史角度和国际背景去分析不发达的经济和社会结构，要求人们更多地考虑第三世界各国现存的特殊社会经济关系去区分资本主义和非资本主义社会的不同，区分从世界经济中心到边陲地区社会经济关系的不同特征，以及解释西方发达资本主义社会的历史发展过程和不发达地区持续贫困的历史过程，这些都对人类学的研究有极好的启示。

当然，无须讳言，低度发展理论也存在许多问题，如文化价值观与人们的态度在社会变迁的形成方式上可能不是主要的因素，但它们对资本主义的渗透过程有何影响；有无自力更生的、合乎生态理想的、大规模生产的发展方式；在第三世界中，反抗资本主义的力量究竟来自乡村的农民，还是来自工业部门中形成的工人阶级，等等，都有待于进一步解决。

三、多元世界

在现代，由于快速的通信、网络信息技术以及便捷的交通，全球的联系正在不断加强，社会文化的变迁也在加剧，技术发展、农业发展、工业化、城市化是变迁速度最快的四个领域，似乎用不了多久，一个趋同的、整体的、一体化和同质化的全球文化即将来临。因而，全球化也成了一个当代非常时髦的术语。

就时下的现实来看，这种所谓的全球化变化对国际金融和商务来说似乎是指自由市场经济的扩散，伴随而来的是新的商务速度以及在全球转移生产地和利润的新方式。它也带来了更加整合为一体和更加高效率的货币市场的新风险和新机会。对政治家来说，全球化既意味着来自金融世界对传统国家权力的新的威胁，也意味着巩固权力的新机会。对普通消费者来说，它意味着能获得产自非常遥远、未知情况下的更多廉价商品的机会。对社会科学家来说，则有趋同论与文化多元主义的争论。

对这种全球政治、经济急速变迁的现实，有的人，如沃勒斯坦(Immanuel Wallerstein，1930—　)认为，这是由资本主义扩张到世界每个角落的殖民主义导致的“世界体系”的力量所驱使的。有的人，如罗伯特·考克斯(Robert Cox)把全球化描述为一种进程加速的竞争环境，这些进程包括生产的国际化、新的劳动分工、由南方到北方的移民、使国家成为全球化代理机构的“国家的国际化”等。吉登斯(Anthony Giddens)将全球化视为世界范围内社会关系的密切化，全球化即为“现代性”的延伸与扩展。阿尔布劳(Martin Albrow)则与中国古代的“大同世界”思想一样，把全球化视为是把世界人民汇入一个“全球社会”(global society)的过程，即全世界的人们被整合入一个单一的世界家庭，最终将形成一个“无疆界的世界”。但也有人反对上述一些说法，其中最有代表性的是芝加哥大学人类学系的阿帕杜莱(Arjun Appadurai，1949—　)。他认为，在“复杂、重叠、破碎”的后现代主义社会中是不能期待整齐划一的。所谓的“趋同化”或“无疆界化”的全球化只是一种“同质性幻觉”,或是以“全球化”自称的“假全球化理论”,因为它们完全忽视了“差异化”的存在以及差异性对全球趋势的阻挠与挑战。随着全球流动的到来,随着越来越多的个人与群体加入迁徙的现实中(或是陷入迁徙的幻觉中),地理上的“经纬度线”早已和人类流动的“迁移路线”混淆不清。仅就移民来说,移民本身总是带着“异国想象”和“幸福欲望”的主观幻觉迁徙、流动的,但迁徙、流动带来的往往不是新希望与新生活,而是贫困、歧视、失业和流落他乡。移民不只是身体转移到新的社会空间或地点,它同时也迫使那些背井离乡的人失去原有的物质、社会、政治、经济及人身保障。也就是说,以“幸福承诺”为前提的全球化理论不是对全球化的真实分析和描述,而是制造一种虚幻不实的“全球幻觉”,扭曲了全球化的真实面貌。

他认为,全球化是一个不断溶解又不断重新融合的过程,一个同质性与异质性并存、断裂与缝补并进的过程,一种通过纷杂的视野所得出的纷杂景观。所谓的“景观”,是阿帕杜莱用来描述一种隐含着受到不同视野和境遇制约下被建构的关系的流动与不规则的状态。他争辩说,并不是全球资本决定政治及文化现实,资本尽管是无可争辩地存在和具有强有力的影响,但其是缺乏组织的、混乱的和误置的;人们今天已经分不清“货币投机”和“资本转移”的区别,我们已经无法想象一个金融操盘手仅仅在电脑键盘上一个小数点的误差所可能导致的严重后果,这种资本流动的盲目性既无法预估,也无法计算,更无法收拾,“因为现在全球资本的配置已经成为一个越来越神秘的、变化莫测的,而且比以往任何时候都更难以把握的景观”。实际上,我们熟知的“风险”概念也已不够使用了,因为风险至少意味着预警和善后的知识与行动体系,但问题是,风险已不可测!小至个人的金钱概念和家庭收支计划,大至国家的财政政策和国际金融组织的跨国协作功能,都无法掌握资本的机动性与无序性。因此,全球化中的主要张力存在于同质化与异质化之间。理解这一张力的方式就是通过阿帕杜莱建构出的五个“景观”,即:

第一,人流景观(ethnoscapes):它是“构成我们生活其中的迁徙世界的人的风景:游人、移民、难民、流亡者、外来工人以及其他流动的群体与个体,他们构成世界的一种本质特征,并且看上去对国家政治的影响已达到迄今为止史无前例的程度”①。

第二,技术景观(technoscapes):它是全球性的科技配置,“即技术,不论高低,不论是机械的和信息的,现在都在高速跨越各种各样以前渗透不进去的边界/壁垒”②。

第三,金融景观(financescapes):它是一种资金流,是“全球资本的配置,现在是一个更加神奇、更加迅速和更加难以跟随的风景”③,而且它越来越与领土相脱离。

第四,媒体景观(mediascapes):其为“制造和传播信息的电子能力的扩散……和通过这些媒体创造的世界的图像”④。

第五,意识形态景观(ideoscapes):它为“经常是直接的国家政治意识形态……具体说是清晰地指向获取国家权力的运动”⑤。

这五种景观是探究当代全球文化流动的五种维度,它们发挥的作用方式各不相同,它们的综合才是他所建构的“全球化景观”,其显现了全球化的多重“文化面向”,并成为他建构“想象世界”的构成材料。而他所说的“想象世界”,是指“由遍布全球的个人和群体在特定的历史境遇中的想象所构成的多元世界”⑥。

总之,全球化并不意味着群体与个人在文化上都变成一样,而是意味着在全球与本土之间的接触中,新的文化差异类型得到了加

①Arjum Appadurai: *Oisjuncture and Difference in the Global Cultural Economy*, in Mike Featherstone, ed.: *Global Culture*. London: Soge, 1990, pp. 295 ~ 310.

②Arjum Appadurai: *Oisjuncture and Difference in the Global Cultural Economy*, in Mike Featherstone, ed.: *Global Culture*. London: Soge, 1990, pp. 295 ~ 310.

③Arjum Appadurai: *Oisjuncture and Difference in the Global Cultural Economy*, in Mike Featherstone, ed.: *Global Culture*. London: Soge, 1990, pp. 295 ~ 310.

④Arjum Appadurai: *Oisjuncture and Difference in the Global Cultural Economy*, in Mike Featherstone, ed.: *Global Culture*. London: Soge, 1990, pp. 295 ~ 310.

⑤Arjum Appadurai: *Oisjuncture and Difference in the Global Cultural Economy*, in Mike Featherstone, ed.: *Global Culture*. London: Soge, 1990, pp. 295 ~ 310.

⑥Arjun Appadurai: *Modernity at Large: Cultural Dimensions of Globalization*. University of Minnesota, 1996.

强，而这种状况也许会再加剧。不过这种现象也引出了一些人类学家的反思，并提出了一些观念措施来应对这一发展迅猛的经济全球化时代。

(1)“传统”与“现代性”的概念是指一种纯粹的分析上的区别。也就是说，从经验主义的角度提及传统的和现代的社会是站不住脚的。

(2)社会与文化的概念比起以前越发的成问题了。通信、移居、贸易、资本投资和政治网络实际上跨越了每一道边界。除了一些例外，国家和地方社区实际上都不能从每一角度被清晰地描述出来。“文化”既不是封闭的，也不是从内部统一的。

(3)既然在许多情况下清晰地描绘所研究的系统是不可能的，那么，探究特定的群体或特定的文化现象（如奥运会、旅游业、移民）就变得越来越中肯，从社会或文化意义上说，这些对象不能组成自治的系统，却能够区隔出来进行分析。

(4)经典的田野调查作为收集资料和洞见的唯一方法，用来理解这个星球上的社会和文化生活已经非常不充足了，必须用一下额外的资源从总体上为田野调查进行补充，以便触及比参与观察法所能探究到的现象还要广阔的语境——统计学、大众传媒能传播的、本土的语境，等等①。

文化人类学也在经济全球化时代中为适应研究对象的变迁而变迁。

①埃里克森著，董薇译：《小地方，大论题》，商务印书馆2008年版，第404页。

第十二章

人类学的应用

自从人类学登上历史舞台后，它同时也开始把它所得到的知识应用到实际问题上。其宗旨在于，把人类学家对人类、文化、社会的知识和认识应用于改善和促进人类社会向前发展。即应用人类学是在承认社会、文化是会变化的，它是朝着进步的方向变迁的基础上，将人类学关于人、文化、社会的知识运用于社会实践去解决社会问题，改善人类社会和促进人类社会向更好的方向前进，对人类的幸福和昌盛有所贡献的人类学分支学科。

应用人类学(Applied Anthropology)的研究范围很广，从后进民族、不发达国家到现代化的工业社会，从农村到城市，从学校到工厂，都可以看到应用人类学家的身影。从人类学的研究内容来看，既包括危及当代人类生存的重大问题，也包括社会、文化、教育、公共卫生、经济、工业和农业等领域中的具体问题。因为人类学的知识与社会文化变迁和国民经济建设的关系是极为密切的，它的专门知识和技术在现代化建设过程中有着广泛的实用价值。

第一节　体质人类学的应用

体质人类学是从人类学的生物属性方面来研究人类的体质结构、起源、进化和发展等问题的人类学分支学科。它包括许多分支学科，如古人类学研究人类化石；人类进化研究人及其动物祖先的发展过程；体质构造人类学研究人体类型的素质与某些疾病和行为的相互关系；人类遗传学或分子人类学研究人类的遗传、变异的分子生物学基础;人体测量学从事人体的测量工作,即将测量所得的人体各部位的尺寸作数学统计,进而对人体特征作数量上的分析,归结出不同的标准型。这些学科的知识都可以运用到人类社会实际中来。

其一,通过进一步加强各分支学科的基础研究,更好、更深入地掌握其客观规律,直接或间接地为现实服务,使人类在现代社会生活中获益。即便是像古人类学这样和现代生活似乎没有什么直接关系的学科也是如此。美国参院营养与人类需要特别委员会曾公布一项使人惊讶地发现:在美国10种主要疾病中,有6种和饮食不合理有关,这6种疾病是心脏病、癌症、肥胖病、牙疾、糖尿病和高血压。据估计,仅肥胖病患者就占美国人口的1/3以上,达到8千多万人。什么是合理的饮食,这是现代生活中的一个现实问题,因此,仁者见仁,智者见智,古人类学家也对此发表了自己的看法。由于古人类学家结合人类自身的经历阐释的理论使人感到更生动,因而也更有说服力。

古人类学家是通过对人类化石的基础研究知道远古时代人类的饮食的。古人类学家研究各种人类的粪化石后发现,远古人类的饮食中富含复杂的碳水化合物(淀粉),而缺乏简单碳水化合物(果糖),盐的含量极低,因此推测当时人们对食盐的需要主要是来自他们所吃的食品和所喝的水。饮食中的蛋白质来自植物和动物,但动物蛋白主要取自缺乏脂肪的瘦小动物。植物性食物往往新鲜并富含纤维素。更重要的是,史前人类不吃无热量或高热量的精制食物,因而远古的人类绝没有什么肥胖病。

人类学家认为,人类是不可能放弃现代文明生活而退回到穴居的生活中,但是原始人的饮食思想依然有助于现代社会。远古人类吃新鲜水果和其他各种植物,我们也应当这样。新鲜的植物能向我们提供丰富的纤维素、维生素和各种矿物质,热量又不太高。远古人类取食瘦小的动物,我们也应当多吃低脂肪的鱼、禽以及其他肉类,并注意采用烤制的方法,而不是油炸加工。远古人类不吃或很少吃精糖和盐,我们也要尽量克制自己,少吃这类东西。早期人类每天都要从事体力劳动,这使他们身体强健,同时又消耗了多余的热量,我们也应当这样做。如果我们遵循从史前饮食研究中获得的这些简单思想,努力去改变我们今天的脂肪、糖类、淀粉以及蛋白质的摄入水平，如42%的脂肪、46%的碳水化合物和12%的蛋白质，以求接近更为合理、更为自然的状况，如10% ~20%的脂肪，60% ~70%的碳水化合物，10% ~20%的蛋白质，我们就可以减轻体重，减少上述所说的各种疾病，也就会更加健康。由此可见，古人类的基础研究也能对现代社会有所助益。

2014年，瑞典和英国一项联合研究显示，像远古人类那样饮食减肥见效快，不仅减重，减腰围，还能降低血液中甘油三酯的水平。

远古人类饮食又称旧石器时代饮食或远古式饮食，像远古人类那样饮食指把自己的生物钟回调到1万年以前，只吃1万年前人类祖先能找到的食物，比如浆果、蔬菜、瘦肉等。

研究人员招募了70名体重严重超标的志愿者，把她们分为两组，一组采用远古人类饮食，一组采用北欧标准的现代健康饮食。前者蛋白质的摄取量占30%、碳水化合物占30%、不饱和脂肪占40%。后者是指以天然谷物、低脂肪奶制品、水果、豆类、鱼肉和植物油等为主的饮食，其蛋白质的摄取量占15%、碳水化合物占55%、脂肪占30%，是现代营养师研究出来的健康饮食方式。

6个月后，采用远古人类饮食的一组女性平均减重6.2公斤，腰围平均减少11厘米。而另一组吃现代健康饮食的女性，平均减重2.6公斤，腰围平均减少5.8厘米。更为重要的是，远古人类饮食组志愿者的血液中的甘油三酯水平明显降低。

远古人类饮食理论是由美国学者洛伦·科丹教授提出的，他认为，现代人类食用了过多谷物。他提倡人们像远古人类那样，多吃应季水果、瘦肉和鱼类，不吃或尽量少吃“现代”食品，比如豆类及糖、面食、奶制品等加工食品，这样就可以避免患上癌症、肥胖病等现代疾病①。

其二，体质人类学的某些技术可以直接在现代社会中发挥作用，提高人类的工效，改善人们的生活质量。

在现代化建设中，对各种产品的设计和研制需要一个标准化系列，以实现产品的规格化，利于生产的规范化和方便人民的日常生

①《厦门晚报》2014年4月10日J8版：新知。

活需要,这就涉及人体测量的技术。人体测量的研究证明,不同种族、地区和民族的人,身体各部分的尺寸不完全一样。一个国家的标准化规格只能建立在对该国的人体测量的基础之上。近些年来,有关部门对不同省份的成年人进行了人体测量调查,获得了大量数据。这为我国的标准化系列提供了科学依据,对提高有关产品的质量和设计水平起到了促进作用。有了这标准化系列,军工部门可以根据标准系列中的头顶颏下弧、耳屏颏下弧、形态面长和面宽等设计出适合我国军人使用的防毒面具,确保良好的防护性能。有了这标准系列,服装设计师可以根据我国南、北居民的身高、躯干高、上下肢长度比以及胸围、腰围、腿围和臀围等的差别,设计出适合南、北方人们所需的服装规格。这样,一个工厂的服装就可以运销全国各地,更广泛地满足人们的需要,提高经济效益,避免过去南方服装厂制作的服装不适合北方人,北方服装厂制作的服装不适合南方人的现象。有了这标准系列,也可依据脚的长宽和足高的变化标准来设计统一的各种鞋的型号,同时也可以根据某种标准在总人口中所占的比例来生产某种型号的数量,掌握好市场供求关系,方便群众,提高效率,降低成本。

而且,在课桌椅设计方面也能运用这项技术。目前,我国中小学课桌椅的设计极不合理,不是椅高桌低就是桌高椅低,坐着很不舒服,这不仅会影响学生听课记笔记,也不利于学生的生长发育。要克服这种现象,也得从基本的人体测量工作开始,调查和掌握中小学生生长发育的规律,定出中小学的标准体型系列,实现中小学课桌椅的标准化和规格化,以利于学生的身心健康,利于教育事业的发展。

不仅如此,办公室桌椅的设计、汽车驾驶室的设计也都需要了解人体尺寸的标准。至于厂房、矿井的设计也应注意人体尺寸的标准。在德国,工程师在设计建造工厂时,除了了解机械设备的种类和数量外,还需要了解人类学家的人体测量资料,听取人类学家的意见,或请他们当顾问,或兼做设计师。这是因为设计师只有知道人体的尺寸及其活动范围之后,才能进一步考虑人与机器的关系,设计车间的大小和整个工厂的规模。而车床的设计也应了解人体尺寸的标准,特别是一些特殊的尺寸,如上肢功能长、前臂功能长、手的握力和手的活动度。如掌握人体的这些尺寸并依此进行设计，那么，工人在使用车床时会感到得心应手，要是偏离此进行设计，工人操作时必定弯腰屈膝，疲劳万分，不仅影响效率，长期下去也会影响工人的身体健康。

人体测量技术在法医鉴定方面也具有很大的作用。例如，法医可以根据足长、足宽与身高的比例关系，从足迹的长宽深浅来推算罪犯的高度、体格粗壮与细弱等情况，为破案提供证据。也可以根据头骨的标准与头面部软组织厚度的标准，将颅骨复原成生前的面貌。这种容貌复原的工作，人类学很早就开展了。1895 年，德国的人类学家、解剖学家希斯为了为巴赫复原头像容貌，研究了 24 个男性和 4 个女性的面部软组织厚度。1898 年，卡尔曼·布基研究了 345 个男性和 8 个女性的软组织厚度，并列出了男女面部各点的软组织厚度的参数。但是，过去这种方法主要是用来复原古人类的面貌，如 1913 年，法国人类学家布勒(Marcellin Boule)曾塑过尼安德特人，当时塑得像一个病人，因而引起其他一些问题，如对尼安德特人的判断等。1981 年，美国科学艺术家马德内斯(Jay Matternes)重新塑过，因更接近真实，而受到人类学界的好评，认为具有科学上的正确性，也纠正了长期以来流行的偏见和传统教条所歪曲的尼安德特人的形象。中国科学院的古脊椎和古人类研究所从 1959 年开始也从事容貌复原的研究，曾复原过北京人、山顶洞人、半坡人等的头像，并把这种技术运用到刑侦破案上。古脊椎和古人类研究所曾帮助公安局鉴定怀来县一个死了半个多月的死尸头骨，运用颅像重合试验复原其容貌，而后破了案。1982 年帮助某市公安局修复、测定一个性别、籍贯、身份、年龄都不确定的破碎头骨，并复原了头骨的容貌，从而帮助公安局侦破了一起投毒、碎尸、焚尸灭迹的凶杀案，使灭绝人性的罪犯得到了应有的惩罚。所以，在法院或公安局，通常都有一些法医人类学家和法庭艺术家，他们需要掌握体质人类学和心理学的知识，有的(如法庭艺术家)还要掌握绘画技术。过去，这种复原是根据软组织厚度参数，用泥巴或橡皮泥来复原，20 世纪 80 年代后，随着计算机的普及，又有了新的方法，如 1986 年美国联邦调查局法医代表团来我国访问，美国蒙大拿大学人类学家苏思争博士带来容貌复原的新方法，如容貌组合软件等，所以，现在可以用照相的方法在电脑中合成，速度较快①。前一段时间，有人用电脑技术复原了马王堆女尸的容貌，吉林大学边疆考古研究中心曾对北京老山汉墓女墓主的人骨进行修复，并做体质人类学、古代DNA及三维人像复原研究，复原出该颅骨的三维头像，从复原的头像来看，她相貌端庄，30岁左右；而从修复的人骨判断、测量，其身高约159.8厘米。根据各种迹象考证，有人认为她是西汉晚期广阳穆王刘舜的王妃。而中国刑警学院的赵成文教授最近利用电脑技术成功复原了江苏海州一座汉墓的墓主人“凌惠平”与其丈夫的容貌。凌惠平高1.58米，过世时50岁左右。而北师大虚拟现实与可视文化中心的研究人员则复原了2003年发现的唐太宗李世民的重孙女李倕的容貌，她死于唐玄宗开元二十四年，因其头骨的下颌骨有缺失而复原得比较艰难。

此外，牙齿鉴定也可以为现代社会生活服务。如古人类学发现龋齿在动物与人中都有，如禄丰西瓦古猿（Lufenpithecus lufengensis）下颌骨上的臼齿上就有龋齿，但在远古时代，龋齿的比例较低，如新石器时代的人类，龋齿只占6.4%，殷商时代的人类占4.5%，近代人类也只占7.6%，而到了现代却占50%。因此推论，这种现象随人类文明的进展而加剧，可能与人类的食物越来越精细有关，也与饮食习惯和口腔卫生保健有关②。

总之，包括人体测量学在内的体质人类学知识在现代化建设的许多部门中都能加以应用和获得益处，这些学科的应用在现代化建设中大有前途。

第二节　文化人类学的应用

文化人类学是从人类的社会属性方面来研究人类的物质文化和精神文化的起源与发展规律的学科。它主要包括狭义的文化人类学、考古人类学、语言人类学、民俗学、社会人类学、民族志等，也

①张继宗：《浅谈法医人类学》，《化石》1987年第1期。
②黄象洪：《探索古人类的疾病》，《化石》1987年第2期。

包括许多现代发展起来的分支学科，如经济人类学、政治人类学、宗教人类学、心理人类学、都市人类学、乡民人类学、认知人类学、医药人类学、教育人类学、生态人类学、性别人类学、老年人类学、营养人类学、文学人类学、体育人类学、旅游人类学、遗产人类学等，所涉及的范围包括人类社会的各个方面，诸如经济发展、技术变迁与经济增长、农业和工业的管理、人口问题、人口控制、人口增长与经济的关系、公共福利、文化教育的发展、文化保存与建设、贫穷问题、环境健康与公共卫生的改善、食品营养与药物、精神疾病与精神健康、移民、都市化、少数民族区域发展以及少数民族问题等。在任何一个范围中，人类学的知识都能为现实服务，也正因为此，现代人类学中，应用人类学正方兴未艾，蓬勃发展，现仅从以下两个方面稍加叙说。

第一，文化人类学在公共卫生及精神健康方面的应用。人类学家对落后地区或发展中国家公共卫生及健康计划的推行常常可以提供重要的意见。人类学家认为，推行任何公共卫生医疗计划均应注意两个问题：一是重视当地社会对疾病或卫生的基本态度和观念；二是重视公共卫生组织本身的想法及与当地人民想法的关系，解决这两个问题才能使计划顺利推行。例如，人类学家注意到，波多黎各人和海地人有着把食物、疾病、医药分为冷热两种类型的信仰体系。在这个体系中，主要使用对立的治疗方法，冷性食物和药物治疗热性疾病；反之，用热性食物和药物来治疗冷性疾病，以保持身体的冷热平衡。在当地，怀孕被认为是热性的，应补给冷性的食物与药物，然而西方医药规定给孕妇补充的维生素、铁质补品等在当地人的观念中被认为是热性的，不能给孕妇服用。如何解决这种矛盾呢？在这个地区从事保健计划的人员接受人类学家的建议，为保持孕妇身体内的冷热平衡，只能根据当地人的价值观念，用当地人认为是冷性的食物，如水果汁等来补充。这才使波多黎各和海地的孕妇得到充分的维生素和铁质的摄入，避免婴儿出现软骨症和贫血症，收到了良好的社会效果。

在精神健康方面，人类学家由于了解不同文化中对精神异常的看法和所持的不同标准，也了解不同文化中精神病患的种类和出现频率有很大的不同，而且他们对文化背景的变迁所能影响精神病患的程度也十分清楚，从而人类学的知识在精神病治疗领域中发挥了重要作用。例如，人类学家很早就发现，在美国40万由欧洲迁来的移民中，以爱尔兰和德国血统的美国农民患精神病较多，特别是在社会地位低、与社会隔绝、文化教育落后的人群中，精神病发生率较高。有人在纽约调查了美国第一代移民中的精神病人，发现意大利人发病时常见吵闹多动；爱尔兰人多表现为安静与妄想。后来又观察到，土伐比人和撒克逊人有较多的抑郁倾向，故自杀现象较普遍；德国人患更年期抑郁症和麻痹性痴呆症较多；拉丁族患神经症较多。躁郁症在发展中国家比在发达国家中少见；而抑郁症在发达国家中是颇为常见的病症；产后精神病在亚洲、非洲（如蒙古和塞内加尔）较为多见；早老性精神病和老年精神病在发达国家比发展中国家多见，而这些现象与它们各自的文化密切相关。

又如1973年，在云南德宏州外王县的潞西、陇川和瑞门调查了傣族、景颇族和阿昌族聚居的112个村落，共27 559人；同时，与昆明市30万人的调查材料作比较。发现傣族的精神病人较少，而景颇族的精神病人相对多，阿昌族中精神发育不全者的数量较多。为什么会出现精神病人在不同民族中分布频率的不一致？通过人类学的研究，才发现主要是文化的不同造成精神病的发病率和种类的不同。傣族主要居住在平坝地区，生活比较富裕，社交、婚姻比较自由，爱好和平，不崇尚武力，尊老护幼，甚至连偷盗都没有，同时卫生事业也比较发达，精神上似乎压力很轻，因而他们的精神病人很少。景颇族住在山上，自然条件较差，生产发展迟缓，文化较落后，惧怕鬼神，禁忌特别多，所以他们在精神上的压力要比傣族大得多，自然他们的精神病患者就比傣族多。阿昌族共2万人，都聚居在一个盆地中，湿度大，瘴气浓，各种传染病较多，终年不断有人生脑炎，还有原因不明的发热病。由于都聚居在一起，长久的族内通婚使民族中的血缘关系很近，隐性基因容易形成纯合子，因此精神发育不全的病人很多。由此可见，研究精神病学，不仅应该研究其发病率、发病的表现与症状，而且应该研究各民族的世界观、道德规范、思想感情、风俗习惯乃至宗教信仰和行为特点以及在不同文化背景下精神病的表现有什么异同；人们又怎么治疗和处理它；有无独特的治疗方法等。这些都是人类学研究的领域，这些研究对进一步了解各民族的文化不仅是必要的，而且对精神病的防治和治疗都非常有意义和有帮助。

第二，文化人类学在现代化过程中，特别是区域发展中的应用。第二次世界大战以后，许多政治独立、经济不发达的国家都致力于其现代化过程。为了研究和解决经济发展和社会、文化变迁的问题，也有不少人类学家投身到这项工作中，从而使文化人类学的应用范围比以前有所扩大。

人类学家由于深入到当地各民族中，比较了解当地民族的实际情况，因而在从事现代化过程的一些研究中，尤其是在区域经济发展规划的设计方面，反对不考虑第三世界本身文化传统而进行的技术改造和迅速变迁以及全盘西化，而提倡稳步前进，逐步改革，因地制宜。例如，西非的农耕社会原先以种植木薯为主。这是一种淀粉多、缺乏蛋白质的食品。以此为主食的食品结构以及其他社会问题是这个地区造成夸西窝克疾病的主要原因。如何解决缺乏蛋白质的问题？西方技术人员提倡养牛，因为在西方人的观念与食品结构中，牛肉是蛋白质的主要来源。从西方营养价值观来说，牛肉所含的蛋白质比较多，而且含有铁质。然而，应用人类学家提倡以种植大豆或养鸡、养猪或养鱼来获得蛋白质。为什么呢？这主要是考虑到当地的实际情况。西非是一个农耕社会，如果以放牧来养牛的话，一方面破坏了原有的耕作习惯，会引起较大的波动；另一方面，养牛需要大量牧场，这要占用许多良田，以养活一头牛所需要的牧场面积来种植同样可以获得蛋白质的豆类，所获得的蛋白质要比一头牛产得多，而且不必破坏其传统的农耕生产结构，容易为当地人所接受。如果是圈养的话，养牛的成本太高，生产一磅牛肉需要8～10磅的谷物，而生产一磅鸡肉只要3～4磅谷物，生产一磅猪肉的成本又少些，只需要2～3磅谷物，生产一磅鱼肉仅要一磅谷物。相比之下，养牛获取蛋白质的成本最高，花费最大，对经济不发达的国家和地区来说不可取。同样的投资用在养鸡、养猪或养鱼上面可以获得更多的蛋白质，而且它绝对不会破坏西非的农耕生产结构，更有利于当地人民。由此看来，应用人类学家由于能沉到社会的底层进行研究，较了解当地的实情，提出的发展规划考虑到了以低成本来适应经济不发达的社会，以少破坏或不破坏原有传统文化结构来解决现实问题，减轻了落后民族在急剧变更中产生的不适状况，使之在逐步变化中渐渐树立起变化的观念，因而它更切合实际，也更有利于社会的发展和变迁。

第三节 应用人类学家的工作

一、应用人类学的研究范围

应用人类学的研究范围很广，从研究领域来看，从简单民族、技术后进的民族、不发达国家到现代工业国家，从农村到城市，从学校到工厂的每一个方面，都可能是应用人类学家涉足的领域。而从研究内容来看，应用人类学既包括危及当代人类生存的重大问题，也包括社会、文化、教育、卫生、经济、农业和工业等领域中的各个具体问题。根据美国肯塔基大学《应用人类学文献计划》①所收集的内容见表 12－1，我们大致可以看出应用人类学的研究范围。

表 12－1 美国应用人类学的主要课题

农业问题	农村发展	技术转让	经济开发	水资源开发
能源开发	渔业问题	环境问题	都市发展	劳工与就业
企业管理	军事国防	刑事司法与裁判	酗酒与吸毒问题	人口控制
人口调查	人际关系	政府与公共行政	教育设施	职业卫生
营养与食物	医药保健	老人问题	新闻传播	

由表 12－1 我们大致可以看到，应用人类学主要研究的是在现代化过程中所出现的各种问题和现代生活中的各种问题。但这还

①John van Willigen: *Applied Anthropology: An Introduction*, South Hadley, MA: Bergin-and Garvey, 1986, p. 6.

不是全部,其他诸如青少年犯罪、代沟、城市化、城市贫民窟、移民、难民、婚姻与家庭、母主家庭、独生子女、试管婴儿、安乐死、现代化疾病、流行病学、性关系、同性恋、女性主义、性别、老年化、少数民族与少数族群、旅游观光、水资源和野生动物的管理与保护、土地使用、宗教表述、娱乐、培训等问题虽没有列举,但也都是应用人类学家们所关注的问题。近些年来,应用人类学特别关注暴力、战争与和平、气候变化引发的问题,自然、工业和发展引发的灾害恢复问题,艾滋病问题,人权、治理与正义等问题。总之,在人类社会生活的任何一方面,应用人类学家都可以发挥他们的作用。

二、应用人类学家的角色

应用人类学所研究的问题是各种各样和多方面的,而且应用人类学家在各种机构中工作,他们有的是政府官员,有的为国际开发组织的工作人员,有的在非营利的私人机构工作,有的则为公司、商号工作。那么,他们经常性地从事什么样的工作呢?以下是近年来应用人类学家常见的职业。

(一)政策研究员

政策研究员(policy researcher)的工作主要是为决策者提供可靠的信息,政策制定者需要信息作为基础以做决策。因此,这项工作的主要内容是经由研究提供这些资料,这可以包括运用传统民族志调查研究方法及各种专门的搜集信息的技术或某些特定的研究。这项研究具有普遍的应用价值,而且由于应用人类学家在这类研究中通常从资料搜集或方案设计阶段开始,因而能较好地反映应用人类学研究的特点。

(二)评估员

评估员(evaluator)的工作是一项比较特别的政策研究职位,其基本任务是客观地判断、评价某政策的价值,以决定这项政策是否值得施行。因此,它是一项涉及某种计划、方案或政策是否可行、有效或成功与否的研究工作。

(三)影响评估员

影响评估员(impact assessor)的工作也是一项决策中的专门工作。其主要的任务是:判断计划中的政策、规划等的后果对有关社区的影响。它特别注重诸如水库、高速公路、灌溉设施等类计划可能发生的意外后果或灾害的研究。它所提供的资料常常影响到政策、规划的设计,以避免政策或规划实施后造成灾难性的后果。这种活动也称为社会影响评估。

(四)需求评估员

需求评估员(need assessor)主要从事收集公众对社会、卫生、经济、教育等方面有何需求的资料,评估公众对计划的需求,为某些规划、政策的设计服务,使规划或政策的设计者尽早了解公众的需求,以避免脱离实践,这也是决策工作中的一个专门化部门。

(五)计划员

计划员(planner)的工作是人类学家作为一个计划员参与规划、政策的设计工作,这通常包括资料的收集,研究分析,并做出设计方案,以让决策者加以选择并决策。

(六)研究分析员

研究分析员(research analyst)的工作主要是对各种决策者解释研究成果,或制定出各种方案。他们主要为决策者、计划制定者和计划实施者提供服务。

(七)辩护人

辩护人(advocate)是一种复杂的角色。吸毒者、失业者、未婚怀孕的少女、贫民区居民、仅能维持生存的农民和少数民族儿童在像美国这样的资本主义国家中是公共政策关心的重点。但是,这些公共政策往往是由政府或某些法人组织制定的,他们很少去注意公共政策所关心的对象的意见。而上述那些人也没有或很少有机会对这些公共政策发表他们的意见。因此,有些人类学家就充当了这样一种角色,即站在公共政策所关心的对象的基础上,作为他们的代言人去评价那些公共政策,力求使这些公共政策能适应他们所代表的那些阶层或个人的实际需要。这类工作虽不很普及，却开展得很早，在 1838 年伦敦建立的保护土著团体和 1885 年建立的美国妇女人类学团体的活动就可以看到这种类型的工作。

(八)训练员

训练员(trainer)的工作主要是受各种公司、团体的委托，帮助培训有关人员，使他们具有泛文化知识，以便他们在其他文化中工作，或同其他文化的人们一起工作、交往、联系时不至于带有太多的民族中心主义。

(九)文化中间人

文化中间人(culture broker)为沟通政府或公司等的有关规划和族群、社区之间的联系服务，特别是为有关援助经济较困苦或处于无权地位的族群或社区从事社会服务、卫生服务等工作。他们企图促使这些少数民族族群和棚户区居民的困难得以解决，或使他们赶上或接近主流社会的发展步伐。由于这些族群和社区有的是异文化，如少数民族族群；有的是亚文化，如棚户区居民、贫民窟居民，都属于西方社会的非主流社会。同时，也由于他们沟通了主流社会与这些非主流社会的联系，在不同的文化或亚文化中传播、转让知识、技术或服务，所以被称为文化中间人。

(十)公共参与专家

公共参与专家(public participation specialist)的职位是一种新发展出来的工作，其主要研究公众对某政策、计划和规划的反映，有点类似于文化中间人的工作，也带有沟通上层和下层的功能。但是他们的工作包括组织公众会议、公共教育、参与公众参政事务等，因而与文化中间人略有不同。现在已有越来越多的人类学家从事这项工作。

(十一)行政管理者

有些人类学家在某些方案中不仅参与计划的设计，也直接负有计划施行时的管理责任，这时他们就不再只是计划者或评估员等了，而成为方案或项目的行政管理者(administrator/manager)。当然，也有些人类学家不参与政策的制定，只负责计划的执行，这样的人类学家是一个纯粹的行政管理者。此外，还有的人类学家甚至在政府机构中担任公职，这时他们就是一个名副其实的行政管理者。

（十二）变迁代理人

变迁代理人（change agent）的工作是刺激变迁，它涉及变迁的策略、文化适应等的研究，是行动人类学的一个组成部分。他们不仅研究变迁计划，而且还要付诸行动，促成变迁。同时，它也是发展人类学的一个组成部分，因为这种变迁往往是从传统社会向现代化的变迁，是一个发展的问题。

（十三）专业证人

专业证人（expert witness）的工作常是那些在学术机构中工作的人类学家以部分时间从事的工作。他们常常在一些涉及法律的事件中，通过分析研究各类法律文件等来为某一团体的利益作证。这项工作不太普遍。

（十四）防治专家

防治专家（therapist）的工作主要是运用人类学知识预防各种社会问题的产生，它包括与遇到各种问题的人进行“对话”，发现问题，解决问题，力图使问题在未危及社会时得以解决，也有人称此为“诊治人类学”。

当然，上述所说的职位不过是美国应用人类学家所扮演的众多角色的一部分，美国华盛顿职业人类学家协会（Washington Association of Professional Anthropologists）1984 年的会员指南中指出的应用人类学家的工作职位还有：顾问、协会顾问、理事、社会科学分析家、研究指导者、方案评估员、方案协调员、契约管理员等，由此可见，应用人类学家角色是多种多样的，但都有一个共同的特征，即都与实际生活有关，与解决现实生活中的各种问题有关。

第四节　人类学应用研究的一些主要方面

在当代社会，人类学家已渗入社会的各个方面从事基础研究和应用研究工作。但由于应用人类学的范围很广，在不同的领域中也各自发展出自己的一套体系，严格说来，它们和应用人类学这一学科并无明确的从属关系，更不能视之为应用人类学的亚学科，只是在观念上一般都把它们看成是人类学的应用范围而已，下面我们简要地介绍这些研究方面的一些问题。

一、人类学与行政管理

人类学的形成与殖民国家对殖民地人民风俗习惯的研究有关。自然，人类学知识应用得最早的领域就是殖民地的行政管理了。在19世纪80年代泰勒就提出，人类学是决策的科学，应该用来改善人类生存的条件。1902年，伦敦成立了“非洲协会”(African Society)，提出“了解非洲人而治理非洲”的口号。同年，英国皇家人类学会向政府提出应记录下南非各民族的法律和制度，以便为“开明”统治的政策服务。其他殖民国家也是如此，法国社会学派的主将莫斯于1913年在《巴黎评论》上发表《民族学在法国》一文，呼吁成立民族学专门研究机构，以培养大批文化人类学家到法属殖民地进行研究，为法国殖民统治者制定政策出谋划策，提供科学依据。到20世纪二三十年代，人类学家被聘为殖民地政府顾问的现象很普遍，他们在殖民地或托管地中训练殖民官员和从事一些改造当地土著的工作。如功能学派的大师拉德克利夫-布朗于1916—1918年就曾在南太平洋的汤加群岛从事改造当地土著的教育工作；1926年，在澳大利亚悉尼大学为派到新几内亚委任统治区的官员和候补军官讲授社会人类学。当时，还有“人类学专员”派遣到英国殖民地中，去研究如何启用当地土著的领袖人物来作为英国间接统治的代理人，研究殖民地政策与当地土著社会的矛盾之处和协调这些矛盾。

在美国，这方面的工作是同治理印第安人有关的。1934年以后，当约翰·科利尔(John Collier)主持印第安人事务局(Bureau of Indian Affair)的工作后，在人类学家麦吉(S. Mekeel)的建议下，对印第安人的行政管理做了不少改进。第二次世界大战以后，美国在海外托管地管理中也雇用了人类学家作为顾问，从事当地的行政管理工作，取得了一定的成效。如美国在密克罗尼西亚联合国托管地曾聘用7位人类学家为顾问，由巴尼特(H. Barnett)为首席之职。

他后来以其经验写了一本题为《行政管理中的人类学》(*Anthropology in Administration*,1956)的著作,介绍了人类学应用于行政管理的经验与教训。

太平洋上的比基尼环礁岛(Bikini Atoll)有2.32平方公里,原由卡布阿(Kabua)家的酋长赶走早先的居民而占领与统治,100年后,另一个强有力的酋长即位,控制了临近的一群小岛,他按照传统向居民收取贡品为税,并再分配,特别注意岛上居民的福利与医疗。德国人和日本人在那里统治时,这位酋长跟他们保持了良好的关系并交税。岛上的居民原有167人,以捕鱼为生。

第二次世界大战后,美国人占领了该地,并决定把比基尼岛作为原子弹的实验场所。马绍尔群岛(Marshall Islands)的美军官员来到比基尼岛,在没有和酋长商量,也没有征求当地人意见的情况下,军方官员就宣布要当地人迁徙。比基尼岛的居民虽然勉强同意,可是面临找寻新居住地的问题。无论如何,当时的决定是草率的,对问题也没有透彻的了解。那里的人们习惯于接受一个权威人士所做出的决定。

美国军方原计划将比基尼岛的居民迁徙到这个酋长所属的、位于附近的乌杰(Ujae)和拉艾(Lae)两个岛上。但这两个岛比比基尼岛更小,人口更密,而且船行困难。另外有一个无人居住的荒岛,名叫朗杰立克(Rongerik),它属于另一个酋长所有,而为美国军方选中了。岛上所出产的东西与比基尼岛相比要少得多,只有一些椰子。但是军方认为这点困难是可以克服的。然而,事实上,朗杰立克岛在比基尼岛和附近岛屿居民的心目中是一个妖魔出没的岛屿,人们相信岛上住着一个会害人的女妖精,因而这一带的人谁都不愿提到它。更何况比基尼岛居民认为他们的搬迁只是暂时的。这两点都还不要紧,使用朗杰立克岛还牵涉改变原有臣属关系,转属到另一个酋长的管辖之下的问题。

军方的强制行动使比基尼岛的居民迁到朗杰立克岛上,结果是这些人濒临饥饿的边缘。这一部分原因是生活资源缺乏,一部分原因是缺乏在不毛环境中奋斗求生的意志,从而使他们面临困境。夏威夷大学的人类学家里奥纳德·梅森(Leonard E. Mason,1912—

2004)受命研究这一情况。经过短期调查后,他找到了困难的症结,而且比基尼岛的居民都无异议地要求从朗杰立克岛搬到其他任何地方。

在人类学家的建议下,军方的反应行动来得很快。先运送口粮济急,并把居民迁到另一个岛——夸加连(Kwajalein)上,在那里提供房子,供应食物、衣服等,并雇用他们为美军工作,赚取工资。几个月后,找到几处合适的地方,先告诉他们的领袖,大家一致同意搬到南边的一个富庶的小岛卡利(Kali)上。在那里,他们可以依照马绍尔群岛传统的最好方式,从事捕鱼生活。

但是问题并未完全解决。虽然搬到卡利后比先前要好,但比基尼岛的居民也发生了变化。卡利岛不是环礁,海岸情况不良,居民必须学会在海边的碎浪中驾驶小船。他们也不知道该如何分配土地。以前的土地分配是依照他们与酋长的关系而定,卡利岛以前没人居住,因而也不属于那个酋长管辖。人们感到,他们的新土地是美国政府给的,而不是得自于酋长。美国军方担负起他们的健康福利责任,这种情况和原来的酋长相同。因此,很多比基尼岛的居民希望直接与照顾他们福利的机构打交道,从而依赖美国政府。但不管怎么说,这事算是有比较好的解决方法了。所以梅森在他的文章里说:比基尼岛的居民重新安置,所需的速度和效果完全有赖于个人因素和社会地位高的阶层所给予的压力,或者外来政府的力量……在许多场合可以看到,行政官员的态度若把马绍尔群岛的居民看成如自己的子女一样,所给的允诺就可以使他们满足。如果一副漠不关心的姿态,所给予的又是岛民所不希望的,那就不易有效果。美国人和其他民族交往时,一般的毛病就是把所见所闻的一切都用美国的文化标准和价值观去衡量和理解,所以常常遭到失败……所以,对研究管辖之下的民族,存在有正反两种情况:一方面,我们要敬重并且保存当地传统的文化和风俗习惯;另一方面,我们要以传教士的那种精神和热忱告诉马绍尔群岛的居民,那些是我们认为在我们文化中是最好的,而这些也将对他们有莫大的益处①。

20 世纪 60 年代以后，殖民地国家纷纷独立，因此人类学的知识应用于对殖民地国家或对异民族的治理方面也渐渐收缩其范围。现在这方面的工作多应用于人类学家本国内的少数民族的管理及社区乃至公共机构的管理与决策方面。如人类学家克莱德·威尔逊(H. Clyde Wilson)曾在密苏里州哥伦布市的市议会工作，并做过该市的市长，从事行政管理的决策性工作，为市民服务。他说："在市议会里，我渗入了我的价值观，有权力去决定结果……人类学家对公共事务是可以有着重要的作为的。我觉得我们当中的许多人并没有意识到，我们所具有的重大技能可以把表面上的无秩序和复杂的局面引导成为有智力的秩序，这就是人类学训练使我要去做好的东西。"②目前应用人类学已越来越多地介入决策过程，在行政管理和决策方面起着一定的作用，而我国这方面的工作还有待开展，有待人类学家的进一步努力。

二、医药人类学

健康是所有人都关心的重要问题之一，因而长期以来，人类学家对民族的健康问题很感兴趣。1963 年，美国人类学家斯切特(Norman Scotch)正式提出"医药人类学"这一名词，医药人类学才作为一个分支学科蓬勃发展起来。医药人类学的主旨在于从人类学的角度去探索文化与疾病以及医治的关系，主要包括以下内容。

(一)疾病分类系统的研究

疾病分类系统的研究即研究一个文化如何把疾病分类和如何界定疾病。现代西医认为，人体生理机制的不适或不能正常操作就是疾病。然而，不同的民族对"生病"有着不同的解释。例如，汉族认为怀孕是"病仔"，坐月子是"生病"，因而对坐月子的妇女以病人相待，给予特殊的照顾，不准经产妇洗冷水，不许房间通风。然而在

①Leonard E. Mason: *The Bikinians: A Transplanted Population.* Human Organization 1950, 9(1): pp. 5 ~ 15.

②American Anthropological Association: *Anthropology Newsletter* 23(1), 1982.

美国,情况截然不同,美国人并不认为怀孕是“生病”,不仅允许经产妇接触冷水,而且可以洗凉水澡,房间更得通风,不这样做反而要引起非议。所以,生病是一种文化上的观念,人类学家研究此,不仅可以弄清楚一个民族的文化特征,也对现代西医提供了帮助。

(二)病源学的研究

病源学即研究一个民族如何解释生病的起源。不同的民族对某种疾病的起源有着完全不同的解释,这反映了特定民族对自然如何解释和把自己放在什么位置上以及他们的观念体系有什么不同的问题。例如,巴布亚新几内亚特罗布里恩德岛民认为,所有的疾痛病患都是敌人的蓄意谋害①。拉丁美洲的一些民族认为,痢疾是由于身体中的水分过多而引起的,拉肚子就是为了保持身体内的冷热平衡而把冷性的水排掉。因而在治疗病人脱水时,反对给病人补充生理盐水,因为在他们的观念中,透明的水是冷性的。人类学家了解其对疾病的分类与对病源的看法后,向医疗机构建议在蒸馏水中加上糖和红颜色,这两类东西在当地人的观念中是热性的,补充这些热性的水可以保持身体中的冷热平衡,因而为当地人所接受,从而挽救了不少脱水儿童的生命。可见,某民族对一种疾病起源的解释涉及的主要是文化的问题。因此,这方面的研究一方面可以加深对一种文化的认识;另一方面也直接为现代生活服务,造福于人类。

(三)民族医药学

民族医药学即研究不同民族如何治疗疾病的实践。不同的民族对某种疾病的治疗方法各异,有的甚至非常奇特,而且治病方法往往同他们对疾病的分类以及对病源的看法有关。例如,中国的针灸可以治疗各种各样的病症,令西方医学专家大为赞叹。然而,时至今日,对针灸虽进行了现代医学的研究,如法国奈克医院核医学部把放射性物质从针灸的穴位注入皮下,发现放射性物质移动的轨

①彼得斯—戈尔登著,张经纬、夏航、何菊译:《改变人类学:15 个经典个案研究》,北京大学出版社 2012 年版,第 261 页。

迹与经络一样，但还是无法在解剖学上找到其踪影。又如 1935 年，法国探险队在加拿大过冬，100 多人突然患坏血病，濒于死亡。此时，印第安人让他们喝一种松叶浸过的汁液后，他们奇迹般地痊愈了。这些治疗方法多数是由人类学家在研究不同文化时发现的，进一步对它的深入研究无疑将对现代医学的发展做出贡献。

（四）民族精神病学

医药人类学的重点是研究疾病与文化的关系。对一些受地区文化制约的疾病的研究，像爱斯基摩人的北极癔症（arctic hysteria，pibloktog）、北美印第安人的变魔综合征——威铁柯（windigo），马来西亚与非洲的残暴疯狂综合征（amok）和夸西窝克（kwashiorkor）、新几内亚的苦鲁（kuru）等的研究，都表明这些地区性疾病大多数是由于文化的影响引起的。因此，在研究这类病时，虽应先考虑发病的生理因素，但也要考虑其社会根源。

变魔综合征仅见于北美印第安人中，其表现为有的人在饿了一段时间后会感到自己变成了叫作“威铁柯”的吃人魔头。具体病症是食欲丧失、恶心、极度兴奋，甚至想吃人肉。人类学家认为，这完全是由于文化的影响所产生的精神病。只有在北美印第安人中广泛地流传着人可以变成威铁柯的传说，而且又时时缠绕在这些印第安人的心头，因而这个地区的居民的精神病就以这种形式表现出来，也正由于病源在于当地的神灵世界，故经当地巫术治疗后，可以使患者有所好转。不仅这种特殊的疾病是文化影响造成的，许多普通疾病的发病频率的不同也是文化造成的。例如，美国 1980 年统计，肺癌、前列腺癌、结肠癌在美国居男性肿瘤发病率的前三位，占发病率的 53%。而我国同期居前三位的则是鼻咽癌、肝癌和胃癌，占发病率的 49.53%，而这种不同主要是由于生活方式和生活习惯的不同造成的。

（五）发展疾病

医药人类学也研究“发展的疾病”，是指一个社会在其发展过程中，由于剧烈的变动而产生的疾病。最突出的就是由于工业化过程中的环境污染和现代社会中由于频率加快、社会压力大造成的一系列疾病。例如，埃及建立了阿斯望(Aswan)水坝，引水到西部的半沙漠地带进行开发，这是埃及现代化过程中的一项宏伟计划。可是，尼罗河中有种钉螺寄生着血吸虫，它需要在静水中产卵。过去尼罗河静水不多，血吸虫的危害面因此较小。水坝建成后，静水面积扩大，血吸虫也跟着增加，又由于把水输送到西部，使血吸虫病很快地传播到各地，成了现在埃及的主要寄生虫病。这种病又随埃及人到国外定居而传到了国外。

中国是一个有着悠久历史的国家，中国的传统医学是人类的一大财富，它在病源学或在治疗体系方面与西方有着很多差异。如中国医学的阴阳冷热辩证理论、气功、针灸理论等都很值得重视。因而在这方面，医药人类学是可以很好地耕耘的。中国又是一个发展中的社会主义国家，改革开放及工农业的迅速发展也会引起和正在引起“发展的疾病”，这是我们应当重视的大问题。要想积极防治和治理这些疾病，无疑也需要医药人类学，因而医药人类学在我国的经济发展中将是大有作为的。

三、工业人类学

工业人类学是由哈佛大学的埃尔顿·梅奥(George Elton Mayo, 1880—1949)、劳埃德·沃纳(Lloyd Warner)和他们的学生埃利奥特·查普尔(Elliot Chapple)等创立的。他们认为，一个群体，不论是企业或是商业组织，其人群关系的模式是决定其生产及工作效率的主要因素。因此他们运用人类学的参与观察法深入工厂、商业组织中研究人群互动(human interaction)，以了解每一群体中人与人的关系模式，进而去寻求解决其间产生的问题的途径，促进生产率的提高。以这种思想和方法去研究工厂的最著名的例子是1929—1932年在芝加哥西方电器公司霍桑工厂(Hawthorne Works in Chicago, Western Electric Company)所做的研究。

西方电器公司有25 000名职工。1924年，美国国家科学院全国科学研究委员会在霍桑工厂做实验研究(Hawthorne Experiments)，试图提高生产率。他们选一个6人的试验组和一个6人的对照组进行试验，在试验组用各种方法改进工作条件，如提高车间的照明度等,希望看到什么因素可以促进生产率的提高,而对照组什么也没有改变。从1924年到1927年做了3年实验,结果发现这两个装配电话继电器的小组的生产效率都提高了。因此,各种条件似乎是不起作用的,但他们的生产率为什么会提高呢?后来潘诺克(George Pennock)发现,这可能是因为做试验,工人感到有人关心他们,提高了生产率,所以形成了一个所谓的"霍桑效应"(hawthorne effect),即对工人的关心将会提高生产率。

1929年,梅奥、沃纳等再次进驻霍桑工厂继续在绕线室进行研究,这次他们采取人类学的参与观察和访谈等技术进行。他们发现,绕线室有9名绕线工(W),3名焊工(S),2名检验工(I),他们分为3个工作小组,以小组的总量来对个人计酬,但实际上却形成了2个小团体。

在3个工作小组中,第一组有W1,W2,W3和S1。第二组有W4,W5,W6和S2。第三组有W7,W8,W9和S3。I1和I2是检验工,负责三个组产品的检验。但是他们又形成A和B两个小团体,A团体中有W1,W3,W4和S1及I1;而B团体中有W6,W7,W8,W9和S3,其他人被排斥在这两个团体之外。根据调查,S2被孤立,是因为他在语言上有障碍。W2被孤立,是因为他过分自持而不随和。W5被孤立,是因为他爱打小报告。I2是检验工,其比较认真,常指出他们的错误并指责他们,所以被认为"过于认真"而排斥。而I1也是检验工,但他只指出错误而不指责别人,所以被A团体接纳为该小团体的成员。

这两个小团体有自己的行为标准,如嘲笑、讽刺或"给他一下"来维持团体内部的团结和对抗另一团体。研究者发现,小团体中有自己的规则,如①有意限制产量标准;②使产量报告平均化,避免过快或过慢;③有一套办法使脱离轨道的成员回到轨道上。他们自己定的产量标准通常少于管理当局所制定的产量标准。这主要是工人害怕超过标准会导致工资的降低和当局提高产量标准;而产量如过低又会引起监工的不满,所以他们通常只完成略低于标准产量的数量来应付工厂当局。

总之,从霍桑工厂绕线室的研究来看,在正式的组织中,人们还会构成一些非正式的小团体,他们发展出一些对策来应付工厂当局。而这些研究对后来改革美国工业管理的实践做出了一定的贡献。目前,这一类的基础研究和应用研究在英美两国很普遍,埃利奥特·查普尔等人还组织了工业关系顾问公司,专门从事这方面的应用研究工作。

这些研究也带动了对管理模式的研究。有的学者,如麦格雷戈(Douglas McGregor,1906—1964)认为,有三种不同的模式,这就是X理论、Y理论和Z理论。X理论认为,工人劳动效率不高是因为工人本性不诚实、懒惰、愚蠢、不负责任造成的,所以要用很多规章来制约他们。Y理论认为,工人不是被动的,人的行为受动机的支配,只要给他们创造一定的条件,他们就会努力工作,达到既定的目标,希望自己的工作取得成就;工作没干好,主要责任在管理人员。Z理论是威廉·大内提出的,他在1982年写了《Z理论》一书。他认为,Z理论与X理论、Y理论有联系也有区别。他对日本和美国的12家企业的管理方法进行了研究,指出日本的组织形式为J型,其表现为同质、稳定、富有集体主义的和谐精神,实行终身雇佣制和集体责任制;通过集体决策的方法实行缓慢评价和晋级制;通过非专业化的途径培养经理人员和全面关怀职工。而美国为A型,表现为异质、流动,人与人之间的关系淡薄,缺乏相互间的亲密感,更富于个人色彩。其特点是:职工雇佣期短,实行个人决策和个人责任制;采用快速提级和晋升的办法;遵循专业化途径培养经理人员;实行公开的监督制度,以保证组织目标的实现和对职工采取重工作、轻福利的态度。而自发掌握日本经营特点的美国企业组织为Z型企业。其特点是:①长期雇佣,但有明确的限制;②既考虑班组的意见,又参考本人资历的评级晋升制;③职业非专业化和轮换工作制;④采取隐蔽的监督制;⑤集体的决定;⑥实行集体责任制;⑦关心职工的生活和福利。由此看来,对企业人际关系的研究,对企业管理等具有一定的帮助,所以这方面的工作和研究很有市场。

中国是一个正在进行现代化过程的国家,现代化最重要的就是工业化。在这一过程中,工厂不仅是生产满足人们社会生活需要的产品的场所，也是培养和促成人现代化的最重要环境之一。我们从事的现代化必须具有中国的特色，要达到这一目标，就必须从我国的实际出发，在开放中对引进的管理技术进行研究，看哪些适合于我国的实情，哪些不适合。因此也必须深入进行企业、单位的人群互动和管理体制的研究，以弄清各类企业中人与人之间的关系模式。这样才能做到具体问题具体分析，才能对外来的管理技术和经验加以改造，使之符合我国的国情。因此，人类学家在这个方面也大有用武之地。

四、技术变迁与经济发展

第二次世界大战以后，许多国家和地区都在经历现代化的进程，这是一个社会与文化空前变化的时代。在这个弃旧迎新的时代中，许多国家和地区都在进行改革，每个国家和地区都希望从国外引进作为现代化最显著标志的科学技术，移进先进国家有效的工业管理方法、政府机构形式、教育制度以至全部课程内容。但是结果却是千差万别的，有的可能接受了一部分新东西，而拒绝另一些东西，有的干脆不理；有的则接受了，继之在其内部结构中引起冲击，把许多新的内容纳到旧的体系中；有的则因为新的东西的闯入而引起其社会的瓦解，造成很多灾难，不但没有达到原有的变革目的，反而引起动荡和麻烦。

对于这些因改革所引起的问题，绝不仅仅是政治家所能单独解决的，而必须有社会科学家的共同参与。因为这些问题显然不仅是执行的问题，而涉及社会文化变迁、人的现代化等的基本问题。只有对社会结构、文化模式和人格体系有深入了解的社会科学家，才能对问题的解答和预防提出较为可靠的答案，而在这里，人类学家有着得天独厚的能量和能耐。尤其是在区域经济发展方面，人类学家的作用更是不能忽视。因为区域经济发展最需要因地制宜，具体问题具体分析，而人类学家恰恰在这方面可以提供最大限度的帮助和咨询乃至提出指导性意见或直接参与计划的制订。因此，在许多国际组织中，如联合国开发总署等，在推行技术援助及经济发展时均聘用人类学家为顾问，参与其事。在亚洲、中南美洲以及非洲的许多国家中,在推行其现代化的建设中也逐渐有人类学家参与其中,并且做出了显著的成绩。现在,以人类学家对当地人民生活的知识作为推行现代化计划的依据的做法在中国才刚刚开始,但它的前途是远大的,也是大有可为的。

五、教育人类学

教育人类学是在心理学派对社会化过程(socialization process)与人格形成的研究基础上发展起来的。人类学认为,教育是群内的文化传播,包括无意识的和有意识地进行过程。前者是指社会的塑模过程,而后者是指人为的学校教育过程。前者是心理人类学研究的重点之一,而后者则是教育人类学研究的中心。教育人类学认为,教育不局限于学校,主要来自学校之外。它也认为,学校不仅是从事教育的地方,也是一个社会组织类型。学校教育是专门化的教育,学校的正规教育过程是由受教育者的被教育方式和学校的特长所决定的。同时,它也强调学校教育方法受到社会和文化的很大影响和限制。所以教育人类学注重:①教育的演进;②学校与其他社会机构的关系;③学校教育和社会变迁的关系的研究。例如,辛格尔顿(John Singleton)在从事各国教育比较研究中发现,9 岁左右儿童的数学教育,日本名列第一,美国则倒数第一。为什么会产生这种差别呢?辛格尔顿认为,这主要是因为社会和文化对教育的影响和限制而产生的。如日本人相信事在人为,相信合作的力量,强调持之以恒。在这种思想的指导下,学校虽有好坏,但都对学生平等看待,如不按学生的好坏分班,认为这样更有利于学生互相促进和帮助,而以考试的办法来衡量学生的水平。因而,日本同龄学生的水平分布比较平均。而美国人相信人的智力是遗传的,相信个人奋斗决定成败,认为成功取决于学生的智力,智力差的学生花力气也是白搭,因而常常出现学生成绩不好,家长不是怪自己的孩子不努力,而是怪学校不行的现象出现。在学校内,以学生智商的高低来分班,认为只有同等智力的学生才能有效地互助,因而升学也不用考试来评定和选择,因此美国同龄学生中的成绩差异较大。辛格尔顿认为,这种文化上的不同才是造成美日两国学生水平不同的重要原因，而采取这种不同的教学方法并不是政府有意的政策选择，而取决于各自不同的信仰系统，即其不同的文化理论决定的。根据此我们可以看到，教育人类学主要研究的是：教育与社会文化的关系，不同文化的教育体系是怎么样的，不同文化的教育过程对个人和社会又产生什么样的影响与结果等。

主要参考书目

[1] 埃尔,康新文. 文化概念[M]. 晓文,译. 上海:上海人民出版社,1988.

[2] 埃里克森. 小地方,大论题[M]. 董薇,译. 北京:商务印书馆,2008.

[3] 埃文思-普里查德. 努尔人[M]. 褚建芳,等,译. 北京:华夏出版社,2002.

[4] 奥格本. 社会变迁[M]. 王晓毅,等,译. 杭州:浙江人民出版社,1989.

[5] 奥莫亨德罗. 人类学入门:像人类学家一样思考(2008)[M]. 张经纬、任珏、贺敬译. 北京:北京大学出版社,2013.

[6] 巴斯. 族群与边界[M]. ,李丽琴,译. 北京:商务印书馆,2014.

[7] 贝茨. 文化演进与人类行为[M]. 吴爱明,等,译. 沈阳:辽宁人民出版社,1988.

[8] 本尼迪克特. 菊花与刀[M]. 孙志民,译. 杭州:浙江人民出版社,1987.

[9] 本尼迪克特. 文化模式[M]. 张燕,等,译. 杭州:浙江人民出版社,1987.

[10] 彼得斯－戈尔登. 改变人类学:15 个经典个案研究[M]. 张经纬,夏航,何菊,译. 北京:北京大学出版社,2012.

[11] 博克. 多元文化与社会进步[M]. 余兴安,等,译. 杭州:辽宁人民出版社,1988.

[12] 布尔迪尔. 实作理论纲要(1972)[M]. 宋伟航,译. 麦田出版,2009.

[13] 布尔迪尔. 实践感(1980)[M]. 蒋梓骅,译. 南京:译林出版社,2003.

[14] 陈国强,石奕龙. 简明文化人类学词典[M]. 杭州:浙江人民出版社,1990.

[15] 大林太良. 神话学入门[M]. 东京:中公新书出版社,1966.

[16] 道格拉斯. 洁净与危险(1966)[M]. 黄剑波,等,译. 北京:民族出版社,2008.

[17] 恩伯夫妇. 文化的变异——现代文化人类学通论[M]. 杜杉杉,译. 沈阳:辽宁人民出版社,1988.

[18] 范热内普. 过渡礼仪[M].,张举文,译. 北京:商务印书馆,2010.

[19] 弗思. 人文类型[M]. 费孝通,译. 北京:商务印书馆,1991.

[20] 格尔茨. 文化的解释(1973)[M]. 纳日碧力戈,等,译. 上海:上海人民出版社,1999.

[21] 格尔茨. 追寻事实:两个国家、四十年、一位人类学家[M]. 林经纬,译. 北京:北京大学出版社,2011.

[22] 哈维兰. 当代人类学[M]. 王铭铭,等,译. 上海:上海人民出版社,1987.

[23] 哈维兰. 文化人类学[M]. 瞿铁鹏,张钰,译. 上海:上海社会科学出版社,2006.

[24]哈维兰等. 文化人类学:人类的挑战[M]. 陈相超,等,译. 北京:机械工业出版社,2014.

[25] 哈里斯. 文化人类学[M]. 李培茱,高地,译. 北京:东方出版社,1988.

[26] 哈里斯. 文化唯物主义[M]. 张海洋,等,译. 北京:华夏出版社,1988.

[27] 豪厄尔·克拉克,等. 原始人[M]. 叶苍,译. 纽约:时代公司,1999.

[28] 怀特. 文化的科学[M]. 沈原,等,译. 济南:山东人民出版社,1988.

[29] 郭德烈. 人类社会的根基:人类学的重构[M]. 董芃芃,等,译. 北京:中国社会科学出版社,2011.

[30] 吉尔兹. 地方性知识(1983)王海龙,张家瑄,译. 北京:中

央编译出版社,2000.

［31］基辛. 文化、社会、个人［M］. 甘华鸣,等,译. 沈阳:辽宁人民出版社,1988.

［32］基辛. 当代文化人类学［M］. 张恭启,等,译. 台北:巨流图书公司,1989.

［33］克利福德、马库斯. 写文化:民族志的诗学与政治学［M］. 高丙中,等,译. 北京:商务印书馆,2006.

［34］科塔克. 人性之窗:简明人类学概论［M］. 范可,等,译. 上海:上海人民出版社,2014.

［35］梁钊韬,陈启新,杨鹤书. 中国民族学概论［M］. 昆明:云南人民出版社,1985.

［36］列维－斯特劳斯. 结构人类学(1)(1958)［M］. 张祖建,译. 北京:中国人民大学出版社,2006.

［37］列维－斯特劳斯. 结构人类学(2)［M］. 张祖建,译. 北京:中国人民大学出版社,2006.

［38］林惠祥. 文化人类学(1934)［M］. 北京:商务印书馆,1991.

［39］林耀华. 民族学通论［M］. 2 版. 北京:中央民族学院出版社,1997.

［40］刘易斯. 社会人类学导论［M］. 黄宣卫,等,译. 台北:五南图书出版公司,1985.

［41］马尔库思,费彻尔. 作为文化批评的人类学［M］. 蓝达居,译. 北京:三联书店,1998.

［42］马林诺斯基. 文化论［M］. 费孝通,译. 北京:中国民间文艺出版社,1988.

［43］马林诺斯基. 巫术科学宗教与神话［M］. 李安宅,译. 北京:中国民间文艺出版社,1986.

［44］马林诺斯基. 两性社会学［M］. 李安宅,译. 北京:中国民间文艺出版社,1986.

［45］马林诺斯基. 西太平洋的航海者［M］. 梁永佳,李绍明,译. 北京:华夏出版社,2002.

[46] 米德. 萨摩亚人的成年(1928)[M]. 周晓红,李姚军,译. 杭州:浙江人民出版社,1988.

[47] 米德. 三个原始部落的性别与气质(1935)[M]. 宋践,译. 杭州:浙江人民出版社,1988.

[48] 摩尔根. 古代社会[M]. 杨东莼,等,译. 北京:商务印书馆,1977.

[49] 墨菲. 文化与社会人类学引论[M]. 王卓君,等,译. 北京:商务印书馆,1990.

[50] S. 南达. 文化人类学[M]. 刘燕鸣,韩养民,译. 西安:陕西人民教育出版社,1987.

[51] 波普诺. 社会学[M]. 刘云德,等,译. 沈阳:辽宁人民出版社,1987.

[52] 萨林斯. 文化与实践的理性[M]. 赵炳祥,译. 上海:上海人民出版社,2002.

[53] 萨林斯. 甜蜜的悲哀[M]. 王铭铭、胡宗泽,译. 北京:三联书店,2000.

[54] 萨林斯. 历史之岛(1987)[M]. 蓝达居、张宏明、黄向春,译. 上海:上海人民出版社,2003.

[55] 萨林斯. “土著”如何思考[M]. 张宏明,译. 上海:上海人民出版社,2003.

[56] 萨义德. 东方学[M]. 王宇根,译. 北京:三联书店,1999.

[57] 萨义德. 文化与帝国主义[M]. 李琨,译. 北京:三联书店,2003.

[58] 施坚雅. 中国农村的市场和社会结构[M]. 史建云,徐秀丽,译. 北京:中国社会科学出版社,1993.

[59] 施密特. 原始宗教与神话[M]. 萧师毅,等,译. 上海:上海文艺出版社,1987.

[60] 石川荣吉. 现代文化人类学[M]. 周星,等,译. 北京:中国国际广播出版社,1988.

[61] 石奕龙. 应用人类学[M]. 厦门:厦门大学出版社,1996.

[62] 史徒华. 文化变迁的理论(1955)[M]. 张恭启,译. 台北:

允晨文化实业股份有限公司,1984.

[63] 宋光宇. 人类学导论[M]. 台北:桂冠图书出版有限公司,1977.

[64] 宋兆麟. 共夫制与共妻制[M]. 上海:上海三联书店,1990.

[65] 泰勒. 原始文化[M]. 连树声,译. 上海:上海文艺出版社,1992.

[66] 陶阳,钟秀. 中国创世神话[M]. 上海:上海人民出版社,1989.

[67] 特纳. 象征之林(1967)[M]. 赵玉燕,等,译. 北京:商务印书馆,2006.

[68] 特纳. 仪式过程:结构与反结构(1974)[M]. 黄剑波,柳博赟,译. 北京:中国人民大学出版社,2006.

[69] 童恩正. 文化人类学[M]. 上海:上海人民出版社,1989.

[70] 涂尔干,宗教生活的基本形式[M]. 芮传明,等,译. 台北:桂冠图书出版有限公司,1992.

[71] 托卡列夫,托尔斯托夫,主编. 澳大利亚和大洋洲各族人民[M]. 李毅夫,等,译. 北京:生活·读书·新知三联书店,1980.

[72] 沃尔夫. 欧洲与没有历史的人民[M]. 赵丙祥,刘传珠,杨玉静,译. 上海:上海世纪出版社,2006.

[73] 希罗多德. 历史[M]. 徐松岩,译注. 上海:上海三联书店,2008.

[74] 西敏司. 甜与权力:糖在近代历史上的地位[M]. 王超,等,译. 北京:商务印书馆,2010.

[75] 谢剑. 应用人类学[M]. 台北:桂冠图书出版有限公司,1989.

[76] 辛格尔顿. 应用人类学[M]. 蒋琦,译. 武汉:湖北人民出版社,1984.

[77] 许烺光. 宗族、种姓、俱乐部[M]. 薛刚,译. 北京:华夏出版社,1990.

[78] 许烺光. 美国人与中国人[M]. 彭凯平,等,译. 北京:华夏出版社,1989.

[79] 杨堃.民族学概论[M].北京:中国社会科学出版社,1984.

[80] 尹绍亭.一个充满争议的文化生态体系[M].昆明:云南人民出版社,1991.

[81] 尹绍亭.人与森林:生态人类学视野中的刀耕火种[M].昆明:云南教育出版社,2000.

[82] 珍妮·古多尔.黑猩猩在召唤[M].刘后一,张峰,译.北京:科学出版社,1980.

[83] 庄孔韶.人类学通论[M].太原:山西教育出版社,2002.

[84] 庄英章,等.文化人类学(上下)[M].台北:空中大学印行,1992.

[85] 祖父江孝男,等.文化人类学事典[M].乔继堂,译.西安:陕西人民出版社,1992.

[86] Appadurai, Arjon ed. : *The Social Life of Things: Commodities in Cultural Perspective*[M]. Cambridge University Press, 1986.

[87] Appadurai, Arjun. *Modernity at Large: Cultural Dimensions of Globalization*[M]. University of Minnesota, 1996.

[88] Armstrong, Louise. *Kiss Daddy Goodnight*[M], New York: Hawthorne, 1978.

[89] Barnard, Alan. *Social Anthropology*[M], Studymates Limited, 2000.

[90] Barth, Frederick, eds. *Ethnic Group and Boundaries* (1969) [M] Waveland Press, Inc., 1998.

[91] Beidelman, Thomas O. Right and Left Hand among the Kakuru[J]. *Africa*, XXXI. 1961.

[92] Chambers, Erve. *Applied Anthropology* [M]. New York: Prentice – Hall, 1985.

[93] Coon, C. S.. *A Reader in General Anthropology* [M]. New York: Holt, Rinehart and Winston, 1948.

[94] Detan, Robert. *The Semai: A Non – Violent People of Malaya* [M]. New York: Holt, Rinehart and Winston, 1968.

[95] Douglas, Mary T.. *Purity and Danger: An Analysis of Con-*

cepts of Pollution and Taboo[M]. London: Routledge & Kegan Paul, New York: Praeger, 1966.

[96] Douglas, Mary T.: *Natural Symbols: Explorations in Cosmology*[M]. *London*: *Cresset*, 1970.

[97] Du Bois, Cora. *Two Decades Later*, *The People of Alor*[M]. Cambridge, Mass: Harvard University Press, 1960 (1944).

[98] Evans-Pritchard, E. E.. *Kinship and Marriage among the Nuer*[M]. Oxford: Clarendon Press, 1951.

[99] Ervin, Alexander M.. *Applied Anthropology*: *Tools and Perspectives for Contemporary Practice*[M]. Pearson Education Inc., 2005.

[100] Firth, Raymond. *Elements of Social Organization*[M]. London: Watts, 1951.

[101] Firth, Raymond. *Symbols*, *Public and Private*[M]. London, Allen & Unwin, 1973.

[102] Godelier, Maurice: *Rationality and Irrationality in Economics*[M]. Monthly Review Press, 1972.

[103] Godelier, Maurice: *Perspectives in Marxist Anthropology*[M]. Cambridge University Press, 1973.

[104] Gold, Peggy ed.: *Women in the Field*: *Anthropological Experiences*[M]. Chicago, Aldine. 1970.

[105] Goodenough, Ward H.: *Description and Comparison in Cultural Anthropology*[M]. Chicago: Aldine, 1970.

[106] Harris, Marvin. *Cultural Anthropology*[M]. 2 edition, Harper & Row, Publishers, Inc. 1987.

[107] Haviland, William A.. *Cultural Anthropology*[M]. 7 th Edition, 1997.

[108] Middleton, J. and Winter, E. H, eds.. *Witchcraft and Sorcery in East Africa*[M]. London: Routledge and Kegan Paul, 1963.

[109] Herskovits. *Man and His Work*[M]. New York: Kropf, 1948.

[110] Hoebel, E. Adamson. *The Law of Primitive Man* (1954)

后记

本书是本人在多年从事文化人类学课程教学讲义的基础上修订而成的，促成此事的是首都经济贸易大学出版社的薛捷先生。要不是一年前薛捷从北京打电话到厦门，约我为他们推出的通识书系编写一本文化人类学导论的教材，我这讲义还将一直搁在案头，每年只在给自己的学生讲课时用一次，而不向外人公开。所以在此书稿编写完成出版之际，首先应该感谢的是薛捷先生，在他的举荐、鼓励和不时的催逼下，我这本原不会示人的讲义才勉为其难地在如此短的时间内修订成文而付梓。其次应该感谢本书的责任编辑彭伽佳女士，在她悉心、认真地再三审读与校阅下，这本书的质量有了很大的提高。

葛洪在《抱朴子》外篇卷之四十二《应嘲》篇针对某客之高论说："夫制器者珍于周急，而不以采饰外形为善。立言者贵于助教，而不以偶俗集誉为高。若徒阿顺谄媚，虚美隐恶，岂所匡失弼违，醒迷补过者乎！虑寡和而废白雪之音，嫌难售而贱倾城之价，余无取焉。非不能属华艳以取悦，非不知抗直言之多吝，然不忍违请曲笔，错滥真伪，欲令心口相契，顾不愧景，冀知音之在后也。"古人的心境亦此时吾之心境，该说的都已说了，"冀知音之在后"吧！

石奕龙
2010年7月6日
于厦门大学北村海隅斋